A geografia do dinheiro

FUNDAÇÃO EDITORA DA UNESP

Presidente do Conselho Curador
Mário Sérgio Vasconcelos

Diretor-Presidente
José Castilho Marques Neto

Editor-Executivo
Jézio Hernani Bomfim Gutierre

Superintendente Administrativo e Financeiro
William de Souza Agostinho

Assessores Editoriais
João Luís Ceccantini
Maria Candida Soares Del Masso

Conselho Editorial Acadêmico
Áureo Busetto
Carlos Magno Castelo Branco Fortaleza
Elisabete Maniglia
Henrique Nunes de Oliveira
João Francisco Galera Monico
José Leonardo do Nascimento
Lourenço Chacon Jurado Filho
Maria de Lourdes Ortiz Gandini Baldan
Paula da Cruz Landim
Rogério Rosenfeld

Editores-Assistentes
Anderson Nobara
Jorge Pereira Filho
Leandro Rodrigues

PROGRAMA SAN TIAGO DANTAS DE PÓS-GRADUAÇÃO
EM RELAÇÕES INTERNACIONAIS

Universidade Estadual Paulista – UNESP
Universidade Estadual de Campinas – UNICAMP
Pontifícia Universidade Católica de São Paulo – PUC-SP

BENJAMIN J. COHEN

A geografia do dinheiro

Tradução de
Magda Lopes

© 1998 Cornell University
Originally published by Cornell University Press
© 2013 Editora Unesp

Título original: *The Geography of Money*

Fundação Editora da Unesp (FEU)
Praça da Sé, 108
01001-900 – São Paulo – SP
Tel.: (0xx11) 3242-7171
Fax: (0xx11) 3242-7172
www.editoraunesp.com.br
www.livrariaunesp.com.br
feu@editora.unesp.br

Programa San Tiago Dantas de Pós-Graduação em Relações Internacionais
Praça da Sé, 108 – 3º andar
01001-900 – São Paulo – SP
Tel.: (0xx11) 3101-0027
www.unesp.br/santiagodantassp
www.pucsp.br/santiagodantassp
www.ifch.br/unicamp.br/pos
relinter@reitoria.unesp.br

CIP – Brasil. Catalogação na publicação
Sindicato Nacional dos Editores de Livros, RJ

C759g

Cohen, Benjamin J.
    A geografia do dinheiro / Benjamin J. Cohen; tradução Magda Lopes. – 1. ed. – São Paulo: Editora Unesp, 2014.
    il.; 23 cm.

    Tradução de: The Geography of Money
    ISBN 978-85-393-0543-8

    1. Estados Unidos – Relações exteriores. 2. Relações internacionais. 3. Política internacional. I. Título.

14-13906   CDD: 327.73
                                                                              CDU: 327(73)

Editora afiliada:

Para Jane
sempre um novo mundo a explorar.

Sumário

ABREVIAÇÕES   XI
PREFÁCIO   1

INTRODUÇÃO: O DINHEIRO NAS QUESTÕES INTERNACIONAIS   5
    Rumo a um novo mapa mental   8
    Explorando uma geografia monetária   10

O SIGNIFICADO DA GEOGRAFIA MONETÁRIA   13
    O significado da geografia   13
    O significado do dinheiro   16
    Geografia política   20
    Geografia econômica   26
    Um modelo baseado no fluxo   31

DINHEIRO TERRITORIAL   39
    Um olhar para trás   40
    A economia política da moeda territorial   49

SUBORDINAÇÃO DA SOBERANIA MONETÁRIA   65
    Rendição da soberania   66
    Subjugação da soberania   71
    Fazendo escolhas   87

COMPARTILHAMENTO DA SOBERANIA MONETÁRIA 93
Experiência histórica 94
Criação de uma aliança monetária 110
Sustentação de uma aliança monetária 115

COMPETIÇÃO E HIERARQUIA MONETÁRIAS 125
Uso transnacional 126
Evidências empíricas 133
A pirâmide monetária 142

UMA NOVA ESTRUTURA DE PODER 165
Simbolismo político 166
Senhoriagem 170
Gestão macroeconômica 172
Isolamento monetário 175

GOVERNANÇA TRANSFORMADA 181
O papel do Estado 182
O papel do mercado 195

A POLÍTICA PÚBLICA PODE SER CONFRONTADA? 205
Não há soluções fáceis 206
O futuro do dólar 208
A Europa e o euro 213
Rumo a um bloco do iene? 218
Enfrentando a invasão da moeda 223

REFERÊNCIAS BIBLIOGRÁFICAS 229
ÍNDICE REMISSIVO 269

TABELAS

3.1. Arranjos cambiais de 30 de abril de 1997 81

3.2. Influência relativa do dólar norte-americano, do marco alemão e do iene japonês em moedas selecionadas, 1987-1993 84

3.3. Arranjos cambiais, 1980-1997 91

5.1. Composição monetária das reservas cambiais oficiais, final do ano, 1985-1996 (em porcentagens) 150

5.2. Composição monetária das reservas cambiais oficiais por região, 1980-1994 (em porcentagens) 152

5.3. Composição monetária dos créditos financeiros internacionais, 1982-1995 (em porcentagens) ... 153

5.4. Denominação monetária de exportações de países industriais selecionados, 1980-1996 (em porcentagens) 155

5.5. Denominação monetária de importações de países industriais selecionados, 1980-1996 (em porcentagens) 156

5.6. Denominação monetária do comércio exterior alemão, 1980-1993 (em porcentagens).............. 157

5.7. Denominação monetária do comércio exterior japonês, 1970-1991 (em porcentagens).............. 158

5.8. Denominação monetária do comércio exterior francês, 1980-1994 (em porcentagens).............. 158

5.9. Denominação monetária das importações norte-americanas por países selecionados, 1985 e 1996 (em porcentagens)................................. 159

5.10. Composição monetária do volume bruto de negócios nos mercados cambiais globais, 1989-1995 (em porcentagens)..................................... 160

5.11. Distribuição monetária nas intervenções cambiais, 1979-1992 (em porcentagens)................... 161

5.12. Depósitos em moeda estrangeira em bancos domésticos: uma amostra, 1980-1993 (porcentagens de agregado monetário amplo)......... 162

5.13. Depósitos bancários transnacionais de residentes não clientes bancários de países em desenvolvimento, 1987-1994 (em bilhões de dólares norte-americanos; fim do período)........ 163

ABREVIAÇÕES

AMC	Área Monetária Comum
AMCO	Área Monetária do Caribe Oriental
AMO	Área monetária ótima
BCE	Banco Central Europeu
BCI	Banco de Compensações Internacionais
BCR	Banco Central da Rússia
Benelux	Bélgica, Países Baixos e Luxemburgo
BLEU	União Econômica Bélgica-Luxemburgo
CAO	Comunidade da África Oriental
CE	Comunidade Europeia
CE92	Projeto da Comunidade Europeia de 1992
CFA	Comunidade Financeira Africana
DM	Deutschemark, marco alemão
DSE	Direito de Saque Especial
ECU	Unidade Monetária Europeia
FMI	Fundo Monetário Internacional
IM	Internacionalização da moeda
IME	Instituto Monetário Europeu
MS	Moeda de substituição

MTC	Mecanismo da Taxa de Câmbio
OLP	Organização para a Libertação da Palestina
ONU	Organização das Nações Unidas
SME	Sistema Monetário Europeu
UCE	Unidade de Conta Europeia
UE	União Europeia
UEM	União Econômica e Monetária
UMA	Unidade monetária artificial
UME	União Monetária Escandinava
UML	União Monetária Latina

Prefácio

O dinheiro está muito presente em nossa mente nos tempos atuais. Na Europa, há um debate furioso sobre os prós e contras de uma nova moeda comum para substituir os existentes francos, lira e pesos. No antigo bloco soviético e em muitas partes do mundo em desenvolvimento, os governos agonizam sobre de que maneira responder à disseminada circulação de moedas estrangeiras populares, especialmente o dólar norte-americano, dentro de suas fronteiras territoriais. No Extremo Oriente, os asiáticos ponderam sobre os riscos e as oportunidades de um possível novo bloco na região baseado no iene japonês. E, nos Estados Unidos, os norte-americanos se preocupam com as ameaças à orgulhosa supremacia tradicional do dólar nas questões monetárias internacionais.

Embora aparentemente de natureza técnica, essas questões são qualquer coisa menos neutras em suas implicações para a distribuição de riqueza e poder global. Na verdade, elas se estendem até a própria essência do que entendemos por soberania do Estado no mundo atual. Todas carregam implicações para as relações geopolíticas que vão bem além da economia simples de quem usa que moeda e onde. Está em questão um colapso dos monopólios territoriais que os governos nacionais têm historicamente reivindicado na questão e no manejo do dinheiro. Subjacente a todos esses desafios está uma competição crescente e impulsionada pelo mercado entre as moedas, que é cada vez mais indiferente à presença das fronteiras políticas ou até do próprio Estado-nação.

No entanto, as respostas a esses desafios permanecem atoladas em mitos ultrapassados sobre a organização espacial das relações monetárias: a noção tradicional, mas cada vez mais obsoleta, de que a circulação de cada moeda é – ou deve ser – confinada apenas ao domínio soberano do governo que a emite. Essas maneiras de pensar apenas perpetuam mal-entendidos e impedem soluções políticas práticas. O que necessitamos é de uma nova lente através da qual enxergar as mudanças revolucionárias no espaço monetário geradas pela acelerada competição transnacional. O propósito deste livro é proporcionar um corretivo para nossa visão defeituosa.

O incentivo imediato para o livro foi um artigo que escrevi em 1993 para uma coleção de ensaios sobre a unificação monetária europeia (Cohen, 1993a). Examinando a experiência histórica de seis experimentos em união monetária, três deles ainda vigentes, comecei a ponderar sobre a questão ampla de como os espaços monetários são organizados. Pouco a pouco fui ficando cada vez mais absorvido pelo que vim a chamar de a geografia do dinheiro.

Entretanto, uma vez embarcado no tema, percebi que as raízes desse projeto realmente estavam bem mais atrás – na verdade, no primeiro artigo que publiquei em uma revista profissional, muitos anos antes (Cohen, 1963). "O eurodólar, o mercado comum e a unificação monetária" tratava explicitamente do complexo relacionamento entre a geografia e a soberania em questões monetárias. As sementes lançadas na época finalmente, muitos anos mais tarde, vieram a frutificar agora. Em certo sentido, este é um livro que estive a minha vida toda esperando para escrever.

A geografia do dinheiro está tão enraizada na Economia, a disciplina em que recebi todo o meu treinamento universitário formal, quanto na Ciência Política, a profissão que adotei. Embora dirigido fundamentalmente aos alunos de política monetária, uma subcategoria da agora reconhecida especialidade da Economia Política Internacional, o livro terá – assim espero – um significado mais amplo para o estudo das relações internacionais e pode ter alguma ressonância em campos relacionados, incluindo História Econômica, Sociologia e Geografia. Com sorte posso até captar o interesse de alguns economistas, que entre os cientistas sociais têm probabilidade de experimentar mais dificuldade para ajustar seu pensamento às perspectivas que desenvolvo aqui. A linguagem do livro destina-se a ser acessível ao público mais amplo possível.

A preparação de *A geografia do dinheiro* beneficiou-se da generosa ajuda de muitos colegas do mundo todo, incluindo Pierre-Richard Agenor, Stanley Black, Karen Donfried, Barry Eichengreen, Edgar Feige, Jeffrey Frankel, Michael Frenkel, Loren Gatch, Charles Goodhart, Jiming Ha, Ruth Judson, Jonathan Kirshner, Russell Krueger, Andrew Leyshon, Peter Lindert, Paul Masson, Robert McCauley, Paul Mizen, Bettina Peiers, Jean Pisani-Ferry, Richard Porter, Richard Portes, Angela Redish, Wolfgang Rieke, Miguel Savastano, Garry Schinasi, Franz Seitz, Robert Solomon, Linda Tesar, Van

Can Thai, Niels Thygesen, Horst Ungerer, Carlos Vegh e Charles Wyplosz. Agradeço sinceramente a todos por sua ajuda.

As versões iniciais de partes do livro foram apresentadas em seminários na University of California em Berkeley, na University of California em Santa Barbara, na University of Chicago, na Georgetown University e na Stanford University; e no Institut d'Études Politiques de Paris e na London School of Economics; e em conferências na Claremont Graduate School, Columbia University, College of Europe (Bruges, Bélgica) e no Istituto Affari Internazionale (Roma, Itália). Em todas essas discussões recebi comentários e sugestões proveitosos.

Também recebi recomendações e aconselhamentos de amigos que leram anteriormente segmentos do livro, incluindo Leslie Armijo, Henning Bohn, Marc Flandreau, Jeffry Frieden, Judith Goldstein, Daniel Gros, Stephan Haggard, Philipp Hartman, Randall Henning, Fabienne Ilzkovitz, Miles Kahler, Peter Kenen, Stephen Kobrin, Stephen Krasner, David Lake, Charles Lipson, Helen Milner, John Odell, Pier-Carlo Padoan, Daniel Philpott, George Tavlas, Geoffrey Underhill, Stephen Weatherford e Ngaire Woods. Para com todos eles tenho uma profunda dívida de gratidão.

Todo o penúltimo manuscrito foi lido por David Andrews, Joanne Gowa, Eric Helleiner, Louis Pauly e Susan Strange. Sou particularmente grato a esses cinco eminentes acadêmicos por seus incisivos comentários e sugestões, o que sem dúvida melhorou enormemente o produto final.

Sou grato também a vários de meus alunos da University of California em Santa Barbara (UCSB) que me proporcionaram uma valiosa ajuda na pesquisa. Estes incluem Kelley Hwang e Steven Reti, que contribuíram significativamente nos estágios iniciais deste projeto, e Ben Pettit, que ajudou no final. Mais especialmente agradeço a Kathleen Collihan, sem cujo diligente apoio e iniciativa eu jamais poderia ter conseguido levar até o fim este empreendimento.

Meus sinceros agradecimentos a Roger Haydon, da Cornell University Press. Não se poderia esperar encontrar um editor melhor ou mais bem-informado.

Finalmente, este livro é dedicado à minha esposa e alma gêmea, Jane Sherron De Hart, que não deixou a pressão do seu próprio mais recente livro impedi-la de me proporcionar o apoio e os conselhos necessários para ver minhas ambições realizadas.

Benjamin J. Cohen
Santa Barbara, Califórnia

Introdução: o dinheiro nas questões internacionais

> Um dos marcos da soberania nacional no correr dos tempos foi o direito de criar dinheiro [...] A capacidade de criar sua própria moeda doméstica é o principal destaque financeiro de um Estado soberano.
>
> Fred Hirsch, *Money International*, 1969

Como devemos pensar no dinheiro nas questões internacionais? Pergunte a um homem ou mulher na rua, e a resposta será direta. Todas as moedas são nacionais: Uma Nação/Uma Moeda. Os Estados Unidos têm o dólar, a Grã-Bretanha a libra, o Japão o iene, cada moeda exclusiva dentro do seu próprio domínio soberano. A geografia do dinheiro coincide precisamente com as fronteiras políticas dos Estados-nação.

Até os profissionais que devem saber mais, como o falecido Fred Hirsch, famoso economista internacional, compartilham o mito de Uma Nação/Uma Moeda. Os economistas em particular acham difícil pensar nas relações monetárias em quaisquer outros termos além dos tradicionais termos territoriais. Nas palavras do diretor de pesquisa do Fundo Monetário Internacional: "Virtualmente todas as nações do mundo afirmam e expressam sua autoridade soberana mantendo uma moeda nacional distinta e protegendo o seu uso dentro de suas respectivas jurisdições. A moeda é como uma bandeira; cada país tem a sua" (Mussa, 1995, p.98). O vice-presidente do Federal Reserve Bank de Boston concorda: "A independência da moeda dita as regras" (Fieleke, 1992, p.17).

No entanto, nada poderia estar mais longe da verdade. O uso da moeda não está de modo algum confinado pelos limites territoriais dos Estados individuais. Muito pelo contrário. Como escreveu o economista francês Pascal Salin, em uma rara dissensão do saber convencional, "a produção do dinheiro, como a produção da lei, não é um atributo essencial da soberania do Estado, apesar do que diz a mitologia" (Salin, 1984, p.3). A geografia do dinheiro é bem mais complexa do que em geral supomos.

Como uma questão prática, um número surpreendente de moedas passou a ser empregado fora do seu país natal para transações entre nações ou dentro de Estados estrangeiros. A primeira é em geral chamada de uso de moeda "internacional" ou "internacionalização" da moeda; a segunda é tipicamente descrita como "moeda de substituição" e pode ser referida como de "uso estrangeiro-doméstico". Um número ainda maior de moedas enfrenta hoje de modo rotineiro a competição doméstica de outras que têm sua origem no estrangeiro. É simplesmente errado negar que várias delas possam circular no mesmo Estado; o fenômeno tornou-se lugar-comum. Chegou o momento de ajustarmos o nosso pensamento à nova realidade da competição monetária transnacional.

Tanto o uso internacional quanto o estrangeiro e doméstico da moeda resultam de uma intensa rivalidade do mercado – uma espécie de processo darwiniano de seleção natural, impulsionado pela força da demanda, em que algumas delas, como o dólar norte-americano e o marco alemão (o deutschemark), passam a parecer mais atrativas que as outras para vários propósitos comerciais ou financeiros. Anteriormente, antes da emergência do sistema moderno do Estado-nação, a circulação transnacional das moedas era bastante comum. O fenômeno que agora reapareceu como barreira ao mercado de câmbio progrediu desde a Segunda Guerra Mundial, expandindo muito a lista de opções entre elas. A competição entre as divisas nacionais, um processo impulsionado pelo mercado, em que os negociantes são livres para escolher entre dinheiros alternativos, está se acelerando rapidamente. Como resultado, os domínios dentro dos quais as moedas individuais servem às funções padrão do dinheiro agora divergem de maneira ainda mais aguda das jurisdições legais dos governos emissores.

Isso importa? Torne a perguntar às pessoas na rua e a resposta poderá não ser nada mais que um dar de ombros. No entanto, para os governos nacionais, intensamente zelosos da sua autoridade soberana, a questão é qualquer coisa menos desinteressante. Para os responsáveis pela política pública, a competição monetária constitui um perigo claro e presente. A produção de dinheiro de fato pode não ser um atributo essencial da soberania do Estado, mas, juntamente com o crescimento dos exércitos e a cobrança de impostos, tem sido há muito encarada como tal. O poder genuíno reside no privilégio que o dinheiro representa. A capacidade para monopolizar a emissão monetária, excluindo todas as outras moedas de circulação, promete um acesso abundante aos recursos reais – bens e serviços de todos os tipos – e um poderoso instrumento de comando da operação da economia nacional. Tais vantagens são perdidas quando um governo não exerce mais um controle efetivo sobre a criação e a gestão do dinheiro. Como argumentou um observador, com um toque de sarcasmo, "um governo que não controla o dinheiro é um governo limitado [...] Nenhum governo gosta de ser limitado [...] Os governos simplesmente devem monopolizar o dinheiro se quiserem controlá-lo, e devem controlá-lo se realmente querem ser governos" (O'Mahony, 1984, p.127).

Gostemos ou não, a geografia em mutação do dinheiro *realmente* importa – para os governos, cujos poderes estão diluídos, e, por conseguinte, para aqueles em cujo nome o Estado ostensivamente governa. Os regimes políticos diferem, é claro. O relacionamento entre o Estado e a sociedade, o setor público e o privado, abrange desde a democracia mais pura até as formas mais arbitrárias de autoritarismo. Um governo pode agir como agente do eleitorado ou como um dirigente por direito próprio. A política pública pode servir aos interesses de muitos ou meramente encher os bolsos de poucos. Seja qual for o regime político – por mais representativo ou não que possa ser –, os cidadãos privados são vitalmente afetados quando a tomada de decisão pública está comprometida. A indiferença em relação à competição transnacional das moedas é um luxo ao qual as pessoas comuns simplesmente não podem se permitir.

O objetivo deste livro é reconsiderar o papel que o dinheiro desempenha no mundo atual. Isso significa olhar além das finanças no sentido convencional do termo – os processos e as instituições responsáveis pela mobilização das poupanças e da alocação do crédito – e se concentrar nos suprimentos básicos de moeda em que os investimentos e outras transações são conduzidos. Meu ponto de partida é o uso disseminado e crescente das moedas fora do seu país de origem. Minha tese central é que as relações internacionais, tanto políticas como econômicas, estão sendo dramaticamente remodeladas pela crescente interpenetração dos espaços monetários nacionais. A competição monetária impulsionada pelo mercado altera a distribuição dos recursos e do poder no mundo todo. Ela gera tensões e inseguranças cada vez maiores – ameaças potenciais à estabilidade global e também oportunidades promissoras de cooperação.

O impacto na política pública é visível em toda parte: desde os acalorados debates na União Europeia sobre uma nova moeda comum até as consequências ainda não resolvidas a partir do colapso da antiga zona do rublo soviético; desde as preocupações latino-americanas sobre as implicações hegemônicas da "dolarização" até as ansiedades incitadas pela possibilidade avultante de um bloco do iene no Pacífico Asiático. Os Estados Unidos se preocupam sobre de que modo preservar os privilégios associados ao uso global do dólar; a Grã-Bretanha sobre se deve preservar a própria libra. As ex-repúblicas soviéticas buscam estabelecer novas moedas confiáveis para acompanhar sua recém-criada independência política; as economias em desenvolvimento propensas à inflação lutam para manter a confiança nas antigas moedas ameaçadas com a substituição por parte das moedas estrangeiras. Os governos de todos os continentes se preocupam com os riscos envolvidos na elevada dependência de outros Estados; além disso, os políticos temem uma crescente vulnerabilidade às pressões imprevisíveis do mercado. Um vento fresco está soprando nas fronteiras tradicionais, alterando de forma dramática os padrões estabelecidos de riqueza e influência global. As apostas não poderiam ser mais altas.

Analiticamente, o que precisamos é de um novo entendimento da organização espacial das relações monetárias – a geografia do dinheiro. Até agora, a geografia monetária tem se mantido lamentavelmente subexplorada nas Ciências Sociais. Na verdade, o próprio termo "geografia monetária" permanece desconhecido de todos, exceto de alguns poucos especialistas acadêmicos. Em um mundo de moedas cada vez mais competitivas, essa indiferença descuidada é indesculpável.

As questões são claras. Se os domínios monetários não estão mais limitados pelas fronteiras territoriais, que forma eles assumem? Como são determinados? E quais são seus efeitos econômicos e políticos. Se a soberania monetária nacional não pode mais ser assegurada, como na prática são administradas as questões monetárias, e o que podemos ou devemos fazer a respeito? Essas questões afetam a todos nós. Não é preciso ser um geógrafo para compreender a necessidade de um melhor entendimento da geografia monetária.

Rumo a um novo mapa mental

O principal argumento deste livro pode ser brevemente resumido. O mito tradicional de Uma Nação/Uma Moeda privilegia erroneamente os interesses dos governos em relação a outros atores societários, perpetuando uma imagem equivocada da estrutura de poder nas relações monetárias globais. Na realidade, a competição transnacional transforma o papel do Estado na governança monetária, ameaçando uma importante crise de legitimidade nesse reino vital da economia política.

O que está em questão é uma crescente distância entre a imagem e o fato: entre a maneira em que concebemos a geografia monetária em nossa mente – as paisagens imaginárias que compõem nossos mapas mentais do dinheiro – e o modo pelo qual os espaços monetários passaram a ser configurados na prática real. As representações do espaço são socialmente construídas. Essas imagens cognitivas importam porque incorporam entendimentos específicos dos relacionamentos políticos subjacentes – quem tem o poder e como ele é exercido. Nossa escolha de imagens espaciais particulares automaticamente dá legitimidade a formas particulares de domínio ou autoridade. O apego a uma visão ultrapassada da geografia monetária torna mais difícil enfrentar os problemas reais e atuais das relações monetárias.

O conceito de Uma Nação/Uma Moeda deriva das convenções da geografia política padrão que, desde o Tratado de Vestfália no século XVII, celebrou o Estado-nação, absolutamente soberano dentro do seu próprio território, como a unidade básica de governança na política mundial. Assim como o espaço político foi concebido em termos daquelas entidades fixas e mutuamente exclusivas que chamamos de Estados, os espaços monetários passaram a ser visualizados em termos dos territórios soberanos separados onde cada moeda teve sua origem. Eu chamo isso de modelo vestfaliano de geografia monetária.

Nesse modelo concentrado no Estado, os governos nacionais exercem um controle monopolista da questão e do manejo do seu próprio dinheiro. Como resultado, o poder nas questões monetárias está decisivamente concentrado nas mãos do Estado. Nem todo governo consegue ser capaz de se beneficiar de todas as vantagens do monopólio monetário; podem ser requeridos compromissos que conduzam a uma subordinação ou a um compartilhamento da soberania monetária entre os Estados. Mas, mesmo assim, supõe-se que a governança monetária permanece sendo o mandato privilegiado dos governos.

O modelo vestfaliano pode ter sido um dia extremamente acurado – mas não é mais. O que foi dantes uma aproximação razoável da realidade agora se torna uma caricatura ultrapassada e equivocada. Atualmente, a competição impulsionada pelo mercado alterou muito a organização espacial das relações monetárias, corroendo significativamente os poderes monopolistas do Estado. Necessitamos de um modelo atualizado para colocar as percepções mais alinhadas com os desenvolvimentos contemporâneos. Em uma época em que as moedas são cada vez mais empregadas fora do seu país de origem, penetrando em outros espaços monetários nacionais, precisamos de uma imagem definida não pelas fronteiras políticas, mas sim por todo o alcance do uso e da autoridade efetivos de cada moeda. A geografia monetária precisa ser reconceituada em termos funcionais, para se concentrar nas redes em desenvolvimento das transações e dos relacionamentos monetários. Visto sob essa luz, o modelo vestfaliano tradicional é na verdade um caso muito especial. Uma moeda estritamente territorial é uma rede transacional exclusivamente confinada aos limites de um único Estado. Precisamos abranger uma variação muito mais ampla das possíveis configurações monetárias.

Nessa nova paisagem imaginária, o poder foi redistribuído não apenas entre os Estados, mas, ainda mais importante, dos Estados para as forças do mercado. O governo não é mais privilegiado automaticamente em relação aos atores societários. Os Estados permanecem influentes, é claro, por meio de sua continuada jurisdição sobre o suprimento das moedas nacionais. Mas o seu papel na governança monetária foi transformado, desenvolvendo-se na verdade do monopolista vestfaliano para algo mais parecido com um oligopolista industrial. Hoje em dia a autoridade deve ser compartilhada com outros agentes do mercado, em particular os usuários que estão do lado da demanda. Os espaços monetários estão atualmente moldados não pela soberania política, mas pela mão invisível da competição – os governos interagindo com os atores societários nos espaços sociais criados pelas redes transacionais do dinheiro.

A principal vantagem desse novo sistema de governança é que ele possibilita um controle do exercício arbitrário da autoridade governamental. O Estado agora, sendo oligopolista, tem uma probabilidade muito menor de abusar dos poderes ou de administrá-los de maneira incompetente do que ocorria quando ele desfrutava de um monopólio. A principal desvantagem também é clara: os atores do mercado são menos controláveis que os políticos por parte do eleitorado geral, o que levanta questões sérias sobre legitimidade e representação na tomada de decisão. Os mercados devem ter permissão para governar sem o consentimento formal dos governados? Os governos não perderam totalmente sua capacidade para agir em benefício de seus próprios cidadãos. Mas sem um mapa mental preciso para guiá-los, os políticos podem ser incapazes de responder efetivamente aos muitos problemas que enfrentam hoje ao criar uma política pública.

Explorando uma geografia monetária

No Capítulo 1, exploro o significado da geografia monetária como um "regime de representação" socialmente construído. É evidente que abordagens geográficas tradicionais proporcionam pouca orientação para uma conceituação precisa dos espaços monetários no mundo de hoje, em que as moedas se tornaram efetivamente desterritorializadas. Esboço uma abordagem alternativa, um modelo baseado no fluxo e fundamentado em uma distinção analítica clara entre as noções físicas e funcionais do espaço: "espaços de fluxos" em vez de "espaços de lugares". É fundamental para o modelo baseado no fluxo o conceito de um domínio preponderante do dinheiro, que combina a influência da territorialidade imposta pelo Estado com aquela das redes transacionais geradas pelo mercado. Usando essa abordagem alternativa, fica claro por que o modelo vestfaliano tradicional é na verdade um caso especial, não um estado de coisas normal.

A natureza e as implicações desse caso são o tema dos três capítulos seguintes, começando na primeira metade do Capítulo 2 com uma breve discussão de seus antecedentes históricos e de seu desenvolvimento. Contrária à crença popular, a tradição de Uma Nação/Uma Moeda é realmente de origem recente. De fato, só durante o século XIX os governos nacionais, primeiro na Europa e depois em outros lugares, começaram a consolidar seu controle monopolista sobre a criação e o manejo do dinheiro. Antes desse momento histórico ninguém se surpreendia ao encontrar uma multiplicidade de moedas circulando dentro ou entre jurisdições políticas. Os espaços monetários eram entendidos como efetivamente desterritorializados. Nesse sentido, a reemergência atual da competição entre as moedas impulsionada pelo mercado é simplesmente uma redescoberta do passado.

Então observamos os principais benefícios a serem derivados de uma moeda territorial: primeiro, um potente símbolo político para promover um senso de identidade nacional; segundo, uma fonte de renda potencialmente poderosa para financiar os gastos públicos; terceiro, um possível instrumento para lidar com o desempenho macroeconômico; e, finalmente, um meio prático para proteger a nação contra influências ou restrições estrangeiras. Todas as quatro vantagens privilegiam os interesses do Estado em relação aos atores societários.

Na prática, é claro, os Estados nem sempre têm estado em uma posição de avaliar por si mesmos todos os benefícios de um monopólio monetário. Muitos governos têm às vezes achado necessário se subordinar ou compartilhar a soberania monetária com outros Estados. Variações da primeira estratégia, estendendo-se desde a adoção imediata de uma moeda estrangeira ou de um fundo de estabilização cambial até diversas formas de indexação das taxas de câmbio, estão examinadas no Capítulo 3. Variações da segunda, alternando-se desde simples uniões das taxas de câmbio até uma fusão completa das moedas nacionais, estão tratadas no Capítulo 4. Em ambas as estratégias, a política parece dominar a economia na tomada de decisão dos governos.

Alternativas ao modelo vestfaliano centrado no Estado nos ocupam nos quatro capítulos restantes. O quinto é principalmente empírico, reunindo dados para demonstrar a impressiva escala e o crescimento do uso transnacional das moedas na era contemporânea. Estatísticas disponíveis, extraídas tanto de fontes publicadas como inéditas, nos oferecem um mapa misto da paisagem imaginária do dinheiro que está notavelmente em desacordo com os entendimentos convencionais do espaço monetário. Diferentemente do modelo vestfaliano, nós nos encontramos em um mundo de competição de longo alcance e ampla hierarquia entre as moedas – não um simples campo bidimensional de moedas territoriais claramente divididas, mas algo mais parecido com uma pirâmide tridimensional existente na realidade virtual criada pelas redes transacionais geradas pelo mercado. A imagem baseada no fluxo de uma pirâmide monetária capta melhor o significado atual da geografia monetária.

Quais são as implicações da desterritorialização monetária para o poder e a governança nas relações monetárias? Voltando aos quatro benefícios de um monopólio monetário examinado anteriormente, o Capítulo 6 segue o impacto da competição transnacional sobre a distribuição de recursos e de potenciais nas questões monetárias, tanto entre os Estados como entre os Estados e os mercados. Alguns governos podem conquistar o poder à custa de outros, mas os elementos do setor privado parecem ser os maiores vencedores. Mediante as escolhas que fazem entre as redes transacionais alternativas, os principais atores societários ganham uma nova forma de alavancagem sobre o comportamento político no setor público.

Entretanto, a redistribuição do poder não é a mesma coisa que uma total abdicação da autoridade. O Capítulo 7 mostra que os governos não se tornaram um anacronismo na governança das questões monetárias: eles continuam a dominar o suprimento de moedas em todo o mundo. Seu papel foi transformado de monopolista local privilegiado em oligopolista estratégico, competindo mais ou menos conscientemente pela lealdade dos usuários que estão do lado da demanda do mercado. A autoridade também não se dissolve simplesmente porque as forças de mercado impessoais obrigam o aumento da influência. A governança sobrevive, mas, diferentemente do modelo vestfaliano, agora é exercida conjuntamente pelos dois lados do mercado, e não apenas pelos Estados. O capítulo conclui delineando a crise de legitimidade que é ameaçada pelas recentes mudanças na organização espacial do dinheiro.

Finalmente, considero alguns importantes desafios políticos nas questões monetárias à luz do nosso entendimento melhorado das relações monetárias atuais. As questões tratadas incluem o futuro do dólar, o impacto potencial da união monetária europeia, as perspectivas para um bloco do iene e as dificuldades da gestão econômica em economias altamente dolarizadas. As realidades práticas excluem qualquer retorno fácil ao modelo vestfaliano do passado. Algum grau de competição transnacional está aqui para ficar. Por isso, os governos têm pouca escolha: eles devem se adaptar à interação dialética do Estado e da sociedade que cada vez mais molda a geografia global do dinheiro. Os políticos precisam agora aprender a se acomodar a uma estrutura dramaticamente nova do poder e da governança monetários.

O SIGNIFICADO DA GEOGRAFIA MONETÁRIA

> A imagem é tudo.
>
> Andre Agassi, em um anúncio de TV para
> as câmeras Canon EOS Rebel

O que entendemos por geografia monetária? Embora o termo não seja convencional, ele realmente abrange grande parte do que versam as discussões das relações monetárias globais. Fundamentalmente, a "geografia monetária" refere-se à organização espacial das relações monetárias – como os domínios monetários são configurados e governados. Quer reconheçamos ou não, todos carregamos imagens cognitivas de como os espaços monetários são organizados; e essas imagens, ou mapas mentais, por sua vez moldam a maneira como rotineiramente pensamos sobre o papel do dinheiro nas questões mundiais. Em certo sentido, o astro do tênis Andre Agassi está certo: a imagem *é* tudo. O problema é que a competição monetária se acelerou nos últimos anos, assim como nossas representações tradicionais da geografia monetária tornaram-se cada vez mais obsoletas. Precisamos de um novo modelo para melhorar o nosso entendimento.

O significado da geografia

Começamos pelo significado da geografia. As representações da geografia são essencialmente simbólicas – parte dos "atos diários da imaginação por meio dos quais o espaço e a identidade humana são construídos"

(Shapiro, 1996, p.3). São paisagens imaginárias que usamos para ordenar nossas percepções do mundo confuso e frequentemente desordenado em que vivemos. Os geógrafos falam da imaginação geográfica, que nos permite enxergar regularidade e até mesmo intenção no que poderia do contrário parecer um caos e um vazio opressores – "uma maneira de extrair sentido da complexidade e de nos ajudar a entender onde nós estamos" (Massey, 1995, p.26).

Assim, as representações da geografia vão muito além de apenas montanhas e vales, rios e oceanos, cidades e países. Mais basicamente, dizem respeito às pessoas: quem nós somos e como organizamos nossas vidas. Como declara uma fonte, "é mediante a nossa imaginação geográfica que desenvolvemos uma percepção da natureza global dos lugares em que vivemos; ou seja, desenvolvemos uma sensação de *como* estamos conectados, de que maneiras e a que locais" (Allen; Massey, 1995, p.2). Na verdade, a geografia diz respeito à sociedade como nós mesmos a concebemos: a geografia humana.

O conteúdo social da nossa imaginação geográfica é cada vez mais apreciado pelos estudantes de política mundial, inspirados em parte pelas percepções críticas de teóricos pós-estruturalistas como Michel Foucault e Jacques Derrida.[1] A mensagem essencial do pós-estruturalismo – também conhecido como "pós-modernismo" – é o poder determinativo do discurso: a maneira em que a linguagem molda a maneira como enxergamos o mundo. Desenvolvido inicialmente na década de 1970, o pós-estruturalismo causou seu primeiro impacto nos estudos literários e nas ciências humanas. Mais recentemente, os cientistas sociais também começaram a enfatizar sua importância, ainda que não tenham necessariamente endossado todos os aspectos da doutrina pós-estruturalista, destacando em particular as percepções do espaço nas relações políticas. "Nas Ciências Sociais", declara um observador, "as metáforas espaciais estão ganhando aceitação e se fala cada vez mais em fronteiras, localizações, posições, situações, imagens de locais e mapeamento" (Drainville, 1995, p.51). Os estudiosos falam sobre reconfiguração do espaço político, remapeamento do mundo e fronteiras desafiadoras. As paisagens imaginárias têm na verdade se tornado fundamentais para a maneira como pensamos os relacionamentos políticos.

Hoje em dia é amplamente aceito não apenas que as nossas representações do espaço político são importantes, mas também que são de fato *socialmente* construídas – não transmitidas pelos deuses, mas construídas a partir de nossas próprias ideias e experiências. John Ruggie capta o ponto em sua percepção das epistemes sociais, que ele define como "o equipamento mental que as pessoas mobilizam ao imaginar e simbolizar

---

[1] Para uma discussão particularmente útil da teoria pós-estrutural, ver Cmiel (1993).

formas de comunidade política" (1993, p.157).² Foucault, elaborando a noção francesa tradicional de *mentalités collectives*, fala dos "códigos fundamentais de uma cultura [...] o olho já codificado" (1970, p.xx-xxi). Outros concluem mais ou menos a mesma coisa quando falam sobre modelos ou paradigmas; os psicólogos sociais, do mesmo modo, quando falam de "mapeamento cognitivo". Nosso entendimento da política mundial baseia-se principalmente em um alicerce dessas imagens mentais.

É claro que a imaginação geográfica deve estar ancorada em alguma realidade empírica. As representações sociais não podem ser totalmente arbitrárias se quiserem permanecer úteis. Por outro lado, embora possamos excluir fantasias óbvias, pode não haver apelo a uma verdade única e objetiva na escolha entre construtos sociais alternativos. As representações geográficas são inevitavelmente subjetivas – mais propriamente, intersubjetivas –, cada uma procedendo de uma perspectiva particular, baseada na interação social e incorporando uma das muitas interpretações possíveis. Nenhuma pode reivindicar ser absolutamente neutra ou definitivamente verdadeira. Em certo sentido, todas são aceitáveis desde que não se afastem muito radicalmente dos fatos observados. Como escreve David Elkins, "os mundos socialmente construídos [...] não são naturais ou 'dados' [...] [Eles] devem ser encarados como maleáveis, como constitutivos do nosso ambiente, mas fundamentalmente derivados da experiência social compartilhada" (1995, p.18-9).

Não obstante, as escolhas são necessárias se quisermos extrair sentido da política envolvida. A política diz respeito a poder e autoridade: como as regras são criadas para a alocação de valores na sociedade e como são colocadas em prática e impostas – em suma, como as sociedades são governadas. Não é um pensamento radical ou revolucionário reconhecer que essas questões envolvem elementos de interesse. Nem seria injusto ou inocente assumir que a maior parte das imagens geográficas prevalecentes tende, intencionalmente ou não, a refletir a fundamental influência daqueles que as concebem e promovem. Como sugere um observador, essas representações são "produtos sociais [...] que refletem um equilíbrio de poder" (Massey, 1995, p.41). Ao escolher entre imagens alternativas, não apenas privilegiamos uma leitura da realidade sobre outras, mas privilegiamos uma estrutura de poder sobre outras – um sistema de governança e

---

2 Ver também Elkins (1995) e Biersteker; Weber (1996). Ruggie reconhece a adaptação do termo de *A palavra e as coisas* de Foucault (Ruggie, 1993, p.157, n.89). A expressão "episteme social" compartilha suas origens com o termo epistemologia, convencionalmente definida como a teoria ou ciência do método e dos campos de conhecimento, e é derivada da palavra grega para conhecimento. Ruggie (1975) usou previamente a mesma raiz para desenvolver o conceito de uma "comunidade epistêmica", que desfrutou de uma breve voga na literatura de economia política internacional (p. ex., Haas, 1992).

não outro. Nossas escolhas não são de modo algum inconsequentes, como nos lembra Edward Soja (1989, p.6):

> Devemos estar insistentemente conscientes de como o espaço pode ser criado para esconder de nós as consequências, de como as relações de poder e disciplina estão inscritas na espacialidade aparentemente inocente da vida social, de como as geografias humanas se tornam repletas de política e ideologia. (1989, p.6)

Na verdade, geografia *é* política. A maneira como concebemos o espaço tem um impacto real sobre a forma como pensamos a regulamentação e a aplicação, dando legitimidade a determinadas formas de domínio ou autoridade. Essa ideia é efetivamente captada pela apropriada expressão "regime de representação", como foi abordado em um comentário recente:

> As estruturas de poder estão incorporadas em "regimes de representação". Essas estruturas de poder são armazenadas no processo de formação de identidade, em concepções do espaço [...] assim como nas estruturas políticas que ajudam a sustentar diferentes formas de produção. (Murphy; Rojas de Ferro, 1995, p.63-4)

É nesse espírito, ligando as concepções de espaço a regimes de representação, que este livro busca o significado da geografia monetária. Vamos estudar a organização espacial do dinheiro para entender melhor a sua política: o sistema de governança incorporado nas relações monetárias. Vamos indagar como os espaços monetários são organizados. A resposta nos dirá muito sobre quem tem poder, como a autoridade monetária é exercida e qual é o seu impacto na economia e na política contemporâneas.

O significado do dinheiro

Considere em seguida o significado do dinheiro.[3] No seu aspecto mais básico, o dinheiro é definido pelas funções que desempenha. Como observou ironicamente um conhecido economista britânico muitos anos atrás: "O dinheiro é um daqueles conceitos que, como uma colher de chá ou um guarda-chuva, mas diferentemente de um terremoto ou de um ranúnculo amarelo, são definidos principalmente pelo uso ou o propósito a que servem" (Hawtrey, 1928, p.1). O dinheiro é uma coisa que, independentemente de suas características físicas ou legais, costumeira e principalmente desempenha algumas funções específicas.

Três funções particulares são tradicionais: meio de troca, unidade de conta e reserva de valor. Como meio de troca, o dinheiro é sinônimo

---

3 Neste livro, os termos "dinheiro" (*money*) e "moeda" (*currency*) são usados alternadamente.

de meio circulante de pagamento. Nesse papel, seu principal atributo é sua aceitabilidade geral para satisfazer obrigações contratuais. Enquanto unidade de conta, o dinheiro proporciona um denominador comum, ou numerário, para a avaliação de diversos produtos, serviços e bens. Aqui, seu principal atributo é sua capacidade para comunicar informações de preço tanto de maneira confiável como rápida. Como reserva de valor, o dinheiro oferece um meio conveniente para guardar riqueza. Nessa função, seu principal atributo é a capacidade para preservar o poder de compra, conectando o intervalo, ainda que transitório, entre as receitas das vendas e os pagamentos das compras.[4]

A invenção do dinheiro foi um dos passos mais importantes na evolução da civilização humana – "comparável", segundo sugeriu um autor, "à domesticação dos animais, ao cultivo da terra e à utilização do poder" (Morgan, 1965, p.11). Antes do dinheiro havia apenas troca. A transação econômica arquetípica requer uma coincidência inversa e dupla de desejos para que a troca ocorra. Cada uma das duas partes tem de desejar o que a outra está preparada para oferecer – um sistema de comércio claramente ineficiente, pois muito tempo tem de ser dedicado ao necessário processo de busca e barganha. Com a introdução do dinheiro, a transação da troca se divide em duas separadas, venda e compra, reduzindo os custos da aquisição de informações. Um vendedor pode aceitar dinheiro em vez de bens ou serviços para entrega imediata, mantê-lo até que seja necessário para a realização de uma compra e, nesse ínterim, usá-lo para avaliar o valor no mercado. Uma consequência disso foi facilitar a troca multilateral, promover a especialização na produção e uma divisão do trabalho cada vez mais eficiente.

No entanto, a invenção do dinheiro teria sido impossível sem um grau mínimo de coesão social – um grupo de agentes, localizado em algum lugar e com razão suficiente para acreditar em uma reutilização futura do instrumento para aceitar sua validade presente para propósitos tanto de pagamento como de contabilidade. O fundamental de todos os três papéis do dinheiro é a *confiança*: a fé recíproca de uma massa crítica de negociantes que pensam da mesma maneira. Nenhum indivíduo racional aceita voluntariamente um mero instrumento em troca de bens ou serviços sem pelo menos alguma garantia de que ele subsequentemente será aceito como valor nominal por outras pessoas. Na verdade, o dinheiro não tem

---

4 Embora concordando que todas as três funções são integrantes da definição de dinheiro, os teóricos monetários há muito têm discordado sobre qual é essencial, alguns argumentando que o papel de meio de troca é fundamental (p. ex., Meltzer, 1995), outros enfatizando a primazia do uso do dinheiro como uma unidade de conta (p. ex., Aschheim; Tavlas, 1996). Felizmente, não há necessidade de resolver aqui esse debate tão antigo.

nenhum significado senão com referência à confiança mútua que possibilita o seu uso.

De onde vem esse vínculo de confiança mútua? Poderia derivar da ação do Estado, como declarou o economista alemão George Knapp no início do século XX. Segundo a "teoria estatal da moeda" de Knapp, todo dinheiro era um produto da lei e dependente de regulamentações legais para sua validade. Mas essa é uma visão indevidamente restritiva da prática real, como deixa claro até mesmo um olhar de relance na história monetária. A aceitabilidade pode também se originar de várias fontes não estatais – na verdade, de nada mais que a lenta acumulação da prática do mercado, refletindo todas as maneiras de crenças e influências sociais. As raízes da confiança incorporada no dinheiro são na verdade muitas e até certo ponto misteriosas, como declarou o economista W.T. Newlyn (1962, p.2):

> A condição necessária para o desempenho (do dinheiro) é a aceitabilidade geral no pagamento da dívida. A aceitabilidade geral pode surgir como um resultado de vários fatores diferentes operando isoladamente ou combinados; isso cai dentro daquele grupo intrincado, mas fascinante, de fenômenos que são afetado por crenças autojustificadas. Se os membros de uma comunidade acham que o dinheiro será em geral aceitável, então ele o será; do contrário, não.

O termo genérico para uma comunidade desse tipo, unida pela argamassa dos relacionamentos sociais, é *rede* – um conceito cada vez mais usado pelos cientistas sociais para estudar o comportamento em todos os níveis de análise, desde os locais até os globais. A ideia de rede enfatiza uma complementaridade e um compromisso fundamentais entre diversos indivíduos e organizações. Também enfatiza a coordenação e o autocontrole por meio de nada mais que um processo contínuo de acomodação mútua. Em uma rede, os relacionamentos são descentralizados e podem ser tanto de longa distância como impessoais: a coesão não é limitada pelo local físico nem por uma necessidade de encontros diretos. Os relacionamentos podem também ser intermitentes, envolvendo apenas episódios de interação ocasionais e com frequência muito breves. As redes não demandam projetos de instituições formais nem regras explícitas para serem efetivas. Requerem apenas um grau suficiente de reciprocidade e confiança intragrupo.

No caso do dinheiro, a argamassa é uma rede de *transações* – trocas mútuas entre agentes autônomos que fora isso podem ter pouco ou nada em comum e que podem até estar situados em locais totalmente diferentes. A importância das redes transacionais do dinheiro, há muito tempo observada por George Simmel (1900) e até antes por Karl Marx (1864), é frequentemente citada nos dias de hoje pelos estudiosos. De fato, para os sociólogos essas redes se tornaram a própria essência de um conceito econômico do contrário abstrato. Segundo um analista pioneiro, o dinheiro "é um fato social".[5] Em outras palavras, o dinheiro é melhor entendido como uma instituição social coerente e em evolução, baseada em circunstâncias históricas reais – um produto de padrões autofortalecidos da prática e do comportamento do mercado. Na linguagem mais contemporânea do sociólogo Nigel Dodd (1994, p.xxiii):

> A informação implícita na transação monetária proporciona o ponto de distinção mais fundamental entre a troca monetária e a de mercadorias. Significativamente, essa distinção não surge da comparação de formas monetárias e não monetárias, mas do exame da rede de relacionamentos sociais essenciais a cada um como um tipo de troca [...] Por isso, para entender o que é característico do dinheiro é necessária uma referência à rede de relacionamentos sociais que possibilita sua transação.

Os economistas também enfatizam a importância das redes transacionais, particularmente quando elas explicam as origens e os benefícios materiais do dinheiro. Fundamental para a análise econômica do dinheiro é a questão dos custos transacionais – os custos associados com a busca, a barganha, a incerteza e o cumprimento dos contratos. Os custos das transações são claramente reduzidos pelo uso da troca monetária em vez da troca de mercadorias. A magnitude das poupanças estará diretamente relacionada ao número de atores dispostos a aceitar uma determinada quantia de dinheiro como pagamento. Quanto maior o tamanho da rede transacional do dinheiro – o que um analista chama de "espessura" do seu mercado (Alogoskoufis, 1993) –, maiores serão as economias de escala a serem derivadas do seu uso. Os teóricos monetários descrevem de diferentes maneiras esses ganhos como externalidades da rede do dinheiro, externalidades da espessura e, simplesmente, o valor do dinheiro na rede. As externalidades de rede podem ser entendidas como uma forma de interdependência em que as práticas de qualquer ator dependem estrategicamente daquelas adotadas pelos outros na mesma rede de interações.

Na verdade, as redes transacionais definem os domínios funcionais das moedas individuais: a extensão do seu uso efetivo para vários propósitos monetários. A geografia monetária, como veremos, está fundamentalmente baseada nessas importantes estruturas sociais.

---

5 Marcel Mauss, "Les Origines de la notion de monnaie", Institut Français d'Anthropologie, *Compte rendu des séances*, v.2 (1914), como está citado em Zelizer (1994, p.25). Discussões recentes notáveis por parte dos sociólogos incluem Baker (1987), Zelizer (1989, 1994) e Dodd (1994, 1995).

Geografia política

Os mapas mentais da geografia monetária requerem uma escolha consciente entre conceituações ou modelos alternativos, cada um incorporando um regime de representação diferente. Como nos lembrou Robert Gilpin, "apesar da crença [...] de que o sistema monetário é um mecanismo neutro, todo regime monetário impõe custos e benefícios diferenciais" (1987, p.119). As representações tradicionais, baseadas no mito Uma Nação/Uma Moeda, efetivamente privilegiam os interesses do Estado sobre aqueles atores do mercado privado. Entretanto, em uma era de uso acelerado da moeda transnacional, essas visões parecem obsoletas. É requerido um novo modelo.

A armadilha territorial

A maneira mais simples de representar a geografia monetária é em termos territoriais elementares, o equivalente à geografia política tradicional.[6] Assim como somos condicionados a ver a superfície do mundo acima de tudo em termos de entidades fixadas e mutuamente exclusivas chamadas Estados-nação, também poderíamos pensar nas moedas em termos dos separados domínios da soberania em que se originam. Politicamente, o globo está dividido em jurisdições nacionais baseadas em territórios. Por que não conceituamos o dinheiro da mesma maneira, centrado no Estado?

A resposta é que uma abordagem desse tipo obscurece mais do que revela – assim como a geografia política da qual é derivada. Nós sabemos que a territorialidade é uma expressão geográfica primária do poder social entre os humanos, como o é entre muitos outros animais e remonta às próprias origens da nossa espécie como uma raça de primatas desnudos. Nas palavras do geógrafo Robert Sack (1986, p.1): "A territorialidade nos humanos é mais bem entendida como uma estratégia espacial para afetar, influenciar ou controlar os recursos e as pessoas mediante o controle da área".[7]

Nos últimos anos, no entanto, tanto os geógrafos como os cientistas políticos começaram a enfatizar as graves limitações, e até mesmo distorções, introduzidas pelas imagens territoriais convencionais das relações internacionais – a noção enganosamente inocente de que a política mundial pode ser mais bem entendida em termos de "pacotes espaciais claramente

---

6 Para um exemplo recente, ver Eichengreen; Flandreau (1996).
7 Ver também Johnston (1986).

divididos" (Agnew, 1994b, p.89).⁸ A perspectiva territorial, como uma maneira de mapear a política, tem sempre sido até certo ponto equivocada. Hoje está se tornando cada vez mais distanciada do mundo real em que vivemos. Como escreveu Robert Jackson (1990, p.7):

> O Estado soberano [...] está atualmente tão impregnado na vida pública da humanidade e gravado nas mentes das pessoas que parece ser um fenômeno natural que está além do controle dos estadistas ou de qualquer outra pessoa. Quando um mapa político do mundo, que representa os locais particulares dos chamados Estados em diferentes continentes e oceanos, é mostrado repetidamente às crianças nas escolas, elas podem facilmente terminar encarando essas entidades na mesma luz que as características físicas, como rios ou cadeias de montanhas que às vezes delimitam suas fronteiras internacionais. Acontece que não somente o próprio mapa mas também as jurisdições soberanas que ele representa são um arranjo político totalmente artificial que poderia ser alterado ou até mesmo abolido.

A noção de Estado soberano, baseada na territorialidade exclusiva, tem uma linhagem longa e respeitável, remontando pelo menos ao Tratado de Vestfália de 1648. Este é em geral reconhecido como um divisor de águas na política mundial – aos olhos de muitos, não apenas o primeiro tratado para definir o direito internacional moderno, mas, mais fundamentalmente, o momento crucial na evolução das questões humanas da Idade Média para o modernismo. O propósito ostensivo do Tratado de Vestfália foi pôr fim à Guerra dos Trinta Anos. Um documento complicado, ele continha provisões para tratar várias questões contenciosas, incluindo diversos apelos dinásticos, divisões de território, prática religiosa e a constituição do Sacro Império Romano. No entanto, o Tratado é mais lembrado pelo estabelecimento da norma da soberania para cada Estado dentro de suas próprias fronteiras geográficas. Na verdade, ele estabeleceu formalmente a territorialidade como a única base para o mapa político da Europa.⁹ Daí em diante, o poder ficou incorporado no Estado independente, autônomo. Nenhum governo poderia intervir nas questões internas de qualquer outro.

Antes do Tratado de Vestfália, durante a Idade Média, as questões eram mais complicadas. Até então não havia soberanias definidas ou exclusivas na Europa. O poder e a autoridade eram difusos, com

---

8 Para alguns exemplos, ver Agnew (1994a), Agnew; Corbridge (1995), Taylor (1993, 1994, 1995), Camilleri; Jarvis; Paolini (1995), Elkins (1995), Shapiro; Alker (1996) e Murphy (1996). Agnew, Corbridge, Taylor e Murphy são geógrafos; os outros são cientistas políticos.

9 A ascendência da territorialidade absoluta não foi instantânea, é claro. Mesmo depois de 1648, certas práticas anômalas continuaram, incluindo alguns direitos extraterritoriais residuais concedidos ao Sacro Império Romano e ao Papado. Mas, como escreveu Daniel Philpott (1995, p.364), "as anomalias foram apenas aqueles – vestígios do passado". A maioria das exceções foi desaparecendo pouco a pouco durante os dois séculos seguintes.

frequência transferidos, e certamente mais permeáveis. Os domínios políticos estavam espalhados e misturados em uma vasta colcha de retalhos de direitos de governo justapostos e incompletos, em que "diferentes instâncias jurídicas estavam geograficamente interligadas e estratificadas, e abundavam muitas fidelidades, suseranias assimétricas e enclaves anômalos" (P. Anderson, 1974, p.37-8). As complexidades e ambiguidades misteriosas da legitimidade que daí resultaram foram aceitas como parte da ordem natural do universo. Nenhum pensamento do território *per se* como sendo o critério dominante para a organização do espaço político. Nas palavras de Ruggie, "o sistema medieval [...] era uma forma de regra territorial segmentária que não tinha nenhuma das conotações de materialismo e exclusividade transmitidas pelo conceito moderno de soberania. Representava uma organização heterônoma de direitos e reivindicações territoriais – do espaço político" (1983, p.173).

O Tratado de Vestfália, em contraste, santificou o território como o princípio organizador fundamental da política mundial. Na época autoconscientemente moderna que sucedeu o medievalismo, os sistemas legítimos de governança assumiram a forma de entidades nacionais territorialmente definidas, fixadas e mutuamente exclusivas, todas essencialmente similares em termos funcionais.[10] A soberania era em princípio ao mesmo tempo absoluta e clara – um modo mais *homônimo* do que *heterônimo* de organização do espaço político.[11] O Estado territorial era em geral aceito como a unidade básica da autoridade política, privilegiando o governo sobre a sociedade. A política global estava concebida em termos do familiar sistema de Estado-nação – o chamado modelo vestfaliano de geografia política.

Mais recentemente, no entanto, a ideia do Estado territorial soberano como uma representação precisa da realidade política sofreu um escrutínio cada vez mais crítico.[12] O modelo vestfaliano era claramente um produto

---

10 Os estudiosos diferem sobre quando realmente teve início a era moderna. A maior parte dos cientistas políticos apenas distingue amplamente entre os períodos medieval e moderno; o modernismo começou com Vestfália. Outros, particularmente os historiadores ou os humanistas – muitos seguindo a sugestão de Foucault (1970) –, insistem em uma distinção adicional entre a era clássica, que foi a sucessora imediata do medievalismo, e a era realmente moderna, que nos disseram que na verdade só começou no início do século XIX.

11 Os termos "homônimo" e "heterônimo" nesse contexto foram popularizados por Ruggie, que explica: "O termo 'heterônimo' refere-se a sistemas em que as partes estão sujeitas a diferentes leis biológicas ou modos de crescimento, e 'homônimo' a sistemas em que elas são sujeitas às mesmas leis ou modos de crescimento [...] No sentido original e biológico dos termos, os dedos de uma mão exibiriam um crescimento homônimo – para um significado atual das relações internacionais, ler 'todos os Estados são funcionalmente parecidos' – e o coração e as mãos do mesmo corpo um crescimento heterônimo – ler 'todos os Estados são funcionalmente diferentes'" (1993, p.151, n.63).

12 Ver especialmente as notáveis obras de Stephen Krasner (1988, 1993, 1995/1996) e de John Ruggie (1983, 1989, 1993). Outras contribuições de destaque incluem A. James (1986),

de um tempo e um lugar específicos. Não podia reivindicar uma verdade geral ou validade eterna. Como resumiu um observador,

> Uma pequena história comparativa segue um longo caminho. Ela nos mostra que o Estado soberano não é uma ocorrência natural. Na verdade, comparado com outras formas de governo e de maneiras de organizar o espaço, ele é historicamente excepcional [...] uma maneira caracteristicamente moderna de conceber e organizar o espaço [...] Nenhuma outra civilização jamais imaginou ou organizou o mundo conhecido dessa maneira. (Rosenberg, 1994b, p.99 e 103)

Os limites do modelo vestfaliano são atualmente bem reconhecidos. A soberania do Estado absoluto pode ainda prevalecer como uma norma jurídica, uma regra constitutiva básica santificada no direito internacional. A autoridade dos governos sobre um espaço geográfico definido é ainda, em princípio, inviolável. Mas em termos da prática atual o conceito no máximo tem sido sempre e apenas uma ficção conveniente – uma "armadilha territorial" (Agnew, 1994a) para os descuidados.[13] Algumas décadas atrás, John Herz (1957), lidando com o desafio cada vez mais difícil de defender a "casca dura" da soberania do Estado em tempos de guerra, já falava da "morte do Estado territorial". Na verdade, o poder jamais esteve tão totalmente ilimitado dentro de fronteiras geográficas fixadas. De certa forma a soberania prática sempre foi mais contingente do que categórica: mais contestada do que cedida, mais flexível do que imutável, mais difusa do que indivisível. Na verdade, os Estados estão perpetuamente engajados na negociação ou renegociação de elementos da sua autoridade nacional nominal. A soberania, na expressão franca de Stephen Krasner, sempre esteve "disponível" (1993, p.260).

E nunca nos séculos desde o Tratado de Vestfália essa observação foi mais verdadeira do que na nossa própria época, quando os Estados se encontram cada vez mais desafiados pelo fenômeno econômico conhecido

---

Kratochwil (1986), Caporaso (1989), Jackson (1990), Walker; Mendlovitz (1990), Rosenau; Czempiel (1992), Camilleri; Falk (1992), Walker (1993), Rosenberg (1994a), Spruyt (1994), Guehenno (1995), C. Weber (1995) e Biersteker; Weber (1996). Ironicamente, esse desafio analítico está ocorrendo exatamente na mesma época em que as fronteiras territoriais dos Estados existentes se tornaram, na prática, mais fixadas do que nunca. Hoje em dia o território não é mais negociado entre os Estados ou tratado como um prêmio legítimo da força militar; e as únicas mudanças das fronteiras nacionais internacionalmente reconhecidas são aquelas, como ocorreu na ex-União Soviética e na Tchecoslováquia, que seguem as linhas das fronteiras internas já existentes (Jackson; Zacher, 1996).

13 Por essa razão, algumas fontes (p. ex., Andrews, 1994) insistem em uma firme distinção linguística entre o princípio legal do controle, para o qual o termo soberania parece mais apropriado, e a questão empírica da autoridade prática, talvez mais bem descrita por palavras como autonomia ou independência. Eu prefiro um uso mais relaxado da linguagem, desde que a distinção entre princípio e prática seja tornada clara em cada contexto.

como globalização. Os vínculos entre as economias nacionais estão claramente em ascensão. Como resultado, as pressões hoje não vêm apenas de outros governos, mas até mais criticamente de uma série cada vez mais ampla de atores societários influentes, corporações multinacionais e outras que operam nas fronteiras nacionais mediante os mecanismos do mercado global. A crescente desconexão entre um sistema político baseado no território soberano e em uma economia transnacional que está se tornando mais recentemente mundial em seu escopo tornou-se um clichê da literatura acadêmica.[14] Está claro que a integração do mercado problematiza a questão da governança econômica. O poder é cada vez mais drenado dos governos nacionais e compartilhado, formal ou informalmente, com agentes privados. A autoridade é cada vez mais exercida conjuntamente mediante estruturas de governança diversas e híbridas. De acordo com um comentário recente,

> o Estado agora se vê confrontado por camadas de organização cada vez mais elaboradas que entrelaçam suas fronteiras territoriais [...] A imagem de um mundo onde o espaço é apropriado e exclusivamente controlado por Estados soberanos é uma ferramenta conceitual de utilidade duvidosa. (Camilleri; Falk, 1992, p.250)

Nosso sistema global atual não é de modo algum simples como os mapas centrados no Estado que aprendemos na escola nos teriam feito acreditar. Muito ao contrário. Como uma questão prática, a organização do espaço político hoje é bem mais parecida com o mundo heterônimo da Idade Média do que o modelo homônimo vestfaliano. O nosso é agora um mundo de estruturas de poder difusas e permeáveis, "mecanismos de governança cuja autoridade não está centralizada no Estado" (Sassen, 1996a, p.16). Alguns estudiosos, remetendo-se àqueles dias iniciais, rotulam esses desenvolvimentos de o novo medievalismo ou neomedievalismo. Outros, mais sintonizados com a moda intelectual contemporânea, adotam rótulos pomposos: pós-moderno, pós-internacional, pós-vestfaliano ou plurilateral. No entanto, todos concordam que a geografia política se tornou uma importante extensão "desterritorializada", para usar o apropriado termo

---

14 Grande parte dessa literatura deve sua inspiração aos escritos iniciais do economista Raymond Vernon (1971) e dos cientistas políticos Robert Gilpin (1975) e Robert Keohane e Joseph Nye (1977). Para alguns exemplos recentes, refletindo vários pontos de vista, ver Gilpin (1987), Hirst; Thompson (1992, 1995, 1996), Strange (1994, 1995, 1996), Axford (1995), Bryan (1995), Jones (1995), Ohmae (1995), Boyer; Drache (1996), Sassen (1996a) e Rodrik (1997). Michael Shapiro descreve a questão como "uma disputa entre os impulsos da soberania e cambial [...] O *impulso da soberania* tende a traçar fronteiras firmes em torno de si para especificar inequivocamente as identidades individuais e coletivas [...] Em contraste, o *impulso cambial* encoraja o fluxo e, portanto (frequentemente), o relaxamento das especificações das subjetividades elegíveis e das fronteiras territoriais" (1993, p.2-3).

de Arjun Appadurai.[15] A política mundial evidentemente precisa atualizar suas imagens.

Evitando a armadilha territorial

O dinheiro não é diferente. Os mesmos limites que se aplicam às imagens territoriais da política são também relevantes para as relações monetárias. A noção de que, como a política global, o mundo do dinheiro pode ser ingenuamente representado por um sistema de pacotes espaciais claramente divididos – o que podemos chamar de o modelo vestfaliano da geografia monetária – é igualmente enganosa e, dado o passo acelerado atual da competição monetária transnacional, talvez ainda mais afastada da realidade.

Para uma moeda ser verdadeiramente territorial, seu domínio funcional teria de coincidir exatamente com a jurisdição política do seu Estado emissor – cada vez mais, na era contemporânea, um caso muito especial.[16] Essa moeda teria de exercer um apelo exclusivo a todos os papéis tradicionais do dinheiro na economia doméstica. Nenhuma outra moeda poderia ser aceita para propósitos de transações ou usada para a denominação de contratos ou bens financeiros. E o governo precisaria ser capaz de exercer sozinho o controle da operação do sistema monetário, dominando os agentes do mercado. Em questões de comércio, o equivalente seria a autarquia, a autossuficiência nacional. Na verdade, contudo, a autarquia não é mais comum hoje nas questões monetárias do que o é no comércio.

É claro que a soberania monetária, como a política, continua a existir como uma regra constitutiva. É o governo excepcional que ainda não procura preservar, o máximo que pode, um monopólio efetivo sobre a questão e o manejo do dinheiro dentro do seu próprio território. Entretanto, o que importa é a prática real, não o princípio formal – e a prática depende da *demanda* de dinheiro, sobre a qual os governos têm relativamente pouco controle, e não apenas do *suprimento*. Os Estados exercem jurisdição direta apenas sobre o estoque da moeda nacional em circulação. Indiretamente, podem manipular a demanda do mercado por meio de incentivos pecuniários ou restrições legais. Mas em um mundo de mercados rapidamente integrados, nem mesmo o governo mais autoritário pode assegurar que apenas a sua moeda será usada em preferência às originadas em outros

---

15 Por exemplo, ver Bull (1977), Ruggie (1989; 1993), Cerny (1993b), Harvis; Paolini (1995), Helleiner (1996a; 1997a) e Kobrin (1996). Alguns estudiosos preferem o termo "desarticulados". Ver Kratochwil (1986), Ruggie (1993), Elkins (1995) e Sassen (1996a).

16 O termo "moeda territorial", definido como uma moeda que é "homogênea e exclusiva dentro das fronteiras territoriais de um Estado", foi cunhado por Helleiner (1996a). Em outros trabalhos usei o termo mais inadequado "dinheiro nacional insular" para o mesmo propósito (Cohen, 1997a, 1997b). Andrew Leyshon, geógrafo, descreve isso como "homogeneização do espaço financeiro dentro das fronteiras de um Estado-nação" (1995a, p.38). Para mais comentários sobre as moedas territoriais, ver o Capítulo 2.

locais. Como em outras áreas da política nacional, atualmente a autoridade monetária dos governos está sendo cada vez mais desafiada por uma ampla série de poderosas forças de mercado.

Por isso, a noção de moedas territoriais simples é no máximo uma ficção conveniente. A organização do espaço monetário, não menos que a do espaço político, tornou-se até certo ponto desterritorializada.[17] As imagens centradas no Estado da geografia monetária também necessitam ser atualizadas.

Geografia econômica

Se a geografia política tradicional tem uso limitado como um guia para mapear as relações monetárias, o que dizer da geografia *econômica* – o campo de investigação dedicado explicitamente à organização espacial da atividade econômica? O dinheiro obviamente desempenha um papel central na produção, distribuição e consumo da riqueza material. Assim sendo, será que os estudos de geografia econômica poderiam proporcionar um análogo mais competente para a representação dos espaços monetários?

Ainda a armadilha territorial

Lamentavelmente, a utilidade da geografia econômica também é limitada, para nossos propósitos, por uma preocupação com a importância abrangente do território. Um importante compêndio nos informa: "Fundamentalmente, o geógrafo econômico está preocupado com a *organização espacial* dos sistemas econômicos: com *onde* os vários elementos do sistema estão localizados, *como* estão conectados no espaço e o *impacto espacial* dos processos econômicos" (Dicken; Lloyd, 1990, p.7). Na verdade, na geografia econômica o território não significa pacotes espaciais claramente divididos. A própria natureza da economia exige um foco nos vínculos entre entidades fisicamente separadas, não sua exclusividade mútua. Como expressa um comentário recente, nem todos os geógrafos econômicos são necessariamente resistentes a "pressuposições topológicas" alternativas incorporando "diferentes conjuntos de coordenadas" (Thrift; Olds, 1996, p.321). Não obstante, para a maioria dos estudiosos que trabalham no campo, as imagens centrais permanecem estreitamente ligadas ao lugar.

---

17 Eric Helleiner, em um comentário pioneiro, refere-se ao "desmoronamento da territorialidade" na esfera monetária (1997a, p.18-22). Helleiner também enfatiza a origem relativamente recente da noção histórica das moedas territoriais, que eu retomo mais detalhadamente no Capítulo 2.

Essa tendência geral está certamente evidente na teoria da localização padrão, a mais antiga tradição analítica da geografia econômica, que foi desenvolvida especificamente para explicar como e por que várias atividades passam a estar situadas onde estão. Baseada nos princípios da economia neoclássica convencional, a teoria da localização trata de questões como o padrão espacial da agricultura, a distribuição de vilas e cidades e, dentro das áreas urbanas, a localização de famílias individuais. Enfatiza a importância da distância e da acessibilidade como determinantes dos custos de produção. Os resultados são analisados em termos de difusão espacial ou economias de aglomeração (os retornos crescentes derivados de operações concentradas bem próximas umas das outras). Os efeitos são descritos em termos de dispersão ou polarização, efeito cascata ou crescimento irregular.

A mesma orientação também está evidente em abordagens mais recentes, estruturais, da geografia econômica, com frequência baseadas na teoria marxista ou neomarxista, que adiciona uma ênfase às estruturas básicas do capitalismo para ajudar a explicar a organização espacial da atividade.[18] Em contraste com a teoria da localização padrão, que é muitas vezes criticada por suas abstrações estáticas, as abordagens estruturais enfatizam as questões de mudança global e o papel fundamental dos processos históricos. Eles fundem a geografia econômica tradicional com teorias mais recentes de desenvolvimento econômico e político. O mundo é tipicamente conceituado como uma hierarquia econômica compreendendo um centro rico, uma periferia economicamente empobrecida e, com frequência, uma semiperiferia entre os dois.

Em princípio, os modelos estruturais se concentram mais no processo do que no lugar. Como escreveu um importante expoente: "Esse padrão centro-periferia [...] refere-se a processos complexos e não diretamente a áreas, regiões ou Estados [...] O próprio espaço pode não ser em sua natureza nem centro nem periferia. Em vez disso, há processos centro e periferia que estruturam o espaço" (Taylor, 1993, p.19). Na prática, no entanto, o diálogo é quase sempre conduzido em termos territoriais, concentrando-se em como ou quando várias áreas, regiões ou Estados se movem de uma posição para outra da hierarquia. O papel da localização física permanece central.

Portanto, essas diferentes abordagens proporcionam pouca ajuda direta para nos auxiliar na desterritorialização do estudo do dinheiro. Indiretamente, contudo, estudos de geografia econômica, particularmente da

---

18 As abordagens estruturais da geografia econômica são em sua maioria derivadas das teorias de dependência e câmbio "desigual", e em particular do modelo dos sistemas mundiais de Immanuel Wallerstein (1984). Exemplos recentes importantes incluem Taylor (1993) e Knox; Agnew (1994). Para uma discussão a esse respeito, ver Dicken; Lloyd (1990).

variedade estrutural, oferecem dois insights importantes. Um deles é que a noção do lugar pode ser desvinculada de uma equivalência rígida com os Estados-nação. A localização pode se referir a áreas pequenas como um bairro, grandes como um continente, e não apenas a entidades soberanas definidas por fronteiras políticas fixas. O outro é que um modo homônimo de organização espacial não é inconsistente com vínculos comportamentais e relacionamentos centro-periferia baseados no poder, na influência e na autoridade. Os espaços podem ser estruturados hierarquicamente, não somente em termos de equivalência funcional. Ambas as ideias, como veremos, contribuem para uma representação mais acurada da geografia e do dinheiro na atualidade.[19] Mas ainda estamos a alguma distância de um modelo realmente satisfatório das relações monetárias globais.

O fim da geografia?

O que dizer dos estudos mais especializados dentro da tradição da geografia econômica que se concentram especificamente no dinheiro e nas finanças? Embora a noção de geografia monetária não faça parte da linguagem costumeira da ciência social, ela também não é totalmente desconhecida; e nos últimos anos alguns estudiosos mais jovens, particularmente no mundo de língua inglesa, começaram a pensar seriamente sobre que novo insight poderia ser conseguido pela reconceituação das questões de dinheiro e finanças em termos de sua organização espacial.[20] Infelizmente, a maioria desses esforços, por toda a ingenuidade envolvida, também permaneceu estreitamente ligada às imagens territoriais tradicionais.

A inspiração imediata para esse novo trabalho tem sido o notável ressurgimento dos mercados financeiros globais nas últimas décadas, estimulados tanto pelas inovações tecnológicas e a desregulamentação do governo, como manifestados em maciços movimentos da moeda e do capital através das fronteiras nacionais. A globalização das finanças, como já dissemos, alterou dramaticamente a geografia do sistema mundial. Os

---

19 Embora bastante negligenciadas na análise contemporânea, alusões a ambas as ideias emergiram em algumas discussões históricas. Ver, por exemplo, Boyer-Xambeu et al. (1994, p.10), que ao discutirem a "geografia monetária" da Europa na Renascença falam de "uma hierarquia de áreas, cada uma delas possuindo uma unidade orgânica própria". Lamentavelmente, tal pensamento ainda não causou muito impacto nas representações convencionais do espaço monetário na nossa própria época.

20 Exemplos notáveis incluem Daly; Logan (1998), Corbridge; Martin; Thrift (1994), Leyshon (1995a), Thrift (1995), Germain (1997) e Leyshon; Thrift (1997). Para um recente levantamento em duas partes de trabalhos realizados ao longo dessas linhas, principalmente por geógrafos e sociólogos, ver Leyshon (1995b, 1997).

espaços monetários estão sendo sistemática e fundamentalmente transformados pela série grandemente expandida de escolha da moeda. Mas a maioria das questões continua a ser expressa em um vocabulário territorial, tocando em tópicos familiares como a distribuição de poder entre os Estados ou a alocação das atividades do mercado entre os centros financeiros.[21] Na verdade, para muitos estudos, o termo "geografia" serve como pouco mais que uma fachada estilística para análises em geral convencionais.

Outro autor, no entanto – Richard O'Brien, um banqueiro internacional –, conseguiu inspirar algum pensamento novo com uma única expressão sentenciosa: *O fim da geografia*.[22] Segundo O'Brien, a integração mundial dos mercados financeiros inevitavelmente significa a morte da geografia. Em suas palavras,

> à medida que os mercados e as regras tornam-se integrados, a relevância da geografia e a necessidade de decisões básicas sobre a geografia vão se alterar e diminuir. O dinheiro, sendo intercambiável, vai continuar a tentar evitar, e será muito bem sucedido na fuga, os confins da geografia existente [...] Quanto mais nos aproximamos de um todo global, integrado, mais próximos chegamos do fim da geografia. (O'Brien, 1992, p.2-5)

A tese de O'Brien é provocativa. Tem gerado um vigoroso debate.[23] Será que ele está certo?

Pelo menos três interpretações podem ser ligadas à sua proposição. Em sua interpretação mais simples (e menos interessante), ela pode ser construída em termos puramente territoriais, significando um declínio na importância da localização física quando os mercados são integrados pelas forças da competição e de inovação técnica. Novas tecnologias de comunicações e informações já permitem que os atores do mercado operem com impunidade através das fronteiras nacionais. Pode ser imaginado um futuro em que os serviços sociais serão proporcionados e as transações conduzidas apenas no espaço cibernético. Esse parece ser o significado que o próprio O'Brien tinha em mente. Mais uma vez em suas palavras: "O fim da geografia, como um conceito aplicado aos relacionamentos financeiros

---

21 Leyshon (1995b) rotula esses tópicos, respectivamente, de "economia geopolítica das finanças" e "geoeconomia das finanças".

22 Ultimamente os estudiosos têm se ocupado em declarar o "fim" de quase tudo – desde a natureza e a ciência até a arquitetura e a economia – como declarou recentemente Mihir Desai (1996). Ver as contribuições de Camilleri; Falk (1992), Ohmae (1995) e Guehenno (1995). Boa parte da inspiração para essa última geração de "finismo" provavelmente vem do famoso artigo de 1989 de Francis Fukuyama, escrito no primeiro fluxo de celebração no fim da Guerra Fria, declarando nada menos que o fim da história. Ou talvez a tendência tenha algo a ver com a chegada do milênio.

23 Ver, por exemplo, R. Martin (1994), Cable (1995) e Leyshon (1995a).

internacionais, refere-se a um estado de desenvolvimento econômico em que a localização geográfica não mais importa" (O'Brien, 1992, p.1). Na verdade, todos os mercados globais vão colapsar em uma única entidade orgânica, e os negócios serão realizados em qualquer lugar e em toda parte, independentemente do lugar.

Tal cenário, no entanto, desafia a credulidade. A importância do lugar não será completamente apagada enquanto as economias de aglomeração puderem ser obtidas ao se alocar em grande proximidade as operações relacionadas de produção e serviço. Os benefícios incluem o uso mais eficiente das informações onde o contato entre os agentes do mercado é facilitado, a difusão dos custos das utilidades públicas e da infraestrutura necessárias e a disponibilidade imediata de habilidades especializadas e de funções de apoio. Até mesmo O'Brien admite que "algumas atividades ainda serão realizadas dentro de uma área física relativamente limitada, em que um conjunto de especialidades é valioso [...] Onde os negócios requerem um toque pessoal [...] a localização dos atores ainda vai importar" (1992, p.76). Não é por acaso que os mercados financeiros historicamente se reúnem em alguns locais selecionados; nem que os centros financeiros, uma vez estabelecidos, em geral resistem à invasão de concorrentes mais novos por longos períodos de tempo. Como disse Ron Martin, "a integração global não significa o 'fim da geografia' no que se refere à esmagadora influência do local e das negociações dos centros financeiros do mundo" (Martin, 1994, p.264).[24] Os atores racionais vão continuar a ser atraídos para alguns lugares específicos enquanto os ganhos excederem os custos da congestão.

Em um segundo sentido, o fim da geografia pode ser entendido em termos políticos, referindo-se ao declínio da autoridade do Estado que muitos estudiosos atribuem à globalização financeira e à crescente influência dos mercados "sem Estado" nas questões monetárias.[25] Quanto mais a política pública está restringida pelas ações de atores privados, menos relevantes são as fronteiras legais tradicionalmente indecisas entre jurisdições políticas. Finalmente, todo o poder pode ser drenado em favor do capital transnacional. O Estado territorial, como um dia previu Charles Kindleberger, então funcionaria "mais ou menos como uma unidade econômica" (1969, p.207). Mas essa interpretação também desafia a credulidade. Como já declarei em outro trabalho (Cohen, 1996), quanto mais plausível for o cenário, menos dramático ele é – um mundo de governança compartilhada e tensão persistente de ambos os lados da divisão entre o Estado e o mercado. A autoridade monetária nacional está sendo sem dúvida desafiada, mas ainda não está pronta para ser atirada na lixeira da história.

---

24 Ver também Sassen (1996b).
25 Exemplos incluem Gill; Law (1989), Underhill (1991), Cerny (1993a, 1994b), Goodman; Pauly (1993), Andrews (1994) e Strange (1994).

Finalmente, em um terceiro sentido, o fim da geografia pode ser interpretado em termos cognitivos, como uma expressão abreviada para uma mudança de longo prazo na maneira em que pensamos sobre os espaços monetários. Aqui está o valor real da interessante proposição de O'Brien. A organização espacial das finanças evidentemente diz respeito a mais do que apenas à localização da atividade comercial ou às restrições da autoridade do Estado (ambas as questões essencialmente baseadas nas imagens territoriais tradicionais). Fundamentalmente, ela se refere às redes transacionais que fortalecem os mercados mundiais para o dinheiro e o capital – os domínios funcionais dentro dos quais operam as moedas individuais. A questão não é que as fronteiras tenham se tornado menos relevantes; é que o seu real significado foi transformado. O'Brien nos obriga a reconsiderar como conceituar a estrutura e a governança das relações monetárias.

Mais de um quarto de século atrás o futurologista Alvin Toffler antecipou-se a O'Brien quando também falou da "morte da geografia" – causada, segundo ele, pelo aumento marcante da mobilidade pessoal e profissional na economia global depois da Segunda Guerra Mundial. As lealdades e os compromissos estavam "se deslocando das estruturas sociais relacionadas ao lugar (cidade, estado, nação ou bairro) para aquelas (corporação, profissão, amizade, rede) que são em si móveis, fluidas e, para todos os propósitos práticos, menos relacionadas ao lugar". Na verdade, a mobilidade dos "novos nômades causou tantos problemas que as diferenças importantes entre as pessoas já não estão mais tão fortemente relacionadas ao lugar" (1970, p.84). A mobilidade do capital está de algum modo diferente? Com a globalização financeira vem o uso transnacional aumentado da moeda e da competição, diminuindo a importância do lugar na determinação de quem usa que moeda, quando e para que propósito. A geografia não termina como um resultado; O'Brien e Toffler estão errados em relação a isso. Mas a geografia está efetivamente desterritorializada, liberta da dependência estrita da localização física. A contribuição de O'Brien é ressaltar as limitações críticas das interpretações territoriais convencionais do espaço monetário.

Um modelo baseado no fluxo

Para desterritorializar o estudo da geografia monetária precisamos de uma distinção clara entre as noções físicas e funcionais do espaço – as primeiras ligadas à localização ou ao lugar, as segundas às redes de transações ou relacionamentos. Os domínios monetários propriamente ditos são espaços sociais definidos não pelas fronteiras políticas, mas pela extensão do uso e da autoridade efetivos de cada moeda: "espaços de fluxos", para usar uma expressão cada vez mais popular, em vez da mais convencional "espaços de lugares".²⁶ Tal distinção é crucial para um modelo novo e mais útil da geografia monetária, o que podemos chamar de um *modelo baseado no fluxo* das relações monetárias. As dimensões do espaço monetário são medidas com mais precisão não pelas coordenadas padrão de longitude e latitude, mas pela oferta e a demanda: pelo comportamento e pelas decisões de diversos agentes, incluindo os governos, no mercado global para o dinheiro.

É bem verdade que um modelo baseado no fluxo não é fácil de visualizar. Uma espécie de "geografia virtual", ele com certeza não pode ser facilmente traçado em um mapa.²⁷ Mas a ideia de rede oferece uma base mais profunda para o entendimento da organização espacial do dinheiro do que o Estado territorial tradicional; e certamente proporciona maior insight nas estruturas básicas de poder e governança nas relações monetárias.

Os espaços como redes

A distinção entre espaço físico e funcional não é nova. Há meio século o historiador econômico François Perroux chamava a atenção para o contraste entre as noções "banais" do espaço físico e as ideias mais abstratas do espaço *econômico*, que ele definiu essencialmente como um "campo de forças". "A matemática moderna", escreveu, "se acostumou a considerar as relações abstratas que definem os seres matemáticos, e assim, portanto, a dar o nome de 'espaços' a essas estruturas de relações abstratas" (1950, p.91). Os economistas devem aprender a fazer o mesmo, a fim de não deturparem seriamente o mundo que se propõem a explicar. Nas palavras de Perroux, "um sentido banal de localização do espaço cria a ilusão da coincidência do espaço político com o espaço econômico e humano [...] Por isso acontece de as doutrinas patológicas [...] se apresentarem tão apoiadas pelos fatos admitidos pelo próprio bom senso" (1950, p.90).

Mais recentemente, uma nova geração de geógrafos econômicos, preocupados com o fato de seu campo estar se tornando cada vez mais deteriorado, começou a enfatizar o mesmo ponto. Declaram que os "pressupostos topológicos" tradicionais, ligados ao lugar, precisam ser

---

26 O primeiro uso que encontrei dos termos "espaço de fluxos" e "espaço de lugares" está em Castells (1989). Quatro anos mais tarde, John Ruggie (1993) propôs a mesma distinção; suas referências exibem um conhecimento evidente do trabalho anterior de Castells. Para um uso mais recente, ver, por exemplo, Thrift (1995).

27 O termo "geografia virtual" tomei emprestado do comentarista australiano McKenzie Wark (1994), que distingue as "percepções à distância" produzidas pelos meios de comunicação globais (televisão, telecomunicações e afins) da nossa mais familiar – e trivial – "geografia da experiência".

suplementados ou substituídos por imagens mais novas e mais funcionais do que físicas em sua natureza. Thrift e Olds (1996) preveem que muitos trabalhos futuros em geografia econômica irão na verdade se concentrar nessas abstrações como redes e fluxos, como Perroux havia preconizado.

É interessante notar que, entre os mais importantes dos espaços econômicos abstratos enfatizados por Perroux, estava o *monetário* – um campo de forças "visto mais facilmente em termos de uma 'rede' de pagamentos". Dada a importância fundamental do dinheiro na civilização humana, continua, a noção de espaço monetário "merece ser escrutinizada e analisada" (1950, p.97-8). Mas na prática seu conselho há muito vem sendo negligenciado.[28] Só recentemente têm sido feitas algumas tentativas rudimentares para escapar dos limites do modelo vestfaliano da geografia monetária.

O antropólogo Appadurai, por exemplo, escreve sobre os "escapes financeiros" (finanscapes) – paisagens imaginárias geradas pelo movimento de grandes quantidades de capital "através das catracas nacionais a uma velocidade espantosa" (1990, p.8). Similarmente, os geógrafos Andrew Leyshon e Nigel Thrift falam de "redes de atores" criadas pelos agentes do mercado interagindo através do meio do dinheiro, que eles caracterizam como sendo "as principais estruturas de governança no sistema financeiro internacional" (1997, p.298). Em outra publicação, Thrift descreve o mundo do dinheiro como um "conjunto de redes", uma "nova tipologia que possibilita ir a quase qualquer lugar que as redes atinjam" (1995, p. 29 e 33). Um sociólogo, Nigel Dodd, enfatiza "a utilidade da rede monetária para propósitos empíricos e analíticos" (1994, p.xxiii). E Stephen Kobrin, professor de administração, descreve o mercado financeiro mundial como um construto "mais no espaço eletrônico do que no espaço geográfico [...] uma rede integrada através de sistemas de informação eletrônicos" (1997a, p.158).

Infelizmente, na maior parte dessas discussões o conceito de rede permanece pouco desenvolvido, servindo na verdade como um pouco mais que uma metáfora conveniente para as preocupações intelectuais específicas de cada autor. Nenhum desses observadores faz uso da nova literatura sobre a economia das redes, desenvolvida em grande parte na França, onde os teóricos finalmente começaram a explorar de maneira sistemática as implicações práticas da abordagem funcional da organização das relações espaciais. Pelo que sei, apenas duas fontes até agora tentaram aplicar essa nova teoria da rede diretamente à análise das questões monetárias (Aglieta;

---

28 Talvez a exceção mais notável tenha sido um ensaio antigo dos economistas Joseph Aschheim e Y. S. Park (1976), que escreveram sobre o papel que as unidades de conta não estatais – chamadas de unidades monetárias artificiais (UMAs) – podem desempenhar na criação de "áreas monetárias funcionais". No entanto, pouca atenção tem sido dada à sua sugestão.

Deusy-Fournier, 1994; Thygesen et al., 1995).[29] Precisamos de mais trabalho nessas linhas, para aperfeiçoar a noção de redes monetárias e explicar em detalhes suas potenciais consequências econômicas e políticas.

A noção de domínio autoritário

Para formalizar a noção de redes monetárias, precisamos distinguir claramente entre três possíveis significados do domínio monetário:

1) *Domínio territorial*. Este é um "espaço do lugar" tradicional, definido pela jurisdição política dos governos emissores. Corresponde às imagens físicas convencionais da geografia política e é a base do modelo vestfaliano padrão, centrado no Estado.
2) *Domínio transacional*. Este é o "espaço de fluxos" relacional do dinheiro, definido pela extensão de uso direto de cada moeda para vários propósitos monetários, quer em seu país de origem ou em outro lugar. Corresponde diretamente às imagens alternativas e funcionais das redes transacionais e parece ser a base para as sugestões rudimentares de Appadurai e outros.
3) *Domínio autoritário*. Este é um conceito novo, destinado a combinar transações e territorialidade – a dimensão funcional e também a física – em um único amálgama de uso e autoridade. A noção capta o papel fundamental de não apenas uma, mas das duas principais influências na geografia monetária, os mercados e os governos.[30]

A noção de domínio autoritário atua como a principal variável em um modelo da geografia monetária baseado no fluxo. Para ser amplamente abrangente, a análise não pode se concentrar apenas no uso direto da moeda para vários propósitos – domínios transacionais – mais do que pode nos domínios territoriais tradicionais. Um domínio puramente transacional é a abordagem típica dos estudos empíricos do dinheiro internacional,[31] e certamente parece captar uma concepção funcional da geografia. Mas uma abordagem desse tipo é, na verdade, parcial e potencialmente enganosa,

---

29 Na verdade, essas duas fontes podem ser consideradas uma, pois os relevantes textos são virtualmente idênticos e, evidentemente, devem sua composição a Pierre Deusy-Fournier, que foi coautor de ambas as publicações.
30 Esta definição aprimora e revisa ligeiramente versões do conceito de domínio predominante que propus em tentativas anteriores de explorar a geografia do dinheiro (Cohen, 1994, 1997a, 1997b).
31 Ver, por exemplo, Black (1990, 1993), Tavlas (1991, 1993a, 1996b), Tavlas; Ozeki (1992), Hakkio (1993), Thygesen et al. (1995), Frankel (1995a) e Eichengreen; Frankel (1996). Para mais discussões, ver o Capítulo 5.

pois negligencia as conexões indiretas entre os espaços monetários que resultam da competição e de relacionamentos hierárquicos. Não podemos nos esquecer dos sistemas de poder e governança que estão implícitos nas configurações alternativas do espaço monetário. As relações monetárias, sendo competitivas, são uma questão não apenas do uso, mas também da *autoridade*. Elementos de dominância e dependência claramente entram também no quadro, como resultado de forças do mercado ou de decisão política. Um modelo completo deve dar a devida consideração a essas influências indiretas e não apenas aos determinantes diretos mais óbvios da geografia monetária.

Por isso, conceptualmente, precisamos refletir em mais que apenas a extensão das transações para as quais uma determinada moeda pode desempenhar as funções padronizadas do dinheiro. Precisamos, além disso, pensar nas transações sobre as quais a moeda pode exercer um importante grau de influência efetiva, seja formal ou informalmente. É isso que a noção de domínio autoritário capta, abrangendo vínculos hierárquicos entre as moedas e também suas redes individuais de uso. Os domínios autoritários podem ser maiores ou menores que os domínios transacionais, dependendo dos vínculos que existam entre as moedas separadas.

Para ilustrar, considere um país onde por uma razão ou outra os residentes começam a ter predileção por uma moeda estrangeira para vários propósitos domésticos. O processo é conhecido como substituição monetária. Na verdade, o domínio transacional da moeda doméstica fica correspondentemente diminuído. A competição internacional corrói diretamente seu domínio autoritário, enquanto aumenta o domínio autoritário da moeda estrangeira. Entretanto, grande parte do mesmo efeito pode ser alcançada indiretamente, mesmo na ausência de uma substituição aberta, se os vínculos financeiros externos forem suficientemente fortes. Imagine, por exemplo, que os mercados financeiros internos estejam funcionalmente ligados àqueles de um vizinho maior e mais rico; ou que o governo interno tenha optado por fortalecer sua taxa de câmbio, formal ou informalmente, em relação a uma moeda estrangeira mais forte. De todo modo, um grau de controle sobre a moeda doméstica foi na verdade cedido a uma moeda dominante em outro lugar. A moeda local pode continuar a funcionar normalmente dentro da economia nacional, preservando seu domínio transacional. Mas no entanto o domínio autoritário da moeda é corroído pela expansão da influência da moeda estrangeira.

Em um mundo competitivo e hierárquico, a noção de domínio autoritário é mais adequada que o domínio territorial ou transacional para propósitos analíticos formais. A bem da verdade, ela não pode ser facilmente operacionalizada para a pesquisa empírica. Os dados simplesmente não existem para um registro acurado de todo o uso transnacional das moedas, que dirá para relacionamentos de autoridade mais sutis. Mas nenhum é um domínio tão autoritário como outra metáfora conveniente para se falar sobre dinheiro; e é claramente superior às abordagens tradicionais como uma maneira de explorar as estruturas de governança e o papel do poder nas relações monetárias.

O modelo vestfaliano em perspectiva

A formalização do conceito de domínio autoritário não apenas generaliza o nosso mapa mental da geografia monetária, mas também nos permite colocar em perspectiva o modelo vestfaliano convencional.

A característica fundamental do modelo vestfaliano centrado no Estado, a moeda estritamente territorial, é o equivalente a uma rede transacional confinada exclusivamente às fronteiras de um único Estado soberano – uma condição que já descrevi como sendo, cada vez mais, um caso muito especial. Os domínios monetários só seriam pacotes espaciais claramente divididos se cada governo fosse capaz de manter o controle do monopólio não apenas sobre a questão do dinheiro, mas também do seu uso; ou seja, tanto sobre a demanda quanto sobre a oferta. Mas sabemos que isso não existe mais. Os governos atualmente são cada vez menos capazes de preservar até mesmo um mínimo de autarquia monetária; em um mundo de extensa competição transnacional entre as moedas, a autoridade não é exercida apenas pelo Estado. Ao contrário, os atores privados também desempenham um papel fundamental, mediante suas escolhas entre os veículos a serem usados para vários propósitos monetários. Por isso, em geral os mercados e os governos compartilham o poder na moldagem e na governança dos espaços do dinheiro. Como comentou uma fonte,

> Na economia internacional os fatores da demanda desempenham um papel muito mais importante na determinação de quais moedas estão sendo usadas [...] Como não há autoridade supranacional que possa impor o uso de uma única moeda, essas questões são decididas no local do mercado, pelas decisões e ações de agentes públicos e privados de todos os países. (Alogoskoufis; Portes, 1992, p.274)

É claro que os governos podem não ser receptivos a esse papel dos mercados. Os Estados em geral não estão menos preocupados com sua capacidade para lidar com o dinheiro do que estão com respeito a outras dimensões de sua suposta soberania nacional. Por isso, dentro dos limites estabelecidos pelas capacidades dos recursos e pelo ambiente estratégico da rivalidade entre os países, a maioria dos governos busca ativamente preservar o maior controle monopolista possível, quer sozinhos ou em cooperação; e o fazem qualquer que seja a natureza do regime político doméstico. Uma moeda soberana é valorizada em toda parte, por razões que exploraremos no próximo capítulo. Por enquanto, basta notar que se os governos fizessem o que quisessem, a maioria dos espaços monetários seria na verdade definida em termos estritamente territoriais. Esses espaços seriam coextensivos com as fronteiras nacionais e tão numerosos quanto os próprios Estados decidissem.

Os mercados, por outro lado, preferem os benefícios de eficiência da competição, como demonstra amplamente a crescente penetração do uso da moeda transnacional no mundo. Se os atores do mercado fizessem o que quisessem, o número de moedas separadas seria certamente menor do que os governos preferem, e os limites de seus domínios de modo algum coincidiriam com as fronteiras políticas estabelecidas. As razões para essas preferências também serão exploradas nos capítulos posteriores.

Finalmente, como veremos, a geografia monetária depende do comportamento do mercado e também da autoridade política, cada lado desempenhando um papel fundamental em um processo contínuo. Veremos também que a governança não é uma questão do Estado *versus* a sociedade, como os estudiosos das relações monetárias tão frequentemente colocam a questão,[32] mas sim do Estado (quer funcionando como o principal ou como o agente) *interagindo com* as forças societárias nos espaços sociais criados pelas redes transacionais do dinheiro. Por isso, logicamente, podemos conceber uma ampla série de configurações alternativas.

Nesse contexto, o modelo vestfaliano, imposto apenas pelos governos, pode ser visto pelo que realmente é – um caso limitado em um extremo. No extremo oposto está um mundo de competição monetária irrestrita, um sistema de dinheiro efetivamente desterritorializado moldado exclusivamente pelas forças do mercado – o dinheiro "desnacionalizado", como a ideia foi chamada por seu mais conhecido defensor, o austríaco Friedrich Hayek, prêmio Nobel de economia (Hayek, 1976, 1990). As influentes visões *laissez-faire* de Hayek foram ecoadas por especialistas monetários tanto na Europa como nos Estados Unidos, que questionam por que os governos devem ter qualquer papel na criação e na gestão do dinheiro.[33] O modelo vestfaliano é um caso especial porque privilegia absolutamente o poder do Estado sobre a sociedade. O dinheiro desnacionalizado é um caso igualmente especial porque faz o inverso, privilegiando totalmente os mercados sobre a autoridade governamental.

Na prática, é claro, os resultados caem em algum lugar entre esses dois opostos polares, com as redes transacionais incorporando os impactos

---

32 Na verdade, eu também tenho sido culpado de colocar a questão dessa maneira, como Philip Cerny (1994c) observou criticamente em uma revisão de Cohen (1993b). O presente livro é um refinamento mais detalhado do meu pensamento.
33 Para alguns exemplos, ver B. Klein (1974), Vaubel (1977, 1984), Greenfield; Yeager (1983), Yeager (1983), White (1983, 1984, 1988, 1989), Rahn (1986, 1989), Glasner (1989), Dowd (1992) e Selgin; White (1994).

recíprocos do comportamento do Estado e do comportamento do mercado. Do mesmo modo, as implicações políticas e econômicas podem ser absolutamente diferentes daquelas sugeridas pelo modelo vestfaliano ou por sua igualmente extremada contraparte da livre concorrência. A grande vantagem de um modelo baseado no fluxo é que ele pode abarcar todas as possíveis variações espaciais, incluindo os dois casos especiais de dinheiro territorial e desnacionalizado, em uma única estrutura. Ele é também livre no tempo; em geral é suficiente para ser usado para estudar a geografia monetária em qualquer período histórico, não apenas nos dias de hoje. Imagino que muitos novos insights poderão ser obtidos dessa reformulação das nossas imagens mentais padronizadas.

* * *

Um modelo novo e mais abrangente da geografia monetária é realmente possível se partirmos da distinção fundamental entre as noções físicas e funcionais do espaço monetário. Está claro que as imagens territoriais tradicionais ocultam mais do que revelam sobre as estruturas de poder e governança em um mundo de competição monetária. Em contraste, a noção alternativa de domínio autoritário, baseada em redes desterritorializadas de transações e relacionamentos, nos oferece uma importante oportunidade para melhorar o nosso entendimento da política monetária atual.

Dinheiro territorial

> Há poucos exemplos de governos nacionais que não tenham procurado impor um padrão monetário único dentro do seu domínio de autoridade política.
>
> Michael Mussa, "Macroeconomic Policy Implications of Currency Zones", 1991

Embora esteja rapidamente se tornando obsoleto, o modelo vestfaliano continua a dominar o nosso modo de pensar sobre as relações monetárias internacionais. Até mesmo a maioria dos especialistas, entre eles o diretor de pesquisa do FMI, Michael Mussa, ainda nos induz ao erro baseando suas discussões em uma imagem mental de moedas estritamente territoriais.[1] A vantagem do mito Uma Nação/Uma Moeda é clara. Como a suposição da competição perfeita na teoria econômica padrão, ele proporciona um ponto de partida conveniente para a análise. Fatos em contrário podem ser tratados simplesmente como desvios estranhos. Mas a desvantagem é igualmente evidente. Insistindo em uma paisagem imaginária

---

1 Segundo Barry Eichengreen (1996b, p.12), "Mussa adora descrever como, cada vez que ele vai caminhando até a cafeteria do FMI, descendo o corredor onde as cédulas dos Estados membros estão expostas, ele redescobre uma das muitas regularidades robustas da economia monetária: a correspondência individualizada entre os países e as moedas". Nas próprias palavras de Mussa, "um passeio ao longo do corredor do primeiro piso da sede do Fundo Monetário Internacional em Washington revela o fato fundamental e incontestável de que a regularidade empírica é uma nação, uma moeda" (1997, p.217). Eichengreen, historiador econômico consumado, é justificadamente mais cético.

povoada por moedas soberanas mutuamente exclusivas, a abordagem convencional na verdade privilegia o poder dos governos nacionais sobre todos os outros atores. Ela implicitamente endossa um sistema de governança centrado no Estado, por mais que ele possa deturpar a realidade no processo.

Um olhar para trás

Vamos começar olhando brevemente para trás, para colocar as representações atuais na perspectiva histórica apropriada. Poucos observadores parecem perceber como são recentes as origens do modelo vestfaliano. Como escreveu Robert Zevin, "na nossa miopia moderna, em geral nos esquecemos que um mundo de dinheiros nacionais diferentes não foi o espaço econômico primitivo a partir do qual ele se desenvolveu" (1992, p.46). Na verdade, a ideia de uma moeda estritamente territorial foi, como o próprio Estado-nação, uma invenção muito tardia. Realmente só durante o século XIX os governos declararam pela primeira vez o direito legítimo de monopolizar o controle sobre a emissão e o manejo do dinheiro.

A prática da cunhagem soberana, é claro, remonta a muito antes – de fato, ao próprio início da civilização moderna.[2] No mundo ocidental, as moedas apareceram inicialmente nas cidades-Estados gregas da Ásia Menor (na Turquia ocidental) durante os séculos VIII e VII a.C., e iriam ser encontradas em toda parte no Mediterrâneo oriental em 500 a.C. A maioria dos historiadores credita as primeiras dessas moedas a Gyges, rei da Lídia (687-652 a.C.), em torno do ano 670 a.C. No Extremo Oriente, as moedas mais antigas conhecidas originaram-se ainda mais cedo, durante a dinastia Chou, que começou em 1022 a.C. (Kann, 1937). Uma vez inventadas, as moedas rapidamente passaram a dominar todos os outros instrumentos então em uso para propósitos monetários padronizados.

Antes do século XIX, no entanto, o direito soberano da cunhagem raramente foi interpretado em termos exclusivamente territoriais. Poucos Estados esperavam – ou mesmo, em princípio, reivindicavam – um monopólio para suas próprias moedas dentro de suas próprias fronteiras. Na verdade, muito ao contrário, como tem sido amplamente documentado. "A regra geral", declara uma fonte, "era que as moedas circulassem em toda parte sem considerar as fronteiras" (Boyer-Xambeu et al., 1994, p.105). As moedas estrangeiras poderiam ser usadas alternadamente com o dinheiro local, e só raramente eram impostas restrições sobre o que poderia ser tratado como concorrência legal. A escolha da moeda era virtualmente ilimitada. Nas palavras de Carlo Cipolla, conhecido historiador econômico,

---

2 Para algumas discussões proveitosas do início da história monetária, ver Ederer (1964), Groseclose (1976), Wisely (1977), Braudel (1982), Chown (1994) e Davies (1994).

A soberania monetária é uma coisa muito recente. No final do século XIX nenhum Estado ocidental desfrutava de uma soberania monetária completa [...] Nos séculos anteriores [...] o princípio básico da organização monetária [era] que as moedas estrangeiras tinham os mesmos direitos que as nacionais e poderiam entrar e circular livremente sem qualquer restrição particular. (1967, p.14)

Em resumo, a geografia monetária refletia e replicava estreitamente a difusa e permeável ordem política que associamos com a era pré-moderna – o mundo heterônimo da Idade Média e antes dela. Até o século XIX as moedas eram efetivamente desterritorializadas e a competição transnacional era a regra, não a exceção.

A emergência das moedas internacionais

É claro que nem toda moeda circulava em toda parte. A maioria delas era do tipo pequeno, fracionário – moedas "pequenas" geradas para servir nas transações locais. Fundidos a partir de ligas de metais básicos como cobre ou bronze, um conteúdo metálico de pequeno valor intrínseco, esses símbolos não eram aceitos com frequência e por isso era muito raro serem encontrados fora da área limitada onde foram cunhados. O uso difundido era limitado às moedas "maciças" maiores, de prata ou ouro (moeda metálica) – cuja utilidade como um meio de troca ou uma reserva de valor poderia ser mais prontamente assegurada.

Entre essas moedas maciças, a competição pela fidelidade dos usuários era entusiasmada, por duas razões. Por um lado, havia a possibilidade de desvalorização: depreciação do valor intrínseco da cunhagem, acidental ou, de outro modo, por causa da erosão do peso ou da pureza. Por outro, existia também a possibilidade de uma mudança no preço de mercado da prata ou do ouro, que alteraria a atratividade relativa das moedas cunhadas a partir de um desses metais. Dessas contingências surgiu a famosa proposição conhecida como Lei de Gresham, "A moeda má expulsa a moeda boa", que prevê que, onde os valores intrínsecos de dinheiros separados, como aqueles determinados pelas forças do mercado, divergem de seus valores nominais, o dinheiro de maior valor intrínseco será retirado de circulação e acumulado em antecipação a uma elevação no preço.[3] Ninguém quer abrir mão de uma moeda que pode valer mais no futuro.

---

3 A máxima é atribuída a sir Thomas Gresham (1519-1579), negociante inglês e fundador da Bolsa de Valores de Londres. Ele também foi por algum tempo conselheiro financeiro da rainha Elizabeth I. Para algumas qualificações técnicas da Lei de Gresham, ver Rolnick; Weber (1986).

Com o tempo, no entanto, como todos buscavam o mesmo dinheiro "bom", os favoritos do mercado tenderam a se desenvolver, criando uma hierarquia entre as moedas maciças. Tipicamente, apenas uma iria emergir como a moeda internacional dominante – a vencedora em um processo de seleção natural estimulado pela demanda.[4] Esse favorito darwiniano desfrutaria de um domínio autoritário, estendendo-se bem além da jurisdição da entidade soberana que o emitia. Outras moedas ofereceriam então a bajulação fundamental, a imitação, padronizando-se segundo as principais características da moeda dominante. Como escreve:

> Se observarmos mais de perto a massa de grandes moedas existentes e em circulação, seus tipos e suas características, vamos perceber que na verdade elas todas eram mais ou menos internacionais, mas (1) que sempre existiu uma entre elas que predominou como a moeda internacional e em toda parte desfrutava de muito mais prestígio, sendo muito mais ansiosamente exigida e bem mais facilmente aceita, e (2) que a maioria das outras grandes moedas em circulação e emitidas nos diferentes Estados não era nada além de uma cópia mais ou menos fiel da moeda prevalente, imitando seu peso, sua pureza e com frequência até seu desenho e suas inscrições. (Cipolla, 1967, p.15)

A primeira moeda genuinamente internacional, o dracma de prata de Atenas, estabeleceu sua predominância já no século V a.C. (Ederer, 1964, cap. 6; Chown, 1994, cap. 12). Com a cabeça de Atena de um lado e uma coruja, símbolo da deusa, no verso, a "coruja" era de longe a moeda de maior prestígio de sua época. Continuou a ser amplamente circulada e imitada muito depois de a influência da própria Atenas ter diminuído – na verdade, já bem adiante na época do Império Romano, cuja própria moeda (frequentemente desvalorizada), o dinar, era em geral considerada suspeita. Segundo o historiador Elgin Groseclose,

> O dracma ateniense [...] tornou-se a moeda sonante padrão do comércio grego e, durante as conquistas alexandrinas, o padrão para a Ásia. Além disso, os dracmas atenienses encontraram seu caminho para partes distantes do mundo, como a Índia e o norte da Europa. Após a absorção da Grécia no Império Romano, tornou-se o modelo para o dinar romano, que originalmente foi fundido com um peso e uma pureza equivalentes [...] No entanto, preferia-se o dracma grego à flutuante cunhagem romana, particularmente para o comércio das Índias, e consequentemente a

---

4 Um autor se refere a estas como "moedas de prestígio" (Ederer, 1964, p.85). Esse processo de seleção natural de longo prazo foi muito similar à internacionalização monetária e à substituição monetária da época atual, que tem sido descrita como a Lei de Gresham ao contrário (Streissler, 1992; Guidotti; Rodriguez, 1992; Sturzenegger, 1994). Para mais discussões, ver o Capítulo 5.

encontramos fundida, sob os auspícios imperiais, já bem entrado o período do imperialismo romano. Enquanto o dinar romano era constantemente depreciado [...] o dracma, graças à pureza do seu padrão, mantinha vivas as instituições do comércio. (1976, p.20-1)[5]

Em seguida à queda do Império Romano, nenhuma moeda era mais amplamente aceita do que o solidus de ouro bizantino – mais tarde também chamado de nomisma e, mais tarde ainda, sob influência italiana, de besante –, que foi pela primeira vez cunhado por Constantino, o Grande, no início do século IV. Por quase oitenta anos, o besante poderia ser chamado, nas palavras de Robert Lopez (1951), o "dólar da Idade Média" – a primeira moeda internacional da sua época. Sua circulação, segundo uma autoridade, estendia-se "do Ceilão até o Báltico [...] Os besantes cunhados com o selo imperial tornaram-se o meio de troca aceito em todo o mundo civilizado" (Groseclose, 1976, p.49-50). Outras fontes citam um monge grego do século VI que orgulhosamente se vangloriava de que o besante "é aceito em toda parte, de um extremo ao outro da Terra. Ele é admirado por todos os homens e em todos os reinos, porque nenhum reino tem uma moeda que possa ser comparada a ele" (Lopez, 1951, p.209; Cipolla, 1967, p.16). Embora tenha sido em parte suplantado a partir do século XVII pelo dinar do novo império muçulmano – que, como se esperava, foi cunhado à sua semelhança, embora com inscrições muçulmanas[6] –, só com o colapso dos últimos fragmentos do Império Bizantino no século XV o besante ficou final e definitivamente obscurecido (Vilar, 1976, cap. 3).[7]

Com o Renascimento veio uma nova geração de moedas internacionais, começando pelo florim de ouro de Florença, cunhado pela primeira vez em 1252. Assim chamado porque foi estampado com o emblema da cidade-Estado, um lírio (*fiorino*), o florim reinou supremo por quase um século, até a grande crise europeia desencadeada pela Peste Negra na década de 1340 (Cipolla, 1989). Como observa Ederer (1964, p.90), "assim como o dracma, o dinar e o besante de épocas anteriores, o florim assumiu seu lugar como a moeda internacional da sua época", até ser substituído por seu rival veneziano, o ducado (*ducato*) de ouro, denominado desse modo

---

5 Como observa Wisely, o dinar tornou-se "o padrão monetário dominante da Europa Ocidental", onde a influência da civilização grega foi menos marcante (1977, p.10). Mas, apesar das conquistas romanas, seu efeito foi claramente eclipsado no leste do Mediterrâneo e além dele pelo prestígio histórico do dracma.

6 O dinar islâmico, por sua vez, foi imitado pelos reinos de vida curta dos cruzados, cujas moedas de ouro tornaram-se conhecidas na Itália como "besantes sarracenos" (*bisanti saracenati*) ou simplesmente "saracenati" (Lane; Mueller, 1985, p.271).

7 Até o fim do século VII, sugere Cipolla, "podemos dizer com segurança que o Mediterrâneo era uma 'área do nomisma' [...] Depois do final do século XVII, o mundo mediterrâneo passou a ter duas moedas fortes que desfrutaram de um predominante prestígio internacional" (1967, p.16 e 20), o besante e o dinar islâmico.

em homenagem aos duques de Veneza, que apareceu pela primeira vez em 1284. Em meados do século XIV a moeda de Veneza, embora similar ao florim em seu valor intrínseco, já havia superado este último como o principal meio das transações internacionais. No final do século, segundo nos diz Cipolla, "até em Florença o florim, embora inalterado em seu peso, pureza ou formato, era com frequência referido como um ducato" (1989, p.13). Durante os próximos trezentos anos o ducado e seu predecessor, o florim, foram amplamente imitados por toda a Europa, desde a França, a Inglaterra e a Holanda no oeste, até a Polônia, a Hungria e mesmo a Rússia no leste (Pond, 1940; Groseclose, 1976, cap. 5; Vilar, 1976, cap. 3).

Em seguida à colonização do Novo Mundo, outra moeda surgiu para a preeminência internacional – o peso de prata ou *real* hispano-mexicano, mais tarde conhecido como dólar espanhol ou mexicano. De 1535, quando foi estabelecida a primeira casa da moeda mexicana, até bem adiante no século XIX, quase todas as adições aos suprimentos de prata do mundo vinham da América Espanhola, particularmente do México. Os pesos, tipicamente na unidade múltipla "pedaços de oito", surgiram para se tornar uma moeda virtualmente universal, com circulação ampla não apenas no hemisfério ocidental, mas, passando pelas Filipinas e por Goa, também em grande parte do Extremo Oriente. Para os colonos ingleses da América do Norte, eles eram praticamente a única moeda em uso e serviram como um modelo explícito para o Congresso dos Estados Unidos quando, após a Guerra Revolucionária, ele decidiu tornar o dólar a unidade monetária básica do país. (Os novos dólares norte-americanos deveriam ter igual valor aos existentes pedaços de oito, e por isso na linguagem popular um quarto de dólar equivalia a "dois pedaços".[8]) Em 1830, segundo uma fonte do século XIX,[9] os pesos eram responsáveis por cerca de 22% do valor de todas as moedas em uso nos Estados Unidos. A circulação do dólar mexicano começou a declinar após a metade do século, quando passou a ser cada vez mais eclipsado pela sua contraparte do norte, e no início do século XX o peso de prata estava claramente destinado a desaparecer por completo do comércio internacional (Andrew, 1904; Pond, 1941b).

A moeda dominante no século XIX foi, é claro, a libra esterlina britânica, que se beneficiou não somente da liderança da economia britânica no comércio internacional, mas também do papel da *City* de Londres como o principal centro financeiro do mundo. Com o fim das Guerras Napoleônicas em 1815, os estrangeiros se viram cada vez mais ganhando grandes rendimentos na Grã-Bretanha ou nos países que realizavam pagamentos

---

8 Segundo Larson (1939, p.58), isso também pode ser responsável pela origem do símbolo familiar do dólar. O "S" com um traço através dele pode ter começado como um "8" por causa das oito divisões em um peso de prata.

9 Como está citado em Rolnick; Weber (1986, p.187).

aos britânicos; ou, alternativamente, realizando grandes pagamentos à Grã-Bretanha ou a países que lá ganhavam grandes rendas. Era natural que as dívidas comerciais viessem a ser quitadas via Londres e expressas em libras esterlinas; e quando as exportações de capital aumentaram, finalmente superando todos os outros centros financeiros, as externalidades de rede tornaram a libra mais atrativa também como uma reserva de valor de tempo mais prolongado. Especialmente após 1860, embora grande parte do mundo desenvolvido tenha partido para a consolidação de um padrão ouro global, a libra esterlina ganhou aceitação em quase toda parte, tanto para propósitos de transações como de investimento. Como explicou uma história inicial da moeda,

> Em geral, quanto mais conexões tem um país e quanto mais fortes elas são, mais conexões é provável que ele atraia. Isso significa que, pelo fato de a Grã-Bretanha ter conexões comerciais muito amplas [...] a libra esterlina seria ainda mais útil para um país que optasse por utilizá-la; e à medida que mais pessoas passassem a usá-la, a libra esterlina seria ainda mais atrativa como um meio de pagamentos internacionais para todos. A própria força e importância da libra esterlina atraía mais força e importância. (Day, 1954, p.15-6)[10]

Uma das moedas mais incomuns a atingir uma circulação internacional ampla foi o táler de Maria Teresa, uma moeda de prata austríaca cunhada pela primeira vez em Viena em 1751 para o comércio com o Oriente Médio e a Ásia, e até recentemente ainda encontrada em circulação em partes da África e do mundo árabe (Pond, 1941a). O táler (do qual derivamos o termo *dólar*) é o exemplo clássico de uma chamada moeda comercial – uma moeda criada apenas para pagar pelas importações e não destinada ao uso doméstico. Literalmente centenas de milhões foram cunhadas no decorrer do século XIX, todas portando a data de 1780, ano da morte da Imperatriz Maria Teresa. Após a desintegração do Império Austro-Húngaro em 1918, cópias rivais foram produzidas por empreendedores italianos e fabricantes suíços, e curiosamente até mesmo pela Real Casa da Moeda da Grã-Bretanha, até o monopólio austríaco ser restaurado pelo acordo internacional de 1961 (Hirsch, 1969, p.297-8). Mais recentemente, no entanto, a Áustria finalmente encerrou sua produção. Atualmente, o táler de Maria Teresa nada mais é que um item de colecionador.

Qualquer que seja a moeda que tenha dominado em qualquer época particular, e por mais fiel que tenha sido a sua imitação por outros países, muitas outras permaneciam em circulação, com características diversas e taxas de variação instáveis. Em princípio, isso teria causado confusão – para

---

10 Para mais informações sobre a história da esterlina, ver Polk (1956), Cohen (1971a) e Walters (1992).

não dizer caos – nos mercados comerciais e financeiros. Como seria possível julgar o significado dos preços com tantas moedas em circulação? Como contas consistentes poderiam ser mantidas? Na prática, contudo, muitas dificuldades, embora de modo algum todas, eram resolvidas pela emergência mais ou menos espontânea das chamadas moedas imaginárias ou fantasmas – unidades abstratas de conta que podiam ser usadas para comparar os valores das moedas reais em uso.[11] As mais populares eram diversas variações da libra de prata, como o livre (francês), a lira (italiana), o peso (espanhol) e o pfund (alemão), assim como a libra esterlina britânica. Na verdade, foi criada uma distinção entre duas funções da moeda: o meio de troca e a unidade de conta. Qualquer quantidade de moedas podia passar de mão em mão nas transações diárias. As moedas fantasmas simplificavam as transações em um mundo de moedas concorrentes.

A emergência das moedas territoriais

Mudanças realmente fundamentais na geografia do dinheiro só foram ocorrer a partir de meados do século XIX, quando os governos nacionais, ansiosos para consolidar seus poderes emergentes, começaram a exercer um maior controle sobre a criação e o manejo do dinheiro. Pela primeira vez na história, o objetivo de uma moeda estritamente territorial – Uma Nação/Uma Moeda – passou a ser ao mesmo tempo legítimo e atingível.

A transformação do espaço da moeda, uma vez iniciada, rapidamente se estabelecia e se disseminava. Já antes do fim do século estava claro que o pré-modernismo nas questões monetárias estava acabado. Havia chegado a era da moeda territorial – o modelo vestfaliano.[12]

---

11 Os dinheiros fantasmas prevaleceram em toda a Europa por quase mil anos, desde a época de Carlos Magno até a Revolução Francesa, com algumas durando ainda mais tempo, como o guinéu na Grã-Bretanha (valendo 21 shillings quando cada libra ainda era dividida em 20 shillings e 12 pence). Os dinheiros fantasmas tiveram sua origem nas reformas carolíngeas do século VIII, que estabeleceram a "libra" (uma libra de prata) como a unidade básica da medida monetária. Embora tivesse o propósito de reduzir a confusão monetária, os dinheiros fantasmas às vezes provocaram o efeito inverso, quando várias dessas unidades existiam e competiam dentro da mesma área geral. Para mais discussões a respeito, ver Einaudi (1936, 1937), Cipolla (1967), Bordo; Schwartz (1989) e Boyer-Xambeu et al. (1994).

12 A emergência das moedas territoriais foi discutida mais recentemente por Eric Helleiner (1996a, 1996b, 1997a, 1997b) em uma importante série de artigos. Helleiner prefere o termo "ordem monetária territorial" em vez do modelo vestfaliano, para enfatizar o atraso dessa transformação histórica das relações monetárias. Como ele escreve, "embora com frequência se diga que a prática da 'territorialidade' teve sua origem na era vestfaliana na Europa do século XVII, eu enfatizo que os sistemas monetários só foram organizados ao longo de fronteiras territoriais no início do século XIX [...] [e estavam] vinculados aos processos históricos mais amplos que encorajaram a emergência dos 'Estados-nação' no século XIX. Por essa razão, parece mais acurado vincular a ascensão das moedas territoriais à criação do

O monopólio sobre os poderes monetários foi um corolário natural de tendências mais amplas na política global da época. O século XIX, bastante influenciado pela experiência e os ideais das revoluções norte-americana e francesa, foi um período de crescente nacionalismo e da centralização geral da autoridade política dentro das fronteiras do Estado. Por todo o mundo ocidental, os princípios incorporados no Tratado de Vestfália – acima de tudo o conceito de soberania absoluta baseado na territorialidade exclusiva – adquiriram um novo nível de expressão tangível na emergência de Estados-nação cada vez mais autônomos e homogêneos. Os governos nacionais deliberadamente se responsabilizaram pela supressão de todas as ameaças ao seu domínio, quer de domínios estrangeiros ou de rivais domésticos. Seu objetivo era construir a nação, na medida do possível, como uma comunidade econômica e política unificada liderada por uma autoridade central forte.

O controle do dinheiro era simplesmente uma parte lógica desse processo. Como comentou um autor, "assim como todos os centros de poder concorrentes estavam absorvidos em um monopólio de poder, também todas as fontes de dinheiro concorrentes estavam absorvidas em um monopólio da criação de dinheiro" (O'Mahony, 1984, p.127). Meio século atrás, em *A grande transformação*, Karl Polanyi falou da íntima conexão entre a nação emergente, "crustácea", e o que ele chamou de "protecionismo monetário":

> Em toda parte o protecionismo estava produzindo a casca dura da emergente unidade da vida social. A nova entidade estava moldada na matriz nacional, mas fora isso tinha pouca semelhança com seus predecessores, as calmas nações do passado. O novo tipo crustáceo de nação expressava sua identidade mediante moedas nacionais salvaguardadas por um tipo de soberania mais zelosa e absoluta do que qualquer coisa conhecida antes [...] Na verdade, a nova unidade nacional e a nova moeda nacional eram inseparáveis. (Polanyi, 1944, p.202-3)

Criar novas moedas territoriais não foi fácil. De fato, demandou um esforço governamental enorme e sustentado para superar as forças do mercado e séculos de tradição monetária. O controle foi colocado em

---

Estado-nação do que à transformação da era vestfaliana" (Helleiner, 1996a, p.2 e 6). Helleiner está certo, é claro, sobre o momento prático desses desenvolvimentos. Os fortes Estados-nação na verdade só emergiram como um fenômeno geral no século XIX. Em princípio, no entanto, a inspiração e as reivindicações de legitimidade para o Estado-nação podem certamente remontar a uma época anterior, ao Tratado de Vestfália em 1648. Além disso, como o próprio Helleiner enfatiza, os teóricos iniciais da soberania do Estado, como o francês Jean Bodin, inspiraram-se no Vestfália bem antes do século XIX para defender moedas nacionais uniformes e exclusivas. Por isso o modelo vestfaliano parece um termo não menos adequado para a geografia monetária do período do que para sua geografia política.

prática de duas maneiras principais – em primeiro lugar, promovendo o desenvolvimento de uma moeda nacional robusta; em segundo, limitando o papel das moedas estrangeiras concorrentes. Poder-se-ia dizer que esses eram dois lados da mesma moeda.

De um lado, os governos tentaram consolidar e unificar a ordem monetária doméstica. A padronização foi promovida, não apenas na cunhagem, mas também nas novas cédulas bancárias que haviam acabado de entrar em cena. Além disso, todas as formas de dinheiro estavam agora estabelecidas em relação uma à outra e ligadas a um padrão metálico uniforme, eliminando a necessidade de moedas fantasmas para aliviar a confusão. A unidade de conta nacional agora correspondia diretamente ao dinheiro real em circulação. E a autoridade fundamental sobre a massa monetária estava firmemente alojada em um banco central patrocinado pelo governo, recém--criado ou autorizado para sustentar tanto a conversibilidade da moeda como o bem-estar do sistema bancário comercial (Braudel, 1982, cap. 5; Goodhart, 1988; Goodhart et al., 1994).

Do lado oposto, restrições cada vez mais proibitivas eram impostas à livre circulação de moedas estrangeiras. As mais proeminentes eram as novas leis da moeda corrente e as chamadas provisões de receptividade pública. "Moeda corrente" é qualquer moeda que o credor seja obrigado a aceitar como pagamento de uma dívida. "Receptibilidade pública" refere-se a que moeda pode ser usada para pagamentos de impostos ou para satisfazer outras obrigações contratuais com o Estado. À medida que o século XIX progredia, as moedas que anteriormente haviam sido permitidas, ou até mesmo especificamente autorizadas, para servir como moeda corrente tiveram seu privilégio pouco a pouco retirado. Ao mesmo tempo, a receptividade pública foi gradualmente confinada apenas à moeda doméstica. Além disso, e com uma frequência crescente, os governos reduziram ou suspenderam seu compromisso de aceitar livremente moedas estrangeiras para conversão à cunhagem nacional. E por fim, na maioria dos países, a circulação da moeda estrangeira foi totalmente banida, pelo menos formalmente.

A experiência dos Estados Unidos foi típica. Até meados do século, o dólar mexicano e várias outras moedas estrangeiras (incluindo as moedas de ouro da Grã-Bretanha, França, Portugal e Brasil) não só circulavam amplamente nos Estados Unidos, mas eram até explicitamente protegidas pela legislação federal que datava de 1793. Entretanto, durante a década de 1850, as novas moedas norte-americanas de prata e cobre foram introduzidas; elas se destinavam a eliminar todos os elementos estrangeiros do suprimento monetário. Em 1857 foram fixadas taxas em que, durante um tempo limitado, o Tesouro aceitaria moeda estrangeira para ser recunhada em moeda norte-americana. A partir de 1861 o dólar tornou-se a única moeda corrente legal do país, embora ainda fosse demorar meio século até que o papel-moeda do país fosse padronizado – com a criação do Sistema de Reserva Federal (Federal Reserve System), o banco central dos Estados Unidos.

Na Grã-Bretanha, esse processo começou ainda mais cedo, com as reformas da cunhagem executadas após as Guerras Napoleônicas e mais tarde com o Bank Charter Act de 1844, que consolidou a posição central do Banco da Inglaterra no sistema financeiro nacional. Moedas territoriais plenas (*fully fledged*) também começaram a emergir em toda parte na Europa e no Japão, durante a segunda metade do século; e mais tarde, no início da década de 1900, no Império Britânico e em toda a América Latina. Em meados do século XX, a autoridade monetária exclusiva dos governos nacionais havia se tornado universalmente reconhecida e inserida no direito internacional. Quando a grande onda de descolonização começou após a Segunda Guerra Mundial, fundamentalmente colocando dúzias de novos Estados no cenário global, poucos ainda questionavam a suposição de que cada nação pudesse legitimamente aspirar criar seu próprio banco central e moeda territorial.

A economia política da moeda territorial

Em termos históricos, o modelo vestfaliano da geografia monetária desfrutou de vida curta. Desde seus primórdios no século XIX, ele atingiu seu apogeu durante a Grande Depressão e os anos posteriores à Segunda Guerra Mundial, quando os controles de câmbio e capital foram amplamente usados para reforçar o papel exclusivo da moeda de cada Estado dentro de suas próprias fronteiras. Jamais antes os governos haviam se aproximado tanto de uma autarquia na gestão de suas questões monetárias. Nos anos mais recentes, ao contrário, quando as barreiras monetárias caíram e os mercados financeiros se expandiram pelo globo, a série de escolhas monetárias se ampliou muito; como resultado disso, a soberania monetária tornou-se, como em épocas anteriores, cada vez mais difusa e permeável. A transitoriedade da experiência histórica não pode ser excessivamente enfatizada. Segundo Robert Zevin (1992, p.46), "o século que se estende de 1870 a 1970 foi um período em que os governos nacionais mantiveram brevemente uma grande superioridade em sua luta para controlar o dinheiro". Atualmente, uma vez mais, nos encontramos em um mundo de competição monetária e mudança dinâmica – muito longe da organização fixada e estritamente territorial dos espaços monetários que ainda convencionalmente presumimos.

A íntima conexão entre nacionalismo político e moeda territorial, tão pesadamente enfatizada por Polanyi e outros, serve para destacar o regime de representação centrado no Estado, implícito no modelo vestfaliano. Os interesses dos governos soberanos, qualquer que seja a natureza do regime político doméstico, são claramente privilegiados em relação a outros atores societários. O poder é derivado de um monopólio monetário mediante pelo menos quatro diferentes canais.

Simbolismo político

Em primeiro lugar, uma moeda territorial promove um sentido de coletividade útil aos governantes que podem estar temerosos de divisões ou dissensões internas. É mais fácil centralizar a autoridade política na medida em que todos os cidadãos se sintam unidos como membros de uma única unidade social – todos fazendo parte da mesma "comunidade imaginada", para citar a expressão ressonante de Benedict Anderson. Anderson enfatiza que os Estados são criados não apenas mediante a força, mas mediante a lealdade, mediante os compromissos voluntários com uma identidade conjunta. Uma nação, como disse alguém certa vez, é "um povo com uma confusão comum em relação às suas origens e uma antipatia comum em relação aos seus vizinhos" (Harmelink, 1972). A distinção fundamental entre Nós e Eles pode ser aumentada por todos os tipos de símbolos tangíveis: bandeiras, hinos, selos postais, arquitetura pública e até times esportivos nacionais. Entre os mais potentes desses símbolos está a moeda, como declarou o economista italiano Tommaso Padoa-Schioppa (1993, p.16):

> John Stuart Mill certa vez se referiu à existência de uma multiplicidade de moedas nacionais como um "barbarismo" [...] Pode-se talvez falar de um sistema tribal, com cada tribo estando ligada à sua própria moeda e lhe atribuindo virtudes mágicas [...] que nenhuma outra tribo reconhece.

As virtudes mágicas de uma moeda eram apreciadas até mesmo nos primórdios da cunhagem das moedas, quando eram usadas imagens de monarcas e imperadores para homenagear a majestade soberana e com frequência eram esculpidas pelos melhores artistas da época. Durante o século XIX, a moeda nacional era similarmente empregada para promover os ideais revolucionários de comunidade, igualdade e unidade. Nos recém-independentes Estados Unidos, por exemplo, as moedas traziam a inscrição "E Pluribus Unum" – De Muitos, Um. Na França revolucionária, o franco substituiu a cunhagem do antigo regime, com inscrições escritas na língua francesa em vez de em latim. E em todo o mundo, quando o papel-moeda cresceu em popularidade, as cédulas foram decoradas com vários tipos de emblemas e imagens nacionalistas.

Eric Helleiner (1996a, 1997b) destaca duas maneiras importantes em que uma moeda territorial exclusiva serviu para aumentar um senso de identidade nacional. Em primeiro lugar, como a moeda era emitida pelo governo central ou por seu banco central, ela atuava como um lembrete diário aos cidadãos de sua conexão com o Estado e de sua identidade com ele. Em segundo lugar, em virtude do seu uso universal e diário, a moeda ressaltava o fato de que todos faziam parte da mesma entidade social – um papel não diferente daquele de uma única língua nacional, que muitos governos também promoviam ativamente na nova era de nacionalismo. Uma moeda comum ajudava a homogeneizar grupos sociais diferentes e com frequência antagônicos. Era, nas palavras de Karl Marx, um "nivelador radical" que "acaba com todas as distinções" associadas com as relações societárias tradicionais (1864, p.132). Em curto tempo, a noção de uma moeda nacional tornou-se virtualmente inseparável da ideia de Estado soberano.

O valor simbólico do dinheiro também não desapareceu nos últimos tempos, apesar do aumento do uso transnacional da moeda. Na mente popular há ainda um forte vínculo entre moeda e nação. Prova disso, por exemplo, é a pressa com que várias novas moedas impressas, embora falaciosas, foram introduzidas pelos Estados sucessores da ex-União Soviética após a desintegração do Império do Mal em 1991. Embora outros fatores estivessem envolvidos no colapso da zona do rublo, como veremos no Capítulo 4, uma motivação primordial foi evidentemente afirmar uma nova identidade nacional. Uma moeda nacional representava a prova tangível do seu lugar de direito na família das nações. Os antigos rublos soviéticos foram rapidamente substituídos por novas cédulas portando, segundo o *New York Times* (Berliner, 1995), "imagens de mesquitas, madonas e músicos [em vez de] trabalhadores, soldados e camponeses". Um ex-diretor do Departamento de Impressão de Cédulas e Delineamento dos Estados Unidos comentou: "O dinheiro é a história em nossas mãos [...] Os novos governos querem representar a história do seu país e mostrar que eles tiveram uma significativa mudança de administração".[13]

Foi o caso também da disseminada resistência popular que persistiu em grande parte da União Europeia, particularmente na Grã-Bretanha e na Alemanha, diante da perspectiva de uma nova moeda comum substituindo as existentes. Embora outros fatores estejam envolvidos aqui, uma consideração certamente é o simbolismo político envolvido. Como consta ter insistido o arcebispo de Canterbury, um oponente determinado da união monetária, "eu quero a cabeça da rainha nas cédulas [...] A questão da identidade nacional é muito importante. Para mim, ser britânico é de profunda importância. Não quero me tornar francês ou alemão".[14]

---

13 Como citado em Berliner (1995).
14 Como citado em Goodhart (1995, p.455).

Exatamente por essa razão, as autoridades responsáveis pelo planejamento da moeda comum da Europa, o euro, tiveram dificuldade para escolher um desenho para as novas cédulas que não ofendesse as sensibilidades nacionais existentes. "Símbolos europeus não são fáceis de encontrar", consta ter dito o presidente do banco central embriônico da União Europeia. "O que é realmente europeu, sem levantar objeções nacionalistas? Nem mesmo os pássaros são exatamente os mesmos de um país para outro."[15] No fim, após extensas discussões e pesquisas, as autoridades concordaram em evitar qualquer coisa que pudesse sequer insinuar uma identidade nacional específica. Nem figuras históricas nem locais físicos identificáveis serão estampados nas novas cédulas. Ao contrário, todas as imagens – pontes, janelas, portões etc. – serão totalmente fictícias, e as próprias notas portarão uma única palavra: Euro. No entanto, um pequeno espaço será reservado para os governos individuais imprimirem um símbolo nacional nos euros que eles próprios emitirem.

A resistência ao euro também aumentou na Alemanha, onde o DM (Deutsche Mark) era reverenciado desde 1948, quando substituiu o mais antigo Reuchsmark herdado do regime nazista de Hitler. Para os alemães, o novo marco não era apenas a base fundamental da sua recuperação econômica pós-guerra; tornou-se também o símbolo mais visível da nova Alemanha respeitável que nasceu das cinzas da Segunda Guerra Mundial – "um talismã indispensável da 'boa' Alemanha", como declarou um observador (Shlaes, 1997, p.188). Nas palavras de Hans Tietmeyer, presidente do banco central alemão, "o povo alemão tem um relacionamento rompido – interrompido – com sua própria história. Ele não pode desfilar como os outros. Não pode saudar sua bandeira com o mesmo entusiasmo que os outros. Seu único símbolo seguro é o marco".[16] O euro, inversamente, "tornou-se um símbolo, por várias razões, de tudo o que é visto como política, econômica e socialmente desagradável", declarou um proeminente jornalista alemão.[17]

Na verdade, a resistência ao euro se estende até membros em perspectiva da União Europeia, como a república balcânica da Eslovênia, que conquistou sua independência da Iugoslávia em 1991. Apesar de sua ansiedade para se unir à União Europeia, as autoridades eslovenas expressam grande cautela em abrir mão da sua moeda recém-criada, o tólar. Sua moeda nascente é vista como uma "insígnia da identidade nacional", disse *The Economist* (1996d). "Tendo acabado de recuperar a soberania de uma

---

15 Como citado em Nash (1995, C5).
16 Como citado em Shlaes (1997, p.190).
17 Eckhard Fuhr, colunista do *Frankfurter Allgemeine Zeitung*, como está citado no *New York Times* de 12 de junho de 1997, p.A12.

federação, a Eslovênia está hipersensível quanto a perder demasiado da sua soberania para o que ela sente poder se tornar outra."

Outro exemplo instrutivo do nacionalismo monetário vem de 1994, envolvendo o processo de paz entre Israel e a Organização para a Libertação da Palestina (OLP). Em novembro de 1993, em seguida ao celebrado Acordo de Oslo, os diplomatas israelenses e da OLP iniciaram negociações intensivas sobre as regras no campo econômico que regulamentarão a reaproximação entre os dois lados. Antes de o acordo ser finalmente assinado em abril de 1994, as conversas praticamente tiveram como tema uma única questão controvertida: as áreas que ficarão sob o controle da OLP, ocupadas por Israel desde 1967, terão permissão para ter sua própria moeda? A questão era manifestamente política e tinha pouco a ver com necessidade econômica. A Cisjordânia e a Faixa de Gaza estiveram usando confortavelmente durante anos o shekel israelense, o dinar jordaniano e o dólar norte-americano, e não havia nenhuma razão óbvia para não continuarem a usá-los. Como comentou uma reportagem na época: "O debate monetário parece mais uma questão de princípio, girando mais em torno das exigências palestinas por símbolos de soberania do que por realidade econômica. Os economistas das nações doadoras disseram que não veem justificativa econômica para a impressão de dinheiro palestino" (Simons, 1994, p.4). No fim, para evitar um impasse, os palestinos concordaram em adiar a ideia por algum tempo, embora tenham persuadido Israel a aceitar a criação de uma autoridade monetária palestina para regular os bancos e as transações em moeda estrangeira – na verdade, o núcleo de um futuro banco central.

Os israelenses podem ter sido particularmente sensíveis ao simbolismo envolvido nesse debate por causa da sua desagradável experiência de hiperinflação alguns anos antes, o que levou alguns observadores a questionar por que o país necessitava do seu próprio dinheiro nacional. Em vez disso, por que não usar alguma moeda mais estável, como o dólar norte-americano? Tais sugestões se provaram, para dizer o mínimo, impopulares. Como escreveu mais tarde o economista Lawrence Klein (1993, p.113), "quando um ministro israelense [Yoram Aridor, das Finanças] sugeriu [...] que Israel se 'dolarizasse' para enfrentar a inflação descontrolada e outros males econômicos, ele teve de deixar o governo. Era impensável que uma nação independente e orgulhosa não pudesse ter sua própria moeda". Outra fonte (Glasner, 1989, p.31-2) relata a sugestão de um político, não totalmente incomum na época, de que, se fosse para a ideia ser aplicada, Israel poderia também começar a hastear a bandeira norte-americana e cantar *Star-Spangled Banner* (o hino nacional americano)!

Na África, o poder simbólico do dinheiro foi demonstrado no Zaire (desde que foi renomeada a República Democrática do Congo), onde a província rebelde de Kasai Oriental durante muito tempo mostrou sua resistência à autoridade do governo central recusando-se a usar a moeda oficial zairense (French, 1996). Na verdade, antes de sua derrubada em 1997, o regime esfacelado do presidente Mobutu Sese Seko dificilmente conseguia que alguém aceitasse suas cédulas recém-impressas, desdenhosamente referidas como "próstatas", em referência ao local do câncer avançado do enfermo ditador (French, 1997). Na Turquia, o poder simbólico do dinheiro foi demonstrado em 1996 pelo eventual vencedor da eleição parlamentar nacional, Necmettin Erbakan, líder do Partido do Bem-Estar Islâmico. Talvez inspirado pelo dinar do primeiro império muçulmano, Erbakan fez campanha numa plataforma que incluía uma promessa proeminente de buscar a criação de uma nova "moeda islâmica".

Entretanto, talvez o mais vivo exemplo recente tenha envolvido a República da Croácia, outra ex-república iugoslava, após o seu sucesso em se defender das forças militares de seu arqui-inimigo, a Sérvia, e dos aliados montenegrinos desta. Em 1994, o governo croata decidiu substituir o dinar iugoslavo, na época ainda a principal moeda em circulação no país,[18] por uma moeda própria recém-criada – dificilmente uma decisão em si polêmica, visto que os inimigos sérvios da Croácia em Belgrado ainda controlavam o suprimento do dinar. "A dependência do dinar iugoslavo significava a dependência de Belgrado", declaravam os croatas, não sem razão (Brozovic, 1994, p.3). Zagreb, a capital da Croácia, não queria o seu acesso à moeda controlada por um inimigo.

Extremamente controversa, contudo, foi a decisão de chamar a nova moeda de "kuna" – palavra croata para a marta, pequeno animal selvagem com uma pele valiosa –, que ocorria ser o nome usado para o dinheiro do regime nazista da Ustasha que a Alemanha nazista criou para governar a Croácia durante a Segunda Guerra Mundial. A decisão foi defendida por Zagreb como um exercício legítimo da soberania nacional. "O dinheiro é [...] o marco da soberania nacional e ele espelha o Estado que o emite. O papel simbólico do dinheiro é uma de suas características essenciais, e o nome da moeda é seu aspecto de maior destaque" (Brozovic, 1994, p.3). Durante muitos séculos, as peles de marta desempenharam um importante papel na Croácia para pagamento em espécie e mesmo como uma unidade de conta. Mas a escolha provocou fortes protestos dos sérvios e judeus da Croácia, ambos grupos cujos membros foram massacrados em grandes números pela Ustashe entre 1941 e 1945. Eles diziam que o kuna, apesar de sua longa tradição, nunca foi realmente usado como o nome formal de uma moeda – exceto durante a Segunda Guerra Mundial. Segundo o *New York Times* (R. Cohen, 1994), o renascimento do kuna foi "infalível para inflamar as relações com os sérvios, que declaravam desde a guerra sérvia-croata de 1991

---

18 Um dinar croata provisório foi introduzido já em dezembro de 1991, mas não obteve sucesso em suplantar o dinar iugoslavo.

que o seu [ataque contra a Croácia foi] uma defesa necessária contra uma repetição da perseguição étnica pelo regime da Ustashe". Em resumo, uma questão financeira aparentemente técnica poderia se tornar a base para a guerra renovada. O que melhor ilustra as qualidades mágicas do dinheiro?

Senhoriagem

Uma segunda fonte de poder é a senhoriagem, a capacidade que um monopólio monetário dá aos governos nacionais para aumentar à vontade o gasto público. Tecnicamente definida como o excesso do valor nominal de uma moeda sobre seu custo de produção, a senhoriagem é uma fonte alternativa de renda para o Estado além do que o governo pode levantar mediante impostos ou pedindo emprestado aos mercados financeiros. O gasto público financiado pela criação de dinheiro na verdade apropria os recursos reais à custa do setor privado, cujo poder de compra é correspondentemente reduzido pela inflação subsequente – um privilégio para o governo, se alguma vez houve um.

O termo remonta à Idade Média, quando as moedas eram cunhadas livre e amplamente pelos lordes – "senhores" – feudais e se referia originalmente à diferença entre o valor de circulação de uma moeda e o custo de sua barra de ouro e da sua produção. Qualquer diferença envolvia um ganho total para seu emissor. Mais tarde, quando o privilégio de cunhar moedas ficou centralizado nos governos nacionais, o termo foi estendido para incluir qualquer obrigação cobrada pelo Estado para converter metais preciosos em cunhagem. Tais encargos destinavam-se não apenas a cobrir o custo da cunhagem, mas também, e muito explicitamente, para servir como uma fonte de renda pública, que os soberanos declaravam ser prerrogativa deles. Mais tarde ainda, quando o papel-moeda começou a aparecer, ele foi generalizado para descrever o ganho, além dos custos de produção, para o emissor de qualquer tipo de moeda. No século XIX, quando as cédulas passaram cada vez mais a substituir as moedas na massa monetária, os governos conseguiram capturar a senhoriagem "à moda antiga" – simplesmente pondo as prensas para funcionar. No século XX, quando a maior parte do dinheiro assume a forma de depósitos bancários transferíveis, a senhoriagem é atingida mais indiretamente mediante empréstimos do banco central, que por sua vez cria novos depósitos nos bancos comerciais. Como o efeito dessa criação de dinheiro é quase inevitavelmente inflacionária, o processo é também conhecido popularmente como "taxa de inflação".[19]

---

19 Na verdade, a prática comum de comparar a senhoriagem e a taxa de inflação negligencia uma ligeira diferença técnica entre as duas. Na teoria formal, a senhoriagem inclui a

A lógica da taxa de inflação foi explicada inicialmente pelo economista inglês Sir John Hicks, falando das motivações dos monarcas para se apoderarem da franquia monetária:

> O uso do dinheiro do Rei [...] era uma vantagem tão clara para ele que [...] ele não o abandonaria. Ele tinha um lucro direto proveniente da cunhagem (um lucro que se tornava mais considerável sempre que a cunhagem da moeda era aceitável); mas a vantagem indireta que se acumulava era certamente mais importante. Se ele conseguisse obter a sua renda na forma de dinheiro [...] poderia gastá-lo, mediante os canais do comércio, para conseguir um fluxo dos bens reais, que tinham maior variedade, e por isso maior "utilidade", do que ele conseguiria obter diretamente dos impostos pagos em espécie. (1969, p.68)

Mais recentemente, essa mesma lógica floresceu em uma teoria formal de senhoriagem mais eficiente, agora o principal componente da literatura especializada em finanças públicas.[20] A ideia básica é que a coleta de qualquer forma de renda pública pode produzir distorções no mercado (as chamadas perdas de peso morto do bem-estar econômico); além disso, o grau de distorção tipicamente aumenta com o uso. Por isso um governo eficiente vai explorar todas as fontes de renda disponíveis, incluindo a inflação e também a taxação normal e o empréstimo público, até o ponto em que o custo marginal de elevar a renda via cada uma delas é igualado – uma prática conhecida como "spread de taxa". Visto pela lente da teoria econômica, o financiamento inflacionário não é necessariamente uma política pública irracional.

Do ponto de vista político o privilégio da senhoriagem também faz sentido, como uma espécie de política de seguro contra o risco – uma fonte de renda de emergência para enfrentar contingências inesperadas, até e inclusive na guerra (Glasner, 1989, cap. 2). Décadas atrás, John Maynard Keynes (1924) escreveu: "Um governo pode viver por esse meio quando não pode viver por nenhum outro". Gerações mais tarde, outro famoso economista britânico, Charles Goodhart (1995, p.452), descreveu a senhoriagem como a "renda de último recurso" – o instrumento de taxação isolado mais flexível para mobilizar recursos no evento de uma crise ou ameaça repentina à segurança nacional. Como observou Barry Eichengreen, "o dinheiro

---

transferência de recursos de fundos monetários privados aumentados e também a taxa de inflação. Ver Blanchard; Fischer (1989, p.179).

20 Também conhecida como a teoria da taxação adequada ou finanças públicas adequadas (ou racionais), a ideia da senhoriagem adequada foi inicialmente desenvolvida por Bailey (1956) e por Phelps (1973), seguindo Milton Friedman (1953, 1969, 1971). Outras contribuições fundamentais incluem Auernheimer (1974), Gordon (1975), Calvo (1978), Chappell (1981), Fischer (1982), Kimbrough (1986), Vegh (1989), Canzoneri; Rogers (1990), Canzoneri; Diba (1992), Aizenman (1992) e Goff; Toma (1993).

pode ser impresso para pagar soldados, comprar material bélico e financiar os outros custos de uma guerra de defesa nacional sem ter de esperar que os retornos dos impostos sejam registrados ou que um empréstimo estrangeiro seja estendido" (1994, p.89). Seria um governo excepcional aquele que *não* quisesse reter algo como a opção de uma taxa de inflação.

Na prática, a maior parte dos governos realmente tira vantagem do potencial de lucro da máquina de impressão. Estimativas de rendas de senhoriagem como uma percentagem do produto nacional entre as nações industrializadas alcançaram tão alto quanto 2 a 4% ou mais na Grécia, Itália, Portugal e Espanha (Fischer, 1982; Dornbusch, 1988; Drazen, 1989; Grilli, 1989a, 1989b; Giavazzi, 1989; Giavazzi; Giovannini, 1989; European Commission, 1990; Bacchetta; Caminal, 1992),[21] embora como as pressões inflacionárias europeias recuaram posteriormente, a tendência geral lá tenha sido claramente declinante (Gros, 1993b; Gros; Vandille, 1995).[22] No mundo em desenvolvimento, onde as taxas de inflação são com frequência mais altas e persistentes, as rendas de senhoriagem tendem a ser correspondentemente mais elevadas, aumentando às vezes (mais uma vez como uma percentagem da produção nacional) até os dois dígitos (Edwards; Tabellini, 1991). Para alguns países, especialmente na América Latina e na África subsaariana, a senhoriagem tem sido responsável por mais de um quinto das rendas totais do governo (Fischer, 1982; Cukierman; Edwards; Tabellini, 1992).

Até certo ponto, esse maior uso da senhoriagem por parte dos países em desenvolvimento reflete problemas econômicos familiares, como uma estrutura de taxa ineficiente e mercados financeiros primitivos, ambos elevando o custo das alternativas à taxa de inflação. Como comentou uma fonte, "emitir dinheiro é com frequência uma maneira menos dispendiosa de taxar o público, especialmente se o aparato fiscal administrativo for inadequado, corrupto ou de difícil manejo" (Aliber, 1987, p.159). Mas por trás da economia está a política, como têm demonstrado os estudos recentes (Edwards; Tabellini, 1991; Cukierman; Edwards; Tabellini, 1992; Al-Marhubi; Willett, 1996). As dificuldades da coleta de impostos nas

---

21 Para os mesmos quatro países, a senhoriagem como uma percentagem da renda dos impostos variava de 6 a 14%. Para propósitos empíricos, a senhoriagem é mais frequentemente calculada usando-se a mudança nas reivindicações do banco central ao governo (conhecidas como dinheiro forte, dinheiro de reserva ou base monetária), embora medidas alternativas estivessem disponíveis e tenham sido usadas. Para alguma discussão a respeito, ver Fischer (1982), Klein; Neumann (1990), Cukierman et al. (1992), Gros (1993b) e Gros; Vandille (1995).

22 Segundo esses autores, a única exceção é a Grécia, onde a senhoriagem continuou sólida desde o início da década de 1980 até meados da década de 1990. Essa tendência geral levou alguns economistas a questionar a relevância prática da ideia de senhoriagem adequada nas nações industrializadas. Barry Eichengreen sugere: "É difícil imaginar que esses países atribuam muito valor à taxa de inflação" (1996b, p.14).

economias em desenvolvimento tendem a estar intimamente associadas à instabilidade e à polarização política, o que aumenta os custos de aplicação e encoraja a evasão. Políticas instáveis e divididas, *faute de mieux*, em geral recorrem mais à senhoriagem para financiar o gasto público do que as nações relativamente estáveis e homogêneas. Em outras palavras, a coesão política reduz um incentivo do governo para explorar seu monopólio monetário para a desvantagem de seus próprios cidadãos.

Finalmente, o exercício da senhoriagem se baseia em dois pré-requisitos institucionais. Em primeiro lugar, a política monetária deve ser efetivamente subordinada, formal ou informalmente, à fiscal, pois nas circunstâncias contemporâneas é normalmente o banco central que financia o gasto público mediante seus empréstimos ao governo, em vez de o próprio governo via a impressão de dinheiro. Para o dinheiro criado pelo banco central se tornar renda para o Estado, ele deve estar disponível para a apropriação. Ou seja, as autoridades fiscais devem poder requisitar os recursos da autoridade monetária mais ou menos de imediato; no jargão dos especialistas, o banco central deve ser mais "dependente" (respondendo ao governo ou vulnerável à influência política) do que "independente". Estudos empíricos sugerem fortemente que, todo o resto sendo igual, o financiamento inflacionário dos gastos públicos é na verdade maior nos países com bancos centrais dependentes do que onde a política monetária é efetivamente autônoma (Eijffinger; De Haan, 1996).

Em segundo lugar, não deve haver substituto conveniente para a moeda doméstica. Consistente com o modelo vestfaliano centrado no Estado, o monopólio da moeda local por parte do governo deve ser incontestado e, se necessário, reforçado pelos controles do capital ou por outras medidas de repressão financeira.[23] Somente onde a competição monetária transnacional é suprimida as autoridades fiscais podem recorrer à taxa de inflação desimpedida, livre para corroer à vontade o poder de compra do povo. Então, devemos nos surpreender se os governos fazem tudo o que podem para preservar o seu controle das questões monetárias? Um observador sugere que "a burocracia nacional é a única derrotada na perda do direito de desvalorizar a moeda nacional" (Jovanovic, 1992, p.133). Essa visão pode

---

23 A repressão financeira, um termo com conotações pejorativas óbvias, é parte da linguagem padrão da literatura econômica técnica. Primeiro sugerido por Ronald McKinnon (1973), o termo pretende descrever a combinação dos controles de capital, restrições da taxa de juros, altas exigências de reserva e outras regulamentações que muitas nações em desenvolvimento têm usado para controlar as atividades dos intermediários financeiros domésticos. Uma consequência da repressão financeira é um custo mais baixo de financiamento para os governos – na verdade, um dispositivo para aumentar as rendas fiscais inflacionárias. Ver, por exemplo, Aizenman (1986), Dornbusch (1988), Drazen (1989), Bacchetta; Caminal (1992), Giovannini; Melo (1993), Aizenman; Guidotti (1994) e Dooley (1996).

ser um pouco cínica, mas não está tão incorreta. Os governos não seriam governos se não buscassem reter o máximo possível de autoridade prática.

Gestão macroeconômica

Uma terceira fonte de poder deriva do impacto potencial do dinheiro no desempenho econômico "real" – produção e emprego agregados. Quando os governos dominavam o controle do suprimento da moeda dentro do seu próprio território, eles ganhavam a capacidade – pelo menos em princípio – de influenciar e talvez até gerir o ritmo da atividade do mercado. O dinheiro poderia ser usado para promover a ampla prosperidade e força do Estado e também as próprias exigências fiscais estritamente traçadas pelo governo.

A territorialização da moeda equipa o governo com dois instrumentos políticos potentes. Em primeiro lugar está a própria massa monetária, que pode ser manipulada para aumentar ou reduzir os níveis de consumo por parte dos residentes domésticos. A expansão ou contração monetária não só coloca mais ou menos dinheiro nas mãos dos indivíduos, para eles gastarem quando quiserem; também influencia indiretamente o desperdício, via o seu impacto nas taxas de juros. Mais dinheiro significa taxas de juros mais baixas, encorajando a expansão do crédito; menos dinheiro, o inverso. Os economistas chamam a política monetária de um instrumento de "mudança no consumo" – como a política fiscal, ela é uma ferramenta que pode ser usada para movimentar a economia alterando o *total* da demanda agregada.

Em segundo lugar está a taxa de câmbio – o preço da moeda doméstica em relação à moeda estrangeira –, que pode ser manipulada para aumentar ou reduzir os gastos na economia nacional. Baixar o preço oficial de uma moeda é conhecido como desvalorização; elevá-lo, valorização. Correspondentemente, as variações da taxa de câmbio impulsionadas pelo mercado são conhecidas como depreciação ou apreciação. A desvalorização ou valorização tende a aumentar ou baixar o preço local das importações, desencorajando ou encorajando o gasto em produtos estrangeiros. Também tende a baixar ou elevar o preço externo dos produtos domésticos, estimulando ou desencorajando a demanda estrangeira por exportações. Tanto no âmbito local como no estrangeiro, os gastos são redirecionados para a produção do país ou para longe dela. Os economistas chamam a taxa de câmbio de um instrumento de "deslocamento no consumo" – como a tarifa, ela é uma ferramenta que pode ser usada para mover a economia alterando a *direção* da demanda agregada.[24]

---

24 A rigor, a taxa de câmbio é uma mudança no consumo e também um deslocamento no consumo. Em curto prazo, o efeito de alterar a taxa de câmbio é na verdade principalmente

No início da era do dinheiro territorial, antes da Primeira Guerra Mundial e da Grande Depressão, os governos usavam principalmente sua recém-descoberta capacidade de gestão para promover a estabilidade financeira e se defender de ocasionais crises nos bancos ou nos mercados de capital. A massa monetária e as taxas de juros eram usadas para defender a conversibilidade da moeda nacional em preços estabelecidos em termos do ouro ou da prata (fixando assim internacionalmente as taxas de câmbio). Bancos centrais recém-criados ou empoderados eram encorajados a atuar como emprestadores de último recurso e direcionadores das questões monetárias. Terminava a antiga fé no valor intrínseco do dinheiro. Chegava a amplamente citada nova máxima do jornalista inglês Walter Bagehot: "O dinheiro não vai gerenciar a si próprio" (1873, p.20).

No entanto, as ambições continuaram comparativamente modestas até a revolução keynesiana na teoria econômica, desencadeada pela publicação em 1936 da obra pioneira *Teoria geral do emprego, do juro e da moeda*. Como declarou o economista Lawrence White (1988, p.302):

> Quando os bancos centrais foram estabelecidos no século XIX e início do XX, certamente não foi com o propósito de manipular as variáveis macroeconômicas segundo os preceitos do pleno emprego das décadas recentes. A noção keynesiana de gestão da demanda ainda não existia.

Com sua *Teoria geral* – que na verdade inventou a macroeconomia –, Keynes pela primeira vez proporcionou uma justificativa sistemática e intelectualmente convincente para o ativismo monetário. Rompendo com o passado, ele mostrou como a produção e o emprego podiam agora ser encarados como variáveis operacionais receptivas à orientação política em vez de como condições endógenas determinadas automaticamente pela Lei de Say, segundo a qual "a oferta cria a sua própria demanda".[25] De agora em diante, os governos podiam legitimamente aspirar gerir a economia "real" e não apenas os mercados financeiros. A política monetária e a taxa de câmbio, com frequência apoiadas pelos controles do câmbio e do capital,

---

transferir o consumo entre os produtos nacionais e os estrangeiros. Mas em longo prazo, à medida que o nível do preço doméstico aumenta (no caso de desvalorização) ou diminui (no caso de valorização), alterando o poder de compra dos balanços monetários, o nível agregado do consumo também será afetado, no que é tecnicamente conhecido como efeito de equilíbrio real. Para alguma discussão, ver Caves et al. (1996, cap.19-20). A distinção entre as políticas de mudança no consumo e deslocamento no consumo foi introduzida pela primeira vez por Harry Johnson (1961, cap.6).

25 A Lei de Say estabelece que nas economias baseadas no mercado nunca pode haver uma deficiência geral e permanente na demanda agregada; ou seja, em longo prazo haverá sempre uma tendência para o equilíbrio no pleno emprego. Atribuída a Jean-Baptiste Say, um francês do início do século XIX que primeiro foi negociante e depois economista, a Lei foi um dogma da tradição econômica neoclássica que Keynes atacou tão vigorosamente na sua *Teoria geral*.

podiam ser usadas para neutralizar o ciclo dos negócios e talvez até refinar o ritmo geral da atividade, desimpedida de preocupações a respeito da santidade dos valores monetários ou da conversibilidade em metais preciosos ou até mesmo em outras moedas. O Estado territorial podia impor uma autoridade maior do que nunca.

Desenvolvimentos teóricos mais recentes – em seguida à chamada contrarrevolução monetarista das décadas de 1960 e 1970 – moderaram esse otimismo. Para as variações da massa monetária ou da taxa de câmbio terem um impacto sustentado na economia real, agora está claro que precisa haver um equilíbrio duradouro entre a inflação e o desemprego.[26] Ou seja, deve ser possível usar a política expansionista, apesar de suas consequências potencialmente inflacionárias, para reduzir o desemprego em uma base sustentada. Mas essa suposição conveniente suscitou alguma dúvida, primeiro por parte da hipótese da taxa natural de Milton Friedman – a ideia de que, com o passar do tempo, uma economia gravita na direção de uma taxa natural de desemprego que independe da inflação e não pode ser mudada pela política monetária – e depois pela teoria das expectativas racionais, que enfatiza a suposta capacidade dos mercados para prever qualquer esforço sistemático por parte do governo na política contracíclica. Consta que, em longo prazo, o dinheiro é estritamente neutro com relação à produção real, influenciando apenas os preços. Em seu monetarismo mais extremo, ele nega a existência de qualquer equilíbrio entre a inflação e o desemprego, até mesmo em curto prazo (Cagan, 1992).

Como na maioria desses debates, a verdade parece estar em algum lugar entre as versões mais extremas da teoria keynesiana e monetarista. Na prática, evidências empíricas sugerem que o argumento da neutralidade monetária só é válido – se é que o é – em muito longo prazo. Nos horizontes de mais curto prazo que interessam às autoridades públicas, a política monetária na verdade mantém uma influência substancial como uma ferramenta para a gestão macroeconômica. A capacidade para o ativismo prometida por um monopólio monetário pode não ser tão ampla quanto os governos um dia esperaram que fosse, mas também não é trivial.

Isolamento monetário

Finalmente, o poder é também derivado num sentido negativo – da capacidade que uma moeda nacional dá ao governo para evitar a dependência de

---

26 Tecnicamente, um economista diria que devemos ser capazes de assumir uma inclinação negativa no que é conhecido como a curva Phillips – um dispositivo gráfico utilizado para ilustrar geometricamente o dilema inflação-desemprego, com a inflação medida no eixo vertical e o desemprego no horizontal.

alguma procedência para esse recurso fundamental. A territorialidade monetária traça um limite econômico claro entre o Estado e o resto do mundo. Esses limites aumentam a autoridade política: o governo fica isolado das influências ou das restrições externas ao formular e colocar em prática a política.

Não surpreende o fato de esses Estados soberanos poderem usar as relações monetárias de modo coercivo. Como recentemente nos lembrou Jonathan Kirshner, "o poder monetário é um componente notavelmente eficiente do poder do Estado [...] o instrumento mais potente de coerção econômica disponível aos Estados em uma posição de exercê-la" (1995, p. 29 e 31). O dinheiro, afinal, simplesmente controla os recursos reais. Se uma nação pode ter seu acesso aos meios necessários para comprar bens e serviços vitais negado, ela está evidentemente vulnerável em termos políticos. Kirshner cita quatro maneiras em que a dependência monetária pode ser explorada por uma autoridade estrangeira: (1) coerção – manipulação das regras em vigor ou ameaça de sanções; (2) expulsão – suspensão ou encerramento dos privilégios; (3) extração – uso do relacionamento para se apropriar de recursos reais; e (4) armadilha – transformação dos juros do Estado dependente. Todos os quatro riscos podem ser evitados mantendo-se uma moeda autônoma própria.

Os riscos de se contar com uma potência estrangeira para a moeda doméstica estavam claros nas mentes dos croatas após sua separação da Iugoslávia em 1991, assim como dos palestinos em suas negociações com Israel em 1994; e, como veremos no Capítulo 4, muito certamente desempenharam um papel importante também no rompimento apressado com a zona do rublo. Mas talvez o exemplo mais flagrante dessa vulnerabilidade nos últimos tempos envolva o Panamá. Desde sua independência no início do século XX – em uma notável exceção ao modelo vestfaliano – o país usou o dólar norte-americano como uma proposta legal para a maioria dos propósitos monetários domésticos. O Panamá deve sua existência aos Estados Unidos, que encorajaram a secessão da Colômbia para facilitar a construção de um canal no istmo, e sempre manteve um relacionamento especial com Washington. Embora uma moeda panamenha nacional, o balboa, exista em princípio, apenas uma quantidade negligenciável de cédulas de balboa circulam atualmente na prática. O grande volume da massa monetária, incluindo todas as notas e a maioria dos depósitos bancários, é registrado em dólar.[27] No final da década de 1980, os panamenhos perceberam como estavam expostos à coerção externa nesse esquema monetário.

---

27 A dependência que o Panamá tem do dólar remonta a um acordo entre os dois países assinado em 1904, posto em prática sob os termos da Lei Panamenha n. 84, aprovada no mesmo ano. O Panamá concordou em aceitar o dólar como moeda corrente e não emitir papel-moeda próprio. Balboa observa que este foi emitido apenas uma vez, durante a

Em termos econômicos, a maior parte dos observadores teria apenas que elogiar o arranjo monetário do Panamá. A dependência do dólar criou um ambiente de estabilidade que tanto suprimiu a inflação – uma maldição para a maioria dos vizinhos hemisféricos do Panamá – como ajudou a estabelecer o país enquanto um importante centro financeiro no exterior. Como expressado em um estudo recente,

> O sistema garantiu virtualmente a estabilidade monetária e de preço, permitindo que o Panamá evitasse os períodos de inflação que afligiram o resto da América Latina. Também facilitou as transações internacionais, em grande parte porque o dólar elimina quaisquer riscos de câmbio. E, finalmente, o uso do dólar e a consequente ausência de controle do câmbio apoiaram muito o crescimento do centro bancário internacional. (Zimbalist; Weeks, 1991, p.68)[28]

Por outro lado, em termos políticos o Panamá estava extremamente vulnerável em suas relações com Washington que, é claro, em nenhum momento poderiam azedar. Finalmente, em 1988, após as acusações de corrupção e tráfico de drogas contra o general Manuel Noriega, comandante das Forças Armadas panamenhas, os norte-americanos usaram a arma. Em março, os bens panamenhos nos bancos dos Estados Unidos foram congelados, e todos os pagamentos ou outras transferências de dólares para o Panamá foram proibidos, como parte da campanha determinada do governo Reagan para obrigar Noriega a deixar o poder. O impacto foi imediato: a maioria dos bancos locais foi obrigada a fechar e a economia foi comprimida por uma severa escassez de liquidez. O efeito foi devastador, apesar dos rápidos esforços das autoridades panamenhas para criar uma moeda substituta, principalmente emitindo cheques em valores padronizados que esperavam que os recipientes resgatassem como dinheiro vivo. O país estava efetivamente desmonetizado. Nas palavras de um ex-embaixador dos Estados Unidos no Panamá, as ações coercivas de Washington causaram o maior dano "à economia panamenha desde Henry Morgan, o pirata que saqueou a cidade do Panamá em 1671".[29] No decorrer do ano a produção doméstica caiu quase um quinto.

As sanções, como costuma acontecer, não foram suficientes para tirar Noriega do poder. Finalmente, no final de 1989, Washington preparou uma

---

breve presidência do nacionalista Arnulfo Arias Madrid em 1941, e foi rapidamente retirado de circulação após sua derrubada (engendrada, pelo que em geral se acreditou, com a ajuda de Washington). Para mais detalhes, ver H. Johnson (1973, p.223-8), Collyns (1983, cap.6) e Zimbalist; Weeks (1991).

28 Em uma veia similar, ver Collyns (1983, cap.6) e Fieleke (1992).
29 Ambler H. Moss, Jr., testemunhando diante do Congresso dos Estados Unidos em 1989, como está citado em Kirshner (1995, p.162). Para mais discussão e detalhes, ver Kirshner (1995, p.159-66) e Hufbauer et al. (1990, p.249-67).

invasão militar e ocupou temporariamente o país até um governo novo e mais amigável poder ser instalado. Mas não pode haver dúvida de que a escassez de liquidez foi dolorosa e contribuiu muito para as pressões sobre Noriega. A lição é óbvia, como sugeriu discretamente Lawrence Klein (1993, p.112-3):

> O Panamá [...] usa os dólares norte-americanos como suas unidades monetárias. Enquanto as relações permanecerem cordiais, esse não é um mau arranjo [...] Mas, para o Panamá, ter a conveniência dos dólares norte-americanos implica um preço muito alto. O pequeno país estaria em uma posição melhor e mais independente se não tivesse deixado parte de suas ações monetárias serem governadas por estrangeiros.

Em resumo, se você quer autonomia política, não confie no dinheiro de mais ninguém.

* * *

Por mais recentes que sejam suas origens, o modelo vestfaliano ainda exerce uma forte influência na maneira como pensamos sobre a geografia monetária. Também abriga uma visão da governança da política mundial distintamente centrada no Estado. Então, deveríamos nos surpreender com o fato de os governos nacionais resistirem a qualquer saída da territorialidade na organização do espaço monetário? Embora hoje não seja nada além de um mito, a ideia de Uma Nação/Uma Moeda ainda promete muito para reforçar o poder do Estado soberano – um símbolo político para promover a unidade nacional, uma fonte alternativa de renda pública, uma ferramenta para a gestão macroeconômica e o isolamento contra a coerção estrangeira. Essas dificilmente são vantagens que possam ser abandonadas com facilidade.

SUBORDINAÇÃO DA SOBERANIA MONETÁRIA

> Não há nada de especialmente exótico em uma economia que não usa o seu próprio dinheiro.
>
> Stanley Fischer, "Seigniorage and the Case for National Money", 1982

Mesmo durante seu apogeu, o modelo vestfaliano nunca foi absoluto. Uma Nação/Uma Moeda pode ter se tornado a norma permanente, refletindo a lógica de um sistema centrado no Estado-nação. Mas não era necessariamente esperado que ele prevalecesse em toda parte, em cada Estado soberano. Os governos não podem sempre se aproveitar de todas as vantagens de um monopólio monetário. As circunstâncias às vezes impõem permutas, requerendo sacrifícios de alguns objetivos políticos para garantir o alcance de outros.

Entretanto, é importante notar que mesmo quando espécies não ortodoxas têm sido admitidas na paisagem imaginária do dinheiro, elas em geral são criaturas de escolha do Estado e não das forças do mercado. Os governos ainda são vistos como os principais determinantes da geografia monetária: as moedas são na verdade parecidas com os blocos de construção das crianças, brinquedos passivos a serem manipulados ou combinados à vontade pela autoridade política. Imagina-se que os governos se comportem como atores unitários racionais, calculando as vantagens e desvantagens das configurações monetárias alternativas e escolhendo de acordo. Ganhos e perdas, riscos e oportunidades, são medidos em termos dos quatro elementos do poder associados a uma moeda nacional convencional: simbolismo político, senhoriagem, gestão macroeconômica e isolamento monetário. Na teoria mais formal, a tomada de decisão do Estado é explicitamente moldada como um problema de otimização restringido.

As variações no modelo vestfaliano convencional podem ser classificadas como configurações que incorporam uma *hierarquia* vertical entre Estados soberanos e aquelas que envolvem uma *aliança* horizontal de moedas nacionais. Exemplos de hierarquia incluem países que formalmente usam a moeda de outra nação ou vinculam a sua a uma moeda estrangeira mais forte. Diz-se que os Estados que estão no topo da hierarquia desempenham o papel de hegemônicos; isto é, eles exercem influência (hegemonia) sobre aqueles mais inferiores no sistema hierárquico. O relacionamento hierárquico em si é tipicamente descrito como um bloco ou uma zona monetária. Exemplos de aliança incluem países que formalmente congelam suas taxas de câmbio mútuas em um esforço cooperativo ou substituem as moedas nacionais pela fusão em uma moeda única. Os rótulos comuns a esses arranjos incluem união da taxa de câmbio, *união monetária (monetary union)* e *união da moeda (currency union)*.[1]

Esses dois tipos, hierarquia e fusão, podem ser chamados de os Dois Ss: respectivamente, *subordinação (subordination)* da soberania monetária e *compartilhamento (sharing)* da soberania monetária. Os dois são similares, pois afrouxam o vínculo apertado entre nacionalismo político e dinheiro territorial, embora continuem a enfatizar o papel central dos governos na moldagem dos espaços monetários. No entanto, diferem substancialmente em suas implicações básicas para as relações econômicas e políticas. O primeiro S é discutido neste capítulo; o segundo no Capítulo 4.

Rendição da soberania

A forma mais extrema de subordinação da soberania monetária – na verdade, mais parecida com uma rendição incondicional – é o uso direto da moeda de outra nação no lugar de uma moeda própria. O Panamá não é de modo algum o único Estado na era contemporânea a adotar uma divisa estrangeira como moeda corrente legal. Casos similares há muito existiram na Europa, incluindo Liechtenstein, que formalmente emprega o franco suíço; as entidades nominalmente soberanas de San Marino e do Vaticano, que utilizam a lira italiana; e Mônaco, onde o franco francês é a moeda circulante. Talvez mais interessante seja a República de Andorra,

---

[1] Eu evito associar o termo "integração" com essas uniões porque, nas relações monetárias entre Estados soberanos, a integração é uma característica das hierarquias verticais e também das alianças horizontais.

no alto dos Pireneus, onde tanto o franco francês como a peseta espanhola são as moedas correntes, refletindo o papel oficial que as vizinhas França e Espanha desempenham como protetoras conjuntas da independência andorrana.

Um caso paralelo também pode ser encontrado na África Ocidental, onde a Libéria, como o Panamá, durante muitos anos usou o dólar norte-americano para a maioria dos propósitos monetários. Como o país centro-americano, o africano deve sua existência a iniciativas dos Estados Unidos; e similarmente, desde sua concepção em 1847, mantém um relacionamento especial com Washington, que persistentemente apoiou os esforços do país para preservar sua independência diante das invasões francesas e britânicas. Durante a Segunda Guerra Mundial, quando os Estados Unidos intensificaram sua presença militar na Libéria, a Monróvia fez do dólar sua única moeda corrente, substituindo a cunhagem colonial da África Ocidental britânica que previamente dominou a massa monetária local (Bixler, 1957). Embora suplementada por algumas moedas liberianas de valor baixo (também chamadas de dólar) na década de 1960, a moeda norte-americana manteve seu papel dominante até meados da década de 1980, quando a agitação política e os déficits fiscais levaram a Monróvia a emitir grandes quantidades de moedas e também cédulas de valor mais alto – um exemplo clássico de um governo recorrendo à senhoriagem como renda de último recurso. Também fiel a si mesma, a Lei de Gresham rapidamente passou a atuar. No final da década de 1980, o dólar norte-americano desapareceu quase completamente de circulação, embora o acordo monetário com Washington permaneça nominalmente vigente. Tecnicamente, o dólar ainda é a principal moeda da Libéria, embora não mais circule ativamente como um meio de troca.

Outros exemplos podem ser encontrados no sul da África, onde o rand sul-africano funciona como moeda corrente tanto em Lesoto, ex-colônia britânica inteiramente cercada pela África do Sul, como na vizinha Namíbia, que conquistou sua independência da administração sul-africana em 1990. No Pacífico, as repúblicas insulares de Kiribati, as Ilhas Marshall e a Micronésia ainda usam moedas estrangeiras para todos os propósitos domésticos.[2] Na Ásia, a rúpia indiana continua sendo a moeda corrente no reino montanhoso e sem acesso ao mar do Butão. Casos interessantes são também exemplificados por Bielorrússia e Tadjiquistão, os únicos dois Estados sucessores da União Soviética que em 1998 ainda não haviam substituído formalmente o rublo russo por uma moeda própria. Ambos

---

2 Kiribati (anteriormente Ilhas Gilbert) foi colônia da Grã-Bretanha e atualmente usa o dólar australiano. As Ilhas Marshall e a Micronésia, anteriormente protetorados das Nações Unidas e administradas pelos Estados Unidos, ainda fazem uso do dólar norte-americano. Ver a Tabela 3.1.

flertaram brevemente com a ideia, cada um introduzindo um rublo nacional "provisório" para circular lado a lado com o da Rússia, mas nenhum dos dois ainda estabeleceu um status de moeda corrente legal exclusiva para sua moeda. Anteriormente conhecida como Rússia Branca ou Pequena Rússia, a Bielorrússia nunca se decidiu se quer se separar da mãe Rússia. O Tadjiquistão, fragmentado pela guerra civil, foi efetivamente ocupado pelo exército russo desde que atingiu sua independência nominal em 1991.

Todos esses, é claro, parecem ser casos especiais – enclaves minúsculos ou tutelados deferentes de patronos poderosos. Todos são exemplos do que o cientista político Robert Jackson (1990) chama de "quase Estados": países cuja soberania é mais jurídica do que empírica.[3] Embora legalmente constituídos como Estados-nação e formalmente reconhecidos pela comunidade internacional, eles carecem dos meios ou da vontade de prover todos os elementos de governança prática ou de se isolarem efetivamente da influência estrangeira. Sua independência política sempre foi muito menos que absoluta. Por conseguinte, perderam um pouco mais renunciando à autoridade monetária formal que está além do simbolismo de uma moeda nacional e do privilégio da senhoriagem. Abandonando os instrumentos padrão da gestão macroeconômica, a massa monetária e a taxa de câmbio pouco significam na ausência de uma capacidade para usar efetivamente essas ferramentas.

Por outro lado, muito pode ser ganho em pelo menos dois aspectos. Primeiro, os custos administrativos são reduzidos. Essa poupança tende a ser de particular significância para as soberanias mais pobres e diminutas por causa das deseconomias de pequena escala envolvidas em uma infraestrutura dedicada apenas à produção e à gestão de uma moeda separada. Mais importante ainda, é alcançado um relacionamento estável com uma moeda mais amplamente circulada e geralmente aceita – uma cujo domínio preponderante é bem maior do que qualquer um que esses quase-Estados poderiam atingir com uma moeda própria. A gestão das condições financeiras locais é cedida a uma potência estrangeira. Com sorte, as melhorias resultantes no ambiente econômico – como no caso do Panamá na maior parte do século XX – compensarão em muito a vulnerabilidade aumentada em relação à influência estrangeira.

O fato de esses casos serem especiais não significa que sejam irrelevantes. Na verdade, sua experiência contém lições para muitos Estados soberanos, por pelo menos três razões. A primeira é a grande aceleração do uso transnacional da moeda nos últimos anos – o tema deste livro – que já desafiou o domínio preponderante de muitas moedas nominalmente independentes. Como veremos no Capítulo 5, o número de moedas locais agora rotineiramente enfrentando séria competição com as estrangeiras

---

3 Alan James (1986) usa um termo similar, "Estado permeado".

não é de modo algum pequeno. De fato, em muitos exemplos boa parte da soberania monetária efetiva *já* foi capitulada. Por isso, enquanto os governos continuarem a se interessar pelo dinheiro, o cálculo custo-benefício não poderá ser evitado. Os políticos devem decidir se os ganhos oriundos da dependência de uma moeda estrangeira, que são principalmente econômicos, valem os vários riscos ou perdas implicados, a maioria deles políticos. Ou deveriam tomar medidas ativas para preservar ou restaurar um monopólio doméstico do dinheiro?

Esse dilema vem crescendo há décadas, pelo menos desde a emergência do mercado para depósitos em moeda estrangeira – popularmente conhecido como mercado de euromoedas – no final da década de 1950.[4] Como o nome sugere, o mercado originou-se na Europa (primeiro em Londres e depois no continente europeu) e de início envolveu quase exclusivamente dólares norte-americanos, rotulados de eurodólares. Já na década de 1960, para a emergente Comunidade Europeia, o eurodólar adquiriu algumas características de uma moeda comum – "a moeda comum informal do Mercado Comum", como a chamei em uma discussão anterior (B. Cohen, 1963, p.613).[5] Na verdade, a Comunidade estava se tornando parte do domínio preponderante do dólar. Mas como isso significaria a dependência de um suprimento de moeda gerido pelo Federal Reserve dos Estados Unidos em vez de pelos bancos centrais da própria Europa, tendia a reduzir a eficácia das políticas monetárias europeias. "O problema", escrevi em 1963, "não é de geografia, mas de soberania [...] Como as fronteiras da área dentro da qual o eurodólar circula não coincidem com as do Mercado Comum, os esforços para controlar a liquidez dentro da união devem inevitavelmente [ser comprometidos]". Os europeus, como muitos outros, ainda estão lutando com as consequências desse tipo de desafio.

A segunda razão é a falta de credibilidade de muitas moedas nacionais nos dias de hoje – especialmente aquelas do leste e do centro da Europa e das ex-repúblicas soviéticas, as chamadas economias de transição onde na maioria dos casos ainda são muito escassas as instituições bancárias adequadas e a experiência em gestão monetária. Nessas circunstâncias, muitos observadores têm perguntado por que afinal insistir em uma moeda nacional? Por que em vez disso não usar a moeda de outro país? Para esses Estados, o desafio não tem sido preservar a estabilidade monetária, mas

---

4 Os depósitos em moeda estrangeira, ou depósitos em euro, são simplesmente depósitos em bancos fora das fronteiras ou além do controle regulatório formal do país onde se origina a moeda. Apesar do rótulo, o mercado do euro tem na verdade um escopo global e opera 24 horas por dia. Para alguma base, ver Park; Zwick (1985) e Aliber (1987).

5 Um argumento similar envolvendo a libra esterlina foi usado alguns anos mais tarde pelo economista britânico Peter Coffey (1968). Ele afirmou que a esterlina tornou-se uma forma de moeda europeia como resultado de acordos entre os bancos centrais do Mercado Comum para manter as libras e aceitá-las em pagamentos de dívidas mútuas.

criá-la. E que maneira melhor do que "contratar" alguma moeda estrangeira amplamente aceita, como o dólar (com ou sem o prefixo "euro") para esse trabalho? Nas palavras de James Meigs, "as soluções para muitos dos problemas monetários da ex-União Soviética e do Leste Europeu sobre os quais os conselheiros ocidentais agonizam estão bem debaixo dos seus narizes nos mercados da euromoeda [...] O uso de eurodólares, sem controles de câmbio, aceleraria bastante a compensação do comércio internacional e das transações de capital" (Meigs, 1993, p.714 e 716).[6] Ainda que seja apenas um dispositivo transitório, para ajudar a transição para uma moeda nacional, tal abordagem renunciaria aos supostos benefícios da soberania nominal – incluindo o simbolismo político, a senhoriagem e o isolamento monetário – em prol dos ganhos da estabilidade financeira e de poupanças nos custos administrativos. Certamente, as experiências de países que já optaram por contratar uma moeda estrangeira seriam relevantes para tal decisão.

Uma última razão, mais específica para a União Europeia de hoje, é sugerida pelos esforços atuais da UE para criar uma nova moeda conjunta, o euro – não confundir com o eurodólar[7] –, mesmo quando negocia adicionar uma dúzia de novos parceiros em uma área que se estende desde o leste do Mediterrâneo (Malta, Chipre), passando pela Europa Central, até os países bálticos (Estônia, Letônia e Lituânia). Como veremos no Capítulo 4, nem todos os membros atuais da UE vão se unir à antecipada União Econômica e Monetária (UEM) quando ela começar. Somente a Alemanha, a França, os países do Benelux (Bélgica, Luxemburgo e Holanda) e a Áustria – com frequência chamados de "o miolo" da UEM – sempre foram considerados certos de estar entre os membros de "dentro". Como os membros de "fora", especialmente aqueles países ainda não formalmente admitidos na UE, podem melhorar suas perspectivas para uma eventual participação? Para alguns observadores, a solução ideal está em uma dependência unilateral da soberania monetária; a adoção voluntária da nova moeda conjunta da UE no lugar das moedas existentes (Frankel; Wyplosz, 1995-1996; Dornbusch, 1996). Para qualquer governo contemplar tal curso, os precedentes estabelecidos pelo Panamá e por outros países são qualquer coisa menos especiais.

---

6 Ver também Rahn (1989), Chown; Wood (1992-1993) e Dornbusch (1994). Uma estratégia alternativa, inspirada pela ideia do dinheiro desnacionalizado defendida por Friedrich Hayek, poderia ser não contratar apenas uma moeda única, mas sim permitir uma competição livre de moedas para conseguir estabilidade monetária. Ver, por exemplo, P. Schwartz (1993), A. Anderson (1993, 1995) e Hefeker (1995b).

7 Justamente em razão do risco dessa confusão, a *Economist* (1996b) propôs, num tom não inteiramente irônico, que o rótulo euro fosse mudado para xenomoeda (da palavra grega para estrangeiro).

Subjugação da soberania

É claro que existem outras possibilidades. As escolhas não são restritas simplesmente às alternativas rígidas do seu próprio dinheiro ou do dinheiro de alguma outra pessoa. Entre esses extremos há outras opções baseadas em um vínculo mais ou menos firme com uma moeda estrangeira forte – uma moeda de referência ou de reserva. Em vez de se render incondicionalmente à soberania monetária, um governo pode adotar um grau de subordinação mais limitado: algum tipo de regra da taxa de câmbio. A moeda doméstica permanece vigente, mas seu valor é diretamente atrelado a uma contraparte com ampla circulação em outros lugares. As possibilidades caem ao longo de um contínuo, variando desde o vínculo estreito de um fundo de estabilização cambial até arranjos flexíveis e informais de taxa indexada. Cada configuração tem seus acordos particulares entre os potenciais ganhos e perdas.

Fundos de estabilização cambial

Formalmente mais próximo do uso direto de uma moeda estrangeira é o fundo de estabilização cambial, um arranjo institucional criado na verdade para manter a *ilusão*, se não até mesmo a *realidade*, da soberania monetária nacional. Um país com um fundo de estabilização cambial conserva o privilégio de emitir uma moeda própria, que funciona para todos os propósitos usuais dentro das fronteiras territoriais do Estado. A massa monetária local, no entanto, está intimamente ligada à disponibilidade de uma moeda estrangeira designada. Por isso, o domínio preponderante da moeda local é um bom negócio, menor que seu domínio nominal e, dependendo de como o fundo de estabilização cambial realmente opere, pode até ser zero. Na verdade, a moeda local simplesmente se torna a moeda estrangeira com outro nome – "um substituto para a moeda de reserva", como declarou uma fonte (Osband; Villanueva, 1993, p.215).

A essência do fundo de estabilização cambial, em sua forma mais pura, é uma regra monetária clara e publicamente observável, em geral apoiada pelo mandato legislativo formal. A regra normalmente combina três características básicas: (1) uma taxa de câmbio fixada contra uma moeda de referência, (2) conversibilidade irrestrita a essa moeda e (3) apoio total da moeda estrangeira para qualquer aumento no endividamento da autoridade monetária central – o que os economistas chamam de "moeda forte" ou "moeda de referência", abrangendo cédulas e moedas e as reservas de caixa dos bancos comerciais.[8] Juntas, essas três características significam

---

8 A "base monetária" é muito poderosa porque, em um sistema bancário de reserva fracionada, as variações em dinheiro circulante ou em reservas de bancos comerciais terão um

que, diferentemente de um banco central, um fundo de estabilização cambial não pode desvalorizar o seu dinheiro nem criar moeda segundo a sua vontade. Na verdade, em princípio ele não tem nenhum poder discricionário. Nenhum dinheiro pode ser gerado pela aquisição de bens domésticos. Nenhuma taxa de inflação pode ser imposta por empréstimos ao governo. Nenhum ajuste da taxa de câmbio é possível no caso de uma saída líquida de capital ou de um déficit na conta corrente. Ao contrário, o fundo de estabilização cambial é totalmente passivo, acomodando qualquer variação na oferta ou demanda de moeda estrangeira. O país não pode gerir seus próprios negócios macroeconômicos nem se isolar da influência externa. Sua autoridade monetária efetiva é mínima.[9]

Tal passividade foi, é claro, justamente o propósito dos fundos de estabilização cambial quando eles foram criados pelo governo britânico no século XIX para ajudar a estabilizar as relações financeiras de Londres com suas colônias no exterior. Como o próprio Império, os fundos de estabilização cambial não foram o produto de um plano deliberado, mas de uma experimentação casual.[10] Embora em 1849 tenha sido montado um protótipo para a Ilha Maurício no Oceano Índico, a forma definitiva só foi alcançada em 1912 com o estabelecimento do Fundo de Estabilização Cambial da África Ocidental para Gâmbia, Costa do Ouro (atualmente Gana), Nigéria e Serra Leoa. O esquema da África Ocidental serviu subsequentemente como um modelo para outras possessões de Londres no estrangeiro. Garantindo de imediato a conversibilidade da moeda atual para a libra esterlina em uma taxa fixa, os fundos de estabilização cambial eliminaram o risco de todo o câmbio exterior comercializar com o país-mãe e efetivamente integraram as instituições financeiras coloniais no sistema bancário doméstico britânico. Os bancos britânicos que podiam operar como se fossem dependências estrangeiras não eram nada além de localidades do Reino Unido. Esse modelo britânico foi posteriormente imitado por outras potências coloniais, assim como por outros Estados nominalmente soberanos, entre eles a Cidade Livre de Danzig em 1923-1924 e a Irlanda de 1928 até 1943.

---

efeito múltiplo sobre o nível dos depósitos bancários – hoje o principal componente do suprimento monetário nominal na maioria dos países – dependendo de fatores como as escolhas de portfólio dos indivíduos e as exigências de reserva aplicáveis. Por isso, o pleno apoio da moeda estrangeira como base monetária não significa o pleno apoio para o estoque agregado de dinheiro em circulação, embora evidentemente haja um vínculo direto entre eles.

9 Para mais discussões sobre a mecânica e os princípios operacionais dos fundos de estabilização cambial, ver Fieleke (1992), Walters; Hanke (1992), Osband; Villanueva (1993), Liviatan (1993), Bennett (1994, 1995), Humpage; McIntire (1995), Williamson (1995) e IMF Survey (1997).

10 Para discussão, ver Ow (1985), Jao; King (1990), Fieleke (1992), A. Schwartz (1992, 1993) e Williamson (1995). Hanke et al. (1993, apêndice C) apresentam uma lista útil de experiências com os fundos de estabilização cambial durante o último século.

Mas essa passividade foi abandonada quando teve início o grande período de descolonização após a Segunda Guerra Mundial. Os fundos de estabilização cambial podem ter assegurado às ex-colônias algum grau de estabilidade monetária, mas eram alvo de muito ressentimento por serem considerados símbolos da opressão imperial. Acreditava-se que a ausência de um banco central com poderes discricionários servia apenas para perpetuar a dependência e o desenvolvimento reprimido. A exigência de que todos os bens dos fundos de estabilização cambial fossem mantidos em moeda estrangeira parecia significar menos recursos para o investimento doméstico; as taxas de conversão fixas para a moeda estrangeira impediam a flexibilidade na gestão das condições monetárias locais. Então, por que não segurar o controle da criação de moeda, como as próprias potências coloniais haviam feito no século XIX? Como escreveu a historiadora monetária Anna Schwartz (1993, p.170),

> tornou-se um artigo de fé que a independência permitiria que as ex-colônias, uma vez livres do controle imperial, utilizassem seus recursos mais produtivamente e, por conseguinte, conseguissem um desenvolvimento econômico mais rápido [...] Os fundos de estabilização cambial não se adequavam a essa visão.

Seja como for, por uma questão de princípio, a dependência monetária continuada parecia inconsistente com a independência política recém-conquistada. O modelo vestfaliano agora reinava supremo, e o direito soberano de todo Estado à sua própria moeda exclusiva tornou-se uma norma universal. Por isso, muito rapidamente os fundos de estabilização cambial foram abandonados em prol de arranjos locais, com frequência baseados em Uma Nação/Uma Moeda. As únicas exceções dignas de nota estavam na Ásia Oriental, onde tanto Cingapura como Brunei optaram por preservar uma forma de fundo de estabilização cambial mesmo depois de conseguirem a independência;[11] e em Djibouti, ex-colônia da França na África Oriental, um fundo de estabilização cambial já existia desde 1949 (embora, curiosamente, ele fosse ligado ao dólar norte-americano e não ao franco francês). Exceto por um breve interlúdio na década de 1970, um fundo de estabilização cambial também foi mantido em Hong Kong, ex-colônia da coroa, mesmo após o seu retorno à soberania chinesa em 1997. Em outros lugares, o fundo de estabilização cambial foi rejeitado como relíquia de uma era passada.

---

11 Cingapura, excepcionalmente, combinou seu fundo de estabilização cambial com um fluxo administrado em vez de uma taxa de câmbio fixa. Brunei indexa sua moeda ao dólar de Cingapura. Os dois países anteriormente participaram do Malayan Currency Board da Grã-Bretanha, que também incluía os Estados Malaios, Sarawak e Bornéu do Norte (Sabah). Essas três últimas entidades estão agora unidas ao Estado soberano da Malásia. Para mais detalhes, ver Ow (1985).

Mais recentemente, no entanto, os fundos de estabilização cambial encontraram uma espécie de retorno. O primeiro desse arranjo novo em décadas foi adotado pela Argentina em 1991, como parte de um programa de estabilização chamado Plano de Conversibilidade. O esquema destinava-se a reverter a inflação doméstica persistente que atingiu proporções hiperinflacionárias em 1989-1990.[12] Embora o banco central fosse mantido, seus poderes discricionários foram severamente reduzidos por uma lei que estipulava a plena conversibilidade de um "novo" peso (a quarta moeda da Argentina em seis anos)[13] em uma paridade fixada ao dólar norte-americano e obrigando uma cobertura plena da base monetária pelas reservas de dólares.

A partir de então, fundos de estabilização cambial formais foram estabelecidos por dois Estados sucessores da União Soviética, a Estônia em 1992 e a Lituânia em 1994;[14] e na Bósnia-Herzegovina devastada pela guerra pelo Acordo de Dayton assinado em dezembro de 1995.[15] No final de 1996, o Equador se interessou temporariamente pela ideia (*Economist*, 1996c), e em meados de 1997 uma iniciativa ao estilo argentino foi colocada em prática na Bulgária (IMF, 1997). Os fundos de estabilização cambial foram também defendidos para vários outros Estados.[16]

Por que os Estados soberanos estariam dispostos a reconsiderar a justificativa para um fundo de estabilização cambial? Evidentemente, uma atração importante é a estabilidade financeira prometida por um vínculo forte com uma moeda estrangeira popular. Onde a confiança na moeda nacional não existia em razão dos excessos inflacionários do passado, como na Argentina e no Equador, ou por causa da incerteza quanto ao futuro de uma moeda recém-criada, como na Estônia e na Lituânia, a

---

12 Para avaliações do Plano de Conversibilidade da Argentina, ver Liviatan (1993), Schweickert (1994), Zarazaga (1995a) e Hanke (1996).

13 Em 1985, o antigo peso foi substituído pelo "austral", que por sua vez foi sucedido pelo "novo" austral antes do novo peso ser introduzido.

14 A coroa estoniana foi indexada diretamente ao marco alemão; o litas lituano, ao dólar norte-americano. Para mais detalhes, ver Bennett (1993), Hansson (1993a) e Camard (1996).

15 Durante os anos do conflito militar que conduziu ao Acordo de Dayton, várias moedas circulavam em diversas partes da Bósnia-Herzegovina, entre elas o dinar iugoslavo nas áreas controladas pela Sérvia, o kuna croata nas regiões habitadas por croatas e um dinar da Bósnia-Herzegovina que foi introduzido em outubro de 1994. Segundo o Acordo de Dayton, as moedas iugoslava e croata seriam retiradas de circulação e um novo banco central deveria atuar como um fundo de estabilização cambial *de facto* por um mínimo de seis anos. O dinar da Bósnia-Herzegovina foi firmemente indexado ao marco alemão.

16 O mais incansável defensor dos fundos de estabilização cambial é o economista Steve Hanke, que com um vasto grupo de colegas – rotulados por John Williamson (1995, p.1) de "evangélicos monetários" – preconizou a consideração da opção do fundo de estabilização cambial por parte de países tão diversos como México (Hanke, 1996), Rússia (Hanke et al., 1993), os ex-aliados da Rússia no Centro-Leste da Europa (Hanke; Schuler, 1991) e até mesmo a China (Hanke; Walters, 1993), assim como por toda a América Latina (Hanke; Schuler, 1993) e pelas nações em desenvolvimento em geral (Hanke; Schuler, 1994, 1996).

credibilidade pode de fato ter sido emprestada do exterior atando as próprias mãos (Giavazzi; Pagano, 1988).[17] As políticas de um banco central estrangeiro respeitado (por exemplo, o Federal Reserve dos Estados Unidos ou o Bundesbank da Alemanha) tornam-se também as políticas do país. A disciplina hegemônica é importada mediante a garantia de conversibilidade em uma taxa de câmbio fixa. Como resume o Federal Reserve Bank de Cleveland, "o país com fundo de estabilização cambial adquire credibilidade à custa da perda da soberania monetária" (Humpage; McIntire, 1995, p.5).

Então, por que simplesmente não contratar a moeda de outro governo? Por que, afinal, se interessar por uma substituta? Comparado com o uso direto de uma moeda estrangeira, um fundo de estabilização cambial oferece duas vantagens distintas. Em primeiro lugar, a opção preserva o valor simbólico de uma moeda ao chamá-la de sua. Em segundo, ele tem um efeito colateral incidental: gera um fluxo potencialmente lucrativo de renda de senhoriagem para a autoridade monetária. Quando uma moeda estrangeira circula domesticamente, todo o benefício de recurso real da sua criação vai para o país emissor. Mas quando uma moeda doméstica é usada, a renda da senhoriagem é obtida da diferença entre o pagamento de juro zero sobre os passivos do fundo de estabilização cambial (base monetária) e o juro positivo a ser ganho sobre seus ativos em moeda estrangeira. Na prática, o ganho líquido pode ser bastante substancial, dependendo do nível de rendimentos na moeda de referência. Uma estimativa conservadora do economista John Williamson (1995, p.20) sugere que, no caso típico, a renda potencial é igual a cerca de 0,5% do produto interno bruto.

Além disso, quando se estabelece um fundo de estabilização cambial é sempre possível deixar uma quantidade limitada de "espaço de manobra" para a política monetária discricionária.[18] No Plano de Conversibilidade da Argentina, por exemplo, que ostensivamente transformou qualquer expansão da base monetária dependente das aquisições de dólares, uma brecha permitiu que o banco central mantivesse até um terço de seus ativos em dívida do governo argentino. Uma flexibilidade similar, durante muito tempo característica dos arranjos sobreviventes na Ásia Oriental,

---

17 O uso de um vínculo cambial firme – optando por, e incluindo, um fundo de estabilização cambial formal – para proporcionar credibilidade às políticas anti-inflacionárias domésticas, anteriormente foi conhecido entre os especialistas monetários como a "opção pela moeda forte" (Cohen, 1992a). Mais recentemente, uma estratégia de fundo de estabilização cambial foi vinculada a uma "pílula de veneno", o bem conhecido dispositivo usado pelas corporações para repelir controladores hostis, pois tal compromisso é difícil de ser revertido sem um risco substancial de tumulto financeiro (Aslund et al., 1996, p.280-3).

18 As questões fundamentais, com exceção da escolha inicial de moeda âncora e taxa cambial, são: (1) que passivos apoiar com a moeda estrangeira; (2) quanto apoio proporcionar; e (3) quem deve ter acesso aos recursos do fundo. Para mais discussão, ver Bennett (1994, 1995) e Camard (1996).

foi embutida também nos fundos de estabilização cambial estoniano e lituano.

Não há nada inerentemente contraditório em um fundo de estabilização cambial que permita alguma liberdade de movimento para uma tomada de decisão independente. Na verdade, além dos arranjos coloniais anteriores da Grã-Bretanha é difícil encontrar um exemplo histórico de um fundo de estabilização cambial puro. Às vezes o espaço de manobra se mostrou extremamente valioso. Certamente o foi para as autoridades argentinas em 1995, quando lutavam para enfrentar uma saída de capital devastadora desencadeada pela crise financeira no México – um efeito de contágio no comportamento do mercado de capital internacional que rapidamente foi batizado de efeito tequila. Nas palavras de um comentarista, "como dizia com frequência o duque de Wellington, a vitória é evitar ser esmagado por um assalto, e o sistema argentino, parecido com um fundo de estabilização cambial, certamente impediu a Argentina de ser esmagada pelo efeito tequila" (Hanke, 1996, p.71).

Mas há também um risco em dar alguma liberdade de movimento às autoridades – essa flexibilidade será usada para se esquivar da disciplina de um fundo de estabilização cambial, por sua vez corroendo a confiança que é o próprio objeto do exercício. Para seu pesar, o governo da Lituânia descobriu esse perigo no final de 1994, seis meses depois de ser introduzido o seu fundo de estabilização cambial. As tentativas das autoridades públicas de usarem-no indiretamente para aumentar as rendas fiscais conduziram a uma fuga de capital quase desastrosa, que só terminou quando as autoridades renovaram os compromissos de aceitar as restrições do sistema. Evidentemente, muito cuidado deve ser tomado para não matar a galinha dos ovos de ouro. Como declarou uma fonte, comentando sobre a experiência lituana,

> Os arranjos do fundo de estabilização cambial são com frequência introduzidos quando a credibilidade da política das autoridades foi comprometida e a introdução de regras claramente visíveis promete condições monetárias mais estáveis. Nessas circunstâncias, fazer uso da flexibilidade disponível em um arranjo de fundo de estabilização cambial pode ameaçar os ganhos de credibilidade do arranjo [...] A experiência da Lituânia [...] ilustra o perigo de se levar longe demais a flexibilidade. (Camard, 1996, p.2 e 19)

Quão longe é longe demais? O cálculo é delicado, pois não há maneira fácil de saber exatamente qual pode ser o acordo entre a credibilidade e a flexibilidade em qualquer circunstância. Na prática, poucos governos com moedas problemáticas se mostraram dispostos a amarrar totalmente suas mãos, mesmo que seja requerida uma forma mais solta de fundo de estabilização cambial, apesar do que a escolha possa significar para a confiança na moeda nacional. A maioria prefere compromissos monetários menos exigentes. O objetivo de uma moeda estável pode continuar sendo primordial. Mas pela imposição de uma disciplina mais branda às suas próprias políticas, a maioria espera adquirir estabilidade a um custo menor em termos da subordinação da soberania monetária.

Taxas de indexação cambial

Da mesma maneira que um fundo de estabilização cambial, uma indexação das taxas de câmbio também cria um vínculo hierárquico entre a moeda doméstica e uma moeda estrangeira forte, expandindo o domínio preponderante da segunda à custa da primeira. Porém, diferentemente de um fundo de estabilização cambial, uma regra de taxa de câmbio padrão não exige nem plena conversibilidade nem uma restrição formal na criação de moeda doméstica. Por isso, parte da realidade da soberania monetária, não apenas a ilusão, pode ser preservada. Tudo o que a abordagem envolve é um compromisso, mais ou menos qualificado, de manter um relacionamento de preço estável entre a moeda doméstica e a de referência. A disciplina é importada apenas mediante o vínculo da taxa de câmbio.

Quanto da autoridade monetária pode ser preservado por uma indexação das taxas de câmbio? É difícil dizer. A questão fundamental, há muito familiar aos economistas, é mais bem resumida em termos do que em outro trabalho denominei de Não Santíssima Trindade – a incompatibilidade intrínseca de estabilidade monetária, mobilidade do capital e autonomia da política nacional.[19] O dilema é colocado de maneira simples:

> Em um ambiente de taxas formal ou informalmente indexadas e integração efetiva dos mercados financeiros, é quase certo que qualquer tentativa de atingir objetivos monetários independentes resultará em um desequilíbrio importante na balança de pagamentos, e por isso provocará fluxos potencialmente desestabilizadores de capital especulativo. Para preservar a estabilidade da taxa de câmbio, os governos serão então obrigados a limitar o movimento do capital (via restrições ou taxas) ou sua própria autonomia política (via alguma forma de vigilância multilateral ou tomada de decisão conjunta). Se não estiverem dispostos ou forem incapazes de sacrificar um deles, o próprio objetivo da estabilidade da taxa de câmbio pode finalmente ficar comprometido. Com o tempo, exceto por acaso, os três objetivos não poderão ser atingidos simultaneamente. (Cohen, 1993c, p.147)

---

19 Andrew Rose (1996) prefere o termo Santíssima Trindade. A adição do livre comércio à equação produz o que Tommaso Padoa-Schioppa (1988) chama de Quarteto Inconsistente.

Uma indexação das taxas de câmbio subordina menos a soberania monetária do que um fundo de estabilização cambial, mas em um grau que é totalmente incognoscível – nem ilimitado nem previsível. Ela proporciona maior liberdade de movimento, mas apenas dentro dos limites estabelecidos pelo risco sempre presente de fuga de capital. A confiança na moeda nacional pode ainda ser promovida, mas só se os políticos exercerem sua independência com moderação e prudência. A indexação não proporciona uma fórmula mágica para escapar da lógica severa da Não Santíssima Trindade. Os governos ainda precisarão encontrar alguma maneira de equilibrar credibilidade e flexibilidade. Na literatura econômica, essa questão é conhecida como "regras *versus* critério".[20]

Por isso, não surpreende que os arranjos de taxas indexadas surjam em muitas formas e tamanhos, pois cada Estado luta para encontrar sua própria solução ativa para esse dilema político premente. Um vínculo cambial pode ser rigidamente mantido ou frequentemente variado, administrado dentro de limites estreitos ou com permissão para flutuar entre margens amplas, mantidas em termos nominais ou alteradas periodicamente segundo algum indicador predeterminado, definido em termos de uma única referência ou ligado a um índice mais amplo ("composto") de moedas estrangeiras, publicamente declarado ou deliberadamente obscurecido. Cada combinação implica seu próprio acordo de riscos e recompensas para o governo individual envolvido.

Na era contemporânea essas escolhas só ficaram legalmente disponíveis a partir da emenda da carta do Fundo Monetário Internacional em 1976. Anteriormente, segundo as regras escritas em 1944 na conferência monetária de Bretton Woods estabelecendo o FMI, os Estados eram formalmente obrigados a manter um valor nominal estável para suas moedas em termos do ouro, quer direta ou indiretamente, mediante uma indexação ao dólar norte-americano. Por quase trinta anos as taxas cambiais só tinham permissão de variar dentro de margens muito estreitas (exceto no caso de desvalorização ocasional).[21] No início de 1973, no entanto, após meses de turbulência nos mercados cambiais, o sistema de valor nominal entrou em colapso quando todos os principais países industriais permitiram que suas

---

20 O tema das regras *versus* liberdade de ação, juntamente com as questões relacionadas de reputação e credibilidade, durante muito tempo invadiu a literatura teórica sobre as macroeconomias internacionais, as contribuições iniciais remontando a Kydland; Prescott (1977) e Barro; Gordon (1983). Contribuições mais recentes formalizam o acordo entre credibilidade e flexibilidade em termos de regras políticas condicionais ou contingentes, também conhecidas como regras com cláusulas de escape – regras que podem ser canceladas em circunstâncias excepcionais. Para uma discussão proveitosa, ver Cukierman; Kiguel; Liviatan (1992), Corden (1994, cap.5), De Grauwe (1994, cap.2) e Isard (1995, cap.9).

21 Antes da década de 1970 havia apenas duas exceções a essa prática geral, Canadá e Líbano, ambos mantendo uma taxa de câmbio flutuante por distintos períodos.

moedas flutuassem. Desde 1976 cada governo tem sido livre para moldar os arranjos de taxa cambial que lhes sejam mais adequados.²²

Muitas taxonomias dessas escolhas são possíveis. A maioria das fontes se baseia em um conjunto de categorias padronizadas estabelecido pelo FMI, como está esboçado na Tabela 3.1.²³ A riqueza do menu é óbvia. As principais opções, entre o uso direto de uma moeda estrangeira ou um fundo de estabilização cambial em um extremo e um fluxo independente no outro, são as seguintes:

1) *Indexação: moeda única*. Essa categoria inclui países que estão formalmente indexados a uma moeda importante com margens estreitas e ajustes pouco frequentes. Alguns estabelecem uma firme paridade um para um com a moeda de referência, como no sul da África, onde as moedas de Lesoto (loti), Namíbia (dólar namibiano) e Suazilândia (lilangeni) são todas trocadas em uma base de um para um com o rand da África do Sul. Outros exemplos incluem as Bahamas, cujo dólar circula em paridade com seu contraparte norte-americano; o Butão, vinculando seu ngultrum em paridade com a rúpia indiana; e Luxemburgo, cujo franco é diretamente intercambiável com o da Bélgica no contexto de uma união econômica duradoura. Entretanto, na maioria dos casos a paridade é um pouco diferente do valor nominal, refletindo circunstâncias históricas e ajustes passados.

2) *Indexação*: *composto de moedas*. Um composto de moedas é essencialmente uma média ponderada de duas ou mais moedas estrangeiras. A moeda doméstica é gerenciada para manter um valor estável em termos do composto – tecnicamente, para manter uma taxa de câmbio estável e "efetiva". Os compostos podem ser uma unidade padronizada como o Direito Especial de Saque (DES) do FMI ou a ECU (Unidade Monetária Europeia) da União Europeia, ou podem ser designados pelo próprio país para incluir moedas estrangeiras e pesos mais representativos das suas condições e experiências particulares.

3) *Flexibilidade limitada: uma moeda única*. O valor da moeda nacional é indexado a uma única referência, mas dentro de margens mais amplas. Os ajustes são relativamente raros.

4) *Flexibilidade limitada: arranjos cooperativos*. Aplicando-se apenas aos membros do Mecanismo da Taxa de Câmbio (MTC) do Sistema

---

22 A história da falência do antigo sistema de Bretton Woods é bem narrada pelo historiador Harold James (1996, cap.8-9).

23 Nas palavras de um pesquisador (Savvides, 1993, p.112), "o sistema do FMI é o único abrangente e contínuo disponível".

Monetário Europeu (SME), esse arranjo da União Europeia está mais detalhado no Capítulo 4. Essa categoria combina uma indexação das moedas individuais do SME uma com a outra, com uma flutuação conjunta em relação aos não membros.

5) *Maior flexibilidade: ajustada a um indicador.* A moeda é ajustada mais frequentemente, e de um modo mais ou menos automático, de acordo com um indicador escolhido. Um indicador comumente usado é uma medida da taxa de câmbio nominal ajustada para a diferença entre a inflação doméstica e a estrangeira, tecnicamente conhecida como taxa de câmbio "real". Outro indicador é uma mudança previamente anunciada.

6) *Maior flexibilidade: fluxo administrado.* A autoridade monetária central determina a taxa para a moeda, mas pode alterá-la frequentemente, segundo vários indicadores, incluindo variações na taxa de câmbio de uma ou mais moedas de referência. Os indicadores podem ou não ser publicamente anunciados, e os ajustes são mais de juízo de valor do que automáticos.

Blocos monetários

O número de países que se beneficiam de uma ou outra dessas diferentes opções de taxa de câmbio é muito grande. Por outro lado, o número de moedas que fazem o papel de moeda de referência é muito pequeno, apenas o dólar dos Estados Unidos e muito poucas outras. Os blocos monetários criados por esses vínculos hierárquicos podem às vezes ser grandes, mas dificilmente são abundantes. Na prática, a hegemonia monetária é um privilégio de poucos.[24]

Alguns blocos monetários são bastante formais. O de maior destaque é a zona do franco francês na África, cerca de quatorze países, todos, exceto um (Guiné Equatorial), ex-colônias da França. Com a exceção de Comores, que tem sua própria moeda separada, todos fazem parte de uma única área monetária, a Zona do Franco da CFA, que está firmemente ligada ao franco francês. Outra é a Área Monetária Comum (AMC), que vincula Lesoto, Namíbia e Suazilândia à África do Sul mediante um conjunto de instituições comum. Ambas estão descritas em maiores detalhes no Capítulo 4.

Entretanto, os dois maiores agrupamentos atuais são aqueles que cresceram em torno do dólar e de seu principal rival, o marco alemão, agora em geral reconhecido como a segunda moeda internacional mais importante do mundo. O bloco do dólar e o do marco alemão são relativamente mais informais que a Zona do Franco da CFA ou a AMC, abrangendo tanto as

---

24 As razões para isso estão exploradas mais amplamente no Capítulo 5.

A geografia do dinheiro

Tabela 3.1. Arranjos cambiais de 30 de abril de 1997

Indexadas					Flexibilidade limitada contra uma moeda única ou um grupo de moedas		Mais flexíveis	
Moeda única			Composto de moedas		Moeda única (h)	Arranjos cooperativos (i)	Outra flutuação administrada	Independentemente da flutuação
Dólar EUA	Franco francês	Outra	SDE	Outra				
Angola	Benin	Bósnia-Herzegovina (marco alemão)	Jamahirya Árabe Líbia (a,b)	Bangladesh	Arábia Saudita (j)	Alemanha	Argélia	África do Sul
Antígua e Barbuda	Burkina Faso	Brunei Darussalam (dólar de Cingapura)	Mianmar (b)	Botsuana (b)	Bahrein (j)	Áustria	Bielorrússia	Albânia
Argentina	Camarões	Butão (rúpia indiana)		Burundi	Emirados Árabes Unidos (j)	Bélgica	Brasil (b)	Armênia
Bahamas (b)	Chade	Estônia (marco alemão)		Cabo Verde	Qatar (j)	Dinamarca	Camboja (b)	Austrália
Barbados	Comores	Kiribati (d) (dólar australiano)		Chipre (c)		Espanha	Chile (b)	Azerbajão
Belize	Congo	Lesoto (rand da África do Sul)		Eslováquia (g)		Finlândia	China	Bolívia
Djibouti	Costa do Marfim	Namíbia (rand da África do Sul)		Fiji		França	Colômbia (l)	Bulgária
Dominica	Guiné Equatorial	San Marino (d) (lira italiana)		Ilhas Salomão		Holanda	Coreia do Sul	Canadá
Estados Federados da Micronésia (d)	Gabão			Islândia (f)		Irlanda	Costa Rica	Cazaquistão
Granada	Guiné-Bissau			Jordânia		Itália	Croácia	Estado Islâmico do Afeganistão (b)
Ilhas Marshall (d)	Mali			Kuwait		Luxemburgo	Equador (b)	Etiópia
Iraque (b)	Níger			Malta		Portugal	Egito (b)	Estados Unidos
Libéria	República Centro-Africana			Marrocos (g)			El Salvador	Filipinas
Lituânia	Senegal			Nepal			Eritreia (b)	Gâmbia
Nigéria (b)	Togo			República Checa (e)			Eslovênia	Gana
Omã				Samoa Ocidental			Geórgia	Guatemala
				Seychelles			Grécia	Guiana
				Tailândia			Honduras (b)	Guiné
							Hungria (k)	Mongólia
							Indonésia	Nova Zelândia
							Israel (l)	Papua Nova Guiné
								Paraguai
								Peru
								Quênia
								Reino Unido
								Romênia
								Ruanda
								São Tomé e Príncipe (b)
								Serra Leoa
								Somália (b)
								Suécia
								Suíça
								Tadjiquistão
								Tanzânia
								Trinidad e Tobago
								Uganda

81

Panamá (d)	Suazilândia (rand da África do Sul)	Tonga	Laos	Haiti	Zaire (b)
República Árabe da Síria (b)		Vunutu	Letônia	Iêmen (b)	Zâmbia (b)
São Vicente e Granadinas			Macedônia, ex--República da Iugoslávia	Índia	Zimbábue
St. Kitts e Nevis			Malásia	Jamaica	
Sta. Lucia			Maldívias	Japão	
			Maurício	Líbano	
			Nicarágua	Madagáscar	
			Noruega	Malawi	
			Paquistão (b)	Mauritânia	
			Polônia (l)	México	
			República Dominicana(b)	Moçambique	
			República do Quirguistão	Moldávia	
			República Islâmica do Irã		
			Rússia		
			Cingapura		
			Sri Lanka		
			Sudão		
			Suriname		
			Tunísia		
			Turcomenistão (b)		
			Turquia		
			Ucrânia		

A geografia do dinheiro

Uruguai Uzbe-
quistão (b)
Venezuela
Vietnã

Fonte: International Monetary Fund, Annual Report, 1997.
Notas: (a) A taxa de câmbio é mantida dentro de margens de +/– 47%.
(b) O membro mantém arranjos cambiais envolvendo mais de um mercado cambial. O arranjo mostrado é aquele mantido no principal mercado.
(c) A taxa de câmbio, que é anexada à unidade monetária europeia (ECU), é mantida dentro de margens de +/– 2,25%.
(d) O país usa a moeda indexada como moeda corrente.
(e) A taxa de câmbio é mantida dentro de margens de +/– 7,5%.
(f) A taxa de câmbio é mantida dentro de margens de +/– 6%.
(g) A taxa de câmbio é mantida dentro de margens de +/– 3%.
(h) Em todos os países listados nesta coluna, o dólar norte-americano era a moeda contra a qual as taxas de câmbio mostraram flexibilidade limitada.
(i) Esta categoria consiste de países que participam do mecanismo de taxa de câmbio (MTC) do Sistema Monetário Europeu (SME). Em cada caso, a taxa de câmbio é mantida dentro de uma margem de +/– 15% em torno das taxas centrais bilaterais contra outras moedas participantes, com exceção da Alemanha e da Holanda, em cujos casos a taxa de câmbio é mantida dentro de uma margem de +/– 2,5%.
(j) As taxas de câmbio são determinadas tendo por base um relacionamento fixo com o SDE, dentro de margens de até +/– 7,25%. Entretanto, por causa da manutenção de um relacionamento relativamente estável com o dólar norte-americano, essas margens nem sempre são observadas.
(k) A taxa de câmbio é mantida dentro de margens de +/– 2,25% com relação à quantidade de dinheiro que circula no país.
(l) A taxa de câmbio é mantida dentro de margens de +/– 7% com relação à quantidade de dinheiro que circula no país.

indexações oficiais da moeda única como os vínculos menos óbvios da taxa cambial. Em contraste com os quase doze países ainda formalmente alinhados com o dólar, apenas dois, a Estônia e a Bósnia-Herzegovina, estão oficialmente indexados ao marco alemão. Mas, na opinião de muitos especialistas, todos os membros da União Europeia também devem ser vistos como parte de uma zona *de facto* do marco por causa da desproporcional influência monetária alemã na área.[25] Além disso, muitas outras moedas tendem a estar frouxamente vinculadas ao dólar ou ao marco por meio de suas taxas de câmbio, mesmo onde os governos ostensivamente optaram por regras monetárias mais flexíveis. Os papéis de referência do dólar e do marco alemão são na verdade muito extensos, embora isso seja difícil de ser medido com precisão em razão da diversidade e, frequentemente, da obscuridade de muitos dos arranjos envolvidos.

Tabela 3.2. Influência relativa do dólar norte-americano, do marco alemão e do iene japonês em moedas selecionadas, 1987-1993

	Bénassy-Quéré e Deusy-Fournier (a)			Frankel e Wei (b)		
	dólar	marco	iene	dólar	marco	iene
	(relacionamento inverso)			(relacionamento direto)		
Europa						
Áustria	0,50	0,02	0,44	0,01	1,00	0,01
Bélgica	0,45	0,09	0,46	0,02	0,94	0,04
Dinamarca	0,44	0,12	0,44	0,05	0,95	0,00
Espanha (a)	0,39	0,18	0,43	0,58	0,42	0,02
Finlândia	0,36	0,25	0,37	0,27	0,71	0,01
França	0,46	0,08	0,46	0,05	0,93	0,02
Grécia	0,44	0,12	0,40	0,08	0,86	0,05
Holanda	0,50	0,02	0,48	0,00	1,00	0,01
Islândia	0,40	0,22	0,37	0,31	0,57	0,11
Irlanda	0,41	0,15	0,44	0,08	0,86	0,05
Itália	0,38	0,21	0,41	0,12	0,82	0,06
Noruega	0,43	0,13	0,40	0,35	0,54	0,10
Portugal	0,41	0,16	0,43	0,18	0,77	0,04
Suécia	0,38	0,23	0,38	0,35	0,59	0,06
Suíça	0,44	0,16	0,36	0,03	0,85	0,11

---

25 Ver, por exemplo, Giavazzi; Giovannini (1989), Herz; Roger (1992) e Welfens (1996). Para algumas opiniões contrárias, ver De Grauwe (1991) e Fratianni; von Hagen (1992). No cômputo geral, as evidências parecem confirmar um alto grau de assimetria da Gestão Corporativa dos Riscos (GCR), embora um domínio não total da Alemanha. Um estudo criterioso conclui: "O quadro geral que emerge é [...] que a Alemanha tem uma forte influência nos outros países do SME, mas há também alguma influência fraca no sentido inverso" (Gros; Thygesen, 1992, p.150).

	Hemisfério Ocidental					
Argentina	0,33	0,34	0,33	0,35	0,10	0,54
Canadá	0,14	0,44	0,42	0,63	0,02	0,35
Chile	0,18	0,44	0,38	0,83	0,02	0,16
Colômbia	0,09	0,50	0,41	0,95	0,05	0,01
México	0,09	0,42	0,49	0,67	0,27	0,07
	Ásia					
China	0,24	0,42	0,34	0,68	0,25	0,06
Coreia do Sul	0,08	0,49	0,43	0,99	0,02	0,00
Filipinas	0,19	0,41	0,40	0,85	0,07	0,07
Indonésia	0,04	0,51	0,45	0,92	0,05	0,06
Malásia	0,13	0,46	0,41	0,88	0,09	0,04
Cingapura	0,18	0,43	0,39	0,78	0,10	0,13
Tailândia	0,09	0,49	0,42	0,83	0,13	0,03

Fontes: Bénassy-Quéré; Deusy-Fournier (1994); Frankel; Wei (1993, 1994, 1995a).
(a) 1989-1993 para todos os países, exceto Espanha (1988-1992).
(b) 1987-1990 para a Europa e o Hemisfério Ocidental, 1989-1990 para a Ásia.

Alguns indicadores do uso de referência mais amplo do dólar e do marco alemão estão apresentados na Tabela 3.2, baseada em estudos separados de autoria de dois economistas franceses, Agnès Bénassy-Quéré e Pierre Deusy-Fournier (1994), e de dois norte-americanos, Jeffrey Frankel e Shang-Jin Wei (1993, 1994, 1995a).[26] Os dois estudos comparam, para várias amostras de países, a influência estatística das três moedas de maior circulação no mundo – o iene japonês, o dólar norte-americano e o marco alemão – sobre os valores observados de várias moedas menores, excluídas as indexações formais. Para permitir comparações diretas, a Tabela 3.2 inclui apenas os países cobertos pelos dois estudos. Nas três colunas da esquerda, extraídas do estudo francês, o relacionamento é inverso: quanto mais baixo o número mostrado para um país individual, maior a correlação entre os movimentos da sua moeda e da moeda de referência. Nas colunas da direita, extraídas do estudo norte-americano, o relacionamento é direto: quanto mais baixo o número, menor a correlação. Para ambos os estudos, os pesos designados a cada moeda de referência foram ajustados para somar (ou arredondar para) um.

Os estudos separados cobrem períodos de tempo ligeiramente diferentes, mas seus resultados são extremamente similares. Na Europa, a maioria das moedas confere um peso considerável ao marco alemão, com um papel correspondentemente menor ao dólar norte-americano. Entretanto, o grau de subordinação à moeda da Alemanha varia muito, de um vínculo muito estreito com a Áustria, Benelux e França, até vínculos mais frouxos com a

---

26 Resultados adicionais derivados desses estudos, todos parte de amplos projetos de pesquisa, estão relatados em Frankel (1993), Frankel; Wei (1995b), Bénassy-Quéré; Deusy-Fournier (1995) e Bénassy-Quéré (1996a; 1996b).

Noruega, Espanha e Suécia. Segundo estudo de Frankel-Wei, por exemplo, o marco alemão é responsável por virtualmente todo o movimento das moedas austríaca e holandesa, e por mais de 90% daquele dos francos belga e francês, enquanto o peso da Alemanha é menor que 60% para a Noruega e a Suécia e pouco mais de 40% para a Espanha. Disparidades comparáveis, em uma imagem refletida, estão evidentes no estudo francês.

Em outros lugares, o dólar norte-americano é claramente dominante, não apenas no Hemisfério Ocidental, como poderíamos esperar, mas até em grande parte da Ásia Oriental, onde se poderia pensar que o iene desempenharia um papel maior. Na verdade, parece faltar ao iene um bloco próprio importante. Como dizem Bénassy-Quéré e Deusy-Fournier (1994, p.138), "a zona do iene está reduzida ao Japão".

Também chama a atenção por sua ausência a libra esterlina britânica, outrora o líder orgulhoso do mais amplo bloco monetário da história – a lendária área esterlina –, e que hoje não é sequer uma sombra pálida do que foi. As raízes da área esterlina remontam ao século XIX, quando a libra abarcava o mundo financeiro como um colosso (B. Cohen, 1971a). Como uma entidade formal, o primeiro bloco esterlino emergiu depois de 1931, em seguida ao colapso do padrão ouro global, quando as nações com vínculos econômicos próximos da Grã-Bretanha voluntariamente optaram por indexar suas moedas à libra e manter o montante principal de suas reservas monetárias em Londres. Depois de 1939, a filiação à área esterlina envolveu uma característica adicional: um sistema de controles cambiais conjuntos. Os Estados individuais retiveram o controle discricionário sobre seus respectivos valores monetários e políticas monetárias, mas a total liberdade dos movimentos do capital dentro do grupo foi mantida atrás de uma parede de restrições comuns em comparação com os não membros. Para os participantes estrangeiros, a restrição à autonomia da política nacional que resultava desses arranjos era superada pelos benefícios da estabilidade da taxa de câmbio e o acesso aos recursos financeiros da City de Londres. Após a Segunda Guerra Mundial, contudo, essas vantagens começaram a se desgastar como resultado do declínio financeiro e político da Grã-Bretanha, e a associação com Londres pouco a pouco perdeu seu atrativo. Com o tempo, cada vez mais países foram se retirando, o que culminou em uma pressa final para a saída após o advento da flutuação da moeda em 1973. A área esterlina estava formalmente terminada em 1979 (B. Cohen, 1992b).

Os blocos monetários, quer formais ou informais, têm sido sempre reconhecidos como uma variação do modelo vestfaliano convencional, apesar do mito Uma Nação/Uma Moeda. Dependendo das circunstâncias, os governos podem achar conveniente subordinar ou entregar sua soberania monetária de uma maneira ou de outra; além disso, os modos de se fazer isso são muitos. A questão que permanece é a seguinte: como os Estados escolhem a partir de tão rico menu de opções?

Fazendo escolhas

A literatura econômica em geral trata a questão da escolha entre as regras da taxa de câmbio como um problema de otimização, mas um problema limitado exclusivamente às questões de finanças públicas ou desempenho macroeconômico. Presta pouca atenção ao valor do simbolismo político ou ao isolamento da influência estrangeira.

Em uma tendência minoritária da literatura, alguns economistas se concentram no privilégio da senhoriagem e se preocupam com o potencial impacto das escolhas de taxa de câmbio na capacidade de um governo de elevar a renda.[27] Quanto mais firmemente uma moeda está indexada, menos espaço os políticos têm para recorrer à criação de moeda inflacionária para aumentar o gasto público – mais uma vez está em ação a lógica rigorosa da Não Santíssima Trindade. A credibilidade da política monetária é obtida, mas à custa de uma perda de flexibilidade fiscal. Como declarou um comentarista, "as autoridades monetárias, ao determinar a taxa de inflação, encaram um acordo entre a cobrança de impostos e a estabilidade da taxa de câmbio" (Grilli, 1989a, p.585). Por isso, supõe-se que as escolhas entre as regras monetárias refletem as exigências das finanças públicas.

Entretanto, a massa da literatura relevante não se concentra nas operações do governo, mas no bem-estar da economia como um todo. Imagina-se que os políticos se preocupam em maximizar a produção e minimizar a inflação no contexto de uma economia aberta sujeita a choques internos ou externos. Supõe-se que as escolhas refletem considerações do bem-estar econômico geral em vez de as exigências fiscais do próprio Estado. No âmbito da teoria formal, a questão é por isso considerada como a do "manejo mais adequado da taxa de câmbio" – escolhendo o melhor regime monetário possível do ponto de vista do desempenho macroeconômico.[28] No nível empírico, diversas variáveis representando as características econômicas dos países individuais são testadas para a sua influência na escolha entre graus alternativos de flexibilidade da taxa de câmbio, incluindo tudo desde um fundo de estabilização cambial até uma flutuação independente.[29]

---

27 Exemplos incluem Fischer (1983), Dornbusch (1988), Giavazzi (1989), Grilli (1989a, 1989b), Cukierman; Kiguel; Liviatan (1992) e Willet; Banaian (1996).

28 Importantes contribuições iniciais incluem Boyer (1978b), Frenkel; Aizenman (1982) e Aizenman; Frenkel (1985). Para uma discussão mais recente, ver Collier; Joshi (1989), Argy; De Grauwe (1990), Aghevli et al. (1991, cap.3), Flood; Marion (1992) e Alogoskoufis (1994).

29 Um levantamento proveitoso de alguns trabalhos econométricos iniciais é proporcionado por Edison; Melvin (1990). Outras contribuições incluem G. Weil (1983), Bosco (1987), Sarvides (1990, 1993) e Honkapohja; Pikkarainen (1994). Para duas raras exceções que incorporam na análise tanto variáveis políticas como características econômicas, ver Al-Marhubi; Willett (1996) e Edwards (1996).

Como é usada uma perspectiva tão limitada com relação ao que importa aos governos, não surpreende que os resultados econométricos tendam em geral a ser relativamente inconclusivos. Parece bastante claro que os fundos de estabilização cambial e as indexações de moeda única sejam empregados em sua maior parte por pequenas economias abertas, particularmente aquelas com um alto grau de concentração geográfica ou de mercadorias do comércio, em que os Estados com relações econômicas estrangeiras mais diversificadas tendem a preferir os compostos (*composites*). Também parece evidente que as formas mais frouxas de indexação são com frequência associadas a um desenvolvimento financeiro mais avançado e a uma gestão econômica mais sofisticada. Mas além dessas generalizações amplas, essa abordagem oferece pouco poder explicativo para o padrão observado dos acordos cambiais. Um estudo recente admite: "em geral, as características do país não ajudam muito para explicar a escolha do regime de taxa de câmbio dos países. Pode ser que as escolhas sejam baseadas em alguns outros fatores, econômicos ou políticos" (Honkapohja; Pikkarainen, 1994, p.47-8). Na verdade, por que deveríamos nos surpreender que a política pudesse também entrar em uma decisão tão crítica?

De fato, os fatores políticos entram de duas maneiras. Primeiro, o cálculo político é obviamente afetado pela política doméstica; a força e a influência de grupos de interesse organizados de todo tipo. Como enfatizou Jeffry Frieden, "as considerações distribucionais domésticas também são fundamentais para a escolha dos regimes das taxas de câmbio" (1993a, p.140).[30] A questão crítica é familiar: quem ganha e quem perde? Os interesses materiais dos grupos de interesse específicos são sistematicamente influenciados pelo que um governo decide fazer com sua moeda. Os produtores de bens comercializáveis, por exemplo, assim como os investidores internacionalmente ativos, estão todos aptos a serem favorecidos por uma regra monetária que maximize a previsibilidade das taxas de câmbio. A volatilidade monetária, para tais grupos, é uma maldição. Os setores orientados para o mercado doméstico, ao contrário, têm maior probabilidade de se beneficiar da estabilidade doméstica e, assim, dar prioridade a preservar o máximo possível a autonomia política nacional. Esses grupos estão mais propensos a perder mais com uma taxa fixada, na medida em que tal regime reduz a flexibilidade da política monetária. As escolhas do governo serão inevitavelmente sensíveis ao interjogo entre essas forças políticas domésticas.

Em segundo lugar, o cálculo inclui muito mais do que apenas o desempenho macroeconômico. Evidentemente, os objetivos políticos – simbolismo,

---

[30] A análise moderna da política doméstica das taxas cambiais teve como pioneiro Frieden, que escreveu uma série de artigos influentes (1991, 1993a, 1994, 1996). Outras importantes contribuições recentes incluem Ruland; Viaene (1993); Stephan (1994) e Hefeker (1996, 1997).

senhoriagem, isolamento – também aparecem nas escolhas do governo. Como uma questão prática, o que mais importa às autoridades é sua discrição ao buscar atingir uma série ampla e diversa de objetivos políticos no evento de desenvolvimentos adversos, até mesmo – e inclusive – a guerra. Nenhum governo deseja desistir de sua "renda de último recurso" se ela puder ajudá-lo; em um mundo inseguro, a maioria dos Estados logicamente minimiza sua vulnerabilidade diante de qualquer possibilidade de a sua dependência monetária poder ser explorada. Em suma, a flexibilidade política é uma defesa contra a incerteza. Muitos governos preferem manter compromissos firmes de taxa de câmbio do que correr o risco de ter que voltar atrás por causa de uma mudança de circunstância inesperada (Cukierman; Kiguel; Liviatan, 1992).

O grau de importância ligado a essas considerações não econômicas também varia sistematicamente. A taxa de inflação, por exemplo, como comentamos no Capítulo 2, tende a atrair os governos atormentados por políticas instáveis ou divididas, em que a cobrança dos impostos é difícil. Mas a capacidade de extrair senhoriagem depende da manutenção de um monopólio monetário efetivo, o que é mais fácil quando é permitida a flutuação da taxa de câmbio. Por isso, não surpreende que as evidências disponíveis sugiram que a resistência à indexação tenda a ser maior em países com um alto grau de instabilidade política (Edwards, 1996).

Poucos estudantes de política ficariam espantados pelo fato de que, com raras exceções, nenhum país de nenhum tamanho ou capacidade tenha aceitado voluntariamente por muito tempo a disciplina de um fundo de estabilização cambial ou uma indexação verdadeiramente rígida das taxas de câmbio.[31] Também não é particularmente surpreendente descobrir que, com o passar do tempo, os Estados tenham se encaminhado para formas menos exigentes de compromisso monetário, como pode ser visto claramente na Tabela 3.3. Duas décadas atrás, quando a experiência com a flexibilidade monetária ainda era limitada, quase dois terços de todos os países não industriais no FMI mantinham uma indexação de moeda única, e cerca de um quarto deles usava compostos. Em 1996, as proporções comparáveis caíram para um terço e um sexto. Nesse meio-tempo, a proporção de economias em desenvolvimento ou transição que se permitiram arranjos mais flexíveis aumentou de menos de um sexto para mais da metade.[32]

O fundamental para a seleção de cada país é a sua capacidade para expandir seu escopo para ação discricionária sem perder a credibilidade – uma questão que tem muito mais a ver com as instituições do Estado, a política doméstica, as ameaças estrangeiras e o comportamento político

---

31 Isso exclui membros do Sistema Monetário Europeu, que é um caso muito especial.
32 Para mais detalhes sobre essas tendências, ver os relatórios anuais do FMI. Para alguma discussão, ver Collier; Joshi (1989), Flickenschild et al. (1992) e Quirk et al. (1995).

histórico do que com qualquer série de características econômicas atuais. Os governos que enfrentaram com sucesso a Não Santíssima Trindade no passado têm probabilidade de encontrar até o tipo mais frouxo de regra de taxa de câmbio razoavelmente fácil de administrar no presente. Um bom exemplo atual é o Chile, que, após um início com retração maciça na década de 1970, agora consegue viver confortavelmente com um alto grau de flexibilidade da moeda externa. Outros países, ao contrário, com menos registros impressivos de realização para apelar, podem descobrir – como aconteceu com a Argentina em 1995 – que nem mesmo um arranjo tão rígido como um fundo de estabilização cambial é suficiente para proteger contra a fuga de capital. Mesmo com sua paridade com o dólar garantida na lei doméstica, o novo peso argentino caiu vítima das devastações do efeito tequila.

Diante disso, tal resultado poderia parecer paradoxal. Afinal, um fundo de estabilização cambial institucionaliza formalmente um compromisso do Estado com um regime de taxa de câmbio, elevando as barreiras para a saída. Somos informados pela literatura teórica recente sobre os custos das transações que o plano organizacional pode desempenhar um papel fundamental na promoção de compromissos confiáveis (North, 1990). Dessa perspectiva, o mandato legal envolvido em um fundo de estabilização cambial deve instilar mais confiança do que regras monetárias menos formais. Não deve ser fácil reverter um ato solene do parlamento.

Entretanto, na verdade esses detalhes parecem desempenhar um papel muitíssimo pequeno na sustentação do cumprimento dos compromissos monetários, como já comentei em outro trabalho (B. Cohen, 1993a). Existam ou não altas barreiras, as promessas sempre podem ser quebradas. Segundo um comentário recente,

> Os argumentos [para um fundo de estabilização cambial] podem soar convincentes, mas eles presumem que uma vez instalado um sistema de fundo de estabilização cambial, um país irá aderir a ele para sempre. Essa suposição é tão irrealista e ingênua quanto a crença de que uma aliança de casamento garante um matrimônio eterno [...] Um fundo de estabilização cambial não restaura magicamente a credibilidade das políticas econômicas de um país. (Zarazaga, 1995b, p.6 e 9)[33]

Em resumo, nada pode ser tacitamente aceito. Como em um bom casamento, também com os compromissos monetários é requerido um esforço constante para manter um nível de confiança adequado.

* * *

---

33 Ver também Eichengreen (1994, cap.5), Zarazaga (1995a) e Williamson (1995).

Tabela 3.3. Arranjos cambiais, 1980-1997
(números de países)

Status de classificação	1980	1981	1982	1983	1984	1985	1986	1987	1988	1989	1990	1991	1992	1993	1994	1995	1996	1997
Moeda indexada ao																		
Dólar norte-americano	39	38	38	33	34	31	32	38	36	32	25	24	24	21	23	23	21	21
Franco francês	14	14	13	13	13	14	14	14	14	14	14	14	14	14	14	14	14	15
Indexação de outra moeda	4	5	5	5	5	5	5	5	5	5	5	4	12(a)	8	8	7	9	9
SDE	15	15	15	12	11	12	10	8	7	7	6	6	5	4	4	3	3	2
Composto de outra moeda	22	21	23	27	31	32	30	27	31	35	35	33	29	26	21	20	19	20
Arranjos de câmbio cooperativos	8	8	8	8	8	8	8	8	8	9	9	10	9	9	10	10	10	12
Flexibilidade limitada (b)	15	14	13	10	11	9	9	9	7	9	7	8	7	7	6	4		
Flutuação administrada	38	41	20	25	20	21	21	23	22	21	23	27	23	29	33	39	44	47
Flutuação independente	8	8	12	15	19	18	17	20	25	29	44	56	58	56	55	51		
Total	140	143	146	146	148	149	151	151	151	152	154	156	167	175	178	179	181	181

Fontes: International Monetary Fund, *Annual Report*, vários anos.
Este número inclui, para um ano, seis moedas oficialmente indexadas ao rublo russo.
Inclui ambas as moedas com flexibilidade limitada contra uma moeda única e moedas ajustadas de acordo com um indicador selecionado.

O ponto principal é simples. Nem todos os Estados podem evitar algum grau de subordinação da sua soberania monetária. Contudo, as opções que lhes são disponibilizadas são mais bem definidas não pelo plano formal, mas pelo próprio cálculo de cada governo das vantagens e desvantagens da submissão a qualquer tipo de regra monetária. Na prática, uma indexação frouxa da taxa de câmbio ou a flutuação administrada podem restringir mais a autoridade, apesar das aparências, do que até mesmo a forma mais pura de fundo de estabilização cambial; inversamente, o espaço para a ação discricionária pode ser considerável apesar de um vínculo monetário formalmente rígido. A questão é, fundamentalmente, a própria credibilidade de um governo. Por definição, o modelo vestfaliano da geografia política supõe que, *in extremis*, nenhum Estado está ligado a nenhum compromisso prévio (nem mesmo a um compromisso para usar a moeda de outro país em vez da sua própria). Tudo é reversível – nas relações monetárias não menos que em qualquer outra área das relações exteriores. Por isso, no fim a decisão de quanta soberania monetária ceder ou subordinar vai depender de quão alto seja o preço que um Estado está disposto a pagar para manter a confiança em sua palavra.

COMPARTILHAMENTO DA SOBERANIA MONETÁRIA

> A maior parte das nações independentes – com exceção de poucas que pertencem às uniões monetárias – continua a emitir suas próprias moedas e a utilizá-las dentro de suas fronteiras.
>
> Ellen Hoffman, "One World, One Currency?", 1991

As regras da taxa de câmbio e outros arranjos que *subordinam* a soberania monetária de um país (nosso primeiro S) não são, é claro, as únicas espécies não ortodoxas a serem encontradas quando perambulamos pela paisagem imaginária do dinheiro. Como nos lembra a jornalista Ellen Hoffman, as soberanias também podem ser efetivamente *compartilhadas* (*shared*), em uma união monetária ou configuração equivalente (nosso segundo S). Entretanto, aqui também variações do modelo vestfaliano são convencionalmente – e convenientemente – assumidas mais como criaturas da escolha do Estado do que das forças do mercado. O vínculo entre nação e dinheiro pode ser afrouxado, mas o holofote permanece claramente focalizado no papel central do governo e em seus cálculos de custos e benefícios. Em vez de Uma Nação/Uma Moeda temos Várias Nações/Uma Moeda. Os Estados ainda são vistos como os principais determinantes da geografia monetária.

As alianças monetárias formais aparecem em duas formas básicas: ou os governos participantes mantêm algum grau de controle separado, ou não o mantêm. Embora a terminologia não seja padronizada, em um extremo está a *união monetária* (*monetary union*) plena ou *união da moeda* (*currency union*), em que toda autoridade monetária está formalmente centralizada em uma única agência supranacional e as moedas nacionais separadas são todas substituídas por uma única moeda comum; no outro, uma simples *união da taxa de câmbio*, ostensivamente congelando os valores monetários mútuos, mas de resto deixando a gestão monetária em grande parte a critério dos governos individuais. Do mesmo modo que nas configurações hierárquicas discutidas no Capítulo 3, as práticas reais estão localizadas ao longo de um contínuo entre essas duas alternativas. E como essas escolhas anteriores, cada opção tem seus próprios acordos entre os potenciais ganhos e perdas.

Experiência histórica

A história proporciona diferentes exemplos dos dois tipos de aliança monetária, voltando até o século XIX e o início da era da moeda territorial. Mal o movimento começou a consolidar as moedas territoriais já iniciadas, várias uniões de taxas de câmbio começaram a ser discutidas. Duas delas – a União Monetária Latina e a União Monetária Escandinava – realmente duraram até boa parte do século XX. As fusões monetárias também ocorreram recentemente; quatro delas – a União Econômica Bélgica-Luxemburgo, a Zona do Franco da CFA, a Área Monetária do Caribe Oriental e a Área Monetária Comum (no sul da África) – ainda existem e operam efetivamente. E é claro que na nossa própria época mais um exemplo muito proeminente será proporcionado se a União Europeia for bem-sucedida em sua tentativa de criar uma moeda comum para seus membros.

A história também apresenta muitos exemplos de alianças monetárias que foram desgastadas ou fracassaram, mais notavelmente a falência dramática da zona do rublo após o colapso da União Soviética em dezembro de 1991. Em princípio, as uniões monetárias, como o casamento, são irrevogáveis. Na verdade, a permanência é ostensivamente considerada uma das principais características que distinguem esses acordos dos compromissos monetários menos absolutos discutidos no Capítulo 3: vários tipos de arranjos de taxa indexada são o equivalente da coabitação amorosa, e um famoso economista certa vez brincando os descreveu como não mais que "pseudouniões de taxas de câmbio" (Corden, 1972). Na prática, no entanto, nada pode ser tacitamente assumido. Muitos casamentos terminam em divórcio, e muitos Estados independentes tomaram de volta sua parcela de soberania monetária quando acharam adequado. A soberania monetária pode ser subordinada, mas nada pode ser encarado como realmente irreversível.

Século XIX

Talvez a mais ambiciosa aliança monetária considerada durante o século XIX tenha sido uma projetada "moeda universal" a ser baseada nas moedas de ouro equivalentes emitidas pelas três maiores potências financeiras: Grã-Bretanha, França e Estados Unidos.[1] Por acaso, o conteúdo de ouro das moedas francesas na época foi tal que uma moeda de 25 francos – ainda não em vigor, mas facilmente cunhável – teria contido 112,008 grãos de ouro, muito próximo tanto do soberano inglês (113,001 grãos) como da meia águia norte-americana, igual a cinco dólares (116,1 grãos). Então, por que não padronizar a cunhagem entre os três países, para conseguir na verdade uma única moeda? Essa foi a proposta de uma conferência monetária patrocinada pelo governo francês para coincidir com uma exposição internacional em Paris em 1867. Delegados de cerca de vinte países, com a exceção importante de dois representantes da Grã-Bretanha, apoiaram entusiasticamente a criação de uma moeda universal baseada em uma moeda de 25 francos e requerida para reduções apropriadas no conteúdo de ouro do soberano e da meia águia. No fim, no entanto, nenhuma ação foi efetivada em Londres ou Washington. Por falta de apoio político sustentado, a ideia simplesmente desapareceu.[2]

Contudo, dois anos antes da conferência de 1867, o governo francês foi bem-sucedido ao conseguir um acordo para uma iniciativa monetária mais limitada – a União Monetária Latina (UML). Juntando a Bélgica, a Itália e a Suíça com a França, a UML pretendia padronizar as cunhagens existentes de ouro e prata dos quatro países. A Grécia subsequentemente aderiu aos termos da UML em 1868, embora só tenha se tornado um membro formal em 1876.[3]

Em termos práticos, uma aliança monetária entre esses países começou mais cedo, quando Bélgica, Grécia, Itália e Suíça decidiram independentemente moldar seus sistemas monetários naquele da França. Aqui está outro exemplo da bajulação da imitação nas relações monetárias. Cada

---

[1] Discussões gerais sobre as alianças monetárias e fusões no século XIX podem ser encontradas em Kramer (1970), Bartel (1974), Graboyes (1990), De Cecco (1992), Perlman (1993), Gallarotti (1994, 1995) e Hefeker (1995a, 1997).

[2] O único resultado tangível da conferência foi uma moeda cerimonial cunhada pelo governo francês portando em seu verso a inscrição "5 dólares, 25 francos, 1867". Para mais detalhes sobre a ideia da moeda universal, assim como sobre os procedimentos e as conferências posteriores a 1867, ver Reti (1994) e Gallarotti (1995).

[3] Discussões recentes proveitosas sobre a UML incluem Griffiths (1992), Flandreau (1993, 1995), Gallarotti (1994, 1995) e Redish (1944). Além da Grécia, vários outros Estados – incluindo Áustria, Romênia e Espanha – também se associaram de uma maneira ou outra à União Monetária Latina, embora nunca tenham se tornado membros formais. Em 1880, cerca de dezoito Estados usavam o franco, a principal unidade monetária da UML, como a base para seus próprios sistemas monetários (Bartel, 1974, p.697).

Estado escolheu adotar uma unidade básica igual em valor ao franco francês – realmente chamado de um franco na Bélgica e na Suíça –, com unidades subsidiárias equivalentes definidas segundo o sistema decimal de inspiração francesa. Entretanto, começando na década de 1850, problemas sérios tipo o da Lei de Gresham se desenvolveram como um resultado de diferenças no peso e na espessura das moedas de prata que circulavam em cada país. A UML estabeleceu padrões uniformes para as cunhagens nacionais e, tornando o dinheiro de cada membro a moeda corrente em toda a união, criou uma área mais ampla para a circulação de uma oferta harmonizada de moeda sonante. Na verdade, foi criada uma união formal da taxa de câmbio; a responsabilidade pela gestão das moedas participantes continuava com cada governo em separado.

Os membros do grupo eram distinguidos dos outros países pela obrigação recíproca de seus bancos centrais de aceitar as moedas um do outro pelo valor nominal e sem limite. Contudo, logo após sua fundação e se iniciando no final da década de 1860, a UML foi sujeita a uma pressão considerável por uma abundância global de prata. A resultante depreciação do metal finalmente conduziu a uma suspensão da cunhagem de prata por todos os parceiros, efetivamente transformando a UML de um padrão bimetálico no que passou a ser chamado de um "padrão ouro claudicante". Mesmo assim, a aliança conseguiu se manter unida até o rompimento geral das relações monetárias globais durante a Primeira Guerra Mundial. A decisão da Suíça de se retirar em 1926 provocou a dissolução formal da UML no ano seguinte.

A União Monetária Escandinava (UME) também era uma aliança da taxa de câmbio destinada a padronizar as cunhagens existentes, embora desde o início ela fosse baseada em um padrão ouro monometálico. Formada em 1873 pela Suécia e a Dinamarca, e dois anos depois acompanhada da Noruega, a união estabeleceu o krone (coroa) como a unidade de conta uniforme. As moedas nacionais tinham permissão de circular livremente como moeda corrente nesses três países.

Como na UML, os membros da UME distinguiam-se dos de fora por uma obrigação recíproca de aceitar as moedas uns dos outros pelo valor nominal e sem limite; do mesmo modo, a aceitabilidade mútua foi inicialmente limitada apenas às moedas sonantes. Em 1885, no entanto, os três membros foram adiante, concordando em aceitar também as cédulas bancárias e os cheques uns dos outros, facilitando assim a intercirculação livre de todo papel-moeda e resultando finalmente no total desaparecimento das cotações de taxa de câmbio entre as três moedas. Na virada do século, a UME passou a funcionar como uma única unidade para todos os propósitos de pagamento, e assim continuou até que as relações foram rompidas pela suspensão da conversibilidade e a flutuação das moedas individuais no início da Primeira Guerra Mundial. Apesar dos esforços subsequentes para restaurar pelo menos alguns elementos da união, particularmente após o retorno dos membros ao padrão ouro em meados da década de 1920, o acordo foi finalmente abandonado após a crise financeira global de 1931.[4]

Esforços repetidos para padronizar as cunhagens foram feitos por vários Estados alemães antes da união política da Alemanha, mas com muito menos sucesso. Os acordos iniciais, seguindo o início da Zollverein (a união aduaneira da região alemã) em 1834, estabeleceram ostensivamente uma União Monetária Germânica – tecnicamente, como a UML e a UME, também uma união da taxa de câmbio –, mas na verdade dividia a área em duas diferentes alianças monetárias: uma abrangendo a maioria dos Estados do norte, usando o táler como sua unidade monetária básica; outra incluindo os Estados do sul, baseada no florim (também conhecido como guilder ou gulden).[5] A intercirculação livre das moedas era garantida nos dois grupos, mas não pelo valor nominal: a taxa de câmbio entre as duas unidades de conta foi fixada em um táler para 1,75 florins (formalmente, 14:24,5), em vez de um para um. Além disso, os Estados continuaram livres para cunhar moedas não padronizadas além de suas unidades básicas, e muitos Estados alemães importantes (por exemplo, Bremen, Hamburgo e Schleswig-Holstein) optaram por continuar totalmente fora do acordo. Essas questões também não foram muito ajudadas pelo efêmero Tratado de Cunhagem de Viena, assinado com a Áustria em 1857, que adicionou à mistura uma terceira moeda, o próprio florim da Áustria, com um valor ligeiramente mais alto que aquele da unidade do sul da Alemanha. A União Monetária Austro-Germânica foi dissolvida menos de uma década mais tarde, seguindo a derrota da Áustria na Guerra Austro-Prussiana em 1866. A fusão plena de todas as moedas dos Estados germânicos só chegou finalmente quando a Alemanha moderna foi consolidada, sob a liderança prussiana, em 1871.[6]

Século XX

O século XX, até agora, viu cinco principais alianças monetárias formais estabelecidas entre Estados soberanos. Quatro ainda estão vigentes. Primeiro foi a União Econômica Bélgica-Luxemburgo (Belgium-Luxembourg

---

4 A experiência da UME foi avaliada mais recentemente por Jonung (1987) e Bergman et al. (1993).

5 O táler e o florim, por sua vez, estavam ligados por uma moeda fantasma chamada marco de Colônia – uma unidade monetária abstrata expressa como equivalente a uma certa quantidade de prata ("o marco refinado (fine) segundo a definição de Colônia"). Evidentemente, o marco (Reichsmark) tornou-se a moeda comum do novo Império Alemão, substituindo o táler e o florim após a conclusão da unificação política em 1871.

6 Para mais discussões sobre a experiência alemã no século XIX, ver Kramer (1970), Bartel (1974), Holtfrerich (1989, 1993), De Cecco (1992) e Hefeker (1995a, 1997).

Economic Union – BLEU), fundada em 1922. Seus vínculos tradicionais com a Zollverein alemã foram cortados após a Primeira Guerra Mundial, e o minúsculo Luxemburgo optou por se vincular comercial e financeiramente com a Bélgica, concordando com uma união econômica abrangente. Uma característica fundamental da BLEU foi uma fusão dos sistemas monetários separados dos parceiros.[7]

Formalmente, como seus predecessores do século XIX, a BLEU foi uma união de taxa de câmbio entre moedas nominalmente soberanas. Inevitavelmente, no entanto, dadas as consideráveis disparidades de tamanho entre os dois países,[8] o arranjo incorporava um degrau hierárquico muito alto, tornando-a mais parecida com um fundo de estabilização cambial do que uma real aliança de iguais. Sob a BLEU, os francos belgas constituem a maior parte da massa monetária de Luxemburgo e também da Bélgica, e sozinhos desfrutam de um status de moeda corrente nos dois países. Além disso, só a Bélgica tem um banco central em grande escala. O franco de Luxemburgo é emitido por uma instituição mais modesta, o Instituto Monetário de Luxemburgo, e funciona como moeda corrente apenas dentro do país, só podendo ser emitido em troca de francos belgas. Não obstante, a união não é pura subordinação, pois ambos os governos participam de corpos conjuntos de formulação de políticas, as decisões são tomadas por consentimento mútuo (com um veto reservado a Luxemburgo em alguns casos) e Luxemburgo está representado em separado na maior parte dos encontros monetários internacionais. O país pode ser pequeno, mas não é Mônaco ou San Marino.

Todos os quatro casos restantes envolvem países em desenvolvimento e têm suas origens em acordos coloniais anteriores. Na África francófona, as raízes da Zona do Franco da CFA remontam a 1945, quando o governo francês decidiu consolidar as diferentes moedas dos países africanos dependentes da França em uma única moeda, "o franco das Colônias Francesas da África" (francos da CFA). No início da década de 1960, quando a independência chegou ao império africano da França, a velha estrutura colonial foi substituída por duas novas moedas regionais, cada uma delas habilmente nomeada para preservar a denominação franco da CFA: para os sete membros da União Monetária da África Ocidental,[9] "o franco da Comunidade Financeira da África", emitido pelo Banco Central dos Estados da África Ocidental; e para os seis membros da União Aduaneira e Econômica da África Central, "o franco da Cooperação Financeira na África

---

7 Relativamente pouco tem sido escrito sobre a União Econômica Bélgica-Luxemburgo. As fontes mais úteis incluem Meade (1956) e van Meerhaeghe (1987).
8 A população da Bélgica é cerca de 25 vezes aquela de Luxemburgo; seu PIB é em torno de vinte vezes maior.
9 Benim, Burkina Faso, Costa do Marfim, Mali, Níger, Senegal e Togo. A União Monetária do Oeste Africano foi formalmente estabelecida em 1962.

Central", emitido pelo Banco dos Estados da África Central.[10] Juntos, os dois grupos compreendem a "Communauté Financière Africaine" (Comunidade Financeira Africana). Cada uma das duas moedas só é corrente dentro da sua própria região, mas a Zona da CFA é muito mais que uma simples união da taxa de câmbio, pois ambas as moedas são equivalentemente definidas e conjuntamente geridas sob a égide do Ministério das Finanças francês como partes integrantes de uma única entidade (Boughton, 1992, 1993a, 1993b).

As raízes de dois outros exemplos, ambos envolvendo ex-colônias britânicas, remontam ao uso pela Grã-Bretanha dos fundos de estabilização cambial para gerir seus negócios financeiros coloniais. No Caribe, o legado monetário da Grã-Bretanha mostrou-se extremamente bem-sucedido, pois o Fundo de Estabilização Cambial do Caribe Britânico, criado em 1950, desenvolveu-se primeiro na Autoridade Monetária do Caribe Oriental em 1965, e depois no Banco Central do Caribe Oriental em 1983, emitindo uma moeda, o dólar do Caribe Oriental, para servir como moeda corrente para todos os sete Estados participantes.[11] Incorporado em uma rede ampliada de acordos relacionados entre os mesmos governos (o Mercado Comum do Caribe Oriental, a Organização dos Estados do Caribe Oriental), a Área Monetária do Caribe Oriental funcionava como uma verdadeira união monetária sem dificuldades sérias desde o seu estabelecimento em 1965 (McClean, 1975; Nascimento, 1994).

Na África Oriental, por outro lado, o legado colonial da Grã-Bretanha finalmente fracassou, apesar da criação do Fundo de Estabilização Cambial da África Oriental já em 1919 para administrar uma moeda única, o shilling da África Oriental, para os territórios do Quênia, Tanganica (mais tarde parte da Tanzânia) e Uganda. As três colônias também tinham uma união aduaneira datada de 1923, assim como vários outros serviços comuns para ferrovias, portos, transporte aéreo etc. No entanto, quando a independência chegou à região (Tanganica em 1961, Uganda em 1962 e Quênia em 1963), as instituições conjuntas rapidamente começaram a se separar. Em meados da década todos os três países tinham decidido instalar bancos centrais e moedas nacionais próprios.

---

10 Os seis membros do grupo da África Central são Camarões, República Centro-Africana, Chade, Congo, Guiné Equatorial (ex-colônia da Espanha) e Gabão. Embora o Banco dos Estados Centro-Africanos só tenha sido formalmente estabelecido em 1964, o banco central centro-africano foi criado antes, em 1959. No grupo centro-africano, o banco emite uma moeda identificável para cada membro e, embora a de cada país tenha uma aparência similar, recebe o mesmo nome ("franco da Cooperação Financeira na África Central"), e é a moeda corrente em toda a região. Isso está em contraste com o grupo do oeste da África, onde o banco central emite uma moeda única que circula livremente em todos os sete Estados.

11 Anguilla, Antígua e Barbuda, República Dominicana, Granada (a partir de 1967), St. Kitts--Nevis, Santa Lúcia, São Vicente e Granadinas.

Em 1967, foi feita uma nova tentativa para preservar alguma aparência da união aduaneira anterior no contexto da recente Comunidade e Mercado Comum da África Oriental, que determinava o livre intercâmbio entre as moedas nacionais separadas por seu valor nominal. Embora a CAO pela primeira vez estabelecesse uma base legal formal para a integração das três economias, a cooperação regional continuou a se desintegrar; e em meados da década de 1970 todos os vestígios da comunidade econômica haviam desaparecido completamente. O ponto final foi estabelecido em 1977, quando todos os três governos estenderam os controles cambiais existentes para as moedas um do outro (Letiche, 1974; Ravenhill, 1979).

O último exemplo é a chamada Área Monetária Comum, combinando a República da África do Sul – há décadas um Estado soberano – com duas ex-colônias britânicas, Lesoto e Suazilândia, e a ex-colônia da própria África do Sul, Namíbia (anteriormente o Protetorado das Nações Unidas do Sudoeste Africano). As origens da AMC remontam à década de 1920, quando a moeda da África do Sul, agora conhecida como rand,[12] tornou-se a única corrente nos três protetorados vizinhos da Grã-Bretanha, Bechuanalândia (mais tarde Botsuana), Basutolândia Britânica (mais tarde Lesoto) e Suazilândia, também no Sudoeste Africano, uma colônia alemã até 1918. Por isso, na verdade, uma espécie de aliança monetária existia mesmo antes de a independência chegar à região no final da década de 1960, embora fosse uma aliança que, assim como a União Econômica Bélgica-Luxemburgo, inicialmente envolveu muita hierarquia.

Desde a descolonização a aliança no sul da África foi formalizada, primeiro em 1974 como a Área Monetária do Rand, e mais tarde em 1986 como a AMC (embora sem a participação da rica em diamantes Botsuana, que promoveu sua própria moeda nacional, o pula). Entretanto, com o passar do tempo o grau de hierarquia diminuiu consideravelmente, quando os três parceiros jovens remanescentes estabeleceram seu senso crescente de identidade nacional. O que começou como uma união monetária baseada no rand foi pouco a pouco transformada em uma união de taxas de câmbio mais frouxa, em que cada parceiro da África do Sul introduziu sua própria moeda nacional distinta; um deles, a Suazilândia, foi ainda mais longe, retirando do rand o status de moeda corrente dentro de suas fronteiras. Além disso, embora todas as três continuem a indexar suas moedas ao rand pelo valor nominal, elas não estão mais vinculadas por provisões tipo o fundo de estabilização cambial para a criação de moeda e podem agora em princípio variar à vontade suas taxas de câmbio. A AMC pode ainda estar muito longe de uma verdadeira aliança de iguais, mas dificilmente é a hegemonia monetária simples que um dia foi.

---

12 Antes de 1960, a moeda era a libra sul-africana.

União Europeia

O exemplo mais conhecido de uma tentativa de aliança monetária no século XX é, evidentemente, a UEM (União Econômica e Monetária) da União Europeia, em preparação há anos, mas ainda não formalmente concretizada. É interessante notar que a fusão monetária não estava sequer na agenda da UE quando ela passou a existir em 1958. Originalmente chamada de Comunidade Econômica Europeia ou Mercado Comum Europeu, mais tarde simplesmente Comunidade Europeia (CE), a UE começou como uma simples união aduaneira, liberando o comércio de produtos manufaturados entre seus seis parceiros fundadores[13] e unificando suas políticas comerciais com os demais países. Na verdade, seu documento de fundação, o Tratado de Roma de 1957, não contém nenhum tipo de menção a qualquer tipo de política monetária comum.[14] Apesar disso, a consideração de uma aliança monetária mais comum começou quase imediatamente. Durante as quatro décadas do desenvolvimento da UE, mesmo quando seus países-membros aumentaram de meia dúzia para quinze, quatro esforços distintos foram feitos para promover a verdadeira união monetária. O esforço atual para criar o novo euro é apenas o mais recente e ambicioso.[15]

A primeira iniciativa, de vida curta e agora há muito tempo esquecida, veio em 1962 na forma de um "programa de ação" proposto pela Comissão Europeia, corpo executivo do Mercado Comum baseado em Bruxelas, esboçando um abrangente conjunto de reformas destinado a conduzir a uma plena união monetária no final da década. Esperava-se que os membros de início fossem se movendo passo a passo para congelar as taxas de câmbio mútuas (uma união das taxas de câmbio) enquanto criavam um "sistema bancário de tipo federal", com um conselho de governadores do banco central como seu "órgão central" para gerir uma futura moeda comum. Nada jamais surgiu do plano por causa da oposição inflexível do presidente Charles de Gaulle da França, um nacionalista monetário confesso. Durante os sete anos seguintes, até a repentina renúncia de De

---

13 Estes eram: França, Alemanha, Itália e as três nações do Benelux.
14 O Tratado de Roma continha um capítulo sobre a balança de pagamentos em que os parceiros se comprometiam a coordenar suas políticas em questões monetárias "para cumprir totalmente o necessário para o funcionamento do Mercado Comum". Os membros prometeram manter o equilíbrio geral dos pagamentos e tratar a política da taxa de câmbio como uma questão de interesse mútuo. Mas nenhum outro compromisso foi incluído além de uma promessa de estabelecer um procedimento para garantir a assistência financeira mútua no caso de desequilíbrios externos sérios. Para mais detalhes, ver B. Cohen (1963) e Tsoukalis (1977, cap.4).
15 Muitas histórias foram escritas sobre a integração monetária europeia no período desde a Segunda Guerra Mundial. Entre as mais informativas estão as de Tsoukalis (1977, 1991), Ludlow (1982), Gros; Thygesen (1992), Kenen (1992, 1995) e Ungerer (1997).

Gaulle em 1969, o tema da união monetária estava na verdade proscrito nos círculos políticos europeus.

No entanto, depois da saída de De Gaulle, a ideia de repente reemergiu – ironicamente, por estímulo de nenhum outro senão o sucessor de De Gaulle no Palácio Élysée, Georges Pompidou, juntamente com o chanceler alemão Willy Brandt. Em uma reunião dos chefes de governo da CE em Haia no final de 1969, os dois líderes solicitaram um esforço renovado para "aprofundar" a Comunidade, enfatizando particularmente a integração monetária. Dois anos depois, após uma série de estudos dirigidos por Raymond Barre, membro francês da Comissão Europeia (e mais tarde primeiro-ministro da França), e por Pierre Werner, então primeiro-ministro de Luxemburgo, um amplo acordo foi alcançado em uma transição de três estágios para a plena União Econômica e Monetária (a primeira vez em que foi usado o rótulo UEM).

Segundo o acordo de 1971, a fusão monetária deveria começar com um estreitamento experimental das margens de flutuações entre as moedas dos parceiros – a famosa "serpente no túnel". A imagem da serpente referia-se à faixa estreita dentro da qual as moedas da CE iriam se mover em relação uma à outra, com os valores monetários vinculados mediante uma matriz de taxas cruzadas bilaterais, a chamada grade de paridades. O túnel era a extensão mais ampla dentro da qual eles teriam permissão para variar conjuntamente em relação às outras moedas sob os termos o antigo sistema de valor nominal de Bretton Woods. Esperava-se que todos os parceiros da CE se unissem no projeto, incluindo os três novos membros em perspectiva do grupo: Grã-Bretanha, Dinamarca e Irlanda.

Entretanto, em razão das turbulências monetárias globais, desencadeadas particularmente pela suspensão da conversibilidade do dólar em ouro em agosto de 1971, o novo esquema só foi executado em abril de 1972 – e enfrentou problemas quase imediatamente. As pressões da balança de pagamentos obrigaram cinco dos nove participantes – Grã-Bretanha, Dinamarca, França, Irlanda e Itália – a se retirarem do acordo (a Dinamarca mais tarde tornou a se juntar ao grupo, e a França brevemente tentou o mesmo, mas fracassou), e o próprio túnel desapareceu em 1973, quando o sistema de paridade foi abandonado. O experimento evidentemente não funcionou. Na verdade, tudo o que restou foi uma "minisserpente" – um bloco regional concentrado no DM da Alemanha e incluindo membros menores da CE e também não membros, como Áustria, Noruega, Suécia e Suíça, todos formal ou informalmente indexados ao marco alemão. Segundo um observador, a UEM "tornou-se o maior não acontecimento da década de 1970" (Tsoukalis, 1991, p.165).

Mas a ideia não morreria, e em 1978 foi lançada uma terceira tentativa como resultado de uma iniciativa pública dramática do chanceler alemão Helmut Schmidt, sucessor de Brandt. Na primavera, Schmidt inesperadamente apresentou um novo plano radical para uma "zona de estabilidade monetária" na Europa.¹⁶ O Sistema Monetário Europeu proposto, construído sobre os remanescentes do experimento anterior, foi formalmente endossado em uma reunião de cúpula da CE em Bremen, em junho de 1978 e, após negociações extremamente rápidas, passou a existir formalmente nove meses depois. No coração do SME estava o Mecanismo de Taxa de Câmbio (MTC), destinado a criar na verdade uma nova "supersserpente" para a Europa. As moedas que abandonaram o acordo anterior deveriam ser trazidas de volta dentro das margens de flutuações estreitas (+/- 2,25%) estabelecidas pela flutuação conjunta do marco alemão e de seus satélites monetários, começando pela França, Irlanda e Itália, e subsequentemente incluindo a Grã-Bretanha e também a maioria dos participantes mais recentes do grupo. Em 1992, dos quinze membros da UE, apenas a Grécia permanecia totalmente fora do MTC.¹⁷

Visto em termos apenas do MTC, o SME foi um sucesso considerável. Ele não só fez a nova supersserpente finalmente crescer para abranger virtualmente todos os países da CE; também reduziu o grau de variabilidade da taxa de câmbio dentro do grupo, permitindo que os participantes enfrentassem mais efetivamente o desafio da Não Santíssima Trindade. A credibilidade foi equilibrada com flexibilidade, em parte por meio de pequenos realinhamentos periódicos das taxas de câmbio, em parte pelos controles de capital residuais na França e na Itália e em parte cedendo algum grau de autonomia política à influência do Bundesbank da Alemanha. Na verdade, o objetivo de Schmidt, uma zona de estabilidade monetária, foi muito rapidamente atingido.

---

16 A iniciativa de Schmidt foi entusiasticamente apoiada por Roy Jenkins, presidente da Comissão Europeia, que foi o primeiro a retomar o interesse no tópico com um apelo para uma integração monetária renovada em outubro de 1977, e pelo presidente francês Valéry Giscard d'Estaing, íntimo aliado e confidente de Schmidt. Tsoukalis (1991, p.49) descreve a proposta do SME como "o ato de coroação da íntima cooperação entre Valéry Giscard d'Estaing e Helmut Schmidt". Não se sabe com certeza qual dos dois foi o autor da ideia. Quando indagado sobre quem poderia ser encarado como o pai do plano, consta que Giscar d'Estaing tenha respondido com uma citação de Napoleão: "En matières de paternité, Monsieur, Il n'y a que des hypothèses" [Em termos de paternidade, senhor, não há nada além de hipóteses].

17 Grécia, Portugal e Espanha foram admitidos na Comissão Europeia durante a década de 1980, seguidos por Áustria, Finlândia e Suécia em 1995. Alguns dos membros financeiramente mais fracos da CE, começando pela Itália e subsequentemente incluindo Espanha (1989), Grã-Bretanha (1990) e Portugal (1992), tiveram permissão para ingressar no OER dentro de uma leva mais ampla de movimentos de mais de 6% em cada direção – sarcasticamente rotulada por alguns como a "boa". (Em 1990 a Itália estreitou sua faixa para os +/- 2,25% sustentados pelos outros membros originais do OER.) Enquanto isso, Áustria, Finlândia e Suécia, mesmo antes de se unirem formalmente à CE, estavam todas associadas à serpente em uma base *de facto*, acompanhando a taxa de câmbio do marco alemão e coordenando intimamente suas taxas de juros com os países do OER.

Entretanto, visto em termos da ideia mais ampla de união monetária, o SME já era, em meados de 1980, uma espécie de decepção. Formalmente, a flutuação conjunta restaurada, como a serpente no túnel antes dela, não foi mais que o primeiro passo de uma transição de três etapas para a fusão monetária plena. A segunda etapa, segundo o acordo do SME, era começar "não depois de dois anos após o início do esquema"; ou seja, não depois de março de 1981. Na prática, porém, o cronograma original foi logo convenientemente esquecido quando a CE caiu em um longo período de estagnação, o que muitos europeus tristemente rotularam de "euroesclerose". Uma vez mais, uma importante iniciativa parecia se transformar em um não acontecimento.

Mas então veio uma nova onda de entusiasmo pela integração da CE desencadeada pelo Ato Único Europeu de fevereiro de 1986, que exigia a eliminação final de todas as barreiras econômicas remanescentes dentro da Comunidade. O objetivo, agora, era um mercado europeu genuinamente unificado. Nas palavras do Ato, "uma área sem fronteiras internas, em que o livre movimento de produtos, pessoas, serviços e capitais seja assegurado". A liberalização veio por meio da harmonização das regras e regulamentações nacionais em até trezentas áreas separadas da política – as famosas "trezentas diretrizes" (na verdade, apenas 279). Como o prazo final era 31 de dezembro de 1992 (ou além daí o mais rápido possível), todo o esforço se tornou conhecido como Projeto 1992 ou, simplesmente, CE92. A Europa esclerosada parecia ter rejuvenescido.

Logo depois o CE92 conduziu a um interesse renovado em uma moeda única, ou algo do tipo, para complementar o mercado único. Em 1987, os bancos centrais que participaram do MTC deram um primeiro passo importante naquela direção mediante uma reforma importante nos procedimentos de operação na gestão da sua flutuação conjunta. Daí em diante, declararam, eles iriam se basear menos em seus realinhamentos periódicos (que foram praticamente banidos nos anos subsequentes) e nos controles do capital residual (que de todo modo seriam eliminados pelo CE92) para enfrentar potenciais turbulências nos pagamentos. De preferência, nas palavras do chamado Acordo de Basle-Nyborg, tudo se basearia principalmente nos "diferenciais da taxa de juros para defender a estabilidade da grade de paridade do SME" – na verdade, compromissando os aderentes a um congelamento virtual das taxas de câmbio existentes. A era do novo ou "duro" SME, como o descrevem alguns comentaristas, havia começado.[18]

Contudo, o verdadeiro grande passo ocorreu cinco anos depois, em fevereiro de 1992, com a assinatura do Tratado de Maastricht. O novo acordo, além de rebatizar a Comunidade Europeia como União Europeia, realizou várias reformas e estabeleceu mais um cronograma de três etapas

---

18 O termo "novo SME" foi cunhado por Giavazzi; Spaventa (1990).

para a fusão total da moeda – mais uma vez, como na década de 1970, sob o rótulo de União Econômica e Monetária. A Primeira Etapa, atualmente em grande parte completa, eliminou os controles de capital remanescentes e incorporou todas as moedas da CE no MTC. A Segunda Etapa começou em 1994 com a criação do Instituto Monetário Europeu (IME) para preparar o caminho para um futuro Banco Central Europeu (BCE). A Terceira Etapa, marcada para ter início não depois de 1º de janeiro de 1999, pretende congelar permanentemente as taxas de câmbio e logo depois introduzir a nova moeda comum, o euro, que vai então gradualmente substituir as moedas nacionais existentes. As taxas de câmbio deverão ser irrevogavelmente bloqueadas, e o BCE vai assumir toda a responsabilidade pela política monetária da UE.

Em princípio, é claro, espera-se que todo membro da CE adote o euro como sua própria moeda – mas não necessariamente de imediato. Na prática, como deixa claro o Tratado de Maastricht, sempre se pensou que provavelmente apenas um subgrupo limitado preencheria todas as condições requeridas para participar desde o início da UEM. Uma decisão final sobre a elegibilidade foi antecipada na primavera europeia de 1998. Quatro chamados critérios de convergência são especificados:[19]

1) "Realização de um alto grau de estabilidade do preço", como está evidenciado por uma taxa média de inflação de não mais que 1,5 ponto percentual acima daquele dos três Estados membros com "melhor desempenho";
2) "Sustentabilidade da posição financeira do governo", definida como significando tanto um déficit fiscal não mais elevado do que 3% do PIB como um nível de dívida pública não maior do que 60% do PIB;
3) "Observância das margens de flutuação normais proporcionadas pelo MTC", significando a inexistência de "tensões graves" e nenhuma desvalorização durante pelo menos dois anos; e
4) "Durabilidade da convergência [...] nos níveis das taxas de juros de longo prazo", interpretada como uma taxa média durante um ano não maior que 2 pontos percentuais acima daquele dos três Estados membros com "melhor desempenho".

Estas não são condições fáceis de ser preenchidas. Nem se tornaram menos desafiadoras pelos desenvolvimentos subsequentes: crises importantes do MTC no final de 1992 e de novo em 1993 tiraram totalmente

---

19 As citações e interpretações que se seguem são de União Europeia, 1992, artigo 109j e de um protocolo relacionado. Todos os membros que satisfizessem os quatro critérios de convergência deviam participar da Fase Três, exceto a Grã-Bretanha e a Dinamarca, cada um dos quais tendo negociado um direito de optar pela autonomia se assim o desejassem.

a Grã-Bretanha e a Itália da flutuação conjunta e finalmente conduziram a uma ampliação das margens cambiais para a maioria dos participantes remanescentes de +/- 2,25% para 15% em uma ou outra direção.[20] No início de 1998, ainda não estava claro que países da UE – se havia algum – conseguiriam satisfazer todos os critérios especificados. De uma maneira ou de outra, a maioria dos observadores esperava que Alemanha, França, os países do Benelux e a Áustria estivessem entre os presentes no início, muito provavelmente junto com Finlândia e Irlanda. Entretanto, a situação dos países do "Club Med" – Itália, Espanha e Portugal – continuava incerta, enquanto Grã-Bretanha, Dinamarca e Suécia quase certamente optariam por permanecer de fora por algum tempo. (Achava-se improvável que a Grécia se qualificasse nos próximos anos.) Esperava-se que os "de fora" se juntassem quando as circunstâncias assim o permitissem.

Mas esse cenário supõe que o projeto não será adiado ou, como no passado, permitido que seja indefinidamente abandonado, por causa de dificuldades inesperadas, em um estado de animação suspensa. O fracasso das três tentativas anteriores não apresenta um excesso de razões para a confiança. A Europa continua a professar sua determinação de compartilhar a soberania monetária. No entanto, no momento da escrita deste livro o júri continua ausente e ainda não temos um veredito final.

Desintegração monetária

O exemplo da UEM mostra como pode ser difícil conseguir uma real união monetária entre Estados soberanos. Outros casos passados, como a UML, a UME e o Mercado Comum da África Oriental, demonstram que pode ser ainda mais difícil, se não impossível, manter uma aliança monetária formal quando suas partes constituintes decidem seguir caminhos separados. No século XX vimos várias áreas monetárias unificadas se fragmentarem em moedas nacionais individuais, em geral como um subproduto de dissensão ou dissolução política. Um exemplo famoso ocorreu depois da Primeira Guerra Mundial, quando o Império Austro-Húngaro foi desmembrado pelo Tratado de Versalhes. Quase imediatamente, de uma maneira abrupta e quase caótica, novas moedas foram introduzidas por cada Estado sucessor – Checoslováquia, Hungria, Iugoslávia e, finalmente, até a própria encolhida Áustria – para substituir a velha coroa imperial austríaca (Dornbusch, 1992, 1994; Garber; Spencer, 1994). Exemplos comparativos

---

20 A única exceção foi a Holanda, que manteve uma indexação estreita para o seu florim perante o marco alemão. A Áustria uniu-se ao OER em janeiro de 1995 e a Finlândia em outubro de 1996. A Itália foi readmitida em novembro de 1996. Para mais informações sobre as crises de 1992 e 1993, ver Kenen (1995, cap.7), Ungerer (1997, cap.22) e Salvatore (1997).

também seguiram a fragmentação mais recente segundo modelos étnicos das federações checoslovacas e iugoslavas.[21]

Entretanto, nenhum caso foi mais espetacular do que o colapso da zona do rublo depois da desintegração da União Soviética, após sete décadas de existência, no final de 1991. Dos escombros do rublo não menos que doze novas moedas finalmente emergiram para ocupar seus lugares no cenário mundial.[22]

A fragmentação da zona do rublo não foi um objetivo imediato da maior parte das quinze "repúblicas" soviéticas[23] que se viram de repente transformadas em Estados soberanos. As únicas exceções foram as três nações bálticas – Estônia, Letônia e Lituânia – que por razões históricas foram determinadas a seguir seu próprio caminho, monetariamente e em outros aspectos, o mais cedo possível.[24] Para o restante, dada a incerteza geral do ambiente político, a opção mais segura no início era preservar o *status quo*. A maioria dos conselheiros estrangeiros, incluindo mais proeminentemente o Fundo Monetário Internacional, contribuiu. Foi argumentado que os Estados sucessores eram extremamente integrados tanto econômica como institucionalmente, e manter uma moeda única ajudaria a minimizar deslocamentos comerciais e financeiros.

No centro do sistema monetário do antigo regime estava o Banco Estatal (Gosbank), com responsabilidades comparáveis àquelas de um banco central em outros lugares. Na verdade, a zona do rublo atuava como um adjunto do sistema de planejamento central, com o Gosbank obrigado a alocar créditos para o governo, as empresas e as famílias, de acordo com um plano financeiro detalhado. Os empréstimos, financiados por transferências orçamentárias, eram liberados às empresas para apoiar a produção e o investimento autorizados; os lucros das companhias, onde existiam,

---

21 Menos de dois meses depois do seu divórcio amigável em 1º de janeiro de 1993, as repúblicas checa e eslovaca introduziram cada uma delas uma nova moeda, ambas chamadas koruna (coroa), para substituir a koruna checoslovaca. Para mais discussão, ver Janackova (1994). Na Iugoslávia, onde a separação foi menos pacífica, substituições para o dinar iugoslavo foram criadas não apenas pela Croácia (o kuna) como pela Eslovênia (o tólar), como foi descrito no Capítulo 2, mas também pela Bósnia e Herzegovina (o dinar, descrito no Capítulo 3) e pela Macedônia (o dinar macedônico). O dinar iugoslavo só continua sendo a moeda corrente na Sérvia e Montenegro, as duas permanecendo constituintes da posterior federação iugoslava.

22 A experiência recente do rublo já produziu abundantes discussões analíticas. Ver especialmente Centre for Economic Policy Research (1993), Gros (1993a), Hansson (1993b), Goldberg et al. (1994), Wolf (1994), Aslund (1995), Conway (1995), Granville (1995), Gros; Steinherr (1995), Willett et al. (1995) e Hefeker (1997).

23 Estas foram: Armênia, Azerbaijão, Bielorrússia, Estônia, Geórgia, Cazaquistão, Quirguistão, Letônia, Lituânia, Moldávia, Rússia, Tadjiquistão, Turcomenistão, Ucrânia e Uzbequistão.

24 Todos os três, que foram Estados independentes durante o intervalo entre as duas guerras, foram absorvidos pela União Soviética em 1940 sob os termos do pacto de não agressão de Josef Stalin com a Alemanha nazista. A nova moeda da Estônia, o kroon, foi introduzida em meados de 1992 e aquelas da Letônia (o lats) e da Lituânia (o litas) em programas de duas etapas concluídos um ano mais tarde. Para mais detalhes, ver Girnius (1993).

eram transferidos de volta ao governo para financiar as despesas fiscais; e o próprio Gosbank proporcionava quaisquer créditos adicionais necessitados pelas empresas que pudessem enfrentar déficits nas rendas. Enquanto isso, os trabalhadores recebiam seus salários em espécie, o que significava que a União Soviética na verdade não tinha uma, mas duas moedas em circulação – por um lado, um rublo em espécie usado pelas famílias; por outro, um rublo de depósito bancário (não em dinheiro vivo) empregado pelas empresas e pelo governo.

Quando cada república após a independência converteu seu ramo local do Gosbank em uma autoridade monetária nacional, a gestão centralizada da zona do rublo se fragmentou. A emissão de rublos em espécie continuou sendo monopólio do novo Banco Central da Rússia (BCR), pois todas as prensas para a impressão de cédulas estavam localizadas dentro da federação russa. (Em meados de 1992, o rublo soviético foi renomeado de rublo russo.) No entanto, cada um dos outros bancos centrais manteve o privilégio de liberar empréstimos não monetários na mesma unidade comum – uma receita certa para a instabilidade, pois cada república era tecnicamente livre para recorrer ao seu próprio banco central para ajudar os gastos virtualmente sem limite.

Em princípio, os governos podiam ainda ter gerido o rublo coletivamente, mediante a coordenação de políticas monetárias.[25] Na prática, a tentação de explorar o sistema para vantagem individual – para dispor livremente do dinheiro, emitindo créditos à custa dos outros – era irresistível. A desintegração da União Soviética pôs fim às costumeiras transferências orçamentárias de Moscou, as economias locais estavam um caos e as receitas das taxas estavam em baixa. As repúblicas estavam desesperadas para encontrar renda em qualquer lugar que pudessem. Por isso a aliança monetária rapidamente se degenerou em uma competição acelerada pela senhoriagem, o que resultou em uma inflação desenfreada e em uma rápida erosão do controle monetário. Patrick Conway (1995, p.40) escreveu que a zona do rublo "tornou-se um campo de batalha para garantir recursos de senhoriagem".[26]

O mais preocupado com esses desenvolvimentos era o banco central russo, a agência fundamentalmente responsável pela gestão do rublo. A maioria das repúblicas tinha déficits estruturais com a Rússia, porque dependia dela para suprimentos de energia e matérias-primas. Como

---

25 Na verdade, um acordo em um conselho conjunto do banco central foi assinado em maio de 1992, mas jamais colocado em prática por causa de um desacordo sobre o poder de voto atribuído a cada governo na tomada de decisão coletiva (Gros; Steinherr, 1995, p.386-7).

26 Uma competição pela senhoriagem foi prevista já em 1992 por dois economistas, Jeffrey Sachs e David Lipton, que escreveram: "não há *possibilidade realista* de controlar o crédito em um sistema em que vários bancos centrais independentes têm cada um a autoridade independente para emitir crédito" (1992, p.237).

resultado, os rublos não monetários emitidos pelos bancos centrais locais estavam acabando dentro da Rússia, sendo gastos novamente ou convertidos em rublos em espécie pelas empresas de exportação. Por isso, os recursos reais estavam sendo apropriados pelos Estados sucessores com créditos financiados indiretamente pela criação de moeda em Moscou. Isso não só tornava a Rússia o maior perdedor na corrida para empregar a taxa de inflação, mas também destruiu qualquer esforço por parte do BCR para exercer uma autoridade efetiva sobre as condições monetárias agregadas.

Por isso, o BCR logo contra-atacou. Em 1992 e 1993 começou a empregar medidas destinadas a apertar o controle sobre o uso de créditos em rublo não monetário dentro da Rússia por parte dos Estados sucessores. Gradualmente foram impostos limites ao crescimento e à transferência das contas correspondentes que, após a fragmentação do Gosbank, os bancos centrais mantinham no BCR. Essas contas serviam como o principal veículo para financiar os gastos nas exportações russas. Então, em meados de 1993 surgiu outra iniciativa destinada a restringir o uso de rublos em espécie. Em resposta às restrições anteriores, muitas das repúblicas começaram a emitir "cupons", uma espécie de moeda paralela utilizável para os pagamentos de salários e consumo locais, o que efetivamente liberava parte da liquidez do seu rublo para ser gasto na aquisição de produtos da Rússia. Como uma contramedida, em julho de 1993 o BCR introduziu uma nova cédula bancária do rublo para substituir a moeda da era soviética ainda em circulação. Como as novas notas só estavam disponíveis dentro da Rússia (e as antigas não eram mais aceitas), as repúblicas ficaram privadas de um meio de pagamento utilizável para os produtos russos.

O propósito evidente dessas reformas era obrigar todos os Estados sucessores a fazer uma escolha clara – aceitar a autoridade do BCR sobre toda a zona do rublo ou sair. O FMI havia anteriormente defendido algum tipo de compromisso entre essas alternativas drásticas, baseado em uma responsabilidade compartilhada para a gestão monetária (Hernandez-Cata, 1995), e um acordo ainda poderia ter sido possível se fosse do agrado de Moscou. No final de setembro de 1993 os russos assinaram um acordo multilateral com Armênia, Bielorrússia, Cazaquistão, Tadjiquistão e Uzbequistão preconizando "um novo tipo de Zona do Rublo", com políticas monetárias e fiscais unificadas. Mas quando Moscou exigiu que os outros depositassem todas as suas reservas de ouro e moeda forte no BCR, ficou claro que os russos estavam mais interessados em controle do que em cooperação. Na redação delicada de Conway (1995, p.34), "as ações do BCR indicam um desejo de manter a área do rublo, mas em termos favoráveis à Rússia".[27]

---

27 Eichengreen (1994, p.125) especula que a atitude da Rússia pode ter sido moldada principalmente por considerações políticas domésticas. Em suas palavras, "dado que a Rússia ainda está buscando estabelecer sua autoridade sobre as regiões que romperam com ela dentro

Após um ano e meio de experiência amarga, uma aliança monetária real não parecia mais politicamente factível.

A questão era compulsória. As repúblicas agora tinham de escolher entre subordinar sua soberania monetária à Rússia ou repetir o modelo vestfaliano criando sua própria moeda territorial. Dentro de meses, todos os Estados sucessores, menos Bielorrússia e Tadjiquistão, moveram-se decisivamente rumo à adoção da segunda opção. O primeiro a seguir as nações bálticas foi o Quirguistão, que, com a ajuda do FMI, já havia introduzido uma nova moeda nacional, o som, em maio de 1993. O último foi a Ucrânia, que substituiu uma moeda-cupom temporária pelo hryvnia em setembro de 1996.

Em menos de cinco anos a zona do rublo encolheu de quinze membros constituintes para três: a Rússia e os tristes casos de Bielorrússia e Tadjiquistão, ambos ainda usando a moeda russa juntamente com suas próprias versões "provisórias". Com apenas 11 milhões de pessoas, uma economia esmagadoramente dependente do petróleo russo e um sentimento duvidoso da sua própria nacionalidade, a Bielorrússia assinou repetidos acordos entregando o controle de suas políticas monetárias e de crédito ao BCR, embora nenhum tenha sido ainda plenamente colocado em prática. O governo do Tadjiquistão, ameaçado por uma insurgência islâmica apoiada pelo Afeganistão, recebe dois terços do seu orçamento estatal de Moscou e depende das Forças Armadas russas para sua sobrevivência. O país é, de fato, um protetorado russo. Nem a Bielorrússia nem o Tadjiquistão têm muita soberania real a compartilhar.

Criação de uma aliança monetária

A diversidade dessas experiências históricas levanta duas questões interessantes e relacionadas. Em primeiro lugar, o que motiva os governos, sempre zelosos de sua independência, a sequer considerar a possibilidade de compartilhar a soberania monetária? Em segundo lugar, o que determina se uma aliança monetária, uma vez formada, vai sobreviver ou fracassar? A primeira questão, discutida nesta seção, tem a ver com a decisão de *criar* algum tipo de fusão monetária; a segunda, a ser tratada na próxima seção, diz respeito à capacidade dos Estados de *manter* seus compromissos mútuos no correr do tempo. Em cada fase, não surpreendentemente, tanto a política como a economia desempenham um importante papel no cálculo dos ganhos e perdas.

---

da república russa, Moscou certamente vai hesitar e conceder a outras repúblicas uma voz na formulação da política pelo Banco Central da Rússia, por temer que as regiões que estão dentro da Federação Russa exijam ter a mesma voz".

Ganhos e perdas

A decisão de se juntar a uma aliança monetária dilui todas as quatro vantagens associadas a um monopólio monetário nacional: um símbolo de identidade estatal, senhoriagem, controle macroeconômico e isolamento político. Estas são perdas reais. Cada governo não pode mais estruturar as políticas tendo em mente seus próprios principais interesses. Agora os poderes precisam ser compartilhados e, com frequência, são exigidos compromissos. Que benefícios compensatórios podem fazer que o sacrifício da autonomia pareça compensador?

Um ganho, frequentemente citado no debate atual da UEM, é a criação de um símbolo importante para uma futura fusão no nível político. Segundo o Tratado de Maastricht, desde o início a UE tem tido como seu principal e mais abrangente objetivo "uma união cada vez mais próxima entre os povos da Europa". Nesse contexto, o projetado euro pode ajudar a promover a comunidade imaginada da Europa do mesmo modo que as moedas nacionais separadas fizeram no processo da construção do Estado no século XIX. Os esforços repetidos, por mais hesitantes que tenham sido, dos membros do Zollverein para construir uma união monetária germânica no século passado podem muito bem ter tido o mesmo efeito.

Outro ganho, também de natureza política, pode ser uma posição de poder melhorada em relação ao mundo externo. No interior de uma aliança monetária, os membros ficam menos isolados um do outro. Mas, para o grupo como um todo, a exposição à influência ou restrição estrangeira pode ficar significativamente reduzida. Benjamin Franklin, na assinatura da Declaração de Independência dos Estados Unidos em 1776, exortou seus colegas com as famosas palavras: "Nós devemos todos nos unir, ou com certeza terminaremos enforcados separadamente". Mais recentemente, embora não com cores tão vivas, o mesmo pensamento foi expressado por um estudioso de integração econômica: "Os países relativamente pequenos têm um incentivo para se integrarem no campo monetário para evitar a dominação monetária dos países maiores" (Jovanovic, 1992, p.123). Um desejo de alguma medida de segurança mútua tem sido sem dúvida um vínculo forte unindo tanto a Zona do Franco da CFA como a Área Monetária do Caribe Oriental, cada uma compreendida por ex-colônias pequenas e não particularmente poderosas. Muito visivelmente, isso motivou até mesmo a União Europeia durante suas tentativas recorrentes de estabelecer uma moeda comum.

Remontando às origens do mercado monetário do euro, para os europeus uma questão fundamental sempre foi sua exagerada dependência do dólar, o que os deixa vulneráveis a contratempos financeiros e até mesmo à coerção política por parte de Washington. O isolamento de um dólar cada vez mais preocupante foi certamente uma motivação, tanto para o experimento original da serpente no túnel como para o posterior SME. Quando Helmut Schmidt falou em 1978 de uma zona de estabilidade monetária na Europa, todos sabiam que a *in*stabilidade do papel-moeda dos Estados Unidos – cuja excessiva depreciação nos meses precedentes acarretou o caos nos mercados financeiros europeus – era o mais predominante em sua mente. Como escrevi logo após o SME entrar em curso, "um importante atrativo do sistema para os membros da Comunidade era que ele iria ajudar a protegê-los de instabilidades similares do dólar no futuro" (Cohen, 1981, p.11). Os europeus há muito encaravam a UEM como uma condição necessária para a redução da hegemonia monetária dos Estados Unidos em sua parte do mundo. Uma moeda unificada, argumentam, iria ao mesmo tempo competir de maneira mais efetiva com o dólar nos mercados privados e aumentar o poder de barganha da Europa nas negociações monetárias intergovernamentais (European Commission, 1990; Alogoskoufis; Portes, 1991, 1992; Alogoskoufis, 1993; Bénassy et al., 1994).[28]

Do lado econômico, vários benefícios são com frequência mencionados, em particular melhorias na utilidade do dinheiro em cada uma de suas funções principais: como um meio de troca (os custos das transações diminuem quando se reduz o número de conversões monetárias requeridas), reserva de valor (o risco cambial baixa quando o número de moedas diminui) e unidade de conta (uma economia de informações acompanha uma redução no número de cotações de preço requeridas). Benefícios adicionais também podem se acumular: reservas internacionais podem ser economizadas por causa de uma internalização mediante o crédito daquilo que, do contrário, seria comércio e pagamentos externos; e uma ampliação do mercado cambial *vis-à-vis* países terceiros pode reduzir a volatilidade monetária (Mundell, 1973).

Avaliação dos custos e benefícios

Como os Estados avaliam os custos e benefícios potenciais do compartilhamento da soberania? A literatura sobre economia formal trata dessa decisão, assim como da escolha entre as regras de taxa de câmbio discutidas no Capítulo 3, como um problema de otimização – mas limitado exclusivamente a questões de finanças públicas ou desempenho macroeconômico. Aqui muito pouca atenção foi dada às preocupações distribucionais domésticas ou ao valor do simbolismo ou isolamento político da influência estrangeira.

---

28 Entretanto, nem todos concordam com essa última linha de argumentação, como veremos no Capítulo 8.

Para os economistas que se concentram na senhoriagem, a principal questão é fiscal: como uma moeda única ou equivalente pode ser reconciliada com exigências de renda estatal divergentes?[29] Diferenças nas estruturas fiscais podem justificar plenamente diferenças substanciais nas melhores taxas de senhoriagem. Por isso, unir-se a uma aliança monetária pode causar problemas se isso significar abrir mão de um instrumento de taxação fundamental. Como escreveu o economista Rudiger Dornbusch (1988, p.26),

> As finanças públicas impõem uma importante restrição na possibilidade de uniões monetárias. Os países para os quais a estrutura eficiente das taxas implica o uso de uma taxa de inflação – pelo fato de o custo marginal de um dólar extra de recursos levantados dessa maneira ser significativamente menor do que aquele de elevar (digamos) as taxas de contribuição da seguridade social – não devem se fundir com outros para os quais a inflação zero é o objetivo político.

Entretanto, aqui também a maior parte da análise não se concentra nas operações do governo, mas na economia como um todo: não nas exigências fiscais do Estado, mas no bem-estar econômico geral, como está refletido nas medidas padrões de desempenho macroeconômico. Essa é a teoria familiar de "áreas monetárias ótimas" (AMOs), que foi na verdade a progenitora dos estudos mais recentes da gestão da taxa de câmbio ótima, mencionada no Capítulo 3. As características do país que são consideradas por sua influência sobre a escolha entre graus de flexibilidade da taxa cambial apareceram pela primeira vez na teoria da AMO, que remonta a um artigo pioneiro de autoria de Robert Mundell em 1961.[30] Os dois ramos da teoria estão intimamente relacionados, embora um esteja voltado para a subordinação da soberania monetária, enquanto o outro coloca a possibilidade de que a autoridade monetária possa ser compartilhada.

Em sua primeira encarnação, a teoria da AMO era extremamente apolítica. Seguindo a liderança de Mundell, a maioria dos primeiros colaboradores se concentrou em uma busca do domínio mais apropriado de uma moeda, independentemente das fronteiras nacionais existentes. O globo na verdade foi tratado como uma tabula rasa. A questão central era encontrar o melhor critério para a organização do espaço monetário. Mas à medida que as limitações práticas da chamada "abordagem dos critérios" (Tavlas,

---

29 Ver, por exemplo, Dornbusch (1988), Giavazzi (1989), Giavazzi; Giovannini (1989), Grilli (1989a, 1989b), Canzoneri; Rogers (1990), Vegh; Guidotti (1990), Aizenman (1992), Bacchetta; Caminal (1992), Canzoneri; Diba (1992), Sibert (1992, 1994), Daniels; Van Hoose (1996) e Willett; Banaian (1996).

30 Outras importantes contribuições iniciais foram dadas por Ronald McKinnon (1963) e Peter Kenen (1969). Para levantamentos recentes proveitosos, ver Gandolfo (1992), Masson; Taylor (1993), Tavlas (1993b, 1993c, 1994) e De Grauwe (1994).

1994, p.213) se tornaram claras, uma abordagem alternativa – e, em termos políticos, menos ingênua – finalmente prevaleceu, concentrando-se em vez disso nos ganhos e perdas materiais, como vistos do ponto de vista de um país isolado, da participação em uma área monetária comum ou seu equivalente. Em oposição às vantagens de um dinheiro mais útil supõe-se que os governos comparam as desvantagens da correspondente subordinação da autonomia monetária: o custo potencial de ter de se ajustar às turbulências domésticas ou externas sem a opção de mudar o suprimento de moeda ou a taxa de câmbio. O famoso economista Paul Krugman assim resume o cálculo: "é uma questão de trocar a flexibilidade macroeconômica pela eficiência microeconômica" (1993, p.4).

A literatura da AMO enfatiza uma série diversificada de variáveis, incluindo flexibilidade de salário e preço, mobilidade do trabalho e capital, diversificação dos produtos, padrões geográficos do comércio, tamanho e abertura das economias, níveis de desenvolvimento, tendências da inflação e a natureza, a fonte e o momento das potenciais turbulências dos pagamentos. Cada variável possivelmente afeta a magnitude das perdas no nível macroeconômico, influenciando a severidade dos potenciais choques ou a facilidade do consequente ajustamento. No entanto, o poder explanatório da teoria da AMO parece não ser maior que aquela dos modelos de gestão da taxa de câmbio ótima. Há simplesmente demasiadas permutas possíveis entre os muitos fatores citados. Como declarou muito diretamente uma fonte, "abundam as ambiguidades teóricas" (Argy; De Grauwe, 1990, p.2). Nem todas as características de uma economia apontam para a mesma direção, o que dificulta as previsões; as variáveis também não são mutuamente independentes ou fáceis de medir ou comparar para sua relativa importância. Charles Goodhart (1995, p.452) conclui: "As evidências [...] sugerem que a teoria das áreas monetárias ótimas tem relativamente pouco valor preditivo".

Na verdade, está claro que, como na seleção dos regimes monetários discutidos no Capítulo 3, os fatores políticos devem pesar pelo menos tanto quanto as questões econômicas nos cálculos dos governos. Certamente podemos assumir que os Estados são sensíveis ao equilíbrio entre a flexibilidade macro e a eficiência micro. Mas, ao considerar se devem compartilhar sua soberania monetária, é improvável que limitem seu pensamento apenas a essa troca. Aqui também deve haver um forte incentivo político, direcionado pela política doméstica ou pela externa, para persuadir os governos a manter o compromisso firme exigido.

E essa com certeza parece ser a lição da história, como observou o economista Paul De Grauwe: "Nem uma única união monetária no passado ocorreu em razão de um reconhecimento dos benefícios econômicos da união. Em todos os casos a integração foi conduzida por objetivos políticos" (1993, p.656). Por todas as experiências diversas citadas neste capítulo, é impossível encontrar um exemplo de uma aliança monetária motivada exclusivamente, ou mesmo predominantemente, pelas preocupações destacadas na teoria da AMO. No século XIX, a gestão monetária ao estilo keynesiano ainda não era uma prioridade. Das cinco uniões estabelecidas no início do século XX, uma (BLEU) claramente ocorreu por causa das necessidades de segurança de um quase-Estado pequeno e vulnerável; as outras quatro, de acordos inicialmente impostos pelas potências coloniais. Na Europa atual, após décadas de debate, ficou muitíssimo claro que a justificativa puramente econômica para a UEM é, na melhor das hipóteses, inconclusiva. As questões reais, como concorda a maioria dos observadores, são sem dúvida políticas, relacionando-se acima de tudo ao objetivo declarado do Tratado de Maastricht de uma "união cada vez mais próxima". Tanto para seus inimigos como para seus amigos, a moeda única é um anunciador de integração política futura. Nas palavras de um levantamento cuidadoso,

> Embora certamente haja benefícios econômicos a serem esperados de uma união monetária, a principal força direcionadora para a ressurgência [da UEM] permanece sendo a busca da integração política da Europa [...] As principais objeções à união monetária também têm sido em sua maioria políticas. (Fratianni et al., 1992, p.1-2)[31]

Em resumo: a economia pode ser importante, mas a política é mais importante ainda.

Sustentação de uma aliança monetária

Mas que política? As origens diversas de nossos casos históricos, cada um dos quais parece ser *sui generis*, permite pouco espaço para a generalização sobre as especificidades dos acordos envolvidos. Podemos obter maior discernimento olhando o que acontece com as alianças monetárias *depois* que elas passam a existir. Algumas uniões sobreviveram várias décadas com sucesso; outras se desgastaram ou fracassaram quase imediatamente. Muito pode ser aprendido pela exploração das condições que determinam a sustentabilidade dos compromissos estatais mútuos desse tipo.[32]

---

31 Além do motivo da integração política, considerações distribucionais domésticas são enfatizadas por Frieden (1993b, 1996) e Hefeker (1996, 1997) como um fator que moldou as preferências políticas europeias com relação à UEM. Essa conclusão é contestada por Giovannini (1993).

32 O restante deste capítulo baseia-se muito em B. Cohen (1993a). A sustentabilidade, nesse contexto, refere-se apenas à longevidade de uma aliança monetária. Outros possíveis critérios pelos quais se pode julgar o sucesso ou o fracasso desses compromissos (por exemplo,

Obviamente, o registro histórico é diverso. Apenas quatro uniões passadas (BLEU, CFA, AMCO e AMC) podem com justiça ser descritas como bem-sucedidas, tendo sido sustentadas por décadas. Outras, incluindo a CAO e também a zona do rublo da União Soviética e outras ex-federações, se desintegraram quase no momento em que seus membros conquistaram sua independência política e só podem ser julgadas como fracassos. E os dois principais exemplos do século XIX, a UML e a UME, suscitam um veredito misto. Cada uma delas funcionou mais ou menos efetivamente até a Primeira Guerra Mundial (uma realização não desprovida de valor), mas no fim se provou insustentável. O que explica esses notáveis contrastes na experiência?

Economia e planejamento organizacional

As variáveis econômicas oferecem pouca ajuda. Como já comentei em outro trabalho (Cohen, 1993a), para cada uma das características convencionalmente enfatizadas na literatura da AMO há exemplos contraditórios – alguns casos que correspondem às expectativas da teoria e outros que não correspondem. Nenhum parece suficiente para explicar todos os resultados observados. Não sugiro que os fatores econômicos não sejam por isso desprovidos de importância – evidentemente eles importam, na medida em que tendem, mediante o seu impacto nos custos do ajustamento, a facilitar ou exacerbar o desafio de uma aliança monetária. Mas também é bastante claro que mais coisas estavam em jogo em cada caso do que tais variáveis podem explicar.

A análise do planejamento organizacional – as provisões legais relacionadas à emissão de moeda e à gestão da política monetária – também não tem oferecido muita ajuda. Essas formalidades diferiram muito em vários casos. Apenas em três exemplos os membros se basearam de maneira voluntária e exclusivamente em uma moeda comum – no Caribe Oriental e, mais brevemente, na África Oriental e Meridional. Em todos os outros, incluindo a CAO após 1967 e a AMC após 1974, os acordos apresentaram moedas nacionais ou regionais que estavam de uma forma ou de outra oficialmente vinculadas. E, paralelamente, as instituições monetárias também variaram muito, desde uma única autoridade central em dois casos (AMCO e, antes de meados da década de 1960, a CAO) até duas autoridades regionais em um caso (CFA) e agências nacionais separadas em todos os outros (incluindo a zona do rublo e outras dessas federações após seu rompimento). Entretanto, não há nenhum relacionamento sistemático

---

impactos na estabilidade dos preços, emprego ou crescimento econômico) não são diretamente considerados.

evidente entre essas diferenças organizacionais e o sucesso ou fracasso de várias alianças.

Em princípio pode-se pensar que essas diferenças importam na medida em que afetam os custos líquidos da submissão ou deserção por parte dos Estados individuais. A literatura teórica recente sobre os custos das transações enfatiza o papel fundamental que o planejamento organizacional pode desempenhar na promoção de compromissos confiáveis, estruturando os acordos para se adaptarem a problemas de incentivo antecipados (North, 1990). Dessa perspectiva, a criação de uma moeda única parece superior a um vínculo formal de moedas nacionais em razão das barreiras mais altas para a saída: a reintrodução de uma moeda e de uma autoridade monetária independentes será muito mais dispendiosa.[33]

Essa é também a conclusão das discussões políticas recentes da UEM, que têm tratado diretamente dos méritos relativos da união monetária plena *versus* a simples união da taxa de câmbio (Gross; Thygesen, 1992, p.230-233; von Hagen; Fratianni, 1993). A maioria dos analistas duvida que um sistema que conserve as moedas e os bancos centrais existentes, não importa o quão solenes sejam os compromissos políticos envolvidos, seja tão confiável quanto uma moeda conjunta genuína, precisamente porque o risco de reversibilidade com toda a probabilidade será maior. É provável que os mecanismos de submissão sejam mais fracos, na medida em que os governos continuam a exercer qualquer controle sobre o preço ou a quantidade da sua moeda. Por isso, pode-se esperar encontrar uma correlação histórica direta entre o grau de centralização de uma aliança monetária e sua sustentabilidade no correr do tempo.

Um historiador econômico, Mark Griffiths (1992), sugere que na verdade essa foi precisamente a razão de a União Monetária Latina ter afinal fracassado. Grande parte da tensão experimentada pela UML nas décadas anteriores à Primeira Guerra Mundial é atribuída à sua estrutura descentralizada, que permitia que cada banco central procurasse atingir seus próprios objetivos políticos domésticos. Quando a depreciação global da prata teve início no final da década de 1860, vários membros (em particular a Itália) sucumbiram à tentação de aumentar a quantidade e a circulação de sua cunhagem de prata, procurando de fato extrair ganhos adicionais de senhoriagem à custa de seus parceiros (especialmente a França, onde muitas das moedas de prata acabaram). Para manter a união, os membros primeiro restringiram e em 1878 suspenderam toda cunhagem de prata com exceção

---

33 O mesmo ponto é também sugerido por uma literatura teórica concomitante sobre a economia do investimento em situações de incerteza, que enfatiza a importância dos "custos não reembolsáveis" como uma barreira à saída: quanto maior o custo de iniciar de novo no futuro, menor o incentivo para abandonar um investimento não lucrativo no presente. Ver, por exemplo, Dixit (1992).

da moeda-símbolo (o claudicante padrão ouro); e, subsequentemente, a partir de 1885, adicionaram uma cláusula de liquidação a pedido da França, requerendo que qualquer Estado que desejasse sair do grupo resgatasse sua prata retida por outros governos membros em ouro ou papel conversível. Mesmo antes das turbulências financeiras da Primeira Guerra Mundial, o único sentido de interesse comum remanescente entre os membros da união era um desejo mútuo de evitar uma dissolução potencialmente dispendiosa. Nas palavras de Griffiths (1992, p.88), "isto demonstra o ponto mais óbvio de que uma união monetária baseada em bancos centrais independentes é potencialmente instável".[34] Um problema similar de parasitismo estava também manifesto na desintegração da zona do rublo após 1991, assim como na dissolução anterior do Império Austro-Húngaro.

Mas o que dizer então da União Monetária Escandinava, que também foi baseada em bancos centrais independentes, mas geridos para funcionar de maneira bem mais tranquila do que a UML nas décadas anteriores à Primeira Guerra Mundial? Ou da União Econômica Bélgica-Luxemburgo, da Zona do Franco da CFA e da Área Monetária Comum, todas as quais ainda são mantidas com sucesso, embora careçam de uma moeda conjunta ou de uma instituição central única? Ou da Comunidade da África Oriental, onde nem uma moeda comum nem uma autoridade central conseguiu impedir a desintegração? Mais uma vez, são abundantes os exemplos contraditórios.

Na verdade, a mesma lição parece se aplicar aqui como na escolha entre as regras da taxa de câmbio discutidas no Capítulo 3. Evidentemente, o grau de centralização deve importar, na medida em que influencia o custo potencial da saída. Mas aqui também, por mais altas que sejam as barreiras à saída, as promessas podem ser – e de fato frequentemente têm sido – quebradas quando os governos decidem que é do seu interesse fazê-lo. O planejamento organizacional provavelmente não é menos importante que as características econômicas. Mas está igualmente claro que alguma outra coisa está em ação aqui que ofusca ambos. Essa alguma coisa, é claro, é a política.

Fatores políticos

De uma perspectiva política, duas características se destacam como fundamentais para o destino das alianças monetárias. Uma delas é sugerida pelas abordagens realistas tradicionais das relações internacionais: a presença ou ausência de um Estado dominante querendo manter um acordo

---

34 Graboyes (1990, p.9) concorda, argumentando que a falha fatal da UML foi o fato de ela ter "decretado uma política monetária comum, mas deixado cada banco central encarregado de policiar seu próprio cumprimento".

desse tipo funcionando efetivamente em termos agradáveis a todos. A outra é sugerida pelas abordagens institucionais: a presença ou ausência de uma ampla constelação de vínculos e compromissos relacionados e suficientes para tornarem a perda da autonomia política, seja qual for a magnitude dos custos prospectivos de ajustamento, basicamente aceitáveis para cada parceiro. A primeira implica uma subordinação e também um compartilhamento da soberania monetária. Requer uma hegemonia local e é um reflexo direto da distribuição do poder interestatal. A segunda demanda um conjunto bem desenvolvido de vínculos institucionais e reflete, de um modo mais amorfo, o grau em que um genuíno sentido de solidariedade – de *comunidade* – existe entre os países desenvolvidos. A julgar pelo registro histórico, um ou outro fator é necessário para sustentar as alianças monetárias entre Estados soberanos. Quando ambos estão presentes, eles são uma condição suficiente para o sucesso. Quando nenhum deles está presente, as uniões se deterioram ou fracassam.[35]

Considere, por exemplo, a União Econômica Bélgica-Luxemburgo, de longe a aliança mais durável ainda vigente. Essas duas características políticas necessárias há muito têm sido evidentes na BLEU. A Bélgica desde o início tem sido o parceiro dominante reconhecido, tomando todas as decisões mais importantes para os dois países.[36] Em parte, o sucesso do acordo reflete a disposição e a capacidade da Bélgica para arcar com a principal responsabilidade pela gestão dos negócios conjuntos dos parceiros. E em parte reflete uma constelação mais ampla de vínculos recíprocos, na própria BLEU e também nos agrupamentos regionais relacionados, como o Benelux e a União Europeia. Entre esses Estados há uma rede de vínculos institucionais e um sentido de interesse comum suficientes para tornar atrativo, ou pelo menos não intolerável, um compromisso permanente com a cooperação monetária.

No extremo oposto está a Comunidade da África Oriental, um dos menos duráveis entre os casos recentes. Aqui não foi encontrada nenhuma das características políticas necessárias. Certamente parece haver pouco sentimento de solidariedade entre os três países, apesar do seu legado de

---

35 Para uma nota discordante, enfatizando a influência conjunta de variáveis econômicas e organizacionais em vez de cada uma das duas características políticas que eu destaco, ver Andrews; Willett (1997).

36 Apenas uma vez o governo de Luxemburgo afirmou publicamente a sua própria vontade em uma questão importante. Isso aconteceu em 1935, após uma desvalorização de 28% do franco belga. O franco de Luxemburgo também teve uma desvalorização, mas de somente 10%, mudando unilateralmente a taxa de câmbio bilateral dos parceiros, que era de paridade, para uma proporção de 1,25 francos belgas para 1 franco de Luxemburgo (Meade, 1956, p.14-6). Em longo prazo, no entanto, esse episódio solitário provou ser a exceção em vez da regra. Desde a restauração da paridade durante a Segunda Guerra Mundial, Luxemburgo seguiu formalmente a liderança da Bélgica na maioria das questões (embora conste que privadamente não hesite em tornar suas opiniões vigorosamente conhecidas).

serviços e instituições coloniais comuns. Muito mais influente era uma sensibilidade generalizada a qualquer ameaça à soberania nacional recentemente conquistada. Uma vez independente, cada um dos três novos governos se concentrou ansiosamente em criar uma identidade de Estado em vez de preservar a unidade regional. Uma solidificação das prioridades e dos interesses nacionais, compostos por divergências agudas na ideologia e no estilo político, rapidamente deteriorou qualquer compromisso para a cooperação econômica continuada (Rothchild, 1974).

Além disso, nenhum poder localmente dominante na CAO estava disposto ou foi capaz de usar sua influência para se contrapor a essas forças. O Quênia era o mais avançado em termos de desenvolvimento industrial, mas ainda pobre demais para desempenhar o papel de poder hegemônico. Em vez de usar sua posição de liderança no comércio intrarregional para promover os vínculos comunitários, o Quênia ficou compreensivelmente tentado a explorar sua posição para seus próprios objetivos, agravando assim, mais que moderando, as pressões e tensões entre os membros (Mugomba, 1978; Mbogoro, 1985). Além da CAO, a Grã-Bretanha, como ex-dominador colonial, podia ter continuado a apoiar as instituições regionais, mas, sobrecarregada por suas próprias dificuldades econômicas, optou em vez disso por se distanciar de suas ex-colônias. A área esterlina foi desmantelada no início da década de 1970, e assim removeu a última barreira para a busca de políticas monetárias independentes por parte de cada governo. Essas circunstâncias políticas não auspiciosas tornaram pouco surpreendente o fracasso total da CAO.

A importância de um poder hegemônico local é também demonstrada pelos dois casos africanos bem-sucedidos, ambos claramente dominados por um único país central (Honohan, 1992). Na Área Monetária Comum, a África do Sul é o líder: ela não só se situa como o emprestador de último recurso para seus parceiros juniores, mas até compensa dois deles, Lesoto e Namíbia, pela senhoriagem que eles abandonaram usando o rand como moeda corrente. (A compensação é baseada em uma estimativa da renda que resultaria para eles se tivessem reservas da quantidade equivalente investida nos ativos denominados em rands.) Na Zona do Franco da CFA a liderança é assumida pela França, a ex-potência colonial. Muitas fontes concordam que a durabilidade da CFA é diretamente atribuída ao papel central desempenhado pelo Ministério das Finanças francês na subscrição – na verdade, no subsídio – da aliança monetária da África francófona.

Embora não formalmente um membro da Zona da CFA, a França exerce uma influência decisiva por meio das chamadas contas de operações mantidas pelos dois bancos centrais regionais do grupo no Tesouro Francês, em que cada um é obrigado a depositar cerca de dois terços de suas reservas cambiais. Em troca, a França aumenta a credibilidade do franco da CFA, garantindo sua conversibilidade a um preço fixado. A disciplina monetária é colocada em prática mediante regras que afetam o acesso ao crédito do Tesouro e também mediante a firme indexação do franco da CFA ao franco francês, uma proporção de 50:1 por mais de quatro décadas, antes de uma desvalorização de 50% (para 100:1) em 1994 (Clement, 1994, 1995). Os países da CFA também compartilham algum sentido de comunidade; uma língua e experiência colonial comuns e uma constelação de acordos regionais relacionados. Mas, para o melhor ou o pior,[37] o papel da França é fundamental.

A hegemonia francesa também foi decisiva na União Monetária Latina, embora de uma forma menos benigna. Nesse caso, o Estado dominante usou seu poder de uma maneira mais estreitamente em interesse próprio, primeiro para promover a liderança monetária da França e depois para evitar uma dissolução dispendiosa. Como escreveu Griffiths (1992, p.141), "durante toda a evolução [da UML] a influência da França permaneceu sempre presente, extraindo concessões dos outros membros da comunidade. Embora apenas um país dentre quatro [sic], a França permaneceu dominante, refletindo as realidades do seu poder econômico e político".

Mesmo antes de a UML estar formalmente estabelecida, a influência da França, baseada principalmente na sua posição dominante no comércio regional, era evidente na adaptação de bom grado de seus parceiros comerciais menores ao seu sistema monetário. A hegemonia da França foi também muito evidente na decisão inicial do bloco de basear a UML em um padrão bimetálico, embora todos os parceiros tivessem preferido um padrão ouro monometálico (Bartel, 1974, p.695-6). E isso ficou evidente depois que a UML foi transformada em um padrão ouro claudicante, quando a França recorreu a uma ameaça de penalidades – formalizada na cláusula de liquidação adicionada a seu pedido em 1885 – para desencorajar as saídas de membros, o que teria deixado Paris com grandes reservas de moedas de prata irresgatáveis. Mas por causa dessa pressão da França, a UML poderia ter fracassado bem antes das turbulências financeiras da Primeira Guerra Mundial.

A importância de um sentido de comunidade institucionalizada está amplamente demonstrada, de uma maneira negativa, pela velocidade com que a zona do rublo e federações similares (o Império Austro-Húngaro, Checoslováquia, Iugoslávia) desmoronaram quando os nacionalismos concorrentes conseguiram ascendência política. A desintegração da zona do rublo, em particular, foi obviamente apressada pela indisposição dos

---

37 Embora para algumas fontes (por exemplo, Boughton, 1993a, 1993b; Clement et al., 1996) o impacto do papel da França seja em geral positivo, promovendo a disciplina e a estabilidade monetárias, para outras o efeito é claramente negativo, na medida em que pode perpetuar a dependência, retardar o desenvolvimento, reforçar a desigualdade da renda ou deprimir as exportações. Ver, por exemplo, Hayter (1966), Yansane (1978-1979), Martin (1986), van de Walle (1991), Usman; Savvides (1994) e Monga (1997).

Estados sucessores de colocar a coesão do grupo acima de seus desejos separados por renda de senhoriagem. O colapso tornou-se inevitável depois que a Rússia, o reconhecido parceiro sênior, deixou claro que só assumiria as responsabilidades da liderança em seus próprios termos.

De uma maneira mais positiva, a importância da comunidade é demonstrada por duas alianças de longa vida, a Área Monetária do Caribe Oriental e a União Monetária Escandinava, nenhuma das quais poderia ser descrita de maneira alguma como sistemas hegemônicos. Na AMCO, os parceiros são todos microestados insulares, comparavelmente pequenos e pobres, e foram deixados mais ou menos por sua própria conta por sua ex-potência colonial. Na UME, a Suécia pode ter sido a primeira entre os iguais, mas não exerceu nada parecido com o poder que a França desfrutava na UML. Mas as duas uniões funcionaram razoavelmente bem durante décadas – a UME até 1914, a AMCO até hoje. A explicação para sua longevidade parece diretamente relacionada aos genuínos sentimentos de solidariedade que existiam entre seus membros.

No Caribe Oriental, diferentemente da África Oriental, nunca se valorizou muito as soberanias separadas: as identidades sempre foram mais definidas em termos regionais do que nacionais, institucionalizadas em uma densa rede de acordos econômicos e políticos relacionados. A AMCO, como declarou um observador, é apenas uma parte de um esforço muito mais amplo pelo qual esses sete governos "juntaram seus recursos de uma maneira simbólica, simbiótica e substantiva com o objetivo de melhorar seu desenvolvimento" (Jones-Hendrickson, 1989, p.71). Do mesmo modo, as nações escandinavas, diferentemente dos membros da UML, há muito compartilhavam a tradição de uma cooperação baseada em um passado cultural e político comum. Como disse um autor, "a língua, vida social, administração, legislação, judiciário, poesia e literatura, ciência e muitos outros aspectos da vida criaram vínculos entre esses povos que haviam sido intimamente ligados durante um período tão longo e importante" (Wendt, 1981, p.17). Dada a profundidade dos vínculos existentes, um sistema monetário comum parecia não apenas natural, mas quase inevitável, até ser fatalmente tumultuado pela Primeira Guerra Mundial.

Em resumo, quando se trata de sustentar uma aliança monetária, a questão só é secundária se os membros correspondem aos critérios tradicionais identificados na teoria da AMO ou se a gestão e a questão monetárias ocorrem de ser centralizadas ou descentralizadas. A principal questão é se existe um poder hegemônico local ou uma estrutura de vínculos relacionados para neutralizar os riscos de parasitismo ou saída. Os governos soberanos requerem incentivos para se apegar a barganhas que passam a ser inconvenientes. As evidências da história sugerem que esses incentivos podem derivar de pagamentos laterais ou de sanções aplicadas por um único Estado poderoso ou de restrições e oportunidades colocadas por uma ampla rede de vínculos institucionais. Ao que parece, um ou outro desses fatores políticos deve estar presente para atuar como um mecanismo de aplicação eficiente.

* * *

Mais uma vez, o ponto principal é simples. As alianças monetárias entre Estados independentes não são nem raras nem impossíveis de gerir. Mas nada pode ser tacitamente admitido em um mundo em que tudo o que os governos fazem é potencialmente reversível. Para Michael Mussa, a essência de uma união monetária é o compromisso irrevogável: "Para uma união monetária, 'O que o Senhor uniu, o homem não separa'" (Mussa, 1997, p.218). Na verdade, contudo, como enfatizei no Capítulo 3, uma aliança não garante um casamento eterno. O divórcio permanece uma opção. Por isso, as condições devem ser justas para os governos voluntariamente compartilharem – e depois persistirem em seu compromisso de compartilhar – algo tão valioso quanto sua soberania monetária nacional.

Há quase três décadas, o economista Norman Mintz escreveu:

> Tem sido com frequência declarado que as condições sob as quais se pode razoavelmente esperar que a integração monetária seja bem-sucedida são muito restritivas. Na verdade, essas condições parecem não mais restritivas que as condições para o estabelecimento de um mercado comum bem-sucedido. A principal, e talvez a única, condição real para sua instituição é o *desejo político* de se integrar por parte dos futuros membros. (Mintz, 1970, p.33, grifo nosso)

Em certo nível, essa conclusão pode parecer ingênua – embora seja outro exemplo da propensão do economista para comprimir todas as complexidades do processo político na simples noção de "desejo político". Mas Mintz mostra uma percepção profunda se entendermos que o "desejo político" se refere às motivações de um poder hegemônico local ou ao valor agregado a um esforço comum. De fato, estas *são* as principais condições necessárias para o sucesso dessas variantes no modelo vestfaliano.

Competição e hierarquia monetárias

> Você é um homem velho que pensa em termos de nações e povos. Não há nações, não há povos, não há russos, não há árabes, não há Terceiros Mundos, não há Ocidente. Há apenas um sistema holístico de sistemas, um vasto e imenso domínio interligado, interagente, multivariado e multinacional de dólares, petrodólares, eletrodólares, multidólares, marcos alemães, rublos, libras e sheqels. É o sistema monetário internacional que determina a totalidade da vida neste planeta. Essa é a ordem natural das coisas hoje. Essa é a estrutura atômica, subatômica e galáctica das coisas hoje.
>
> Jensen a Howard Beale no filme *Network*, 1976

Imagine o cenário: uma elegante sala de diretoria corporativa, um confuso âncora do noticiário da TV e o agitado presidente da rede proclamando em tom alto que a era da moeda territorial está acabada. No filme *Network*, cerca de duas décadas atrás, essas palavras significavam o mesmo que o delírio de um lunático. Hoje, no mundo real, o discurso de Arthur Jensen parece profético.

Evidentemente, a razão disso é a rápida aceleração da competição transnacional das moedas, que transformou a organização espacial das relações monetárias globais. Os domínios da moeda nacional são mais interpenetrados hoje do que em qualquer outra época desde o início da era da moeda territorial. Cada vez menos a paisagem imaginária do dinheiro é representada pelo mito ultrapassado de Uma Nação/Uma Moeda. Cada vez mais o modelo vestfaliano concentrado no Estado, com todas as suas diversas variações, é revelado pelo que ele é: um caso muito especial. Hoje em dia, a geografia monetária é mais bem entendida em termos funcionais do que físicos – espaços monetários que são mais baseados no fluxo do que ligados a um local. Podemos ainda não ter chegado ao "sistema holístico de sistemas" vislumbrado pelo personagem do cinema Jensen, tão reminiscente do mundo direcionado do mercado da moeda desnacionalizada defendido por Friedrich Hayek, detentor do prêmio Nobel. Mas o universo monetário com certeza se torna mais interligado e multinacional do que implicariam imagens estritamente territoriais.

As dimensões dessa nova "estrutura galáctica" podem ser medidas com precisão? A resposta, infelizmente, é não. Carecemos de dados abrangentes e consistentes sobre o uso da moeda global que precisamos para identificar plenamente o domínio preponderante de cada moeda individual. O modelo baseado no fluxo dos espaços monetários, incorporando com precisão os vínculos e também as redes transacionais, não é fácil de operacionalizar para propósitos empíricos. Entretanto, os indicadores parciais estão disponíveis em várias fontes publicadas e inéditas, e podemos proveitosamente empregá-los para estimar pelo menos as linhas gerais da nossa nova geografia "virtual". O objetivo deste capítulo é reunir uma grande amostra de estatísticas financeiras relevantes. O quadro que emerge desse levantamento é de intensa competição e também de distinta hierarquia entre as muitas moedas do mundo.

Uso transnacional

As moedas são empregadas fora do seu país de origem em uma de duas amplas maneiras – transações entre as fronteiras nacionais ou dentro de Estados estrangeiros. A primeira é em geral referida como um uso de moeda internacional (ou internacionalização da moeda); a segunda é tipicamente descrita como substituição monetária e será referida como uso estrangeiro-doméstico. Para uma economia de palavras podemos usar as abreviações IM e SM, respectivamente. A IM altera a paisagem imaginária do dinheiro acentuando o relacionamento hierárquico entre as moedas, expandindo os domínios autoritativos de algumas moedas populares bem além das jurisdições dos países que as emitem. A SM é uma invasão direta dos domínios territoriais tradicionais, diminuindo o uso e a influência de moedas menos populares. Os dois tipos de atividade transnacional minam nossas imagens padronizadas da geografia monetária, acentuando o valor de um modelo de geografia monetária mais baseado no fluxo do que centrado no Estado.

Tratamentos passados

Os especialistas em política monetária estão familiarizados tanto com a IM como com a SM, e com frequência as discutem na literatura econômica técnica,[1] mas tratam das implicações analíticas para a organização do espaço monetário muito infrequentemente, e é raro usarem outros termos além dos convencionais.

A internacionalização monetária pode ocorrer em dois níveis de operação: no âmbito privado, como um meio de troca (um "veículo") para o comércio internacional, como uma unidade de conta para o faturamento comercial e como uma reserva de valor para investimentos internacionais; e no âmbito oficial, como uma reserva e um meio de intervenção e como uma indexação para as taxas de câmbio.[2] O uso em cada nível pode afetar claramente os domínios preponderantes das moedas individuais, alterando as redes transacionais ou os relacionamentos de poder. Contudo, nas discussões padrão tais impactos tendem a receber pouca atenção sistemática. Considerando que as ramificações da geografia monetária não são de modo algum tratadas, elas são em geral apresentadas em termos de variações ortodoxas do modelo vestfaliano tradicional.

Tomemos, por exemplo, o papel que a IM pode desempenhar na subordinação da soberania monetária, que Jonathan Kirshner (1995, p.3) recentemente descreveu como "uma área de estudo negligenciada". É claro que esse papel apareceu nos estudos históricos e institucionais do padrão ouro do século XIX, assim como no sistema Bretton Woods após a Segunda Guerra Mundial.[3] Ele é considerado também em relatos mais contemporâneos das relações de dominância e dependência entre as moedas nacionais[4] e, não surpreendentemente, é também essencial ao próprio tratado detalhado de Kirshner sobre o poder monetário internacional. Entretanto, de todos os efeitos examinados, a maioria tende a estar limitada às relações entre os governos nominalmente soberanos – refletindo as normas analíticas da geografia política convencional.

Do mesmo modo, a IM é obviamente fundamental para estudos do papel de referência das moedas internacionais. Mas, como vimos no Capítulo 3,

---

1 Fontes úteis sobre a internacionalização da moeda incluem Krugman (1992) e Black (1990, 1993). Introduções gerais à substituição da moeda incluem Calvo; Vegh (1992, 1993, 1996), Marquez (1992), Brand (1993), Giovannini; Turtelboom (1994) e Mizen; Pentecost (1996).

2 Modestamente, posso reivindicar o crédito de ser o primeiro a introduzir essa tipologia analítica na literatura (Cohen, 1971a), como reconhecem, entre outros, Kenen (1983) e Krugman (1992).

3 Entre os melhores desses estudos estão Kindleberger (1973), Eichengreen (1990, cap. 11), Walter (1991) e Gallarotti (1995).

4 Entre os mais notáveis estão os de Strange (1971a, 1971b), Brown (1978, 1979) e Aliber (1987). Para um breve tratamento formal, ver Fratianni (1992).

os blocos monetários ostensivamente criados pelas indexações da taxa de câmbio continuam firmemente enraizados em uma imagem territorial baseada apenas nos Estados. Só muito recentemente as implicações da IM para o compartilhamento da soberania monetária começaram a receber um tratamento especializado sério (Thygesen et al., 1995).

As mesmas limitações estão também evidentes na literatura sobre a substituição da moeda. Duas variantes fundamentais da SM são em geral distinguidas. Uma delas é a intercambialidade mais ou menos simétrica do dinheiro ou dos ativos monetários característicos das relações financeiras entre os países industriais.[5] Nesse sentido, que abrange a atividade no mercado monetário do euro e também nos mercados financeiros nacionais, a SM compromete a territorialidade exclusiva das moedas, permitindo a substituição da moeda estrangeira pela doméstica como um veículo para a poupança, o empréstimo ou o investimento. A SM simétrica pode ser encarada como integrante do processo da diversificação do portfólio global e mais apropriadamente encarada como parte do fenômeno da internacionalização da moeda – o uso transnacional desta como uma reserva de valor. É isso que os economistas normalmente têm em mente quando falam de "mobilidade do capital". Os domínios preponderantes são reciprocamente estendidos.

A outra variante da SM, com frequência chamada de "dolarização", refere-se à situação assimétrica de muitos países em desenvolvimento e economias em transição, onde a demanda doméstica de uma moeda estrangeira desejável (por exemplo, o dólar norte-americano) não corresponde à demanda de uma contraparte do estrangeiro para a moeda doméstica.[6] Aqui, o domínio preponderante da moeda estrangeira efetivamente se estende para abranger grande parte da economia local, e aquele da moeda doméstica é correspondentemente eclipsado. Embora também tecnicamente uma forma de mobilidade do capital, essa SM é mais bem descrita como "fuga de capital". Ela não é apenas a preferência monetária não

---

5 A rigor, essa formulação, abrangendo tanto os substitutos monetários como os componentes básicos do suprimento de dinheiro (moedas, cédulas e depósitos à vista de livre movimentação), define uma SM "ampla" e "indireta", o que nos modelos formais é em geral distinguido de uma SM "estreita" ou "direta", referindo-se apenas à permutabilidade da moeda básica (Copeland, 1994, cap.9; Giovannini; Turtelboom, 1994). A distinção se deve a McKinnon (1985) e recentemente foi revisitada (McKinnon, 1996). Para os nossos propósitos, a definição ampla parece ser mais apropriada.

6 Embora a maioria das fontes trate a SM e a dolarização como termos sinônimos, alguns analistas têm insistido em uma distinção entre as duas. Calvo e Vegh (1992; 1996), por exemplo, definem a dolarização como o termo mais amplo, abrangendo todas as três funções do dinheiro, e limitam a SM apenas ao papel de meio de troca. Para eles, "a substituição da moeda é normalmente a última etapa do processo de dolarização" (1992, p.4). Mas essa abordagem é contestada por outros, como os levantamentos têm apontado (Brand, 1993, p.2; Giovannini; Turtelboom, 1994, p.390-2). Nossa discussão segue a prática mais comum de tratar os dois termos como essencialmente equivalentes.

recíproca. É também com frequência (embora não sempre) difícil de reverter, sujeita ao que os especialistas chamam de forte histerese ou efeitos catraca.[7] Uma vez que as pessoas desenvolvem um gosto por uma moeda estrangeira atraente, não é fácil convencê-las a desistir dela.[8]

A primeira variante da SM, já amplamente discutida pelos teóricos monetários,[9] foi formalmente relacionada à organização espacial das relações monetárias quase exclusivamente no contexto da União Europeia (UE), como parte de debates contínuos sobre a UEM. Desde o início a principal questão era a extensão em que a substituição da moeda, amplamente vista como contribuindo para a volatilidade da taxa de câmbio na Europa, poderia constituir um incentivo decisivo para a unificação monetária formal.[10] Mais tarde a questão foi radicalmente distorcida pelos defensores da moeda menos politizada, liderados por Friedrich Hayek. Várias fontes argumentavam que era mais fácil uma moeda comum ser atingida mediante uma competição direta das moedas no mercado[11] do que por um decreto do governo – a estratégia de Maastricht. Até agora, no entanto, só foram feitas algumas tentativas grosseiras para analisar sistematicamente os efeitos dessa variante da SM sobre uma aliança monetária. Os resultados são inconclusivos.[12] De resto, sua possível relevância para o compartilhamento da soberania monetária só é mencionada, se é que o é, de passagem.

A SM no segundo sentido, que pode ser para algum ou todos os propósitos monetários usuais, que eu saiba nunca foi explicitamente relacionada à organização espacial das relações monetárias.

---

7 Ver, por exemplo, Guidotti; Rodriguez (1992), Sturzenegger (1992), Guidotti (1993), Peiers; Wrase (1995), Uribe (1995) e Savastano (1996). Mas ver também Sahay; Vegh (1995, 1996) e Mutch (1995) para evidências de que o processo nem sempre é irreversível, particularmente onde a SM não persistiu por muito tempo. Voltarei a esse ponto mais adiante. Insistindo nesse ponto, Mueller (1994) propôs usar a reversibilidade em vez de, como fazem Calvo e Vegh (1992, 1996), as funções monetárias para distinguir entre a SM e a dolarização. A SM existe, sugere, quando o processo de substituição é reversível, e a dolarização quando ele não o é (ou é reversível apenas em um grau limitado). Mas essa distinção também não foi entendida na literatura, principalmente porque na verdade não há como saber se o processo é ou não reversível até que o fato aconteça.

8 As razões para a histerese frequentemente observadas no processo da substituição da moeda são exploradas em mais profundidade no Capítulo 7.

9 Para levantamentos recentes, ver Marquez (1992), Copeland (1994, cap.9), Giovannini; Turtelboom (1994) e Mizen; Pentecost (1996). As fontes clássicas incluem Calvo; Rodriguez (1977), Boyer (1978a), Miles (1978a, 1978b), Girton; Roper (1981), Kareken; Wallace (1981), Cuddington (1983) e Calvo (1985).

10 Ver, por exemplo, Girton; Rober (1980) e Melvin (1985).

11 Exemplos proeminentes incluem Fratianni; Peteers (1978), Vaubel (1978, 1990), Salin (1984), British Treasury (1989) e Streissler (1992).

12 Ver, por exemplo, Woodford (1991), P. Weil (1991), Canzoneri; Diba (1992), Canzoneri et al. (1993), De Grauwe (1994, cap.6) e Daniels; Van Hoose (1996).

Motivações

Os dois casos de uso da moeda transnacional, internacional e estrangeira-doméstica, emergem de um processo amplo e intenso de competição no mercado. Cada um reflete o mesmo condicionamento à demanda, a luta darwiniana que caracterizou a prática global durante a maior parte da história do dinheiro antes do século XIX.[13] Nem um nem outro é absolutamente irracional como uma forma de comportamento. Ao contrário, cada um pode ser encarado como uma reação bastante natural às estruturas e aos incentivos prevalentes no mercado.

Do ponto de vista analítico, as motivações para cada tipo são facilmente apreciadas. A internacionalização (incluindo a variante simétrica da SM)[14] deriva das economias de escala, ou dos custos reduzidos das transações, a serem conseguidas com a concentração das atividades transnacionais em apenas uma ou no máximo poucas moedas com amplas redes transacionais – as externalidades de rede enfatizadas no Capítulo 1. Fazer negócio em cada país em uma moeda separada é análogo ao escambo e claramente ineficiente. Assim como o câmbio monetário, mais que o escambo, reduz as despesas associadas à busca e à barganha dentro de uma economia nacional isolada, os custos das transações entre os Estados são diminuídos usando-se apenas uma ou poucas moedas em vez de muitas. Nas palavras de uma discussão recente, "a necessidade de 'dupla coincidência dos desejos' em um mercado cambial descentralizado pode ser superada pelo uso de câmbio indireto, mediante um meio de troca amplamente aceito em vez do câmbio direto das moedas" (Hartmann, 1994, p.1).[15] Quanto maior o volume das transações que podem ser feitas via uma única moeda veicular, menores os custos de coleta de informações e da conversão de uma moeda para outra.

Na verdade, as vantagens da internacionalização são realmente muito parecidas com os benefícios econômicos requeridos para uma aliança monetária formal entre os países, como está mostrado no Capítulo 4. Como a unificação monetária, a IM melhora a utilidade do dinheiro em cada uma de suas principais funções. Um papel veicular aumenta o valor

---

13 Em outras palavras, o processo poderia ser descrito não como darwiniano, mas como a Lei de Gresham ao inverso, em que o dinheiro ("bom") mais atrativo repele o dinheiro ("mau") menos atrativo. Ver, por exemplo, Streissler (1992), Guidotti; Rodriguez (1992) e Sturzenegger (1994). O inverso da Lei de Gresham em condições de inflação alta foi rotulado por Bernholz (1989) como Lei de Thiers, em homenagem ao historiador francês do século XIX, Louis Thiers, que observou o padrão na época da Revolução Francesa.

14 A partir daí, a IM é definida para incluir a variante simétrica da SM. O termo SM refere-se apenas à variante assimétrica, a menos que especificado de outro modo.

15 A percepção fundamental sobre as economias de custo subjacentes à IM é em geral atribuída a Swoboda (1968, 1969) e constituiu a base de muitos modelos formais, incluindo os de Chrystal (1977, 1984), Krugman (1980, 1992) e Black (1991).

de uma moeda, tanto como um meio comercial de troca como enquanto uma unidade de conta para o faturamento; e esses efeitos, por sua vez, ampliam seu atrativo como uma reserva de valor, facilitando a acumulação de riqueza em ativos com um poder de compra mais universal. No mínimo, ela irá pagar os negociantes para conter alguns saldos de tesouraria em uma moeda internacional popular. Dependendo das variações das taxas de juros e das expectativas das taxas de câmbio transnacionais, com frequência lhes será compensador usá-la também para propósitos de investimentos de longo prazo. E, é claro, uma vez que uma moeda passa a ser amplamente usada no âmbito privado, maior a probabilidade de ser empregada também no âmbito oficial, como um meio de reserva e intervenção. Os governos também podem se beneficiar das economias de escala oferecidas por uma ampla rede transacional.[16]

A motivação típica para a SM assimétrica é um nível de inflação alto e acelerado, que reduz o poder de compra de uma moeda tanto no âmbito doméstico como, mediante a depreciação do câmbio, para as transações internacionais. Consequentemente, os residentes têm um incentivo para recorrer a alguma moeda estrangeira mais estável como uma reserva de valor preferida – um impedimento para a inflação corroer suas poupanças – e talvez até mesmo como uma unidade de conta e um meio de troca. Na verdade, a moeda estrangeira torna-se o refúgio financeiro do público, uma defesa conveniente contra o abuso do privilégio da senhoriagem por parte do governo. Como explicou uma fonte, usando uma metáfora médica,

> Poucas moedas nacionais sobrevivem ao poder de destruição da inflação elevada. Como uma doença incapacitante que não deixa nenhuma parte do organismo intocada, a inflação elevada impede severamente a capacidade de uma moeda de realizar suas funções básicas [...] [Mas] diferentemente de um organismo que é único e não pode ser substituído, os substitutos para uma moeda doente são fáceis de encontrar [...] Por isso, não surpreende que o público recorra a uma moeda estrangeira em sua busca por uma moeda saudável. (Calvo; Vegh, 1993, p.34)

Quem não optaria pela vacina contra uma doença incapacitante se a cura fosse tão fácil de conseguir?

---

16 Extrapolando a partir deste ponto, Eichengreen usa a mesma preocupação com relação às economias de escala, pois elas influenciam as tomadas de decisão do governo para explicar a evolução mais ampla do sistema monetário internacional desde o século XIX. "O sistema monetário internacional que um país preferir", declara, "será influenciado pelos sistemas de outros países [...] [pela] externalidade de rede característica dos sistemas monetários internacionais" (Eichengreen, 1996a, p.6).

Escolhas

Que moedas têm probabilidade de prevalecer na luta darwiniana? As principais qualidades requeridas para o sucesso competitivo são familiares aos especialistas e dificilmente controvertidas.[17] A demanda é moldada por três atributos essenciais.

Em primeiro lugar, pelo menos durante os estágios iniciais do uso transnacional de uma moeda, a confiança disseminada no valor futuro de uma moeda é apoiada pela estabilidade política no país de origem. O historiador Carlo Cipolla, em sua discussão inicial dos "dólares da Idade Média" (Cipolla, 1967, cap.2), dá uma ênfase particular ao "alto valor unitário e intrínseca estabilidade" como condições essenciais para a emergência de uma moeda internacional dominante. Mais recentemente, economistas como George Tavlas (1996b) chamaram a atenção para isso ao enfatizar a importância de um histórico comprovado de inflação relativamente baixa e de variabilidade reduzida. Índices de inflação altos e flutuantes aumentam o custo da obtenção de informações e o desempenho dos cálculos de preço. Nenhuma moeda será voluntariamente adotada para propósitos transnacionais se o seu poder de compra não puder ser previsto com alguma garantia.

Em segundo lugar estão duas qualidades a que já me referi em outros escritos como "conveniência cambial" e "certeza do capital" (Cohen, 1971a) – um alto grau de liquidez transacional e uma razoável previsibilidade do valor patrimonial. A chave para ambos é um conjunto de mercados financeiros bem desenvolvidos, suficientemente abertos para garantir o pleno acesso a não residentes. Os mercados não devem ser sobrecarregados por transações de alto custo ou por barreiras formais ou informais à entrada. Devem também ser amplos, com um grande sortimento de instrumentos disponíveis para formas de investimento temporárias ou de mais longo prazo. E devem ser profundos e resilientes, com mercados secundários em plena operação para a maior parte, se não para todos os processos financeiros.

Finalmente, e mais importante que tudo, a moeda deve prometer uma ampla rede transacional, pois nada aumenta mais a aceitabilidade de uma moeda do que a perspectiva de aceitação por parte dos outros. Historicamente, esse fator tem em geral significado uma economia que é grande em tamanho absoluto e bem integrada nos mercados mundiais. Uma economia grande cria uma clientela naturalmente ampla para uma moeda; as economias de escala ficam ainda mais avançadas se o país emissor for também um importante protagonista no comércio mundial. Como

---

17 As fontes principais incluem Cohen (1971a), Bergsten (1975), Tavlas (1991, 1996b), Krugman (1992), Frankel (1995a, 1995b), e Eichengreen; Frankel (1996). Para referências adicionais, ver Frenkel; Goldstein (1997, p.2-3).

sugeriu Jeffrey Frankel, "a moeda de um país que tem uma grande parcela de produtividade, comércio e finanças internacionais tem uma vantagem natural" (1995a, p.4). Nenhuma moeda jamais se elevou a uma posição de preeminência internacional se não foi inicialmente apoiada por uma importante economia nacional. Quanto maior o volume das transações conduzidas dentro ou com um país, maior o potencial das externalidades de rede a serem derivadas do uso do seu dinheiro.

Entretanto, como demonstra amplamente a história, nenhum desses atributos é uma constante. Na verdade, é bem o contrário. Cada uma das atrações de uma moeda está sujeita à erosão com o tempo, particularmente se o governo emissor abusa imprudentemente do seu privilégio monetário.[18] Por isso a forma de demanda, que determina o resultado do processo competitivo, também tem uma probabilidade de mudar substancialmente de um período para o próximo. As palavras de Shakespeare são tão apropriadas para o dinheiro como para os monarcas: "Inquieta a cabeça daquele que usa a coroa". Nenhuma moeda jamais desfrutou de uma dominância permanente quer para o uso internacional ou externo e interno.

Evidências empíricas

Os dados disponíveis, como indiquei, são insuficientes para documentar amplamente cada tipo de uso transnacional de uma moeda. Mas estatísticas suficientes podem ser mobilizadas para proporcionar pelo menos ordens de magnitude aproximadas para ambos. Considerados juntos, esses diversos indicadores – por mais irregulares ou incompletos que possam ser – oferecem um mapa composto da geografia do dinheiro baseada no fluxo, que varia notavelmente das imagens convencionais das moedas estritamente territoriais.

Internacionalização da moeda

O fenômeno da internacionalização da moeda é muito mais bem documentado do que aquele da substituição da moeda. Dados regularmente

---

18 Exatamente por essa razão, o economista Roohi Prem (1997) recentemente argumentou que as qualidades padronizadas citadas na literatura, todas as quais são baseadas no desempenho passado, não podem ser totalmente suficientes para prever a atratividade futura de uma moeda. Além disso, ele declara ser necessário considerar os fatores que irão encorajar o governo emissor a preservar a competitividade geral da sua moeda – "características [que] incorporam informações sobre até que ponto o emissor está comprometido contra a imprudência" (1997, p.7), do mesmo modo que um banco central independente. Esses fatores são descritos como "determinantes da imposição" do papel internacional de uma moeda.

publicados estão disponíveis nas principais instituições financeiras multilaterais, incluindo especialmente o Fundo Monetário Internacional e o Banco de Compensações Internacionais (Bank for International Settlements – BIS), e esboçam em muitos detalhes a composição monetária das reservas do banco central (tabelas 5.1 e 5.2) e também um número considerável de reivindicações nos mercados financeiros mundiais (Tabela 5.3). Essas fontes apresentam uma indicação razoavelmente satisfatória do uso das reservas de valor de várias moedas, tanto no âmbito oficial como no privado das transações internacionais. Muito mais dados dispersos podem também ser encontrados para a denominação monetária de fluxos comerciais de mercadorias (tabelas 5.4 a 5.9) e do volume bruto de negócios no mercado cambial global (Tabela 5.10) para oferecer alguma medida da extensão do uso privado para propósitos de unidade de ação e moeda de troca. As estatísticas de faturamento comercial podem ser encaradas como indicativas do uso da moeda para propósitos comerciais de "varejo"; as estatísticas do mercado cambial, para as atividades no "atacado". E enquanto normalmente os bancos centrais mantêm segredo dos dados sobre suas próprias operações,[19] informações suficientes sobre a distribuição de moeda das compras e vendas de reserva foram liberadas recentemente (Tabela 5.11) para dar uma pista sobre o uso das moedas nacionais também como meios de intervenção oficial.

Em geral, duas mensagens se destacam nas estatísticas disponíveis. Primeiro, a enorme magnitude do uso da moeda internacional, que continua a crescer em um ritmo fenomenal. O sinal mais claro é enviado pelo mercado cambial, como está mostrado na Tabela 5.10, onde a circulação média diária acelerou de 620 bilhões de dólares em 1989 (o primeiro ano para o qual os dados estão disponíveis) para quase 1,3 trilhão de dólares seis anos mais tarde – uma taxa de aumento de quase 30% ao ano. Uma história paralela está evidente na Tabela 5.3, que registra mudanças nos holdings transnacionais dos ativos financeiros privados. Em outro trabalho (Cohen, 1986) descrevi os primeiros anos do mercado do euro como o Incrível Quarto de Século: um período durante o qual os empréstimos dos bancos estrangeiros aumentaram de menos de 1 bilhão de dólares no final da década de 1950 para algo próximo de 1,3 trilhão de dólares no início da década de 1980. A Tabela 5.3 mostra que o período a partir daí também foi incrível, pois o conjunto agregado de reivindicações internacionais – o que Thygesen et al. (1995) chamam de "riqueza financeira global", definido como incluindo emissões de bônus e depósitos em moeda estrangeira, assim como empréstimos bancários – continuou a aumentar exponencialmente de menos de 1 trilhão de dólares antes de 1985 para mais de 4,5 trilhões uma década

---

19 Para alguma discussão, ver Dominguez; Frankel (1993, cap.5).

mais tarde. A Tabela 5.1 mostra que as reservas monetárias oficiais também mais que duplicaram durante o mesmo período de dez anos.

A segunda mensagem é que a IM, embora substancial em magnitude, é extremamente concentrada. Apenas uma quantidade pequena de moedas é responsável pelo grande volume de uso tanto no âmbito privado como no oficial. O dólar norte-americano, embora um pouco desvalorizado, ainda é dominante nas reservas e intervenções do banco central, nos créditos bancários comerciais e nas emissões de obrigações, e pela atividade substancial do mercado cambial. Competindo à distância pelo segundo lugar está o marco alemão, especialmente importante nas reservas oficiais e nos mercados cambiais; e em terceiro está o iene japonês, notável principalmente nos depósitos bancários e nas ações e obrigações estrangeiras. Juntos, o dólar, o marco e o iene são as Três Grandes das moedas internacionais. As únicas outras moedas dignas de menção são a libra esterlina e os francos francês e suíço, e além delas o florim holandês, o franco belga, a lira italiana e o dólar canadense.

A preeminência do dólar é particularmente evidente no âmbito oficial, onde ele permanece o claro favorito da maior parte dos governos para todos os usos monetários. Certamente, essa parece ser a implicação das tendências recentes nas holdings de reserva oficial, como está mostrado nas tabelas 5.1 e 5.2. Após declinar gradualmente na década de 1970, em seguida ao colapso do sistema de valor nominal de Bretton Woods, a cota de moeda norte-americana das reservas cambiais se estabilizou durante toda a década de 1980 e até aumentou modestamente a partir daí. Reconhecidamente, alguma parte desse desempenho tem sido um reflexo de fraqueza, não de força, pois os bancos centrais da Europa e do Japão buscaram, mediante as aquisições de dólares, evitar que a moeda norte-americana tivesse seu valor depreciado em relação às suas próprias moedas. Mas grande parte disso sem dúvida é um testemunho eloquente da utilidade duradoura do dólar como uma reserva de valor e meio de intervenção.

Na verdade, as tabelas 5.1 e 5.2 no mínimo atenuam sistematicamente o poder de permanência do dólar por duas razões. Em primeiro lugar está a inclusão separada na Tabela 5.1 da Unidade Monetária Europeia, ainda que as ECUs realmente não sejam mais do que dólares com outro nome. Tecnicamente uma unidade de reserva composta, a ECU foi criada por membros do Sistema Monetário Europeu mediante um conjunto complexo de operações de swaps (*revolving swaps*) destinado a concentrar uma proporção de suas consideráveis holdings de dólar. Na verdade, as ECUs são simplesmente o rótulo aplicado a cada reivindicação do banco central sobre a concentração de dólares e podem muito bem ser incluídas no total global das reservas de dólar, como estão na coluna final da Tabela 5.1 e em toda a Tabela 5.2. Em segundo lugar está o fato de que, durante o período coberto pelas duas tabelas, os dois principais rivais do dólar, o marco e o iene, foram muito valorizados em relação à moeda norte-americana – em termos nominais, entre 1980 e 1995, em 27 e 141%, respectivamente. Sem esses efeitos de valorização, que inclina os dados para um enfraquecimento da moeda, a cota do dólar pareceria ainda maior.

Significativamente, a maior queda no papel de reserva do dólar teve lugar na Europa – um concomitante natural da emergência do bloco do marco desde a experiência da serpente iniciada no início da década de 1970. Entretanto, mesmo nos países da UE o dólar supera a moeda alemã em uma proporção de 3:1. Em outros lugares a moeda norte-americana continua sendo a preferência esmagadora da maioria dos bancos centrais, na América Latina e mesmo na Ásia, confirmando as impressões obtidas dos estudos das moedas de referência citadas no Capítulo 3. Embora o número de moedas formalmente indexadas ao dólar tenha sido reduzido em mais da metade desde 1979 (como vimos na Tabela 3.3), os vínculos informais com a moeda norte-americana obviamente sobrevivem. Como sugeri anteriormente, a influência do marco alemão nesse nível ainda está confinada sobretudo à região europeia.

Esse padrão diferencial também está indicado pelos dados limitados sobre as intervenções cambiais pelos membros do SME reproduzidos na Tabela 5.11, que mostra uma mudança dramática dos dólares para o marco alemão desde o início da experiência da serpente. O iene continua sendo uma distante terceira moeda entre os usuários oficiais, mesmo na Ásia. Sua cota considerável nas intervenções cambiais nos Estados Unidos reflete mais o caráter especial do relacionamento comercial bilateral entre japoneses e norte-americanos do que qualquer papel internacional mais amplo.

Também no âmbito privado o dólar é a mais importante de todas as moedas, apesar da competição intensificada. No mercado cambial global, como mostra a Tabela 5.10, o uso do dólar nos últimos anos diminuiu um pouco a partir de 1989, mas ainda é mais que o dobro da taxa correspondente para o marco e o triplo daquela do iene.[20] Em 1995, a moeda norte-americana estava envolvida de um lado ou de outro em mais de 80% de todas as transações. A cota do marco aumentou substancialmente durante o mesmo período, confirmando mais uma vez seu papel central nos negócios monetários europeus. Mas o uso do iene nesse meio-tempo na verdade declinou marginalmente, assim como a atividade em libras e em francos suíços. O dólar ainda é visivelmente o veículo preferido para as negociações monetárias no atacado. Do mesmo modo, nos mercados financeiros globais (Tabela 5.3), seu papel caiu um pouco em relação aos

---

20 O número de países que divulgaram informações incluídas na Tabela 5.10 é realmente muito pequeno – 21 em 1989 e 26 nos anos subsequentes. No entanto, esses países representam a grande maioria das transações nos mercados cambiais no mercado global atual.

anos anteriores, especialmente para os bônus internacionais, mas ainda é maior por uma margem considerável que aquele de qualquer outra moeda isolada. Aqui também o marco e o iene parecem firmemente plantados no segundo e terceiro lugares.

A única exceção real está na área do faturamento comercial, na qual tende a prevalecer um padrão de uso perceptivelmente menos assimétrico. O trabalho empírico pioneiro do economista sueco Sven Grassman (1973a, 1973b, 1976) estabeleceu que o veículo preferido para o comércio entre os países industriais, particularmente envolvendo manufaturas, tende a ser a própria moeda do exportador, independentemente da importância (ou não importância) da moeda nacional para outros propósitos internacionais.[21] Nos termos de Ronald McKinnon, a moeda doméstica é o "habitat monetário preferido" (1979). Esse padrão tem sido rotulado de várias maneiras, como teorema de simetria, Lei de Grassman e Regra de Grassman. Uma preferência perceptível pela moeda doméstica tem persistido há longo tempo tanto nos Estados Unidos como na Europa, e em um grau limitado tem se tornado prevalente no Japão, que no início do período pós-Segunda Guerra Mundial utilizou principalmente o dólar para seu comércio internacional.[22] Desde 1970 o papel excepcional da moeda norte-americana no faturamento das exportações japonesas foi reduzido quase à metade, embora o dólar ainda continue mais popular do que o iene do Japão. A Regra de Grassman está claramente evidente tanto na amostra maior dos países industriais mostrada nas tabelas 5.4 e 5.5 como nos dados mais detalhados disponíveis para os Três Grandes e a França mostrados nas tabelas 5.6 a 5.9.

Mas, mesmo para esse propósito, algumas moedas são claramente mais proeminentes do que outras. No comércio bilateral entre as economias desenvolvidas e em desenvolvimento, por exemplo, as moedas dos países

---

21 Uma preferência geral pelo faturamento das exportações em moeda nacional foi subsequentemente confirmada como uma regularidade empírica por muitos outros estudos, incluindo Page (1977, 1981), Carse et al. (1980), Magee; Rao (1980), San Paolo Bank of Turin (1990), S. Black (1990, 1993), Thygesen et al. (1995) e Tavlas (1996b). Modelos analíticos para explicar a escolha entre o faturamento em moeda nacional e estrangeira foram desenvolvidos por, entre outros, Magee; Rao (1980), Rao; Magee (1980), Bilson (1983), Donnenfeld; Zilcha (1991) e Ahtiala; Orgler (1995). A principal vantagem do faturamento na moeda nacional é evitar o risco da taxa de câmbio divulgada. A principal vantagem de faturar na moeda do comprador estrangeiro é a possibilidade de minimizar as flutuações da demanda que poderiam ser causadas pelas oscilações da taxa de câmbio.

22 As razões para a clara preferência do Japão pelo dólar norte-americano, que há muito se tornou única entre os países industriais, são discutidas por Ito (1993, 1994), Taguchi (1994) e Ostrom (1995). A maioria das fontes concorda que a principal explicação deve ser encontrada na estratégia de "preços do mercado" tipicamente seguida pelos exportadores japoneses, muitos dos quais ainda estão dispostos a suportar certa quantidade de risco cambial para manter níveis de produção mais estáveis e preservar as participações do mercado estrangeiro.

industriais predominam, seja qual for a identidade nacional do exportador. Mesmo dentro do mundo industrial, a importância da moeda doméstica no faturamento das exportações tende a variar muito em relação ao peso relativo do país emissor no comércio global: quanto menor o país (por exemplo, Bélgica, Finlândia), menor a cota de exportações denominadas na moeda local. E na vasta área do comércio de produtos primários – incluindo em especial o petróleo – o dólar continua claramente o veículo de escolha.

Levando em conta todos esses fatos, Thygesen et al. (1995) calculam que, apesar da Regra de Grassman, o dólar realmente é responsável por quase metade de todo o comércio mundial – mais que o dobro da cota de exportações mundiais dos Estados Unidos.[23] A cota do marco é de 15%, todos virtualmente responsáveis por exportações ou importações alemãs. A do iene, de 5%, é na verdade mais baixa que a da libra ou do franco francês (6% cada). Assim, a escolha das moedas para propósitos de varejo pode ser menos assimétrica do que no mercado cambial de atacado ou nos mercados financeiros globais, mas o uso internacional ainda continua extremamente concentrado em apenas um punhado de moedas importantes.

Substituição da moeda

Um padrão complementar de assimetria emerge dos dados disponíveis sobre a substituição da moeda. Embora não esteja tão bem documentado quanto a internacionalização da moeda, o fenômeno do uso estrangeiro e doméstico é claramente substancial em magnitude e crescimento, mas bastante concentrado em termos de números. Somente as moedas mais familiares e confiáveis circulam amplamente fora do seu país de origem, a menos que esteja envolvido o privilégio do status de moeda corrente. Como implica o popular sinônimo da "dolarização", os exemplos mais frequentes da SM envolvem o dólar, apesar do uso também significativo do marco alemão e do iene, e até ocasionalmente de outras moedas menos importantes.[24] Por outro lado, a SM ocorre em uma série muito ampla de países, abrangendo muitas das economias do mundo em desenvolvimento,

---

23 O cálculo (47,6%) é para 1992, abaixo de uma estimativa de 56,1% em 1980. No entanto, praticamente todo o declínio a partir de 1980 se deveu à importância relativa decrescente do petróleo. No comércio sem a inclusão do petróleo, a participação do dólar permaneceu virtualmente inalterada. Ver também Blinder (1996).

24 Os exemplos incluem o dólar de Hong Kong nas províncias costeiras da China (Yamazawa et al., 1992, n.8; Gardner, 1993; Lo, 1996), o dólar de Cingapura no sudeste da Ásia, a rúpia indiana no Butão e no Nepal, e até mesmo durante algum tempo o dracma grego na Albânia (Economist, 1993b). Mas estes são obviamente casos especiais, que se originam de circunstâncias locais específicas em comparação com os bem mais populares Três Grandes. As moedas que por razões históricas circulam fora do seu país de origem, como está descrito no Capítulo 3, por causa de uma concessão de status de moeda corrente (o rand no sul da África,

particularmente na América Latina e no Oriente Médio, além do antigo bloco soviético. A amostra de moedas populares cujo alcance vai além de suas fronteiras nacionais pode ser pequena, mas o universo cujos domínios territoriais são correspondentemente penetrados com certeza não o é.

A substituição da moeda assume duas formas principais: movimentos físicos de dinheiro vivo e denominação de depósitos bancários. Das duas, sabe-se muito menos sobre a primeira em razão das dificuldades óbvias envolvidas no rastreamento da posse das cédulas e moedas circulantes.[25] Na verdade, apenas alguns governos tentam manter registros diretos dos fluxos de caixa transnacionais. Aparte alguns registros incidentais, os únicos dados sistemáticos disponíveis consistem em algumas estimativas imaginativas – na verdade, suposições – para o dólar e o marco alemão, e algumas sugestões tentadoras por parte do Banco do Japão em relação ao iene.

Com relação ao dólar, fontes alternativas sugerem que algo entre um terço e mais de quatro quintos do estoque de cédulas bancárias norte-americanas circula atualmente no estrangeiro.[26] Mais confiável é um estudo de autoria de dois economistas do Federal Reserve (Porter; Judson, 1996), comparando não menos que dez técnicas de estimativas alternativas, que colocam o dado entre 55% e 70% do total, equivalente a talvez 250 bilhões de dólares em 1995. O mesmo estudo também avalia que até três quartos do aumento anual dos títulos do Federal Reserve Bank nos últimos anos foram diretamente para o estrangeiro, até menos da metade na década de 1980 e menos de um terço na década de 1970. O desejo pelo papel-moeda norte-americano é obviamente crescente.[27]

A circulação do dólar no estrangeiro está incrivelmente disseminada, como qualquer turista norte-americano pode atestar. Segundo declarou em 1995 um subsecretário adjunto do Tesouro norte-americano, "as cédulas de dólar estão em demanda na América do Sul, América Central, Ásia, Oriente Médio, Leste Europeu, Rússia e África" (Mutch, 1995, p.10). Os

---

a rúpia no Nepal, o rublo na Bielorrússia e no Tadjiquistão), devem também ser consideradas casos especiais.

25 Para uma útil instrução nas difíceis técnicas de medição da "cocirculação" das moedas, ver Krueger; Ha (1996).

26 Ver, por exemplo, Stekler (1991), Porter (1993), Sprenkle (1993), Feige (1994, 1996) e Porter; Judson (1996).

27 A circulação crescente da moeda estrangeira também significou um problema de falsificação, em razão da maior dificuldade de cumprir a lei norte-americana fora dos Estados Unidos. Particularmente preocupante nos últimos anos foi a chamada Supernote ou Superbill – cédulas de 100 dólares do Federal Reserve, originárias de algum lugar no Oriente Médio, que foram tão perfeitamente falsificadas que nem mesmo os especialistas conseguiam discerni-las das cédulas reais. A ameaça da Supernote foi diretamente responsável por um desenho totalmente novo de todas as moedas dos Estados Unidos, começando pela nota de 100 dólares, iniciado em 1966 (Drew; Engelberg, 1996).

"dólares globais", como os chama a *Business Week* (1993).[28] Segundo sugere outro estudo do Federal Reserve, somente na Argentina a soma de dólares no final de 1992 poderia ter sido de 26 bilhões, igual a mais ou menos 11% do produto nacional bruto argentino (Kamin; Ericsson, 1993). Outras estimativas de dentro do governo norte-americano, baseadas em um trabalho de campo realizado em 1995, colocam a circulação do dólar em cerca de 20 bilhões na Rússia, 15 bilhões na Índia e no Paquistão, 15 bilhões em vários países do Golfo e 5 bilhões na Turquia.

Tal circulação não é necessariamente permanente. Em certos países, como Israel e algumas das economias de transição, onde a dolarização não persistiu por muito tempo, o processo tem sido em grande parte revertido pelos eficientes programas de estabilização doméstica. A histerese, ao que parece, necessita de tempo para ter efeito. Entretanto, mais frequentemente do que não, tende a ter um forte efeito catraca, em particular onde os incentivos não são rapidamente recuperados por medidas políticas locais. Em muitos casos o dólar norte-americano não apenas continua popular, mas realmente passou a dominar o estoque de cédulas circulante. Na verdade, em alguns países latino-americanos, como Bolívia e Uruguai, consta que a proporção de cédulas de dólares em relação à moeda local é de até três ou quatro para um (Calvo; Vegh, 1993).

Usando uma abordagem comparativa similar à do Federal Reserve, o Bundesbank estimou que a circulação do marco fora da Alemanha é de cerca de 30% a 40% do total, equivalente a cerca de 65-90 bilhões de marcos (45-65 bilhões de dólares) no final de 1994 (Deutsche Bundesbank, 1995; Seitz, 1995, 1997). Consistente com o papel regional do marco alemão, mais limitado que o quase universal alcance do dólar, a maior parte dessa circulação parece estar concentrada nos países vizinhos, no centro-leste europeu e nos Bálcãs. Mas onde quer que a moeda alemã seja usada, a demanda parece ser pelo menos tão intensa quanto aquela pelo dólar em outros lugares. Um exemplo importante é fornecido pela Sérvia, onde, segundo relata *The Economist* (1996a), "o marco alemão tornou-se a moeda semioficial". Na Bósnia-Herzegovina, o marco é formalmente aceito para uso privado como moeda paralela e circula amplamente junto com o dinar bósnio (Mutch, 1995; Seitz, 1997).

O Banco do Japão recentemente tomou conhecimento do uso expandido das cédulas de iene nos países vizinhos, sobretudo no sudeste da Ásia e no extremo oriente russo (Bank of Japan, 1994). Grande parte desse aumento está relacionada ao gasto generoso dos turistas japoneses, que com frequência encontram a possibilidade de pagar por produtos e serviços

---

28 Os apelidos locais são também populares entre as fontes jornalísticas, como o castrodólar em Cuba (Economist, 1993a) ou o Ding Dong Dólar no Vietnã (Far Eastern Economic Review, 1995).

locais em ienes. Um indicador indireto é proporcionado por dados sobre a repatriação das cédulas de iene via bancos estrangeiros, o que aumentou da quantia irrisória de 1,6 bilhão de ienes em 1980 para mais de 1 trilhão de ienes (quase 10 bilhões de dólares) por ano na década de 1990.[29] O Banco comenta: "Espera-se que a quantidade de cédulas do Banco do Japão que circulam no exterior continue a aumentar, embora em uma escala menor comparada àquela das cédulas do dólar norte-americano" (Bank of Japan, 1994, p.117). Privadamente, consta que as autoridades do Banco acreditam que, do estoque total das cédulas japonesas, cerca de 370 bilhões de dólares no final de 1993, até 10% delas podem agora ser localizadas fora do Japão (Hale, 1995, p.164).

Combinando essas diversas estimativas, obtemos uma circulação mínima das Três Grandes moedas no estrangeiro de pelo menos 300 bilhões de dólares – de modo algum uma soma desprezível e, a julgar pelas evidências disponíveis, em rápido crescimento.[30] As evidências também validam a impressão de que uma série muito ampla de países é afetada, ainda que os números precisos envolvidos continuem um mistério. Segundo uma fonte confiável, as cédulas de moedas estrangeiras somam cerca de 20% ou mais do estoque de dinheiro em até 36 nações que totalizam pelo menos um terço da população mundial (Krueger; Ha, 1996, p.60-1). A mesma fonte também sugere que, no total, de um quarto a um terço do dinheiro circulante no mundo está atualmente localizado fora do seu país emissor (1996, p.76, n.12).

Por causa da escassez de dados confiáveis sobre os movimentos de dinheiro físico, a maioria dos especialistas se concentra nos depósitos bancários denominados em moeda estrangeira, para os quais mais informações estão publicamente disponíveis (Dodsworth et al., 1987; Agenor; Khan, 1992). Algumas economias em desenvolvimento e em transição têm permitido contas em moeda estrangeira – mais frequentemente depósitos a prazo remunerados – a serem geridas em seus sistemas bancários

---

29 Uma abordagem similar foi usada anteriormente pelo Bundesbank, que declarou que "o retorno de caixa do exterior [...] provavelmente proporciona um quadro relativamente complexo do volume de cédulas de marco alemão que circulam internacionalmente" (Deutsche Bundesbank, 1991, p.47).

30 Uma estimativa combinada de 300 bilhões de dólares é notavelmente consistente com os cálculos anteriores de Wilson (1992), que sugeriam um total de "crescimento monetário inesperado" em oito países importantes – aqueles com maior probabilidade de ter fluxos de caixa substanciais em relação aos outros países – de 279 bilhões de dólares entre 1970 e 1990. No entanto, formando um caminho diferente e adicionando também as moedas de outros países industriais, surge outra fonte com um número muito maior, supondo que no mundo em desenvolvimento um total de até 820 bilhões de dólares em cédulas de moeda estrangeira podem atualmente estar sendo usados para propósitos de transação (Sprenkle, 1993). Esses cálculos não ficaram incontestados (ver, por exemplo, Pieper, 1994; Sumner, 1994; Haughton, 1995) e provavelmente devem ser considerados com cautela.

domésticos; muitos mais permitem (ou têm sido incapazes de impedir) a posse por parte de seus residentes de dinheiro estrangeiro em bancos no exterior. Em geral altamente líquidos, esses balanços servem como um recurso à mão para a função das transações em moeda estrangeira e também para seu uso como reserva de valor.

Dessa forma, a extensão da substituição da moeda é tipicamente estimada pelo cálculo da proporção dos depósitos em moeda estrangeira em relação ao total da massa monetária: quanto maior a proporção, menor o domínio transacional. Os resultados de uma amostra de estudos empíricos para os países onde dados desagregados estão disponíveis para os holdings locais das contas em moeda estrangeira estão apresentados na Tabela 5.12.[31] Embora dificilmente abrangentes, os números confirmam claramente tanto o amplo escopo como a escala considerável de SM através dos sistemas bancários domésticos. Países desde a Argentina até o Iêmen têm feito um uso extensivo de moeda estrangeira para propósitos domésticos – em alguns casos, virtualmente para a exclusão da moeda doméstica. O padrão é também afirmado por estatísticas separadas em depósitos em moeda estrangeira mantidos em outros países, o que é apresentado regularmente pelo FMI. Demonstrados na Tabela 5.13, esses dados deixam claro que, também mediante esse canal, a SM é tão considerável em magnitude quanto, apesar de uma pausa no início da década de 1990, está crescendo rapidamente.

A pirâmide monetária

Os dados disponíveis são obviamente inadequados, proporcionando no máximo apenas um esboço indistinto da nova "estrutura galáctica" do dinheiro – de maneira muito parecida com o que o telescópio espacial Hubble proporcionou para os astrônomos, esforçando-se para vislumbrar os limites externos do universo antes que as lentes do satélite fossem reparadas. Lamentavelmente, não temos nenhum telescópio Hubble. Entretanto, apesar de todas as suas claras imperfeições, os números são contundentes. O panorama imaginário que eles revelam, por mais impreciso que seja, difere muito do modelo vestfaliano centrado no Estado.

---

31 Também existem numerosos outros estudos, mas estes infelizmente falham em produzir dados comparavelmente detalhados. A literatura empírica foi revisada por Brand (1993) e Giovannini; Turtelboom (1994). Importantes contribuições recentes incluem as de Sahay; Vegh (1996) e a de Savastano (1996).

Um novo panorama

Duas mensagens se destacam na estatística. Em primeiro lugar, a escala do uso monetário transnacional é extensiva, refletindo tanto o escopo como a intensidade da competição impulsionada pelo mercado. Não há mais nenhuma correlação próxima entre os domínios confiáveis das moedas individuais e seus domínios territoriais. A autossuficiência rígida nas relações monetárias é realmente um caso especial.

Em segundo lugar, o número de moedas empregadas para propósitos internacionais ou estrangeiros-domésticos tende a ser bem menor, mas o número daquelas que rotineiramente enfrentam rivalidade em casa com as moedas estrangeiras é bem grande. Também não há equivalência funcional entre as moedas. Todas elas desfrutam de status nominalmente igual como uma questão de direito internacional, mas na prática algumas – para parafrasear George Orwell – são bem mais iguais do que outras. A população do universo monetário é na verdade distintamente estratificada.

Junte essas duas mensagens e emerge um quadro extremamente diferente dos convencionais "pressupostos topológicos" que têm prevalecido desde o século XIX. Em vez de uma organização plana, territorial, do espaço monetário, claramente dividido em "pacotes espaciais" mutuamente exclusivos, nos vemos num cenário complexo e com múltiplos níveis de competição e hierarquia de longo alcance entre as diversas moedas do mundo – muito parecido com o que existia antes da era da moeda territorial. Individualmente, as moedas nacionais enfrentam forças de mercado que são cada vez mais indiferentes às fronteiras políticas. Os domínios preponderantes coincidem cada vez menos com os domínios territoriais oficiais. O uso e a influência de algumas moedas, como o dólar e o marco alemão, vão agora bem além da jurisdição legal de seus governos emissores, abrangendo grandes partes do globo no que eu chamo de regiões monetárias (Cohen, 1997a, 1997b).[32] Enquanto isso, os domínios preponderantes de muitas outras moedas foram extremamente restringidos, por vezes de um modo dramático.

Por isso, mesmo que nos faltem detalhes, está claro que necessitamos de um novo mapa mental da geografia monetária: novos pressupostos topológicos. O velho modelo vestfaliano, que data do século XIX, não é mais consistente com os fatos. Na verdade, a organização espacial das relações monetárias foi fundamentalmente transformada.

Como podemos visualizar melhor esse novo cenário? Está evidente que precisamos aprender a pensar no espaço monetário mais em termos

---

32 A noção de uma região monetária é proveitosa para distinguir uma imagem funcional do espaço monetário das "áreas" monetárias da teoria da AMO ou das "uniões" monetárias que são criadas pelas alianças monetárias formais, entre os Estados.

funcionais do que físicos. A debilidade do modelo vestfaliano está no fato de ele ser uma conceituação horizontal, definida exclusivamente pelas jurisdições legais dos governos soberanos. Esse foco territorial o torna um caso-limite em um modelo de relações monetárias mais geral, baseado no fluxo. Em seu lugar, precisamos agora substituir uma imagem vertical mais representativa, enfatizando as simetrias competitivas e os diferentes relacionamentos de autoridade entre as moedas individuais. Na verdade, a geografia virtual do dinheiro deve ser "metamorfoseada" de um simples campo bidimensional de pacotes espaciais claramente divididos em algo mais parecido com uma vasta *pirâmide* tridimensional: estreita no alto, onde algumas moedas populares dominam; cada vez mais ampla embaixo, refletindo graus variados de inferioridade competitiva. Podemos chamá-la de Pirâmide Monetária. A sua imagem, baseada mais nos fluxos do que no local, é a verdadeira chave para se entender como os espaços monetários estão organizados hoje.

A imagem de uma pirâmide dificilmente pode ser considerada nova. A hierarquia entre as moedas mundiais sempre existiu, como enfatizei no Capítulo 2. Em todas as épocas, uma ou um número pequeno de moedas bem estruturadas – desde o dracma ateniense até o dólar norte-americano atual – emergiu da luta darwiniana para dominar as relações monetárias. As internacionais, como a libra esterlina e o dólar, existiram mesmo no auge da era da moeda territorial, proporcionando um lubrificante necessário para fazer girar as rodas do comércio entre as economias nacionais. Além disso, a hierarquia tem sido frequentemente reconhecida pelos especialistas monetários, que falam alternadamente de "moedas chave",[33] "moedas dominantes" e até mesmo "moedas sonhadas" – aquelas moedas com as quais os investidores sonham (Brown, 1978).

Entretanto, em um sentido mais profundo, a imagem proposta aqui *é* nova – pelo menos em contraste com o velho modelo vestfaliano que ainda domina o pensamento mais convencional. Hoje em dia a internacionalização monetária aumentou em uma escala que vai muito além de qualquer coisa atingida pela libra ou pelo dólar; do mesmo modo, a substituição monetária inchou a ponto de se tornar um fator importante em literalmente dúzias de países pelo mundo afora. Esse acelerado uso transnacional não só estratificou dramaticamente as relações monetárias; ele também as *desterritorializou*, remetendo ao modelo heterônomo da geografia monetária que precedeu a chamada época moderna – "de volta para o futuro", por assim dizer.[34] Esse fato não é com frequência reconhecido pelos especia-

---

33 O termo "moeda chave" foi criado depois da Segunda Guerra Mundial pelo economista John Williams. Ver, por exemplo, Williams (1947).
34 A alusão ao filme *De volta para o futuro* foi sugerida por Stephen Kobrin em um contexto mais amplo, como uma maneira viva de caracterizar a transição percebida do sistema político

listas, cuja maioria, como já foi indicado, tende a restringir a análise em grande parte às relações entre os governos e ignora a distinção fundamental entre as noções físicas e funcionais do espaço monetário. A hierarquia é reconhecida, mas somente dentro de limites estabelecidos por uma imagem territorial tradicional. A maioria dos especialistas também tende a se concentrar apenas no uso internacional, em vez de no processo mais invasivo da substituição monetária; e por isso estão limitados sobretudo a distinções relativamente grosseiras entre as moedas no pico da ordem de prioridade, ignorando diferenças mais sutis mais abaixo na escala.

Os dois fatos são captados pelo quadro de uma Pirâmide Monetária: a desterritorialização das moedas, e também sua estratificação, pelo status relativo, ambas impulsionadas pelas forças do mercado e também pela ação do governo. Mais geral que o modelo vestfaliano ou que a contraparte desnacionalizada de Friedrich Hayek, a Pirâmide Monetária oferece uma percepção das complexidades do cenário monetário atual. Certamente parece ser o regime de representação mais apoiado pelas evidências. Como uma imagem espacial, expressa melhor o que entendemos por um modelo de geografia monetária baseado no fluxo.

Uma ilustração

A Pirâmide Monetária pode ser efetivamente empregada para propósitos de análise formal? Nosso objetivo, deve ser lembrado, é atingir um novo entendimento das estruturas de governo e o papel do poder nas questões monetárias globais. Em termos ideais, com vistas a esse objetivo queremos relacionar a posição hierárquica de cada moeda precisamente à extensão do seu domínio preponderante: quanto maior o domínio preponderante de uma moeda, mais elevado o seu lugar na pirâmide. Com essa informação poderíamos então prosseguir diretamente para uma análise sistemática das políticas básicas do dinheiro. Mas é claro que a nossa capacidade para fazê-lo é extremamente restringida pelas inadequações das estatísticas existentes, que inibem qualquer tipo de medição empírica refinada. Lamentavelmente, somente o esboço mais grosseiro da nova geografia virtual do dinheiro pode ser percebido com alguma certeza. Uma abordagem rigorosamente quantitativa é impossível.

Por outro lado, uma abordagem qualitativa e comparativa não é impossível, contanto que permaneçamos conscientes de suas muitas limitações. Mesmo que não possamos quantificar o status absoluto de cada moeda, devemos ser capazes de dizer algo sobre as posições *relativas*, tendo por

---

global de Vestfália para alguma forma de neomedievalismo pós-vestfaliano, como está discutido no Capítulo 1 (Kobrin, 1996).

base as informações disponíveis em relação ao seu uso para vários propósitos, tanto no âmbito doméstico como no estrangeiro. Isso, por sua vez, deve ser mais do que suficiente para nos permitir explorar implicações fundamentais para os resultados econômicos e políticos.

Em resumo, a discussão séria não precisa ser descartada em razão das limitações dos dados. Distinções críticas ainda podem ser feitas para permitir o procedimento da análise. Para ilustrar, esboço a seguir uma série de categorias que podem ser úteis nesse contexto – não tendo em mente qualquer mapa definitivo do cenário imaginário do dinheiro, mas simplesmente para demonstrar o que poderia ser possível, apesar das restrições das informações. A taxonomia é francamente fantasiosa, sendo improvável que possa ser operacionalizada.

Sete categorias estão listadas, cada uma correspondendo a uma camada hipotética diferente na Pirâmide Monetária. O número parece suficiente para comunicar a rica diversidade dos vínculos competitivos e dos relacionamentos de autoridade do dinheiro, enquanto ao mesmo tempo não exagera o grau de refinamento que podemos trazer ao exercício. Os rótulos para cada camada, embora um tanto irônicos, enfatizam as imagens acentuadamente verticais apropriadas a uma representação precisa da geografia monetária.

As sete categorias são as seguintes:

1) *Moeda Principal*. Essa posição de elite[35] seria reservada apenas às mais respeitadas das moedas internacionais – aquelas cujo uso domina a maioria, se não todos os tipos de propósitos transnacionais e cuja popularidade é mais ou menos universal, não limitada a qualquer região geográfica particular. Durante a era moderna da moeda política, apenas duas moedas nacionais se qualificaram para esse status exaltado: a libra esterlina antes da Primeira Guerra Mundial e o dólar a partir da Segunda Guerra Mundial. Embora em princípio mais que uma Moeda Principal possa estar na preferência em uma determinada época, como estiveram a libra e o dólar durante o período entre guerras, atualmente o dólar ocupa sozinho a primeira camada da Pirâmide Monetária.

2) *Moeda Aristocrática*. Logo abaixo da camada principal encontramos as moedas cujo uso para vários propósitos transnacionais, embora substancial, é um pouco menos que dominante e/ou cuja popularidade, embora disseminada, é um pouco menos que universal. Obviamente estaria hoje incluído nesta categoria o marco alemão e o iene, ambas com certeza aristocráticas entre as moedas do mundo. Entretanto, nenhuma das duas pode ainda reivindicar um

---

35 O termo Moeda Principal foi emprestado de Strange (1971a, 1971b).

domínio preponderante tão extensivo quanto o do dólar. Cada uma permanece secundária ao dólar para a maior parte das funções transnacionais, e cada uma tem uma influência em grande parte limitada a uma única região ou a um subconjunto de transações transnacionais. Possivelmente o franco francês poderia também ser incluído aqui, apesar de sua relativa falta de preferência para a maior parte dos tipos de transações internacionais, por causa do papel central que ele desempenha na Zona do Franco da CFA. Mas mais nenhuma outra moeda chega perto.

3) *Moeda de Elite*. A esta categoria pertenceriam as moedas suficientemente atrativas para qualificar o importante uso internacional, mas com peso insuficiente para ter mais influência direta além de suas próprias fronteiras nacionais. Aqui encontramos as mais periféricas das moedas internacionais, uma lista que hoje inclui a libra britânica (não mais uma Moeda Aristocrática desde o fim da área esterlina), o florim holandês, os francos belga e suíço, a lira italiana e o dólar canadense.

Essas moedas são parte de uma elite distinguida por causa do alcance aumentado do seu domínio transacional. No entanto, seu domínio preponderante é mais restrito que aquele das Moedas Aristocráticas. No máximo, a autoridade de fato pode se estender talvez a um ou dois vizinhos imediatos (como, por exemplo, na União Econômica Bélgica-Luxemburgo). Mas mesmo para essas moedas substantivas é provável que o controle esteja efetivamente comprometido, mesmo no âmbito doméstico, pela influência superior de suas contrapartes globais e regionais (como na Europa, onde todas as moedas internacionais mais periféricas são em alguma extensão subordinadas ao marco alemão; ou, na América do Norte, onde o dólar canadense ocupa claramente um segundo posto, atrás do seu homônimo norte-americano). Embora suficientemente isoladas para exercer um grau suficiente de soberania monetária, as Moedas de Elite carecem do poder para controlar seu próprio destino.

4) *Moeda Plebeia*. Um passo abaixo da categoria de elite estão as Moedas Plebeias – moedas mais modestas, de uso internacional limitado, cuja autoridade substantiva está ainda mais seriamente comprometida no exterior. Aqui encontramos hoje as moedas dos Estados industriais menores (por exemplo, Austrália, Áustria, Espanha e as nações escandinavas), juntamente com alguns países em desenvolvimento de renda média (por exemplo, Cingapura, Coreia do Sul e Taiwan) e os mais ricos exportadores de petróleo (por exemplo, Kuwait, Arábia Saudita e Emirados Árabes Unidos). Internamente, as Moedas Plebeias podem reter uma reivindicação mais ou menos exclusiva a todas as funções tradicionais do

dinheiro; na verdade, nas raras situações em que um domínio territorial isolado foi combinado com sucesso com uma taxa cambial e/ou controles cambiais flutuantes, como na era do apartheid da África do Sul, nos aproximamos mais do caso especial da pura autarquia monetária. Externamente, no entanto, tais moedas têm pouco peso (como a plebe, ou as pessoas comuns, da antiga Roma). Atraem apenas pouco uso transnacional, exceto talvez para alguma quantidade de faturamento comercial. Ainda mais criticamente, suas condições de operação, tanto no âmbito interno como nos países vizinhos, são com mais frequência dominadas por moedas estrangeiras mais poderosas. No máximo, a extensão do seu domínio preponderante é definida em termos essencialmente domésticos.

5) *Moeda Permeada*. Incluídas nesta categoria estão as moedas cujo domínio preponderante está efetivamente comprometido até mesmo no âmbito doméstico, sobretudo por meio do processo de substituição da moeda impulsionado pelo mercado. Embora a soberania monetária nominal continue a residir com o governo emissor, a moeda estrangeira suplanta a alternativa doméstica para pelo menos alguns propósitos monetários, acentuando o grau de inferioridade funcional. Com um aceno à noção de Alan James do "Estado permeado", termo cunhado para descrever os potenciais desafios ao Estado soberano, estas podem ser descritas como Moedas Permeadas – moedas que confrontam o que corresponde a uma invasão competitiva do estrangeiro (James, 1986).[36] Evidências disponíveis sugerem que a série de Moedas Permeadas hoje é bem ampla, abrangendo talvez a maioria das economias do mundo em desenvolvimento.

6) *Quase Moeda*. Uma camada abaixo estão as moedas suplantadas não apenas como uma reserva de valor, mas também, em um grau significativo, como uma unidade de conta e meio de troca. Já mencionei o uso de Robert Jackson do termo quase Estado para descrever os países cuja soberania política é mais jurídica do que empírica – na verdade, os governos que são legalmente constituídos, mas incapazes de uma governança efetiva. De modo similar, o termo Quase Moeda caracteriza as moedas que retêm soberania nominal, mas são em grande parte rejeitadas na prática para a maioria dos propósitos. Seu domínio preponderante também é mais jurídico do que empírico. Relatos incidentais e outras informações

---

36 Para uma sugestão anterior ao longo da mesma ideia, ver Herz (1957). Para Herz, falando do desafio de defender o Estado territorial em um tempo de guerra, a "territorialidade" era definida como sinônimo de "impermeabilidade" ou "impenetrabilidade" (1957, p.474).

sugerem que alguma aproximação desse grau intensificado de inferioridade na verdade tem sido percebida em economias menos estáveis no mundo afora, particularmente na América Latina e no antigo bloco soviético.

7) *Pseudo Moeda*. Finalmente, chegamos à camada mais baixa da pirâmide, onde as moedas existem só no nome. Incluídos aqui estão os parceiros efetivamente subordinados de alianças monetárias relativamente assimétricas, como o franco de Luxemburgo ou os membros subsidiários da Área Monetária Comum; fundos de estabilização cambial em grande escala; ou moedas simbólicas, como o dólar liberiano e o balboa panamenho, encontradas em países onde uma moeda estrangeira (por exemplo, o dólar) continua sendo a principal moeda corrente. Também incluídos, se existirem, estariam os resultados de um processo genuinamente exaustivo de substituição monetária – na verdade, uma Quase Moeda levada ao seu extremo. As Pseudo Moedas têm status legal, mas nenhum impacto econômico importante.

* * *

Os rótulos neste esboço ilustrativo da Pirâmide Monetária podem ser fantasiosos, até mesmo estranhos, mas a geografia que descrevem não o é. O dinheiro é um negócio sério – sério demais para ser estudado utilizando-se um regime de representação ultrapassado. Atualmente as moedas estão cada vez mais desterritorializadas, não ligadas ao Estado, e intrincadamente vinculadas em uma hierarquia complexa de diferentes relacionamentos de autoridade. Nossos mapas mentais precisam ser ajustados de acordo, para explorar as implicações dessa nova organização espacial das relações monetárias.

Tabela 5.1. Composição monetária das reservas cambiais oficiais, final do ano, 1985-1996[a] (em porcentagens)

	1985	1986	1987	1988	1989	1990	1991	1992	1993	1994	1995	1996	Swaps de compensação ECU-dólar incluídos com dólares (c) 1996
Total (bilhões de dólares)	348,3	363,8	455,8	494,2	545,0	593,8	625,4	646,6	717,6	775,6	890,6	1.301,5	—
Todos os países													
Dólar norte-americano	55,3	56,4	56,0	55,3	51,9	50,3	50,9	55,1	56,2	55,9	56,4	58,9	63,7
Marco alemão	13,9	13,2	13,4	14,5	18,0	17,4	15,7	13,5	14,1	14,3	13,7	13,6	14,0
Iene japonês	7,3	7,1	7,0	7,1	7,3	8,2	8,7	7,8	8,0	8,2	7,1	6,0	6,2
Libra esterlina	2,7	2,3	2,2	2,5	2,6	3,2	3,4	3,2	3,1	3,5	3,4	3,4	3,5
Franco francês	0,8	0,7	0,8	1,0	1,4	2,3	2,8	2,4	2,2	2,1	1,8	1,6	1,6
Franco suíço	2,1	1,9	1,8	1,8	1,4	1,3	1,2	1,1	1,2	1,0	0,9	0,7	0,8
Florim holandês	0,9	1,0	1,2	1,0	1,1	1,0	1,1	0,6	0,6	0,5	0,4	0,3	0,4
ECU (Unidade Monetária Europeia)	11,6	12,5	14,2	11,7	10,5	9,6	10,0	10,1	8,3	7,8	6,5	5,9	—
Moedas não especificadas (b)	5,4	4,8	3,4	5,1	5,7	6,7	6,2	6,1	6,2	6,6	9,7	9,5	9,8
Países industriais													
Dólar norte-americano	50,1	54,2	54,8	54,5	48,4	45,7	43,8	49,0	50,5	51,2	52,8	55,5	64,9
Marco alemão	16,7	14,6	14,1	15,5	20,6	19,8	18,3	15,0	16,4	16,4	15,7	16,4	17,5
Iene japonês	7,6	7,2	6,3	6,4	7,5	8,8	9,7	7,6	7,9	8,3	6,9	5,9	6,2
Libra esterlina	1,6	1,1	1,0	1,3	1,2	1,7	1,8	2,3	2,2	2,3	2,1	2,0	2,1

A geografia do dinheiro

Franco francês	0,1	—	0,3	0,7	1,1	2,3	3,0	2,7	2,5	2,1	2,1	1,6	1,7
Franco suíço	1,8	1,5	1,5	1,5	1,1	0,9	0,8	0,4	0,3	0,2	0,1	0,1	0,1
Florim holandês	0,9	0,9	1,1	1,0	1,1	1,1	1,1	0,4	0,4	0,2	0,2	0,2	0,2
ECU	20,1	19,2	19,9	16,2	15,0	13,8	15,8	16,5	14,7	14,1	12,3	11,5	—
Moedas não especificadas (b)	1,2	1,2	1,0	3,0	4,0	5,8	5,7	6,1	5,2	5,3	7,8	7,3	6,8
Países em desenvolvimento													
Dólar norte-americano	62,5	60,4	59,1	57,5	60,5	60,6	63,3	64,6	63,8	61,8	60,5	62,5	62,5
Marco alemão	9,8	10,7	11,5	11,9	11,7	11,9	11,0	11,2	11,1	11,8	11,4	10,6	10,6
Iene japonês	6,8	7,0	8,6	8,9	6,9	6,9	7,0	8,3	8,1	8,2	7,3	6,2	6,2
Libra esterlina	4,3	4,6	5,4	5,7	5,8	6,6	6,2	4,6	4,4	4,9	4,9	4,9	4,9
Franco francês	1,9	2,0	2,0	2,0	2,1	2,3	2,3	1,9	1,8	2,1	1,5	1,5	1,5
Franco suíço	2,6	2,5	2,7	2,4	2,2	2,1	2,1	2,2	2,4	2,0	1,8	1,4	1,4
Florim holandês	0,9	1,1	1,3	1,1	1,0	0,9	1,0	1,0	1,0	0,9	0,8	0,5	0,5
ECU	—	—	—	—	—	—	—	—	—	—	—	—	—
Moedas não especificadas (b)	11,3	11,6	9,5	10,5	9,9	8,8	7,1	6,3	7,6	8,3	11,8	12,3	12,2

Fonte: Fundo Monetário Internacional, *Annual Reports*, vários números.
Nota: Os componentes somados podem não equivaler aos totais por causa do arredondamento dos números.
a) Os dados apresentados são do final dos respectivos anos.
b) O residual é igual à diferença entre o total de reservas estrangeiras dos países membros do Fundo e a soma das reservas mantidas nas moedas listadas na tabela. Os cálculos para os países em desenvolvimento baseiam-se em grande parte nas estimativas das autoridades do Fundo no lugar daqueles divulgados pelo grupo dos países industriais.
c) Esta coluna é para comparação e indica a composição monetária das reservas quando as ECUs emitidas contra dólares são assumidas como sendo dólares, e todas as outras ECUs são ignoradas.

Tabela 5.2. Composição monetária das reservas cambiais oficiais por região, 1980-1994[a] (em porcentagens)

	1980	1982	1984	1986	1988	1990	1992	1994
Países selecionados da UE								
Dólar norte-americano	0,2	80,9	72,9	71,3	63,7	58,6	66,5	64,2
Marco alemão	12,0	10,3	16,6	14,9	20,3	22,1	17,6	19,5
Iene japonês	2,0	3,5	4,7	6,2	6,7	5,2	4,1	5,9
Libra esterlina	1,0	0,8	1,4	1,7	1,3	0,7	1,6	1,3
Franco francês	0,8	0,2	0,1	0,1	1,4	2,3	2,1	1,5
Franco suíço	1,0	1,6	1,8	2,1	2,2	1,9	1,4	1,3
Florim holandês	1,0	1,0	0,8	1,1	1,0	1,0	0,5	0,4
Moedas não especificadas	2,0	1,8	1,8	2,8	3,4	8,2	6,2	5,9
Países asiáticos selecionados								
Dólar norte-americano	48,6	53,2	58,2	50,6	54,6	56,3	55,8	57,8
Marco alemão	20,6	17,6	14,6	16,7	16,6	16,6	16,3	15,0
Iene japonês	13,9	17,6	16,3	20,2	16,6	12,2	14,2	13,7
Libra esterlina	3,0	2,7	3,5	4,1	5,9	8,1	6,3	6,0
Franco francês	0,6	0,7	0,6	1,1	0,8	0,9	1,0	1,2
Franco suíço	10,6	5,6	4,9	5,1	4,5	1,0	5,0	5,1
Florim holandês	2,8	2,6	1,9	2,2	1,2	5,0	1,2	1,3
Moedas não especificadas (b)	—	—	—	—	—	1,2	—	—
Países latino-americanos selecionados								
Dólar norte-americano	54,6	58,7	75,7	79,8	73,2	77,1	76,9	71,9
Marco alemão	10,5	10,0	4,0	2,7	3,0	3,2	3,9	5,8
Iene japonês	3,4	3,4	2,4	4,3	5,2	4,2	4,9	5,3
Libra esterlina	1,5	1,0	0,8	0,7	1,0	1,3	0,9	0,9
Franco francês	0,7	0,3	0,3	0,3	0,2	0,7	0,8	1,0
Franco suíço	2,6	1,0	0,7	0,3	0,7	0,9	0,6	0,2
Florim holandês	1,1	0,6	0,3	0,1	0,1	0,1	0,3	0,1
Moedas não especificadas	25,6	25,0	15,9	11,9	16,6	12,4	11,8	14,7

Fonte: Tavlas (1996b), de Tavlas; Ozeki (1992) e estimativas das autoridades do FMI.
a) Os dados apresentados são do final dos respectivos anos.
b) Os holdings das moedas não especificadas pelos países asiáticos selecionados foram negligenciáveis.

Tabela 5.3. Composição monetária dos créditos financeiros internacionais, 1982-1995 (em porcentagens)

	1982-1984 Média	1985-1987 Média	1988	1989	1990	1991	1992	1993	1994	1995
Empréstimos bancários (a)										
Dólar norte-americano	80,4	65,5	64,2	70,0	58,9	84,5	75,4	81,0	80,7	76,8
Marco alemão	1,7	2,4	2,8	3,5	6,7	2,1	1,8	3,2	1,1	4,1
Iene japonês	7,6	15,2	6,1	5,3	1,7	1,1	1,4	0,7	0,2	0,2
Libra esterlina	3,8	7,7	17,4	11,3	17,5	4,2	1,9	2,2	8,6	11,7
Franco suíço	0,8	1,9	0,3	0,4	0,1	0,6	0,3	0,4	0,1	0,1
ECU	1,3	3,9	3,3	4,9	8,7	3,9	15,0	6,4	3,9	3,8
Outras	4,5	3,4	5,9	4,6	6,4	3,6	4,2	6,1	5,4	3,3
Emissões de bônus (a)										
Dólar norte-americano	62,1	48,6	35,4	45,9	33,3	28,5	36,9	35,9	37,5	39,5
Marco alemão	6,9	8,3	11,6	7,5	8,3	7,1	10,4	11,8	7,8	15,5
Iene japonês	5,5	11,1	8,7	8,7	13,5	12,9	11,2	9,6	13,3	12,6
Libra esterlina	3,8	5,5	10,8	8,4	9,5	9,1	7,6	10,8	8,8	5,9
Franco suíço	14,6	11,7	12,4	8,7	10,5	7,3	5,8	6,1	4,8	5,6
ECU	2,1	4,2	5,4	5,6	8,1	11,1	6,8	1,6	2,0	1,7
Outras	4,9	10,5	15,6	15,2	16,8	24,0	21,3	24,2	25,8	19,2
Depósitos em moeda estrangeira										
	1986	1987								
Dólar norte-americano	63,5	58,2	60,0	59,7	51,9	50,5	50,4	47,6	46,7	44,3
Marco alemão	12,8	14,2	13,3	13,9	16,2	15,7	16,4	17,4	17,4	16,6
Iene japonês	4,5	5,8	5,5	5,5	5,0	4,9	4,5	4,8	5,3	5,9

A geografia do dinheiro

Benjamin J. Cohen

Libra esterlina	2,1	2,8	3,4	3,1	4,2	3,8	3,6	3,4	3,5	3,2
Franco suíço	7,2	7,7	5,4	4,9	5,6	5,1	4,7	4,3	4,3	4,3
ECU	2,6	2,8	3,0	3,2	4,5	5,5	5,2	4,9	4,2	3,4
Outras	7,2	8,4	9,4	9,7	12,6	14,6	15,0	17,5	18,7	22,2
Todos os créditos internacionais (b)										
Total (em bilhão de dólares)	747,3	1.421,2	1.949,5	2.460,7	2.986,9	3.185,5	3.250,8	3.453,2	4.030,7	4.600,1
Dólar norte-americano	67,1	55,7	47,6	50,0	45,0	43,2	44,0	42,4	39,3	37,9
Marco alemão	8,9	9,8	10,1	11,4	12,2	12,6	14,3	14,8	14,9	15,5
Iene japonês	3,7	6,6	8,0	6,9	7,8	7,9	7,7	9,0	11,5	12,4

Fonte: Henning (1997), Frenkel; Goldstein (1997) e fontes oficiais.
a) As médias de 1982-1984 e 1985-1987 são baseadas nas taxas de câmbio do final de 1983 e de 1986, respectivamente. Os anos restantes são baseados nas taxas de câmbio de 1990.
b) Os créditos internacionais incluem bônus internacionais, passivos bancários transnacionais para não bancos, passivos em moeda estrangeira para não bancos domésticos (a partir de 1984) e cédulas de moeda estrangeira (a partir de 1989).

A geografia do dinheiro

Tabela 5.4. Denominação monetária de exportações de países industriais selecionados, 1980-1996 (em porcentagens)

	Dólar	Marco alemão	Iene	Libra	Franco francês	Lira italiana	Florim holandês	Franco belga	Markka finlandês	Outras
1980 (a)										
Estados Unidos	97,0	1,0	—	1,0	1,0	—	—	—	—	3,6
Alemanha	7,2	82,3	—	1,4	2,8	1,3	1,2	—	—	0,6
Japão	65,7	1,9	29,4	1,1 (b)	0,6 (b)	0,1 (b)	0,6 (b)	—	—	0,4
Reino Unido	17,0	3,0	0,1	76,0	2,0	0,5 (b)	1,0 (b)	—	—	11,7
França	13,2	9,4	—	3,2	62,5	—	—	—	—	12,0
Itália	30,0	14,0	—	—	8,0	36,0	—	—	—	8,0
Holanda	16,5	21,5	—	4,2	5,4	0,9 (b)	43,5	—	—	5,1
Bélgica-Luxemburgo	12,9	17,0	—	2,9	13,6	—	7,3	41,2	—	8,0
Finlândia	26,1	8,0	—	7,3	2,9	—	—	—	10,4	45,3
1992-1996 (c)										
Estados Unidos	98,0	0,4	0,4	0,3	—	—	—	—	—	0,9 (d)
Alemanha	9,8	76,4	0,6	2,4	2,8	—	—	—	—	8,0
Japão	52,7	—	35,7	—	—	—	—	—	—	11,6
Reino Unido	22,0	5,0	0,7	62,0	3,5	1,7	2,3	2,6	—	2,8
França	18,6	10,6	1,0	4,2	51,7	3,1	1,5	—	—	6,7
Itália	23,0	18,0	—	—	7,0	40,0	—	—	—	13,0
Holanda	20,7	18,5	0,7	4,1	4,5	1,5	43,3	2,9	—	3,3
Bélgica-Luxemburgo	18,0	18,6	0,7	4,2	13,6	2,4	7,3	28,6	—	6,6
Finlândia	24,0	15,6	1,2	9,4	4,7	2,0	2,8	1,5	18,3	21,7

Fonte: Tavlas (1996b), de Page (1981), Thygesen et al. (1995) e fontes oficiais.
a) Os dados de 1980 para todos os países exceto Bélgica-Luxemburgo e Finlândia são de Page (1981). Para Bélgica-Luxemburgo e Finlândia, os dados de 1980 foram obtidos de fontes oficiais.
b) Estimativas feitas por Page (1981).
c) Os dados para o Reino Unido referem-se a 1992 e são de Thygesen et al. (1995). Os dados para Alemanha, Finlândia e Itália são de 1994 e foram obtidos de fontes oficiais. Os dados para França, Japão, Bélgica-Luxemburgo e Holanda pertencem a 1995 e foram obtidos de fontes oficiais. Os dados para os Estados Unidos são de março de 1996 e foram apresentados pelo U.S. Bureau of Labor Statistics (BLS).
d) Compreendido principalmente de dólares canadenses.

Tabela 5.5. Denominação monetária de importações de países industriais selecionados, 1980-1996 (em porcentagens)

	Dólar	Marco alemão	Iene	Libra	Franco francês	Lira italiana	Florim holandês	Franco belga	Markka finlandês	Outras
1980 (a)										
Estados Unidos	85,0	4,1	1,0	1,5	1,0	1,0	0,2	—	—	6,7
Alemanha	33,1	42,8	1,5 (b)	3,1	3,3	2,4	2,0	—	—	11,8
Japão	93,1	1,4	2,4	0,9	0,9 (b)	0,2 (b)	0,1 (b)	—	—	1,0
Reino Unido	29,0	9,0	1,3	38,0	5,0	1,7 (b)	2,8 (b)	—	—	13,2
França	33,1	12,8	0,1	3,8	34,1	3,0 (b)	1,8 (b)	—	—	11,3
Itália	45,0	14,0	0,5	3,2	9,0	18,0	1,7	—	—	8,6
Holanda	29,4	22,9	0,8 (b)	4,7	4,4	1,1 (b)	25,1	—	—	11,0
Bélgica-Luxemburgo	26,1	16,9	—	4,4	10,6	—	8,3	27,5	—	6,2
Finlândia	41,9	12,5	—	5,9	2,2	—	—	—	9,2	28,3
1992-1996 (c)										
Estados Unidos	88,8	3,2	3,1	—	—	—	—	—	—	4,9 (d)
Alemanha	18,1	53,3	1,5	1,9	4,4	—	—	—	—	20,8
Japão	70,4	2,8	22,5	—	—	—	—	—	—	4,3
Reino Unido	22,0	11,9	2,4	51,7	5,3	2,2	3,2	—	—	1,3
França	23,1	10,1	1,0	2,9	48,4	3,7	1,4	2,2	—	7,2
Itália	28,0	13,0	—	—	8,0	37,0	—	—	—	14,0
Holanda	25,5	17,4	1,3	3,4	0,8	0,7	42,8	2,6	—	3,5
Bélgica-Luxemburgo	20,4	20,9	1,7	3,3	10,0	2,5	7,9	28,7	0,1	4,5
Finlândia	28,4	18,2	2,6	4,5	2,4	2,3	2,6	0,8	22,5	15,7

Fonte: Tavlas (1996b), de Page (1981), Thygesen et al. (1995) e fontes oficiais.
a) Os dados de 1980 para todos os países exceto Bélgica-Luxemburgo e Finlândia são de Page (1981). Para Bélgica-Luxemburgo e Finlândia, os dados de 1980 foram obtidos de fontes oficiais.
b) Estimativas feitas por Page (1981).
c) Os dados para o Reino Unido referem-se a 1992 e são de Thygesen et al. (1995). Os dados para Alemanha, Finlândia e Itália são de 1994 e foram obtidos de fontes oficiais. Os dados para França, Japão, Bélgica-Luxemburgo e Holanda pertencem a 1995 e foram obtidos de fontes oficiais. Os dados para os Estados Unidos são de março de 1996 e foram apresentados pelo U.S. Bureau of Labor Statistics (BLS).
d) Compreendido principalmente de dólares canadenses.

A geografia do dinheiro

Tabela 5.6. Denominação monetária do comércio exterior alemão, 1980-1993 (em porcentagens)

	1980	1985	1988	1989	1990	1991	1992	1993
Exportações								
Dólar norte-americano	7,2	9,5	8,0	7,5	6,5	7,8	7,3	10,4
Marco alemão	82,5	79,5	79,2	79,2	77,0	77,2	77,0	74,1
Iene japonês	—	0,4	0,4	0,4	0,4	0,4	0,6	0,8
Libra esterlina	1,4	1,8	2,0	2,6	2,7	2,5	3,2	2,6
Franco francês	2,8	2,7	3,2	3,4	3,9	3,3	3,4	3,2
Lira italiana	1,3	1,5	1,8	1,8	2,2	2,0	2,2	2,0
Outras	—	4,6	5,4	5,1	7,3	6,8	6,3	6,9
Importações								
Dólar norte-americano	32,3	28,1	21,3	22,3	20,9	20,4	18,4	18,5
Marco alemão	43,0	47,8	52,6	52,6	54,3	55,4	55,8	54,3
Iene japonês	—	1,8	2,5	2,0	1,8	1,9	1,7	2,1
Libra esterlina	3,4	3,0	2,4	2,6	2,5	2,3	2,2	2,2
Franco francês	3,3	3,8	3,6	4,1	3,6	3,0	3,0	3,0
Lira italiana	2,4	1,5	1,6	1,8	1,9	1,8	1,7	1,4
Outras	—	14,0	16,0	14,6	15,0	15,2	17,2	18,5

Fonte: Deutsche Bundesbank, *Monthly Report*, nov. 1991, e comunicado à imprensa, 10 maio 1994.
Nota: Os dados sobre as importações até meados de 1990 estão relacionados exclusivamente à Alemanha Ocidental. A partir de julho de 1990, os dados de importação também incluem as importações de novo Länder. Os dados sobre as exportações estão relacionados exclusivamente à Alemanha Ocidental.

Tabela 5.7. Denominação monetária do comércio exterior japonês, 1970-1991 (em porcentagens)

	1970	1975	1980	1985	1986	1987	1988	1989	1990	1991
Exportações										
Iene japonês	0,9	17,5	28,9	39,3	36,5	33,4	34,3	34,7	37,5	39,4
Outras	90,4	82,5	71,1	60,7	63,5	66,6	65,7	65,3	62,5	60,6
das quais o dólar	90,1	78,0	66,3	52,2	53,5	55,2	53,2	52,4	48,8	46,7
Importações										
Iene japonês	0,3	0,9	2,4	7,3	9,7	10,6	13,3	14,1	14,5	15,6
Outras	99,7	99,1	97,6	92,7	90,3	89,4	86,7	85,9	85,5	84,4
das quais o dólar	80,0	89,9	93,1	n.a.	n.a.	81,7	78,5	77,3	75,5	75,4

Fonte: Ito (1993), extraída de fontes oficiais.

Tabela 5.8. Denominação monetária do comércio exterior francês, 1980-1994 (em porcentagens)

	1980	1984	1988	1989	1990	1991	1992	1993	1994
Exportações									
Dólar norte-americano	13,2	17,0	16,0	17,2	15,5	16,2	16,5	19,1	19,1
Marco alemão	9,4	9,0	8,8	9,3	9,9	10,8	10,4	10,3	9,3
Iene japonês	...	...	0,7	0,7	0,8	0,8	0,9	1,0	0,9
Franco francês	62,4	61,2	58,1	57,9	57,4	54,6	54,6	52,9	51,9
ECU	...	...	0,3	0,4	0,5	0,6	0,7	0,7	0,6
Importações									
Dólar norte-americano	33,1	30,7	21,7	23,6	22,3	23,5	23,1	24,6	24,1
Marco alemão	12,8	11,7	12,7	11,4	11,8	11,5	11,7	11,2	10,6
Iene japonês	...	...	1,5	1,3	1,2	1,4	1,3	1,4	1,1
Franco francês	34,1	39,8	48,3	47,9	47,9	46,2	46,7	46,1	47,1
ECU	...	...	0,4	0,6	0,7	0,7	0,8	0,7	0,7

Fonte: Banque de France, estimativas oficiais.

Tabela 5.9. Denominação monetária das importações norte-americanas por países selecionados, 1985 e 1996 (em porcentagens)

Importações de:	Dólar norte-americano	Moeda local	Outras
		1985 (a)	
Canadá	90,5	9,5	—
França	73,0	25,8	1,2
Alemanha	42,7	57,1	0,2
Japão	78,8	21,2	—
Suíça	42,8	56,6	0,6
Reino Unido	63,9	36,1	—
Brasil	100,0	—	—
Coreia do Sul	99,6	—	0,4
México	98,7	1,3	—
Taiwan	99,6	0,2	0,2
		1996 (a)	
Canadá	86,2	3,8	10,0
França	84,8	11,0	4,2
Alemanha	59,4	38,9	1,7
Japão	83,1	16,9	—
Suíça	46,7	53,3	—
Reino Unido	75,5	23,4	1,1
Brasil	100,0	—	—
Coreia do Sul	100,0	—	—
México	100,0	—	—
Taiwan	98,2	1,8	—

Fonte: Tavlas (1996b), extraída do U.S. Bureau of Labor Statistics.
a) Dados de março; baseada nos dados usados para construir os indicadores de preço das importações dos Estados Unidos.

A geografia do dinheiro

Tabela 5.10. Composição monetária do volume bruto de negócios nos mercados cambiais globais, 1989-1995 (em porcentagens)

	Abril de 1989	Abril de 1992	Abril de 1995
Dólar norte-americano	90	82	83
Marco alemão (b)	27	40	37
Iene japonês	27	23	24
Libra esterlina	15	14	10
Franco francês	2	4	8
Franco suíço	10	9	7
Dólar canadense	1	3	3
ECU (Unidade Monetária Europeia)	1	3	2
Dólar australiano	2	2	3
Outras moedas do SME	3	9	13
Moedas de outros países informadas	3	3	2
Outras moedas	19	8	8
Todas as moedas	200	200	200
Circulação média diária (em bilhões de dólares)	620	880	1.260

Fonte: Bank for International Settlements (1996).
Nota: Como duas moedas estão envolvidas em cada transação, a soma das transações nas moedas individuais atinge o dobro da circulação total informada.
a) Número de países informados em 1989: 21; e tanto em 1992 como em 1995: 26. Os dados para 1989 e os dados para a Finlândia em 1992 incluem opções e futuros. Os dados para 1989 cobrem apenas o comércio em moeda local, exceto com relação ao dólar norte-americano, o marco alemão, o iene japonês, a libra esterlina, o franco suíço e a ECU.
b) Os dados para abril de 1989 excluem o comércio doméstico envolvendo o marco alemão na Alemanha.

A geografia do dinheiro

Tabela 5.11. Distribuição monetária nas intervenções cambiais, 1979-1992 (em porcentagens)

	Intervenção por parte de membros do Sistema Monetário Europeu			
	1979-1982	**1983-1985**	**1986-1987**	
Dólares norte-americanos	71,5	53,7	26,3	
Moedas do SME	27,2	43,5	71,7	
(marco alemão)	(23,7)	(39,4)	(59,0)	
Outras	1,3	2,8	2,0	
	Intervenção do Federal Reserve e do Tesouro norte-americanos			
	1979-1982	**1983-1985**	**1986-1987**	**1988-1989**	**1990-1992**
Marco alemão	89,7	67,9	57,5	56,4	64,1
Iene	10,3	32,1	42,5	43,6	35,9

Fontes: Tavlas (1991) e fontes oficiais.

Tabela 5.12. Depósitos em moeda estrangeira em bancos domésticos: uma amostra, 1980-1993 (porcentagens de agregado monetário amplo)

	1980	1981	1982	1983	1984	1985	1986	1987	1988	1989	1990	1991	1992	1993
Argentina (a)	—	5,5	7,2	3,7	9,9	6,7	6,1	10,7	10,0	49,9	24,2	40,0	41,5	—
Bolívia (a)	11,7	10,9	0,9 (1)	0,3 (1)	0,2 (1)	12,6	34,5	44,2	51,4	65,6	70,6	76,8	80,9	—
Chile (b)	3,6	6,3	—	—	—	—	—	—	—	—	—	—	—	—
Egito (c)	25,0 (2)	—	—	—	—	—	40,0 (2)	—	—	—	—	—	—	—
Hong Kong (d)	11,6	17,1	41,5	46,1	45,1	50,1	54,1	54,1	56,9	58,8 (3)	—	—	—	—
Israel (e)	69,0	70,0	70,0	69,0	76,0	65,0	41,0	27,0	22,0	—	—	—	—	—
Líbano (f)	36,2	41,4	26,7	26,4	31,1	35,1	71,0	91,9	79,1	65,9	73,3	67,6	68,1	67,7
México (g)	14,8	18,1	5,1 (4)	2,5 (4)	2,1 (4)	3,9 (4)	8,8 (4)	—	—	—	—	—	—	—
Peru (g)	30,6	30,2	38,6	43,4	52,9	31,8 (5)	11,8 (5)	—	—	—	—	—	—	—
Polônia (g)	—	—	—	—	19,0	25,0	31,0	46,0	65,0	69,0	31,0 (6)	33,0	35,0	29,0
Rússia (h)	—	—	—	—	—	—	—	—	—	—	—	16,9	42,2	45,8 (7)
Uruguai (a)	18,3	24,9	52,3	42,7	44,6	37,3	42,3	48,4	46,5	58,6	66,0	60,5	57,1	—
Iêmen (c)	5,0 (2)	—	—	—	—	—	25,0 (2)	—	—	—	—	—	—	—

Nota: Os números referem-se à proporção de depósitos em moeda estrangeira no sistema bancário doméstico para M2, definida como a soma de moedas em circulação, demanda de moeda doméstica e depósitos no tempo, e depósitos em moeda estrangeira: para o final de cada ano, exceto se indicado de outra maneira.

Fontes: a) Claassen; De La Cruz Martínez (1994).
b) Ugo Fasano-Filho, *Currency Substitution and Liberalization* (Brookfield, Vt., Gower, 1986).
c) Mohamed El-Erian, "Currency Substitution in Egypt and the Yemen Arab Republic", *International Monetary Fund Staff Papers* 35, n.1 (mar. 1988), p.85-103.
d) Jao; King (1990).
e) Gil Bufman e Leonardo Leiderman, "Currency Substitution under Nonexpected Utility: Some Empirical Evidence", *Journal of Money, Credit, and Banking* 25, n.3 (ago. 1993, Parte I), p.320-35.
f) Sena Eken et al., *Economic Dislocation and Recovery in Lebanon*, Occasional Paper 120 (Washington, International Monetary Fund, 1995).
g) Fornecido privadamente por fontes oficiais.
h) International Monetary Fund, *Russian Federation*, Economic Review n.8 (Washington, jun. 1993).
1) Os depósitos em moeda estrangeira foram temporariamente proibidos.
2) Os dados se referem a junho de cada ano.
3) Outubro.
4) Limitações impostas aos depósitos em moeda estrangeira nos bancos domésticos a partir de 1982.
5) Limitações impostas aos depósitos em moeda estrangeira nos bancos domésticos a partir de 1985.
6) A partir de janeiro de 1990 as empresas foram proibidas de aumentar os depósitos em moeda estrangeira.
7) Março.

A geografia do dinheiro

Tabela 5.13. Depósitos bancários transnacionais de residentes não clientes bancários de países em desenvolvimento, 1987-1994 (em bilhões de dólares norte-americanos; fim do período)

	1987	1988	1989	1990	1991	1992	1993	1994
Todos os países em desenvolvimento	312,0	329,3	389,0	451,9	431,9	412,2	400,9	443,0
África	24,1	25,6	32,4	39,1	37,0	35,2	33,1	34,5
Ásia	43,5	48,5	61,1	(69,5)	70,0	66,2	65,6	70,1
Hong Kong	(21,8)	(24,2)	(29,7)	(35,1)	(35,5)	(34,3)	(35,6)	(37,3)
Europa	6,1	6,8	9,2	12,4	13,6	15,6	18,2	20,3
Oriente Médio	75,8	81,4	(98,3)	112,2	101,9	95,3	84,9	85,0
Kuwait	(8,4)	(9,0)	(9,5)	(12,0)	(9,0)	(9,2)	(7,2)	(7,3)
Arábia Saudita	(21,9)	(24,3)	(33,2)	(34,8)	(31,0)	(29,1)	(25,7)	(24,5)
Emirados Árabes Unidos	(13,3)	(14,9)	(17,6)	(21,1)	(20,9)	(18,8)	(17,4)	(18,0)
Hemisfério Ocidental	162,5	167,0	187,9	218,7	209,5	199,8	199,0	232,4
Argentina	(9,7)	(11,1)	(14,5)	(17,0)	(17,0)	(15,0)	(12,3)	(13,5)
Bahamas	(7,2)	(7,9)	(7,3)	(8,4)	(8,1)	(8,4)	(10,0)	(10,4)
Bermudas	(10,6)	(11,2)	(12,0)	(13,5)	(13,7)	(14,0)	(15,9)	(15,1)
Brasil	(11,3)	(12,4)	(15,6)	(17,6)	(19,0)	(19,9)	(17,7)	(19,5)
Ilhas Cayman	(10,5)	(14,8)	(19,3)	(26,6)	(28,7)	(30,9)	(37,2)	(51,6)
México	(19,6)	(20,0)	(20,5)	(19,5)	(18,0)	(16,0)	(15,0)	(17,7)
Antilhas Holandesas	(18,6)	(15,5)	(13,5)	(17,8)	(17,0)	(17,1)	(17,9)	(23,7)
Panamá	(35,2)	(32,2)	(39,7)	(46,0)	(38,6)	(35,2)	(30,0)	(32,3)
Venezuela	(13,8)	(14,6)	(15,7)	(16,2)	(17,4)	(15,5)	(14,8)	(16,7)

Fonte: International Monetary Fund, *International Financial Statistics*, vários números.

UMA NOVA ESTRUTURA DE PODER

> Totó, tenho a sensação de que não estamos mais em Kansas.
>
> Judy Garland, como Dorothy, ao seu cão Totó
> no filme *O Mágico de Oz*, 1939

  Como Dorothy, nós nos percebemos em um novo cenário. Mas, diferentemente daquela menina perdida, não temos uma estrada de tijolos amarelos ou uma fada boa para nos guiar. Temos de encontrar nosso próprio caminho à medida que exploramos a geografia cada vez mais desterritorializada do dinheiro.

  A rota mais direta nos leva de volta aos mesmos quatro elementos do poder que já examinamos no Capítulo 2. O monopólio monetário fundamental para o modelo vestfaliano privilegia o governo mediante as vantagens do simbolismo político, da senhoriagem, da gestão macroeconômica e do isolamento de influências externas. Mesmo quando as circunstâncias requerem alguma subordinação (*subordination*) ou compartilhamento (*sharing*) da soberania monetária – os Dois Ss –, a imagem continua centrada no Estado e os ganhos e perdas são estritamente uma questão das relações intergovernamentais. Mas o que acontece com as estruturas de poder quando as moedas não são mais territoriais? Como os sistemas de governança são alterados quando entramos na nova estrutura galáctica do uso e da competição transnacionais acelerados? A primeira questão está tratada neste capítulo e a segunda no Capítulo 7. As respostas, como veremos, vão nos levar tão longe do mito convencional de Uma Nação/Uma Moeda quanto o tornado levou Dorothy para longe da fazenda de sua família no Kansas.

Benjamin J. Cohen

Simbolismo político

O rompimento no vínculo entre os domínios territoriais e preponderantes está destinado a alterar a distribuição dos recursos e das capacidades nas questões monetárias. Entretanto, só em parte os efeitos envolvem diretamente o equilíbrio de poder entre os Estados. Pelo menos tão importante são as mudanças na interação recíproca entre os Estados e os mercados – mudanças que podem ter um profundo impacto nos espaços sociais criados pelas redes transacionais do dinheiro.

Considere primeiro o simbolismo político do dinheiro. Se uma moeda territorial cultiva um senso de identidade nacional, pode logicamente ser esperado que a desterritorialização tenha o efeito inverso. Eric Helleiner, por exemplo, declara que as moedas desterritorializadas podem "promover diferentes sentidos de identidade de um modo ao mesmo tempo simbólico e concreto, como as identidades nacionais que as moedas territoriais encorajavam" (Helleiner, 1996a, p.19). Na verdade, no entanto, as consequências para o Estado são muito menos diretas do que parecem à primeira vista. Em alguns casos, a identificação com a "comunidade imaginada" pode realmente ser reforçada, em vez de reduzida, pela transformação do nosso cenário monetário. Os governos tanto podem ganhar como perder, dependendo não somente do resultado da luta darwiniana entre as moedas, mas também da maneira em que as políticas oficiais interagem com as preferências dos agentes do mercado.

A desterritorialização evidentemente não dilui as qualidades mágicas do dinheiro para os governos com moedas próximas da base da Pirâmide Monetária – moedas cuja autoridade no âmbito doméstico está significativamente comprometida pela competição com o estrangeiro impulsionada pelo mercado. Quanto mais uma moeda estrangeira é usada no âmbito doméstico no lugar da nacional, menos os cidadãos se sentirão inerentemente conectados com o Estado ou com parte da mesma entidade social. A distinção fundamental entre Nós e Eles é pouco a pouco destruída. Pior ainda: um instrumento destinado a simbolizar o poder e a nobreza da nação torna-se em vez disso um lembrete diário de inadequação e impotência – não uma moeda sólida, mas um dinheiro falso. Quando ocorre uma SM – recorda-nos uma fonte –, o dinheiro doméstico "torna-se um cidadão de segunda classe e impõe pouco respeito" (Sahay; Vegh, 1995, p.36). Os governos que emitem esse dinheiro também não são capazes de impor muito respeito.

Um exemplo importante é fornecido pelo México – "tão longe de Deus, tão perto dos Estados Unidos", como disse ironicamente o ex-ditador Porfírio Diaz –, onde o dólar durante anos ofuscou a moeda do próprio país, o peso. Os observadores acham notável "a extensão em que o golpeado peso foi descartado pelo povo que normalmente defende os símbolos nacionais e rejeita qualquer sinal de intervenção norte-americana em seu solo nativo" (De Palma, 1995, C1). Outro exemplo é Cuba, onde o governo de Fidel Castro em 1993 abandonou de fato sua própria moeda ao legalizar o uso dos dólares – previamente tratados como o símbolo fundamental do imperialismo *Yanqui*. Talvez mais notável ainda seja o caso do Vietnã, onde, apesar de o país estar travando uma guerra amarga com os Estados Unidos, o dólar durante muito tempo circulou de maneira ampla e efetivamente funcionou como uma segunda moeda legal. De acordo com uma fonte confiável, mais de duas décadas após a saída das tropas norte-americanas do solo vietnamita, "as verdinhas continuam sendo a moeda preferida [...] Os 72 milhões de vietnamitas simplesmente não estão prontos para confiar suas economias ao seu governo" (Far Eastern Economic Review, 1995).

Por outro lado, olhando para o topo da Pirâmide Monetária, parece que a desterritorialização mais provavelmente aumentará do que diluirá as qualidades mágicas de uma moeda. Um domínio preponderante mais amplo claramente melhora a reputação geral de um Estado. Para o governo que emite uma Moeda Principal ou Aristocrática, o uso transnacional extensivo torna-se uma fonte importante de status e prestígio – um sinal extremamente visível de um posto elevado na comunidade das nações. Com certeza, o público em geral não pode deixar de se impressionar quando uma moeda estrangeira penetra com sucesso no sistema financeiro doméstico e ganha uma aceitação disseminada. "Grandes potências têm grandes moedas", escreveu Robert Mundell (1993, p.10). Que nação não se orgulharia da estima concedida a um de seus símbolos mais tangíveis?

No entanto, as coisas ficam mais complicadas quando os governos intervêm para modificar ou controlar as preferências do mercado. Uma moeda fraca, por exemplo, pode se tornar uma fonte de força quando um governo determina fazer algo – ou, pelo menos, parece fazer algo – com relação a um desafio competitivo do exterior. Na verdade, a política monetária pode ser transformada em um exercício de simbolismo político. Uma invasão de moeda estrangeira impulsionada pelo mercado pode ser tratada como o equivalente a uma agressão militar aberta. O apoio à moeda nacional pode ser promovido como uma resistência gloriosa em prol da comunidade imaginada – a expressão fundamental do *amor patriae*. Em 1997, quando a rúpia indonésia sofreu um ataque especulativo, o governo desse país respondeu com propagandas de serviço público mostrando um negociante de moedas usando uma máscara terrorista feita com cédulas de 100 dólares. "Defendam a rúpia", clamava o anúncio. "Defendam a Indonésia." Entretanto, se um estratagema desse tipo obtém sucesso ou falha vai depender em grande parte de até que ponto as manobras de um governo se revelarão dignas de crédito.

Menos bem-sucedidas são as políticas que se contrapõem diretamente ao sentimento do mercado, como aconteceu em alguns países latino-americanos durante os anos de pico de inflação da década de 1980. Em vez de controlarem seu apetite pela senhoriagem, vários Estados tentaram em vez disso suprimir a dolarização, impondo controles cambiais e convertendo pela força as contas em moeda estrangeira mantidas nos bancos domésticos em moeda local. Essas nações incluem a Bolívia e o México em 1982 e o Peru em 1985. Em todos os três casos a resposta imediata foi um voto decisivo de não confiança: uma fuga clandestina de capital para contas bancárias no exterior que corroeram, em vez de reforçar, o respeito pela autoridade do governo. Estudos indicam que, em geral, levando-se em conta os depósitos tanto em bancos estrangeiros como em bancos domésticos, a substituição da moeda nesses países realmente *aumentou*, em vez de diminuir, após a instituição das restrições cambiais.[1] Em todos os três países citados as medidas fracassaram e foram finalmente abandonadas.

Muito mais bem-sucedidas são as políticas que fazem concessões importantes ao sentimento do mercado. A reforma monetária da Argentina em 1991 é um bom exemplo. Para os estrangeiros, a decisão do governo de indexar seu "novo" peso ao dólar mediante um fundo de estabilização cambial pode ter parecido uma rendição às forças externas, na melhor das hipóteses uma Pseudo Moeda. Mas, para os argentinos, cansados de hiperinflação e de uma sucessão humilhante de moedas sem valor, o Plano de Conversibilidade tornou-se uma fonte de orgulho nacional. Finalmente, o país tinha uma moeda que podia encarar de frente a moeda norte-americana. Similarmente, os estonianos entenderam o vínculo da sua coroa recém-criada com o marco alemão, não como uma admissão de fraqueza, mas como uma afirmação de identidade social – não apenas emprestando a credibilidade de um banco central estrangeiro respeitado, mas mais como um ato de fé em seu Estado ressuscitado. Segundo um consultor estrangeiro, as virtudes do fundo de estabilização cambial da Estônia "estão agora tão enraizadas que se tornaram uma religião". Mudar a indexação "seria visto como algo não patriótico".[2]

Talvez mais instrutivo seja o caso do Brasil, que de 1980 a 1994 teve cinco moedas diferentes[3] e uma inflação cumulativa de não menos que 146 *bilhões* por cento. Nessa taxa, uma xícara de café vendida em 1980 por 15 cruzeiros, a unidade monetária da época, iria, sem as subsequentes mudanças de moeda, custar 22 bilhões de cruzeiros uma década e meia mais tarde. Os brasileiros poderiam ser culpados por tratar sua moeda nacional como uma espécie de piada? Quando outra moeda, o "real", foi

---

1 Ver, por exemplo, Melvin; Fenske (1992), Savastano (1992, 1996), Brand (1993) e Claassen; De La Cruz Martinez (1994).
2 O conselheiro estrangeiro era Ardo Hansson, economista sueco, como está citado em Economist (1944d, p.59). Ver também Hansson (1993a).
3 Estes foram o cruzeiro, primeiro introduzido em 1967, sucedido pelo cruzado (1986), cruzado novo (1989), outro cruzeiro (1990) e o "cruzeiro real" (1993).

introduzida em meados de 1994, ela foi entre risos comparada ao último casamento de Elizabeth Taylor (Brooke, 1994). Mas a nova moeda foi firmemente indexada ao dólar e apoiada convincentemente por um forte programa de estabilização. Provou-se mais durável do que qualquer de suas predecessoras, inspirando nova confiança no governo e especialmente no ministro da Fazenda, Fernando Henrique Cardoso, a autoridade responsável pela reforma. "Juntamente com o real", relatou *The Economist* (1994a), "a esperança, a moeda mais corroída, começou a circular novamente". Antes do final do ano, o ex-ministro Cardoso tornou-se presidente eleito do país.

Inversamente, uma moeda forte pode se tornar uma fonte de fraqueza para um governo, particularmente se as autoridades tentarem preservar um papel internacional para uma moeda cuja popularidade começou a desvanecer. Sabemos que nenhuma moeda jamais desfrutou de dominância permanente no uso transnacional: com o tempo, todos os seus atrativos estão sujeitos à erosão. Também sabemos que, uma vez adquirido, o prestígio do status de grande moeda pode ser compreensivelmente difícil de renunciar, mesmo sem considerar quaisquer benefícios materiais que dele possam resultar. Mas, assim como uma defesa determinada contra uma moeda invasora pode inspirar uma renovada confiança em um governo, esforços inúteis para reviver o sucesso de uma moeda nacional no estrangeiro podem ter o efeito inverso, encorajando o ceticismo e até mesmo o ridículo.

A reputação global da Grã-Bretanha, por exemplo, certamente não foi ajudada por seu esforço demorado, mas fundamentalmente inútil, após a Segunda Guerra Mundial, para impedir a dissolução da área um dia abrangente da esterlina. A libra pode continuar sendo uma Moeda de Elite, mas certamente não é o que costumava ser. Nas palavras amargamente satíricas do famoso jornalista e comentarista da TV britânica David Frost, "é uma vergonha ver o que aconteceu com a esterlina. Antigamente, uma nota emitida pelo Banco da Inglaterra tinha nela orgulhosamente escrito: 'Prometo pagar ao portador a quantia de uma libra'. Agora simplesmente ostenta: *observe este espaço*".[4] O governo da França corre o risco de uma zombaria similar atualmente, com seus extremamente divulgados esforços para manter um papel de importância para o franco francês no exterior, por meio das instituições da Zona do Franco da CFA. Mas pouco prestígio real pode ser conseguido da dominância financeira, ainda que decisiva, limitada a treze ex-colônias assoladas pela pobreza.

---

4 Como está citado em Cohen (1971a, p.xi).

Benjamin J. Cohen

Senhoriagem

O impacto da desterritorialização sobre o privilégio da senhoriagem também vai variar dependendo de uma moeda estar próxima da base ou do topo da Pirâmide Monetária, e também dependendo da interação das políticas oficiais com as preferências do mercado.

Próximo à base da pirâmide, a capacidade de um governo para se apropriar dos recursos via a criação de moeda fica obviamente comprometida quando se tornam disponíveis substitutos estrangeiros convenientes para a moeda doméstica. Como comentou uma fonte, "a competição monetária pode constituir um controle poderoso às propensões inflacionárias" (Willett; Banaian, 1996, p.88). Na verdade, a base para a aplicação de uma taxa de inflação é contraída, ameaçando duas consequências potencialmente sérias. Em primeiro lugar, muito diretamente, está uma desaceleração da renda fiscal, o que para países com um sistema fiscal subdesenvolvido pode ser um problema particularmente agudo. Em segundo lugar, a menos que os déficits orçamentários sejam reduzidos, pode também ocorrer uma aceleração das pressões inflacionárias, pois para financiar o mesmo nível de gastos o governo agora tem de acelerar as máquinas de impressão. O resultado pode ser "um círculo vicioso de inflação sempre crescente" (Brand, 1993, p.46) que, no fim, só pode ser revertido por um corte severo nos gastos públicos. Seja como for, está claro que o poder do Estado para enfrentar contingências inesperadas está restringido.

Mas o poder do Estado está correspondentemente aumentado para países próximos do topo da Pirâmide Monetária? À primeira vista, parece não haver dúvida. Quanto maior o domínio preponderante de uma moeda, mais fácil deve ser para o seu governo emissor explorar os benefícios fiscais da senhoriagem. Não é preservado apenas o monopólio monetário doméstico. Agora também os estrangeiros são uma fonte de renda, na medida em que estão dispostos a manter o dinheiro ou usá-lo fora do seu país de origem. A circulação transnacional expandida gera o equivalente a um empréstimo externo subsidiado ou isento de juros – uma transferência implícita que é um ganho de recursos efetivos para o Estado como um todo. Os economistas referem-se a isso como uma senhoriagem internacional, para distingui-la claramente da variedade doméstica mais tradicional.[5] Eles reconhecem dois componentes da senhoriagem internacional. Um deles, uma parcela atual, consiste no aumento direto e único dos gastos

---

5 Tecnicamente, a magnitude da senhoriagem internacional é uma função direta do tamanho dos déficits de conta corrente financiados na moeda do país e só indiretamente relacionados ao tamanho dos déficits fiscais monetizados pelo governo (senhoriagem doméstica). O vínculo entre os dois depende da extensão em que esses déficits orçamentários, reduzindo as poupanças nacionais líquidas, podem ser considerados um fator que contribua para o desequilíbrio externo.

possibilitado por um aumento nos holdings estrangeiros da moeda, um pouco parecido com "viver além dos próprios meios". O outro, uma porção do capital, é o fluxo do juro líquido poupado enquanto o dinheiro continua a circular no estrangeiro, sob a forma de dinheiro vivo ou como ativos remunerados, em vez do retorno a ser gasto no âmbito doméstico (Cohen, 1971a, cap. 2).[6]

A senhoriagem internacional pode ser bastante considerável, como demonstram amplamente experiências tanto da libra esterlina como do dólar (Cohen, 1971a; Bergsten, 1975). Para a Grã-Bretanha, o maior benefício da preeminência internacional da libra veio durante a Segunda Guerra Mundial, quando os passivos líquidos em esterlina aumentaram em cerca de 3 bilhões de libras (12 bilhões de dólares), principalmente para financiar os esforços militares de Londres no Oriente Médio e na Ásia. Nas palavras de um economista britânico, "o principal apoio econômico obtido nesse conflito é provavelmente o maior ganho que a Grã-Bretanha derivou do sistema da esterlina" (Oppenheimer, 1966, p.132).

Para os Estados Unidos, os ganhos de senhoriagem ainda se acumulam em razão do uso de dólares no estrangeiro. Considere apenas a circulação estrangeira das cédulas norte-americanas, que, como sabemos, foi conservadoramente estimada em cerca de 250 bilhões de dólares em 1995. Podemos calcular uma economia de juros de cerca de 11-15 bilhões de dólares por ano (Frankel, 1995a, 1995b; Blinder, 1996) – equivalente a menos de 1% do consumo anual da nossa economia, mas dificilmente trivial. O benefício foi vivamente descrito por um jornalista:

> Os Estados Unidos têm uma vantagem da qual poucos outros países desfrutam: eles imprimem cédulas com retratos de George Washington, Benjamin Franklin e Thomas Jefferson. Essas cédulas de papel verde são chamadas "dólares". Os norte-americanos dão esse papel verde aos povos do mundo todo, e eles em troca dão aos norte-americanos automóveis, macarrão, aparelhos de som, corridas de táxi, quartos de hotel e todos os tipos de outros bens e serviços. Enquanto esses estrangeiros puderem ser induzidos a guardar esses dólares, quer em seus colchões, em seus bancos ou em sua própria circulação, os norte-americanos estarão trocando seus dólares por bens de consumo duráveis. (Friedman, 1994)

Entretanto, a senhoriagem internacional só pode ser explorada enquanto a moeda em questão mantém sua superioridade competitiva no mercado – uma vantagem que nunca pode ser permanentemente garantida. Na

---

6 Em seu clássico artigo de 1982, Stanley Fischer rotula esses componentes respectivamente de "*stock cost*" e "taxa de fluxo" da senhoriagem. Esta última assume que os gastos extras entram no investimento lucrativo: a poupança líquida representa a diferença entre o juro pago sobre os passivos e a taxa de retorno sobre o capital, que é presumivelmente mais alta.

prática, a capacidade de senhoriagem do Estado emissor com o tempo diminui, em vez de aumentar.

Evidentemente, a oportunidade fiscal proporcionada por uma moeda popular será maior nos estágios iniciais do uso transnacional, quando a moeda tem mais demanda no estrangeiro. Mais tarde, em contraste, é mais provável que o privilégio seja corroído do que aumentado pelo acúmulo persistente de passivos líquidos nas mãos de estrangeiros, elevando a oferta relativa à demanda. Nas palavras de Mundell, "as moedas de reserva começam a ficar fortes quando são raras nos mercados mundiais, mas terminam ficando fracas quando se expandem além do ponto de necessidade" (1993, p.17). Essa é uma lição que os governos britânico e norte-americano finalmente aprenderam para seu pesar. Para Londres, a disponibilidade de sobras de saldos em libras a partir da Segunda Guerra Mundial foi uma preocupação durante décadas, até que a área da esterlina finalmente foi encerrada na década de 1970. Para Washington, uma "projeção" comparável de passivos em dólar continua sendo até os dias de hoje uma fonte crônica de preocupação.

O problema pode ser expresso de maneira simples. Quando a circulação externa aumenta, os estrangeiros podem legitimamente se preocupar mais com a possibilidade de desvalorização futura ou até mesmo de restrições na possibilidade de uso de seus holdings. Por isso, com o tempo, o governo emissor terá de prestar uma atenção crescente à competição de outras moedas e, consequentemente, conter seu apetite pela taxa da inflação. A política quase certamente será inibida pela necessidade de desencorajar conversões repentinas ou substanciais por meio do mercado cambial. No mínimo, as taxas de juros podem ter se elevado significativamente para manter o atrativo financeiro do dinheiro. Finalmente, a parcela de capital da senhoriagem internacional, em uma base líquida, pode muito bem ser reduzida a zero ou até mesmo se tornar negativa.[7]

Em resumo, o poder do Estado pode ficar restringido tanto para os países que estão no topo da Pirâmide Monetária como para aqueles que estão na base. Isso depende do sentimento do mercado, pois em um mundo de uso transnacional acelerado, nenhum governo pode se permitir ignorar as preferências dos agentes do mercado.

Gestão macroeconômica

Algo muito parecido também pode ser dito sobre o terceiro elemento do poder derivado de uma moeda territorial: a capacidade de um governo para a gestão macroeconômica. Aqui também o poder do Estado é afetado

---

7 Para um exemplo, ver Cohen (1971b).

em todos os níveis da Pirâmide Monetária, e aqui também depende muito de como as políticas oficiais interagem com as preferências do mercado.

Nessa conexão, o principal impacto da desterritorialização é sentido no mecanismo para o financiamento da balança de pagamentos. Os economistas há muito tempo vêm comparando a relativa facilidade de ajustamento aos desequilíbrios inter-regionais *dentro* de países com dificuldades frequentemente maiores associadas a ajustes de pagamentos *entre* os países. Parte da diferença pode ser atribuída à capacidade do Estado de transferir recursos entre regiões internas, seja via o orçamento do próprio governo ou mediante as operações do banco central. Mas também importante, como as fontes iniciais apontadas (Scitovsky, 1958; Ingram, 1959), é um fenômeno estritamente ligado ao mercado: o maior escopo para o equilíbrio dos fluxos de capital dentro de um determinado país no evento de transtornos transitórios, em razão da existência de uma série de créditos financeiros de curto prazo generalizados que podem ser prontamente negociados entre regiões de excedente e déficit. O desenvolvimento desses créditos generalizados, por sua vez, é tradicionalmente atribuído à existência de uma única moeda nacional, que evidentemente remove o risco cambial.

Esse raciocínio é obviamente baseado na suposição convencional da autarquia nas relações monetárias. Entretanto, a mesma lógica se aplica, mesmo que essa suposição seja relaxada no reconhecimento do passo acelerado do uso transnacional da moeda.[8] Quanto mais amplo for o domínio preponderante de uma determinada moeda, maior será o alcance efetivo para o equilíbrio dos fluxos de capital, assumindo a forma de compras e vendas de ativos denominados nessa determinada moeda. Outras coisas sendo iguais, esses fluxos devem reduzir o custo coletivo de ajuste a choques de pagamentos não previstos.

Esse resultado não é inteiramente surpreendente, pois repete em grande parte um dos principais benefícios econômicos de uma moeda comum ou equivalente sugeridos no Capítulo 4: a economia que resulta da internalização mediante o crédito do que do contrário seriam transações externas. Mas uma diferença crucial tende a ser obscurecida no contexto do tradicional modelo vestfaliano. Se, como insiste aquele modelo centrado no Estado, o espaço monetário for moldado predominantemente, se não exclusivamente, pelos governos, não é injusto concluir que todos os países

---

8 A aplicabilidade mais ampla da lógica foi reconhecida por James Ingram em uma proposta inicial para a integração financeira – na verdade, uma união monetária baseada em taxas de câmbio firmemente fixadas – entre as nações industriais da Europa e da América do Norte (Ingram, 1962); e mais recentemente foi revivida como a base para uma possível via alternativa para a integração monetária na Europa (Kregel, 1990). Mas evidentemente a lógica só se sustenta enquanto todo o risco do câmbio for na verdade removido. Entre as moedas cujas taxas de câmbio não são inequivocamente indexadas, os fluxos de capital podem ser qualquer coisa menos equilibrados.

participantes provavelmente compartilham de modo comensurável desse benefício de uma aliança monetária. Entretanto, o mesmo é menos provável quando as relações monetárias são moldadas em grande parte pelas forças de mercado, que promovem mais uma hierarquia do que uma fusão das moedas nacionais. Nesse caso, um Estado próximo ao topo da pirâmide tem um ganho desproporcional, na medida em que é aumentado o domínio funcional dentro do qual sua moeda pode ser usada para financiar os desequilíbrios. Sua flexibilidade macroeconômica deve ser efetivamente aumentada. Em contraste, os países que estão mais abaixo na escala encontram-se menos capazes de confiar em fluxos de capital equilibrados no processo de ajustamento. Se a confiança em suas moedas é inexistente, seu espaço de manobra é correspondentemente reduzido.

As consequências para qualquer classe de país são visivelmente claras. Para os Estados colocados nas posições mais elevadas, o uso aumentado do dinheiro no exterior poderia, caso a oferta total de moeda fosse inflexível, realmente conduzir a perdas de renda real na medida em que isso causasse uma escassez de moeda local no âmbito doméstico. Além disso, a política monetária doméstica poderia concebivelmente ser indexada a um alvo equivocado, pois uma parte grande ou indeterminada do estoque de dinheiro estaria em circulação no estrangeiro; ou talvez pudesse até ser periodicamente desestabilizada por variações imprevistas na demanda externa pela moeda doméstica. O ganho em flexibilidade macroeconômica não é de modo algum isento de custos.

Do mesmo modo, para países em posições inferiores, as implicações dependem de como os governos reagem à redução da sua flexibilidade política. Pouco controle econômico é obtido, e muita estabilidade financeira pode ser perdida se os agentes do mercado não economizarem esforços para preservar a autonomia monetária como confiável. Mais uma vez as estratégias passadas de alguns governos latino-americanos, que durante os inflacionários anos da década de 1980 tentaram suprimir a dolarização em vez de reformarem seu próprio comportamento, são exemplos disso. Por outro lado, um desempenho econômico muito mais saudável pode ser atingido, com custos menores de ajustamento, se os governos com efeito submeterem sua soberania nominal, pelo menos em parte, à rígida disciplina do mercado. Pode não ser necessário desnacionalizar totalmente a moeda, da maneira defendida por Friedrich Hayek, substituindo as moedas privadas livremente competitivas pela emissão oficial; nem contratar uma moeda estrangeira no lugar da própria, como recomendaram James Meigs (1993) e outros. Pode não ser sequer necessário adotar um fundo de estabilização cambial ou uma regra de taxa cambial equivalente, como foi discutido no Capítulo 3. Mas certamente é essencial que esses Estados levem na devida conta o sentimento do mercado na estruturação da política macroeconômica – como um número crescente de economias em desenvolvimento e transição optou por fazer nos últimos anos.

Isolamento monetário

A história é muito parecida quando chegamos à quarta vantagem de um monopólio monetário: o isolamento da influência externa. Também nesse aspecto os Estados próximos ao topo da pirâmide parecem ganhar desproporcionalmente, na medida em que a expansão de um domínio preponderante da moeda oferece um meio para coagir outros. O poder político deve ser melhorado à custa de países em posições inferiores que se tornam mais dependentes da moeda estrangeira. Mas também nessa conexão os resultados são extremamente sensíveis ao interjogo das políticas oficiais e das preferências do mercado.

Essa hierarquia entre as moedas que podem influenciar a distribuição de poder entre os Estados há muito tem sido reconhecida pelos estudiosos das relações monetárias. A própria noção de hierarquia tem uma natureza política e sugere graus variados para se atingir os objetivos no âmbito doméstico ou no exterior. Como vimos no Capítulo 3, a possibilidade de a soberania monetária poder ser subordinada a um poder dominante, hegemônico, é aceita como uma variação bastante comum do tema vestfaliano tradicional. Para muitos observadores, as implicações são óbvias: os hegemônicos ganham, os outros perdem.

Alguns escritores enfatizam o valor político do uso de uma moeda para propósitos *internacionais* (internacionalização monetária). Durante as primeiras décadas após a Segunda Guerra Mundial, por exemplo, antes da falência do sistema de paridade de Bretton Woods, o dólar dominou claramente entre os governos como um ativo de reserva, meio de intervenção e indexação das taxas de câmbio. No nível oficial das transações, assim como no nível privado, o dólar foi reconhecido como Moeda Principal. Os Estados Unidos estavam assim em uma posição de exercer influência sobre os outros países mediante o seu controle do acesso aos recursos do dólar, quer diretamente ou por meio dos processos de tomada de decisão do FMI. Os Estados não cooperativos podiam ser ameaçados com uma redução ou até um corte dos empréstimos. Os recursos reais podiam ser obtidos por meio da senhoriagem internacional. E a estrutura do sistema podia ser moldada para persuadir os outros governos de que eles tinham um interesse vital na adesão continuada às regras existentes. Para muitos analistas, os ganhos para a alavancagem política dos Estados Unidos foram óbvios. Como comentou Susan Strange, "é claro que é altamente provável que qualquer Estado economicamente forte o bastante para possuir a Moeda Principal da economia internacional irá exercer um poder e uma influência substanciais. Os realmente ricos em geral o fazem" (Strange, 1971a, p.222).⁹

Outros enfatizam o valor do uso *estrangeiro-doméstico* de uma moeda (substituição monetária). Outro especialista escreve, falando sobre o dólar na América Latina:

> O processo de dolarização gerou o equivalente funcional de um bloco do dólar [...] uma relação de dependência gerada pelo poder político e econômico absoluto dos Estados Unidos, que reduziu a autonomia das autoridades políticas domésticas e acrescentou uma nova dimensão à dependência dos países. (Jameson, 1990, p.532)

A dominância da moeda hegemônica é manifestada, quer por meio da IM ou da SM, na influência que ela exerce sobre as condições econômicas de outros lugares – especificamente mediante os vários papéis que a moeda desempenha como uma fonte de capital de longo prazo ou de reservas internacionais, como um veículo para o comércio exterior ou para as intervenções cambiais, ou como uma referência nominal para as taxas de câmbio. Todos esses papéis podem ser entendidos como indicadores do domínio preponderante expandido da moeda colocada no topo, e a dependência de outros países confere vantagens políticas ao país emissor, tanto interna como externamente.

No âmbito doméstico, a moeda hegemônica está em uma posição melhor de isolamento da influência ou coerção externas na formulação e introdução de políticas. No internacional, é mais capaz de atingir objetivos no estrangeiro sem restrições, assim como de exercer um grau de influência ou coerção sobre os outros. Já foi feita referência à lista de Jonathan Kirshner das maneiras em que tal dependência monetária pode ser explorada: (1) aplicação – manipulação das regras em vigor ou ameaça de sanções; (2) expulsão – suspensão ou fim dos privilégios; (3) extração – uso do relacionamento para a apropriação de recursos reais; e (4) captura – transformação dos interesses do Estado dependente. Na verdade, a lista de Kirshner destila a sabedoria convencional nessa questão.

Entretanto, as visões convencionais são essencialmente centradas no Estado, reduzindo muito a importância da interação recíproca igualmente crítica entre o comportamento do governo e as preferências do mercado. Aqui também, claramente, a alavancagem só pode ser explorada na medida em que a moeda em questão mantiver sua superioridade competitiva no mercado.

Uma vez que as moedas rivais comecem a emergir, o país emissor vai descobrir que sua capacidade para manipular a dependência dos outros pode estar comprometida. Qualquer tentativa de limitar o empréstimo por

---

9 No mesmo sentido, ver também Block (1977), Brett (1983) e Kirshner (1995, cap.4).

parte de um Estado cliente, por exemplo, pode conduzir a empréstimos aumentados de outras fontes. Ameaças de sanções ou exclusão podem induzir os governos mais fracos a transferir sua lealdade para outro país hegemônico. Os resultados esperados vão depender das reações dos agentes do mercado, que podem reforçar ou anular o impacto de medidas explicitamente coercivas. Desse modo, o exercício do poder vai exigir cada vez mais um cultivo sistemático do sentimento favorável do mercado via vários tipos de incentivos diretos ou indiretos. O ponto é bem resumido por Kirshner, em uma alusão breve. A questão, diz ele, recorrendo ao jargão familiar da teoria das relações internacionais, "é se o mercado vai oscilar contra ou a favor da manipulação monetária [...] O sucesso da manipulação monetária será cada vez mais dependente da capacidade dos agentes de manipular com habilidade as forças do mercado" (Kirshner, 1995, p.37 e 280). Em outras palavras, os países hegemônicos podem na verdade vencer, mas somente se evitarem perder os mercados.

Pior ainda, uma vez que se desenvolva um excesso de passivos, o país vai descobrir que seu próprio isolamento da influência externa foi corroído. Em princípio, a vulnerabilidade aumentada pode resultar das ações de outros governos, determinados a enfraquecer ou até mesmo destruir as bases do poder do hegemônico. Thomas Schelling (1980) escreveu sobre as vantagens a serem derivadas de "balançar o barco" – comportamento desestabilizador intencionalmente designado para extrair concessões substantivas. Embora não possam oferecer sua própria moeda como uma substituta para a Moeda Principal, os atores menores podem usar a ameaça de liquidação ou retirada para ganhar uma valiosa alavancagem na barganha. Essas táticas, rotuladas por Kirshner de "perturbação sistêmica", têm sido uma especialidade da França no correr dos anos, tanto durante o período entre guerras, quando seu alvo era a libra britânica, como durante a era de Bretton Woods, quando estava em questão o "privilégio exorbitante" do dólar.[10] Na prática, no entanto, além da França os exemplos de perturbação sistêmica deliberada têm sido raros.

Mais relevante é a elevada vulnerabilidade que pode resultar das reações do mercado às políticas do Estado hegemônico. A liberdade excessiva do governo emissor pode ser maior, como já foi sugerido, nos estágios iniciais do uso transnacional, quando seu dinheiro é mais popular. Mais

---

10 Para mais detalhes sobre esses dois episódios de distúrbio sistêmico francês, ver Kindleberger (1972) e Kirshner (1995, cap.5). O termo "privilégio exorbitante" foi cunhado por Charles de Gaulle, presidente da França durante a década de 1960, que expressou um ressentimento particular em relação à capacidade dos Estados Unidos, por causa da aceitabilidade universal do dólar, de administrar os déficits de pagamento "sem lágrimas". As opiniões de De Gaulle sobre o assunto foram extremamente influenciadas pelos conselhos que recebeu do eminente economista francês Jacques Rueff, defensor ardente de um padrão ouro politicamente mais neutro. Ver, por exemplo, Rueff (1972).

tarde, tanto a autonomia política como os ganhos materiais têm maior probabilidade de serem corroídos pela acumulação de saldos no exterior. O equilíbrio dos fluxos de capital pode continuar a proporcionar um grau extra de flexibilidade macroeconômica para lidar com os choques transitórios dos pagamentos. Com o tempo, no entanto, a política será cada vez mais restringida pela necessidade de desencorajar as conversões súbitas ou substanciais para outras moedas. Finalmente, no cômputo geral, o poder efetivo pode ser diminuído em vez de aumentado – justamente o inverso da sabedoria convencional em relação ao valor político da hegemonia.

* * *

Então, onde a nossa exploração do novo cenário desterritorializado da moeda nos deixa? Descobrimos que uma estrutura de poder muito diferente do modelo vestfaliano convencional está emergindo no horizonte: "uma nova geografia do poder", para emprestar uma expressão apropriada da urbanologista Saskia Sassen (1996a, cap. 1). Vemos um mundo que não mais privilegia tão claramente o governo em relação aos outros agentes sociais – repetindo, um mundo monetário que nos leva de volta ao futuro, a algo mais parecido com o que existia antes do século XIX.

É claro que alguns governos individuais podem se beneficiar disso, particularmente aqueles com moedas próximas do topo da Pirâmide Monetária. Nas relações entre os Estados, a desterritorialização evidentemente implica uma redistribuição do poder que favorece aqueles com moedas mais amplamente circuladas e aceitas. Esses poucos felizardos podem antecipar ganhos materiais tanto da flexibilidade macroeconômica aumentada como, durante algum tempo, do benefício de recursos reais da senhoriagem internacional. Da mesma maneira, ganhos políticos decorrerão do status e do prestígio associados a uma moeda situada no topo, assim como, mais tangivelmente, da oportunidade proporcionada para exercer uma influência efetiva sobre as outras. Mas a maioria dos outros Estados parece perder, econômica e politicamente, na medida em que se encontram privados de um alto grau de autonomia política. Somente em circunstâncias em que a estabilidade monetária necessita mais ser criada do que preservada o impacto da competição monetária transnacional pode ser encarado como uma vantagem mais do que uma desvantagem para um Estado.

No cômputo geral, no entanto, os grandes ganhadores não são de modo algum os governos, onde quer que estejam suas moedas na Pirâmide Monetária. Os ganhadores são um conjunto seleto de atores societários privados – especificamente aqueles que estão no mercado com a capacidade e oportunidade para escolher entre redes transacionais alternativas. Nas relações entre os Estados e a sociedade, é claramente a última que será favorecida pela desterritorialização. Os governos são menos privilegiados e esses elementos do setor privado, mais.

Em termos puramente materiais, esses atores societários atingem uma medida importante de ganhos de eficiência: uma melhoria na utilidade do dinheiro para todas as suas principais funções, refletindo a racionalidade das diversas motivações para o uso transnacional esboçado no Capítulo 4. O acesso a uma moeda com um amplo domínio preponderante gera substanciais economias de escala, reduzindo os custos das transações. Também proporciona um refúgio efetivo contra o abuso do privilégio da senhoriagem por parte dos governos. Na verdade, se estiverem inteiramente libertadas dos elementos do monopólio vestfaliano, as forças do mercado podem concebivelmente maximizar a eficiência microeconômica, atingindo assim na prática o que Robert Mundell e outros colaboradores iniciais da teoria das áreas monetárias ótimas (AMOs) estabeleceram identificar em princípio – ou seja, os melhores critérios para a organização do espaço monetário independente das fronteiras nacionais existentes.[11] Ironicamente, a aceleração da competição monetária transnacional sugere que a primeira encarnação das AMOs pode não ter sido afinal tão ingênua.

Politicamente, esses atores societários atingem alguma alavancagem sobre os governos que seria inimaginável no modelo vestfaliano estritamente centrado no Estado. Para os muitos governos com moedas próximas à base da Pirâmide Monetária, a disciplina do mercado é desde o início evidente. E mesmo para os poucos favorecidos próximos ao topo, é provável que a autonomia política – apesar dos ganhos iniciais – seja finalmente corroída por um crescente excesso de passivos externos. Mediante as escolhas que fazem na luta darwiniana entre as moedas, os agentes privados exercem um grau de influência sobre a política pública, que é sem precedentes desde o início da era da moeda territorial, indo bem além do que seria normalmente tolerado nas relações diretas de Estado para Estado.

Essa mudança na estrutura de poder gerada pela competição no mercado é o que uma fonte quer dizer ao descrever o impacto do uso transnacional da moeda como uma "reforma monetária imposta pelo mercado" (Melvin, 1988a). James Meigs tinha a mesma ideia em mente quando, ao lidar com os problemas financeiros do centro-leste europeu e das ex-repúblicas soviéticas, defendeu a adoção de uma moeda estrangeira amplamente aceita como o eurodólar (ver o Capítulo 3). Ele argumentou que tal abordagem "seria impulsionada pelo mercado e proporcionaria um sistema automático, não político, para classificar o desempenho [político]"

---

11 Seguindo essa lógica, o economista George Tavlas (1996b) recentemente demonstrou a relevância direta dos critérios da AMO para a determinação das configurações monetárias direcionadas pelo mercado que, como comentei no Capítulo 5, em outros escritos rotulei de regiões monetárias (Cohen, 1997a, 1997b).

(Meigs, 1993, p.717). Os atores societários privilegiados não ajudam apenas a moldar o espaço da moeda; também exercem uma enorme influência sobre o comportamento do governo dentro da recém-emergente estrutura galáctica do dinheiro. Estamos na verdade a uma longa distância de onde começamos.

GOVERNANÇA TRANSFORMADA

> O Estado-nação tornou-se uma unidade não natural, até disfuncional, para a organização da atividade humana e a gestão do esforço econômico em um mundo sem fronteiras.
>
> Kenichi Ohmae, "The Rise of the Region State", 1993

De algumas maneiras, é claro, a nova "estrutura galáctica" do dinheiro parece curiosamente familiar. No Capítulo 1, observamos a crescente desconexão entre um sistema político baseado no território soberano e uma economia transnacional que é mundial em seu escopo; e aqui está mais evidente o desafio à soberania do Estado do que na área de finanças, onde a globalização dos mercados, como sabemos, provocou um vigoroso debate sobre se está próximo o Fim da Geografia (O'Brien, 1992). Entretanto, o entendimento da natureza do desafio à autoridade política permanece deficiente. Ao contrário das opiniões de muitos, bem representadas pelo comentário desdenhoso do consultor de negócios Kenichi Ohmae, os governos não se tornaram necessariamente não naturais ou disfuncionais. Os atores sociais não assumiram a única autoridade sobre as questões monetárias. A mudança na estrutura do poder gerada pela competição monetária transnacional tem tanto diminuído como *transformado* o papel do Estado na geografia recém-desterritorializada do dinheiro. A governança é agora duramente compartilhada entre os setores público e privado.

Benjamin J. Cohen

O papel do Estado

O fato de o poder do Estado ter diminuído é óbvio. A maioria dos observadores se concentra nos mercados financeiros e no notável aumento da mobilidade do capital que ocorreu nos últimos anos.[1] Em consequência disso, a autoridade do governo ficou seriamente comprometida. Mas *como* ou *quanto* ela foi comprometida e, mais importante, o que as autoridades públicas podem ou devem *fazer* com relação a isso?

A hipótese da mobilidade do capital

A visão convencional, o que David Andrews (1994) chama de Hipótese da Mobilidade do Capital, é que a globalização financeira custou a autonomia monetária dos Estados. Como Andrews resume a proposição,

> o grau de mobilidade internacional do capital restringe sistematicamente o comportamento do Estado recompensando algumas ações e punindo outras [...] Consequentemente, a natureza do conjunto de escolhas disponível aos Estados [...] torna-se mais restringida. (Andrews, 1994, p.193 e 204)

Mas, como Andrews adverte, esse é apenas o começo da história, não o fim.[2] Na verdade, a Hipótese da Mobilidade do Capital, por toda a sua percepção, beira a caricatura, deturpando seriamente tanto o escopo como a severidade do desafio aos governos contemporâneos.

Não há nada de errado com a lógica da proposição, que deriva diretamente do dilema da Não Santíssima Trindade. A menos que os governos estejam dispostos a tolerar virtualmente a instabilidade ilimitada da moeda, eles precisam moldar suas políticas para evitar provocar movimentos de capital maciços ou repentinos. O desafio à autoridade do Estado é de fato real, nem fácil de suportar nem, tipicamente, receptivo à negociação formal. A restrição imposta pelos mercados financeiros globalizados não é apenas uma questão de grupos de interesse individuais com segundas intenções. Pressões específicas, exercidas diretamente sobre o governo mediante lobbies ou outras "atividades que visam maximizar o lucro", têm sido sempre uma parte integrante do processo político em todo capital

---

[1] Para levantamentos recentes, ver Cohen (1996) e Andrews; Willett (1997).

[2] Na verdade, grande parte da análise de Andrews é apropriadamente dirigida a qualificações e limites da proposição. Em suas palavras, "a caução é garantida quando se generaliza a respeito dos efeitos da mobilidade de capital aumentada sobre a 'autonomia monetária' dos Estados individuais" (1994, p.193). Andrews não concorda absolutamente com a Hipótese da Mobilidade do Capital, como eu incorretamente sugeri em meu levantamento de 1996 (Cohen, 1996, p.281).

nacional. O que é diferente na globalização financeira é o papel indireto que os mercados podem agora desempenhar na inibição da política pública – uma disciplina ao mesmo tempo menos tratável e mais impessoal.

O principal é a série mais ampla de opções que chega aos elementos mais privilegiados do setor privado com a globalização da atividade financeira. Para os atores societários que podem tirar proveito das oportunidades proporcionadas pela integração do mercado, a mobilidade do capital significa mais graus de liberdade – mais espaço de manobra em resposta às decisões reais ou potenciais do governo. Taxas mais elevadas ou mais regulação podem ser evitadas movendo o investimento para fundos offshore; políticas monetárias mais rígidas podem ser contornadas acessando-se fontes de financiamento estrangeiras. E essa excessiva liberdade, por sua vez, significa um aumento importante na alavancagem em relação à autoridade política. Lembrando o discurso de Albert Hirschman (1970), podemos pensar na influência no processo político como dependente da relativa disponibilidade de três opções: Saída, Voz e Lealdade. Quanto maior a capacidade dos agentes do mercado de fugirem das preferências das autoridades públicas (Saída), menos o governo será capaz de contar com, ou controlar, a Lealdade submissa. "Os investidores votam com seus pés", como disse Saskia Sassen (1996a, p.39). Como resultado, eles ganham mais Voz para promover as prioridades e os objetivos privados.[3]

Por isso, na verdade, a globalização confere aos atores societários um poder de veto *de facto*, elusivo porém efetivo, ao comportamento do Estado. Este é elusivo porque é exercido indiretamente, por meio de processos do mercado em vez do lobby formal. A autonomia política é ameaçada, mas não de uma maneira intencional ou hostil. O veto é eficaz porque envolve uma ameaça, o risco de saída, que pode nunca vir a ser colocado em prática, mas está sempre presente. A pressão sobre as autoridades do governo é infinita. O imperativo para os governos é evitar provocar a saída; por isso, eles acima de tudo têm de manter a confiança e a boa vontade do setor privado. As plenas implicações dessa nova "geografia do poder" foram competentemente resumidas, com aprovação, por um ex-ministro das finanças da França:

> A economia mundial está cada vez mais dominada pelos mercados financeiros, e temos de nos acostumar a aceitar seus veredictos, sejam eles favoráveis ou não a nós. Eu acho que entendo sua intenção. Eles se tornaram cães de guarda que punirão imediatamente qualquer país que deixe a inflação ou a dívida pública ficar fora de

---

3 Exemplos anteriores dessa linha de argumento incluem Bates; Lien (1985), Gill; Law (1989) e Frieden (1991). Para alguma discussão recente de evidências empíricas, ver Milner; Keohane (1996, p.249-51).

controle. Mas recompensam as boas políticas econômicas. Um defensor dos mercados livres como eu acha que eles proporcionam uma boa disciplina.[4]

A Hipótese da Mobilidade do Capital identifica corretamente a natureza do desafio aos governos. Sua lógica é impecável. A política pública é cada vez mais pressionada para se adaptar ao que os mercados desejam, quer isso coincida ou não com as preferências das autoridades eleitas. Cada vez menos os governos podem ignorar os sinais do mercado financeiro. Mas, seguindo essa lógica, a proposição cuida de simultaneamente *atenuar* e *exagerar* as restrições impostas ao comportamento do Estado.

As restrições são atenuadas porque um foco na mobilidade do capital, enfatizando a integração do mercado financeiro, destaca apenas uma função do dinheiro: seu uso para propósitos de reserva de valor. Na verdade, é óbvio que essa é apenas uma parte da história. A competição transnacional é realmente bem mais extensiva, envolvendo todas as funções padrão da moeda, tanto para o uso internacional como interno – não apenas o papel do dinheiro como um meio de investimento privado –, e penetrando até o âmago do que é entendido por soberania política nacional. Nossa exploração deixou claro que muito mais está em jogo além de apenas os mercados financeiros. É, na verdade, uma questão da eficácia e legitimidade do próprio governo.

Ao mesmo tempo, as restrições são exageradas porque o foco na mobilidade do capital, enfatizando as preferências dos usuários da moeda, destaca apenas um lado do mercado: o da demanda. Isso também ignora uma parte importante da história – ou seja, a *oferta*, que até mesmo em um mundo desterritorializado continua sendo em grande parte o privilégio do Estado. Os governos são ainda a principal fonte das moedas que hoje em dia competem tão vigorosamente nas fronteiras políticas. A luta darwiniana pode ser intensa, mas é uma luta que continua, pelo menos por enquanto, limitada quase exclusivamente ao dinheiro emitido pelo Estado. Eles podem enfrentar desafios, mas os governos ainda mantêm uma influência considerável em relação ao setor privado. A era do dinheiro territorial pode ter acabado, mas isso não significa que os Estados se tornaram um anacronismo na governança das relações monetárias.

A competição do lado da oferta

Evidentemente, o domínio do governo do lado da oferta não é absoluto. Até aquele privilégio remanescente pode ser corroído com o tempo

---

4 Alain Madelin, político conservador, citado no *International Herald Tribune*, de 16 de outubro de 1995, dois meses depois de se demitir do governo do primeiro-ministro Alain Juppé.

pela competição de fontes não estatais. As moedas "desnacionalizadas" já existem, tanto no âmbito doméstico como no internacional, para competir com a emissão oficial dos bancos centrais. Entretanto, até agora nenhuma teve um impacto que pudesse ser descrito como algo mais que marginal – embora isso também possa mudar à medida que a estrutura galáctica do dinheiro continue a se desenvolver.

No âmbito doméstico, algumas moedas privadas circulam em números razoavelmente consideráveis. Somente nos Estados Unidos há até 85 moedas locais em 26 estados, o mais conhecido sendo o sistema de "Ithaca Hours", baseado em Ithaca, Nova York (Frick, 1996). Em 1993, *The Economist* (1993c) relatou a existência de cerca de 45 moedas locais na Grã-Bretanha – muitas com nomes exóticos, para não dizer excêntricos, como beaks, bobbins, cockles e kreds – e talvez trezentas no mundo todo. Contudo, estas são realmente pouco diferentes dos sistemas de comércio multilateral, e continuam sendo deliberadamente locais, circulando em uma escala muito restrita.[5] Nenhuma delas comercializa nas fronteiras nacionais.

No âmbito internacional, os substitutos privados para o dinheiro emitido pelo Estado há muito já existiam na forma do que os economistas chamam de "unidades monetárias artificiais" (UMAs) – alternativas não estatais destinadas a desempenhar um ou mais dos papéis convencionais do dinheiro. Tradicionalmente, no entanto, a maioria das UMAs tem funcionado como uma unidade de conta ou reserva de valor – na verdade, moedas fantasmas modernas – em vez de como um meio de troca, colocando assim uma ameaça direta ao domínio de oferta do governo. Na atualidade, a única forma de dinheiro não estatal usada internacionalmente em qualquer grau substancial é um conjunto de ativos emitidos privadamente denominados ECUs, a antiga Unidade Monetária Europeia da União Europeia que surgiu junto com a SME em 1979.[6] Mas, embora tenha conseguido um sucesso limitado nos mercados financeiros globais, como vimos no Capítulo 5 (Tabela 5.3), a ECU jamais foi amplamente aceita para propósitos transnacionais privados.[7]

Na verdade, a única ameaça real de competição do lado da oferta está no futuro – no reino em desenvolvimento do espaço cibernético, a geografia realmente virtual da internet e da world wide web. Lembre-se da primeira interpretação da tese do Fim da Geografia de Richard O'Brien. À medida que as tecnologias das comunicações e da informação continuam

---

5 Para alguma discussão, ver Morehouse (1989) e Solomon (1996).
6 Outros exemplos incluem o DSE do FMI e um antigo predecessor da ECU rotulado como Unidade de Conta Europeia (UCE). Para mais discussão, ver Aschheim; Park (1976).
7 Para alguma discussão, ver Allen (1986, 1990, 1992, 1993), Masera (1987), De Grauwe; Peteers (1989) e Fujita (1995).

a se desenvolver, não é apenas o local físico que se torna cada vez menos importante. O mesmo acontece com o dinheiro físico, uma vez que as entradas digitais em um computador podem substituir facilmente as contas cotidianas em espécie e em cheques. Em todo o mundo, os empresários e as instituições estão correndo para desenvolver meios de pagamento eletrônico efetivos: o dinheiro eletrônico ou virtual, como é às vezes chamado. Se e quando eles tiverem sucesso, os governos vão enfrentar um desafio competitivo diferente de qualquer um que tenham experienciado na memória viva – UMAs encorpadas além do seu controle individual ou coletivo. Então o seu domínio da oferta, não apenas da demanda, realmente seria perdido.[8]

Entretanto, esse futuro pode estar ainda distante, se é que chegará um dia, dadas as dificuldades de se introduzir no mercado qualquer nova forma confiável de dinheiro. A questão fundamental, como para todas as moedas, é a confiança: como controlar a confiança na aceitação geral de qualquer tipo de dinheiro virtual? Inicialmente, pelo menos, é provável que o valor só seja assegurado prometendo-se uma conversibilidade plena e irrestrita à moeda corrente convencional. Mais tarde, como escreveu *The Economist*, "é possível imaginar o desenvolvimento do dinheiro virtual atingindo um estágio evolucionário final [...] em que a conversibilidade para a moeda corrente deixe de ser uma condição para o dinheiro eletrônico; e, assim, o dinheiro eletrônico se tornará indistinguível de outros tipos mais tradicionais de dinheiro – porque será igual a eles" (1994b, p.23). Mas esse dia com certeza ainda está bem distante. Até então, somente as moedas com patrocínio oficial continuarão a dominar o lado da oferta, tanto para propósitos internacionais como para estrangeiros-domésticos. Por isso, os governos vão continuar a desempenhar um papel que é qualquer coisa menos insignificante.

Uma prova indireta

Será que a continuada relevância do Estado pode ser demonstrada? Alguma prova pode vir de um breve experimento mental comparando o caso especial do modelo vestfaliano padrão, centrado no Estado, com sua alternativa igualmente extrema – o mundo perfeito, impulsionado pelo mercado, da moeda desnacionalizada promovido por Friedrich Hayek e seus seguidores (assim como pelo personagem do cinema Arthur Jensen). Uma estrutura galáctica hayekiana, em que as moedas oficialmente patrocinadas não desempenham nenhum papel, é o caso limitado no lado

---

8 Para alguma discussão, ver Levy (1994), Business Week (1995), Gleick (1996), Teitelman; Davis (1996) e Kobrin (1997b).

oposto do espectro das possíveis configurações definidas por um modelo do espaço monetário baseado no fluxo. As implicações de tal sistema *laissez-faire*, regulado exclusivamente por forças competitivas privadas, sugerem que os governos não são de modo algum um anacronismo, por mais que o seu poder possa parecer diminuído.

Os governos têm boas razões para preferir o velho modelo vestfaliano, definindo os espaços monetários em termos estritamente territoriais, sempre que possível coextensivo com as fronteiras nacionais. Se os agentes do mercado privado tivessem sucesso em um mundo totalmente desnacionalizado, o número de moedas diferentes seria muito menor do que a preferência dos governos. Na ausência da autoridade do Estado, a luta darwiniana com certeza reduziria dramaticamente o número total das moedas, para maximizar os benefícios materiais do dinheiro. Não estamos nem um pouco perto de um resultado desse tipo, o que indica que os governos ainda precisam, de algum modo, exercer influência sobre os termos da competição transnacional.

Até que ponto poderia ser pequeno o número de moedas em um mundo realmente desnacionalizado? As opiniões diferem. Mais extremada é a opinião do economista alemão Roland Vaubel, um exponente entusiástico da competição das moedas conversíveis.[9] Para Vaubel, o número pode vir a ser tão pequeno como apenas uma, por causa do poder esmagador das economias de escala. A competição irrestrita, argumentou, conduziria finalmente a uma única moeda universal – a expressão fundamental da Lei de Gresham ao contrário. Em suas palavras,

> Finalmente, a competição monetária se autodestrói porque o uso do dinheiro está sujeito a economias de escala de tamanho considerável. A indústria do dinheiro deve ser encarada como uma indústria de custo (permanentemente) declinante, isto é, como um "monopólio industrial" [...] O único resultado duradouro será [...] a sobrevivência da moeda mais consistente. (Vaubel, 1977, p.437 e 440)

O argumento de Vaubel, no entanto, não é corroborado nem por evidências históricas nem por uma teoria mais ampla. Os mercados podem preferir reduzir os custos expulsando o dinheiro "ruim". Mas uma multiplicidade de moedas, em vez de uma única, parece ser o resultado mais provável tanto em termos empíricos como analíticos.

É verdade que, em termos históricos, uma moeda tem com frequência tendido a predominar no uso monetário internacional, como declarei no Capítulo 2. Mas domínio não é a mesma coisa que aniquilação. Na prática, a luta darwiniana jamais tendeu a concentrar sua preferência *exclusivamente* em uma única moeda, mesmo na presença de disparidades competitivas

---

9 Ver, por exemplo, Vaubel (1977, 1978, 1984).

tão grandes quanto aquelas que existiram entre a esterlina e o dólar nas décadas posteriores à Primeira Guerra Mundial. Como comentou Paul Krugman (1992, p.173), "o fato impressionante aqui é certamente a inércia; a esterlina continuou sendo a moeda mais bem posicionada durante meio século depois de a Grã-Bretanha ter deixado de ser o poder econômico mais bem posicionado". Uma inércia similar foi evidente durante milênios no uso prolongado de moedas internacionais como o besante e o peso de prata mexicano muito após o declínio das potências imperiais que primeiro as cunharam; e ainda pode ser vista hoje na continuada popularidade do dólar apesar da predominância econômica contraída dos Estados Unidos. Tal imobilismo parece ser a regra, não a exceção, nas relações monetárias.

Em termos teóricos, o argumento de Vaubel se baseia deterministicamente, para não dizer simplisticamente, em uma única variável fundamental: economias de escala. Se estas fossem a única coisa que importasse, uma moeda universal seria de fato inevitável; sua ausência, um paradoxo a ser explicado – o "paradoxo da não universalidade da moeda", como a rotula uma fonte (Thygesen et al., 1995, p.41). Mas as economias de escala não são de modo algum tudo o que importa, como enfatiza a recém-desenvolvida economia de redes. Essa nova literatura salienta que de igual importância são as considerações de estabilidade e credibilidade que sugerem que o número mais adequado de moedas em um mundo de competição monetária pode de fato ser consideravelmente maior que um.

A teoria da rede reconhece duas estruturas distintas na organização das relações espaciais: a "infraestrutura", que é a base funcional de uma rede; e a "infoestrutura", que proporciona os serviços necessários de gestão e controle. As economias de escala, reduzindo os custos das transações, obviamente promovem uma consolidação das redes no nível da infraestrutura, como declara Vaubel. No nível da infoestrutura, em contraste, a configuração mais adequada tende a ser mais descentralizada e competitiva, para maximizar a responsabilidade do agente. Alguns números finitos de redes rivais vão se opor aos efeitos negativos do monopólio absoluto, o que frequentemente conduz a um controle enfraquecido por parte dos usuários e a incentivos diluídos para os fornecedores. Daí a existência de um acordo racional, um impulso para algum grau de diversificação, que provavelmente resultará em um equilíbrio sem uma completa centralização – uma população bem pequena de moedas em vez de uma moeda universal.

A inércia também é promovida pela existência de uma rede transacional já bem estabelecida. Vaubel enfatiza que as mesmas externalidades de rede que são responsáveis pelas economias de escala o são também pela histerese que é tão frequentemente observada na substituição da moeda quanto na internacionalização da moeda. Na verdade, o uso anterior confere a vantagem natural da incumbência. A mudança de uma moeda para outra envolve uma adaptação financeira dispendiosa, como muitos autores têm enfatizado (Dornbusch et al., 1990; Guidotti; Rodriguez, 1992). Um esforço considerável deve ser investido em criar e aprender a usar novos instrumentos e instituições, com muito controle sobre o que se pode esperar que outros agentes do mercado façam ao mesmo tempo. Por isso, por mais atrativa que uma determinada moeda possa parecer, sua adoção não se provará custo-efetiva a menos que outros também consigam fazer um uso extensivo dela. Inversamente, se uma mudança de fato ocorrer, a reversão sofrerá resistência, a menos que se possa contar com uma rede transacional considerável. Nas palavras dos economistas Kevin Dowd e David Greenaway (1993a, p.1180):

> A mudança de moedas é dispendiosa – devemos aprender a calcular na nova moeda, a mudar as unidades em que cotamos os preços, podemos ter de mudar nossos registros, e assim por diante [...] [Isto] explica por que os agentes são com frequência relutantes em mudar as moedas, mesmo quando a moeda que estão usando parece ser claramente inferior a alguma outra.[10]

Finalmente, o imobilismo é reforçado pelo nível de incerteza excepcionalmente alto em qualquer escolha entre moedas alternativas. A incerteza encoraja uma tendência para o que os psicólogos chamam de "mimese": o impulso racional dos atores avessos ao risco para, em condições de contingência, minimizar a ansiedade por meio de um comportamento imitativo baseado na experiência passada. Quando uma moeda adquire um grau de aceitação, seu uso pode ser perpetuado – mesmo depois do aparecimento de novos competidores poderosos – simplesmente pela repetição regular da prática anterior. Na verdade, um viés conservador é inerente na dinâmica do mercado. Como declarou uma fonte, "a imitação conduz à emergência de uma convenção [onde] a ênfase é colocada em certo 'conformismo' ou mesmo hermeticismo nos círculos financeiros" (Orléan, 1989, p.81-3).

Três conclusões se seguem. Uma delas é que, *a priori*, nenhuma configuração monetária pode ser identificada como ótima para toda circunstância. Nos mercados monetários, assim como em outros mercados organizados de ativos, os resultados são extremamente sensíveis às interdependências estratégicas da tomada de decisão. Muito mais provável é a possibilidade de equilíbrios múltiplos – uma inferência consistente com outras abordagens recentes da análise do dinheiro internacional (Krugman, 1992; Matsuyama et al., 1993; Hartmann, 1994). Como escreveu Barry Eichengreen, "como frequentemente acontece quando expectativas são introduzidas, múltiplos equilíbrios são possíveis" (1996b, p.19).

---

10 Ver também Dowd; Greenaway (1993b). Para uma aplicação empírica, ver Peiers; Wrase (1995).

A segunda conclusão é que, de acordo com Vaubel, o número preciso de moedas não pode ser previsto com nenhuma certeza. O próprio Hayek reconhece isso, mesmo quando promoveu a causa da moeda desnacionalizada: "acredito que, uma vez que o sistema estivesse plenamente estabelecido e a competição tivesse eliminado muitos riscos mal-sucedidos, várias moedas extensivamente usadas e muito similares continuariam a existir no mundo livre" (1990, p.126). De maneira parecida, o economista Benjamin Klein (1974) previu que, com a competição irrestrita, o resultado mais provável seriam "múltiplas moedas" vinculadas por uma unidade de conta comum – não diferentemente do papel desempenhado pelas moedas fantasmas iniciais antes da emergência da moeda territorial. E até mesmo Vaubel, em seus últimos escritos (por exemplo, 1984), levanta a dúvida sobre se a massa monetária é realmente um monopólio natural. Tudo o que pode ser dito com segurança é que a população de moedas sobrevivente seria certamente maior que uma.

A terceira conclusão é que, seja qual for o número preciso deixado em circulação, este não seria grande – seguramente em parte alguma quase tão grande quanto o excesso dela que vemos hoje em dia. A julgar pelo grande número de moedas ainda em uso na atualidade, conclui-se que os governos ainda devem desempenhar algum tipo de papel, ainda que diminuído, na governança das relações monetárias. A autoridade ainda não foi inteiramente transferida para as mãos dos agentes privados.

O Estado como oligopolista

Qual é, então, o verdadeiro relacionamento entre os Estados e os atores societários na moldagem do espaço monetário? Em essência, a interação foi transformada de *monopólio* em *oligopólio*. O papel monetário do governo não foi tão diminuído quanto redefinido. Os Estados, antes extremamente supremos em seus próprios territórios, tornaram-se agora algo como firmas concorrentes em uma indústria oligopolista.

A questão é simples. Os mercados têm dois lados: oferta e demanda. Portanto, não apenas um, mas dois conjuntos de atores estão envolvidos – não só os usuários do dinheiro, mas também seus principais produtores, que ocorre ainda serem governos. Com a desterritorialização, os Estados perderam a autoridade dominante que um dia desfrutaram sobre a demanda: seus monopólios locais. Como alguns negociantes agora têm uma alternativa, a opção feliz da Saída, o governo não pode mais impingir facilmente a Lealdade, um papel exclusivo para a sua própria moeda dentro de fronteiras políticas estabelecidas. Mas os Estados ainda dominam o lado da oferta da indústria, em grande parte mantendo o controle sobre a emissão do dinheiro. Assim eles ainda podem, como firmas oligopolistas, exercer *influência* sobre a demanda na medida em que conseguem com sucesso competir, dentro ou entre as fronteiras, pela fidelidade dos agentes do mercado. Assim, a autoridade é mantida na medida em que as preferências do usuário podem ser influenciadas. Como oligopolistas, os governos fazem o que podem, consciente ou inconscientemente, para preservar ou promover a parcela do mercado para o seu produto.

É claro que a rivalidade comercial entre os Estados não é nada nova. Os governos sempre competiram por mercados e recursos como parte do grande jogo da política mundial. Também não é nova a ideia de que os Estados agora competem para atrair diferentes agentes do mercado. Mais de uma década atrás, Susan Strange já declarava que a globalização expandida dos mercados mundiais estava impelindo os governos para um novo tipo de rivalidade geopolítica, "competindo pelas parcelas do mercado mundial como o meio mais certo de obter maior riqueza" (1987, p.564).[11] Mais recentemente, Philip Cerny consolidava a ideia em sua noção de "Estado de competição" – os governos "direcionados pelos imperativos da competição global para expandir a transnacionalização" (1994b, p.225).[12] Entretanto, o Estado de competição só participa dos mercados de maneira indireta, principalmente para alterar os incentivos que confrontam os agentes tanto do lado da demanda como da oferta. O que é singular na competição monetária transnacional é que o Estado participa diretamente, como o ator dominante do lado da oferta. É a criação do próprio governo, o seu dinheiro, que deve ser comercializado e promovido.

Além disso, todos os Estados (excluindo aqueles poucos citados no Capítulo 3 que adotaram formalmente a moeda de outra nação em vez da própria) devem ser considerados parte da luta oligopolista, não importa o quanto suas moedas possam ser ou não competitivas. A rivalidade não está limitada apenas ao pequeno número de moedas que estão no topo da Pirâmide Monetária, como é às vezes sugerido.[13] Isso só seria verdade se a competição transnacional fosse restrita apenas ao uso internacional: algumas poucas moedas competem por parcelas dos portfólios de investimento privado ou pelo uso no faturamento comercial. Mas a desterritorialização

---

11 Strange contrasta isto com a rivalidade mais antiga e tradicional entre os Estados para coisas como território e os recursos que criam dinheiro que podem ser localizados dentro do território. Ver também Strange (1995). Um argumento similar, fazendo uma distinção entre o Estado territorial de estilo antigo e um "Estado comercial" mais moderno, foi proposto ainda mais cedo por Richard Rosecrance (1986).

12 Introduzida pela primeira vez alguns anos antes (Cerny, 1990, cap.8), a ideia de Cerny do Estado de competição foi explorada com certo detalhe em estudos de negócios e na economia industrial, mas está apenas começando a penetrar na literatura da economia política internacional. Para mais discussão, ver Palan; Abbott (1996).

13 Ver, por exemplo, De Boissieu (1988), economista francês que escreve sobre um "equilíbrio monetário oligopolista" consistindo do dólar, do marco (ou da moeda comum da UE) e do iene. Ver também Aliber (1987) e Erdman (1996).

se estende também ao uso doméstico – tanto a SM como a IM – e por isso até certo ponto envolve todas as moedas nacionais em competição direta uma com a outra, tanto as fracas como as fortes. O oligopólio da moeda é realmente global.

O oligopólio proporciona uma analogia particularmente apropriada por causa das suas duas características estruturais fundamentais: interdependência e incerteza.[14] Ambas são aspectos inerentes também do tradicional sistema Estado-nação. Em uma indústria oligopolista, como no sistema entre países, os atores são suficientemente poucos em número para o comportamento de qualquer um ter um efeito apreciável sobre pelo menos alguns dos seus competidores; assim, as ações e reações de outros atores não podem ser previstas com certeza. O resultado é uma interdependência na tomada de decisão que impele cada firma, como Estados rivais, a ficar visivelmente preocupada com considerações de estratégia de longo prazo. Nesse aspecto, os produtores de moeda não são essencialmente diferentes dos produtores de carros, químicos ou computadores.

Além disso, da mesma forma que as empresas oligopolistas, os governos têm apenas um número de estratégias disponíveis para defender a posição da sua moeda no mercado. Estas incluem:

1) *Liderança do mercado*: uma política agressiva destinada a maximizar o uso transnacional da moeda nacional, análoga à liderança de preço predatória em um oligopólio. Nas relações monetárias, essa opção evidentemente só está disponível para os poucos governos privilegiados com moedas próximas ao topo da Pirâmide Monetária.

2) *Preservação do mercado*: uma política de status quo destinada a manter, em vez de aumentar, uma posição no mercado previamente adquirida. Essa estratégia pode ser adotada por Estados com moedas Aristocráticas ou de Elite, ansiosas para preservar o domínio preponderante aumentado do seu dinheiro no estrangeiro. Pode também ser a escolha de governos mais abaixo na escala, determinados a impedir a invasão do seu domínio territorial no âmbito doméstico.

3) *Subordinação do mercado*: uma política aquiescente de soberania monetária subordinada a uma moeda estrangeira mais forte (o primeiro S), análoga à subordinação passiva do preço em um oligopólio – uma opção popular entre os Estados nas camadas inferiores da Pirâmide Monetária.

---

14 Para uma aplicação inicial da analogia entre oligopólio e relações internacionais, ver Cohen (1991, cap.1). Esse capítulo foi originalmente publicado em 1968. Para uma aplicação mais específica das relações monetárias entre os Estados soberanos, ver Cohen (1977).

4) *Aliança no mercado*: uma política conivente de compartilhamento da soberania monetária (o segundo S), análoga aos cartéis tácitos ou explícitos, cujos Estados estão virtualmente em qualquer nível da Pirâmide Monetária que eles possam optar por seguir.
5) *Neutralidade do mercado*: uma política de autarquia máxima nas questões monetárias, mais característica das Moedas Plebeias.

Finalmente, e também como as empresas oligopolistas, os governos colocam em prática suas estratégias mediante esforços para gerir o lado da demanda do mercado – na verdade, para vender o seu produto. Seus alvos são os usuários do dinheiro, nos âmbitos doméstico e internacional. Seu objetivo é manter ou melhorar o domínio transacional ou preponderante da sua moeda. Alguns analistas perspicazes observaram, por um lado, o paralelo entre as moedas, e por outro os produtos vendidos sob marcas registradas. Como ironizou o economista Robert Aliber, "o dólar e a Coca-Cola são ambos marcas registradas" (1987, p.153). Benjamin Klein (1974) falou sobre o papel que "o capital da marca registrada" desempenha na influência das avaliações do mercado sobre o valor e a confiabilidade de uma moeda.[15] Similarmente, a analista Judy Shelton comentou sobre o imperativo de produzir "melhores produtos" em um mundo de competição monetária: "Para superar os rivais, um produtor de dinheiro teria de oferecer ao público uma marca de dinheiro melhor que aquela dos concorrentes" (1994, p.231). Como resume Aliber, "cada banco central nacional produz sua própria marca de dinheiro [...] Cada moeda nacional é um produto diferenciado [...] Cada banco central tem uma estratégia para fortalecer a demanda para sua marca particular de dinheiro" (1987, p.153 e 156).

Como uma demanda pode ser fortalecida? Duas abordagens contrastantes são possíveis – *persuasão* e *coerção*. Embora nenhuma delas seja infalível, cada uma pode ser extremamente eficaz na influência para a atratividade geral de uma moeda.

A persuasão é evidentemente a abordagem padrão do setor privado, onde a coerção é (supostamente) ilegal. Em um oligopólio industrial, empresas rivais podem melhorar a atratividade de seus produtos via cortes no preço, melhorias na qualidade, propaganda agressiva e qualquer número de dispositivos de marketing similares. Na arena internacional, os Estados podem tentar fazer o mesmo investindo na reputação do seu dinheiro, atuando para reforçar sua atratividade para alguns ou todos os propósitos monetários usuais. A ideia é melhorar a confiança na utilidade e confiabilidade continuada do dinheiro – infelizmente, não é algo que possa ser realizado rapidamente e com certeza sem um custo e esforço consideráveis. Como comenta um autor, "a confiança monetária não pode ser criada

---

15 Ver também Klein; Melvin (1982) e Melvin (1988b).

da noite para o dia [e] não é um produto gratuito" (Melvin, 1988b, p.440). Pode-se acrescentar que as reputações são muito mais fáceis de destruir do que de construir. Recursos devem ser persistentemente despendidos para estabelecer e sustentar uma marca bem-sucedida.

Várias táticas são possíveis. Mais estritamente, o uso de uma moeda pode ser encorajado por taxas de juros mais elevadas, garantias de conversibilidade ou vantagens de taxas especiais sobre determinados ativos líquidos. Mais amplamente, os governos podem tentar promover a aceitação facilitando a expansão de uma rede transacional do dinheiro – por exemplo, patrocinando o desenvolvimento de mercados de dívida denominados em sua moeda, para melhorar sua conveniência cambial e a segurança do capital. Mais fundamentalmente, a reputação de uma moeda pode ser sustentada por um compromisso confiável com uma gestão monetária sólida, prometendo as qualidades da inflação baixa e da variabilidade da inflação baixa que são tão apreciadas na luta darwiniana entre as moedas. É improvável que os negociantes racionais sejam atraídos pela moeda de um governo que não pode resistir à tentação de explorar intencionalmente o privilégio da senhoriagem. Os Estados que querem evitar uma fuga da sua moeda devem, na verdade, praticar a autonegação fiscal – uma "paciência com relação à renda", como disse um economista (Ritter, 1995, p.134) – limitando voluntariamente a emissão da sua própria moeda.

Uma maneira de tornar tal confiança digna de crédito é um fundo de estabilização cambial ou uma empresa que regule a taxa cambial, como fez Menem na Argentina ou Cardoso no Brasil. Como muitos Estados com alta inflação descobriram, tanto no ex-bloco soviético como no mundo em desenvolvimento, a subordinação pode ser a única maneira de construir ou restaurar a confiança em uma moeda nacional fraca. Como alternativa, os governos podem procurar restaurar a credibilidade sem se subordinarem diretamente a uma moeda estrangeira forte, mediante uma reforma convincente da política macroeconômica no âmbito doméstico – uma estratégia de neutralidade em vez de subordinação. Muitos Estados podem preferir se submeter à disciplina do mercado do que ao domínio de outro governo.

Complementando isso está a possibilidade de coerção – legalmente, o único privilégio dos governos soberanos em um mundo vestfaliano. Os atores oligopolistas no setor privado de fato também recorrem às vezes a táticas de alta pressão, como acordos condicionados compulsórios ou esquemas de marketing exclusivos, mas só na medida em que a lei permita e nunca apoiada por uma ameaça de força legítima. Os Estados, por outro lado, na verdade fazem a lei e são a própria incorporação da autoridade coerciva. O princípio da soberania nacional permite que os governos se baseiem em muito mais do que apenas a arte da persuasão para defender a posição do mercado.

De fato, a coerção há muito tem sido uma parte do arsenal de todo governo nas questões monetárias. A monopolização dos poderes monetários iniciada em meados do século XIX teria sido impossível se os Estados não tivessem liberdade para limitar o grau de competição entre a moeda doméstica e a estrangeira, primeiro por meio das leis de moeda corrente e das provisões de receptibilidade pública, e posteriormente pelos controles de câmbio e capital e outras medidas de repressão financeira. Pode não ser verdade que as moedas territoriais convencionais desapareceriam completamente na ausência de restrições legais, como afirmaram alguns economistas.[16] Mas é evidente que, sem tais medidas, a demanda por muitas moedas nacionais, particularmente aquelas próximas da base da Pirâmide Monetária, seria significativamente reduzida – para algumas, talvez até mesmo a ponto de desaparecerem. Uma fonte recente comentou com espanto sobre a "notável resiliência das moedas ruins" em todo o mundo (Willett; Banaian, 1996, p.79). Na verdade, essa resiliência não é de modo algum difícil de explicar se levarmos em conta a autoridade coerciva dos governos nacionais. É improvável que a competição transnacional, não importa quão intensa, venha a tirar muitas moedas de circulação enquanto o princípio da soberania absoluta do Estado permanecer a regra constitutiva básica da lei internacional.

Na prática, é claro, a maioria dos governos faz uso das duas abordagens – tanto a persuasão como a coerção – para promover a atratividade da sua moeda. As duas não são mutuamente exclusivas. Enquanto persistir a luta pela sobrevivência, nenhum instrumento político disponível será negligenciado por muito tempo.

O papel do mercado

Nas questões monetárias, os governos nacionais claramente perderam muito do seu status privilegiado em relação aos atores sociais. Não podem mais aspirar ao controle unilateral da demanda para suas respectivas moedas. Entretanto, os agentes privados permanecem sujeitos a uma enorme influência também do setor público, mediante os ainda grandes poderes de persuasão e coerção do Estado. Repetindo, os governos não se tornaram um anacronismo. Neste caso, temos o direito de perguntar: quem de fato governa as relações monetárias? Quem faz as regras, como elas são

---

16 Mais proeminente é Neil Wallace (1983, 1988). Para alguma discussão dessa "teoria das restrições legais", que está intimamente associada ao desenvolvimento da chamada nova economia monetária na década de 1980, ver Cowen; Kroszner (1987), Harper; Coleman (1992), Laidler (1992), Selgin (1994) e Selgin; White (1994). Numerosos autores destacaram a semelhança da teoria das restrições legais com a "teoria estatal da moeda" de George Knapp, mencionada no Capítulo 1.

aplicadas e onde os resultados são determinados? Em resumo, como é realmente exercida a autoridade monetária?

Autoridade ou anarquia?

Para alguns observadores, a resposta é simples: quando o poder se desloca para os mercados, *ninguém* governa.[17] A autoridade é substituída pela anarquia. Na verdade, nada poderia ser mais equivocado.

O ponto de vista de Susan Strange é representativo, como está expressado em um comentário recente competentemente intitulado de *The Retreat of the State* (O recuo do Estado).[18] Como muitos outros estudiosos, Strange se concentra no desafio imposto pela globalização econômica ao tradicional modelo vestfaliano de soberania do Estado. Seu ponto de partida é convencional, como ela prontamente admite: "Não há grande originalidade nas suposições básicas deste livro – que é o fato de as fronteiras territoriais dos Estados não mais coincidirem com a extensão ou os limites da autoridade política sobre a economia e a sociedade" (1996, p.ix). Nem há nada particularmente incomum em suas observações sobre o aumentado "vazio da autoridade do Estado" (p.6) causado pela influência crescente das "forças impessoais dos mercados mundiais" (p.4). Em suas palavras, "a autoridade dos governos de todos os Estados, grandes e pequenos, fortes e fracos, foi enfraquecida como resultado da mudança tecnológica e financeira e da integração acelerada das economias nacionais em uma única economia do mercado global (p.13-4)".

No entanto, mais dramática é a conclusão que ela extrai: de que o próprio sistema de governança está enfraquecido. A erosão da autoridade do Estado, argumenta, não deixou ninguém no comando. Mais uma vez em suas palavras,

> Algumas das responsabilidades fundamentais do Estado em uma economia de mercado – as primeiras responsabilidades reconhecidas, descritas e discutidas com um detalhamento considerável por Adam Smith há mais de duzentos anos – não estão sendo adequadamente cumpridas por ninguém. No cerne da economia política internacional há *um vazio* [...] O que alguns perderam, outros não ganharam. A difusão da autoridade para fora dos governos nacionais deixou *uma enorme ausência de autoridade*, que poderia ser chamada de não governança. (p.14, grifos nossos)[19]

---

17 Hirst e Thompson (1995, 1996) rotulam esses observadores de "teóricos da globalização extrema". Ver essas fontes para mais referências. Louis Pauly (1995) os descreve como "entusiastas do mercado global".
18 Ver também Strange (1994, 1995).
19 Alternativamente, "em resumo, a proposição é que a autoridade do Estado escapou para cima, para os lados e para baixo. Em alguns assuntos, parece até não ter ido para lugar nenhum, apenas evaporado" (Strange, 1995, p.56).

Em um sentido formal, é claro, Strange está absolutamente certa. Aspectos da governança que todos nós assumimos tacitamente no âmbito nacional – que Adam Smith chamou de "magistratura" do Estado, incluindo a proteção dos direitos de propriedade, padronização dos pesos e medidas e provisão de uma estrutura geral da lei, da ordem e da justiça – são obviamente diluídos ou ausentes no âmbito global, onde não existe nenhum governo legal. Nesse sentido, a não governança é uma caracterização justa. Na verdade, no correr do tempo foi estabelecida uma ampla série de substitutos para uma única autoridade supranacional, institucionalizada em organizações multilaterais e em procedimentos regularizados para a cooperação internacional para assumir pelo menos algumas das responsabilidades tradicionalmente assumidas pelos Estados. Mas sem os poderes que acompanham a soberania absoluta, tais substitutos permanecem na melhor das hipóteses fracas imitações: menos eficazes na produção de resultados eficientes, estáveis e equitativos. No mercado atual cada vez mais globalizado, muitas funções da governança na verdade não estão sendo cumpridas de uma maneira que possa ser descrita como adequada.

Mas isto significa que ninguém permanece no comando – que somos deixados apenas com um vazio? Tal reivindicação corajosa, embora amplamente expressada,[20] baseia-se em uma séria concepção equivocada do significado da autoridade nas relações sociais. Na política e no direito, a autoridade é comumente entendida como uma capacidade para impor a obediência.[21] Como seu sinônimo, a governança, é uma capacidade para exercer influência sobre o comportamento e as decisões dos atores. A autoridade é inseparável do poder, que em seus muitos aspectos é a condição *sine qua non* para o controle efetivo dos resultados. Mas ela é na verdade separável do Estado, que de modo algum é o único agente capaz de criar e fazer cumprir as regras. A autoridade pode ser exercida sob a bandeira da soberania – o modelo vestfaliano –, mas pode também ter sua origem em uma ampla variedade de outras instituições sociais, algumas das quais podem ser bem menos visíveis a olho nu do que as funções formais e as regras explícitas dos governos ou das agências multilaterais. Em outras palavras, a governança pode também assumir formas mais informais e implícitas.

---

20 Ver a nota 17 deste capítulo.
21 A literatura sobre a autoridade é volumosa, envolvendo especialistas de várias disciplinas. O intenso debate é atraído, por um lado, pelo relacionamento do conceito de autoridade com noções de dever ou obrigação; por outro, com questões de liberdade, direitos e a autonomia do indivíduo. Para um levantamento proveitoso, ver Miller (1987). Notáveis contribuições recentes incluem Watt (1982), Pennock; Chapman (1987), Raz (1990), Lincoln (1994) e Molnar (1995). Para uma aplicação às questões da economia política internacional, ver Cutler (1996).

Como um modo de organizar o espaço político, a autoridade cai em algum lugar entre as contrastantes modalidades de coerção e persuasão. Nas palavras da filósofa Hannah Arendt, "para a autoridade ser definida, ela deve ser contrastada tanto com a coerção pela força como com a persuasão por meio de argumentos" (1968, p.93). Sinais de cada uma podem estar implícitos na noção de autoridade, mas apenas por presunção. A persuasão, por exemplo, exerce a sua vontade mediante o argumento e o apelo sistemáticos – o que em geral é chamado de "uma capacidade para a elaboração equilibrada". A coerção, no extremo oposto, baseia-se no uso explícito da força – uma capacidade para a violência repressiva. As duas alternativas podem assomar no pano de fundo da governança como *possibilidades* a serem trazidas à tona caso ocorra um comportamento desviante. Em algumas circunstâncias, a obediência pode resultar de uma crença de que existe uma capacidade para a persuasão ou para a coerção. Mas nem o argumento nem a violência são condições necessárias para o exercício efetivo da autoridade.

A questão fundamental é: de onde se origina a autoridade e como ela é conduzida? A maioria dos estudiosos parte da tipologia familiar de Max Weber, que lista não menos de três bases distintas para a autoridade: a lei, a tradição e o carisma. Nas próprias palavras de Weber (1925, p.328),

> Há três tipos puros de autoridade legítima. A validade de suas reivindicações à legitimidade pode ser baseada em:
> 1) Campos racionais – baseados em uma crença na "legalidade" dos padrões das regras normativas e no direito daqueles elevados à autoridade sob tais regras para acionar os comandos (autoridade legal).
> 2) Campos tradicionais – baseados em uma crença estabelecida na santidade das tradições imemoriais e na legitimidade do status daqueles que exercem a autoridade a elas sujeitas (autoridade tradicional); ou finalmente
> 3) Campos carismáticos – baseados na devoção à santidade, ao heroísmo ou ao caráter exemplar específicos e excepcionais de um indivíduo e nos padrões normativos ou na ordem revelada ou ordenada por ele (autoridade carismática).

É fácil ver que muito mais está envolvido aqui do que apenas a governança por parte do governo. Para Weber, é claro, a autoridade estava diretamente associada ao Estado. Sua preocupação era com as fontes de legitimidade para o modelo de governança vestfaliano tradicional. Na verdade, contudo, apenas uma de suas três categorias, o modo de autoridade *de jure*, "racional-legal", é realmente exclusivo do governo formal. A autoridade pode de fato derivar da supremacia jurídica como estar incorporada nas instituições familiares dos Estados soberanos. Mas se reconhecemos as duas categorias remanescentes de Weber, essa evidentemente não é a única procedência possível da autoridade. Nem a tradição nem o carisma são um monopólio do Estado.

De fato, a autoridade pode ser manifestada mediante qualquer número de canais de controle *de facto*. A tradição e o carisma são dois deles; outros incluem opinião, ideologia e até convenção intelectual. Por isso, de modo algum é verdade que somos deixados com um "enorme vazio de autoridade" simplesmente porque o poder na economia mundial se afastou dos governos nacionais. As forças do mercado podem ser impessoais, mas isso não as torna nem um pouco menos capazes de governança.

O ponto principal é simples. A autoridade é, em última análise, *socialmente construída* – como as nossas representações do espaço político, um epistema social construído a partir de nossas próprias ideias e experiências. Como escreveu o filósofo político R. B. Friedman, seguindo a lógica de Weber, a eficácia da autoridade é derivada de "algum relacionamento normativo mutuamente reconhecido" (1990, p.71). Sua legitimidade é baseada nas expectativas histórica e culturalmente condicionadas sobre o que constitui a conduta apropriada. Uma distinção prática entre as ordens sociais baseadas no planejamento e na organização formais (isto é, o Estado) e as ordens mais espontâneas, que emergem das acomodações mútuas de atores muito diversos e autônomos, há muito tem sido a característica principal da filosofia social ocidental, remontando à *Fábula das abelhas*, de Bernard Mandeville, publicada pela primeira vez em 1714. O modelo não planejado e espontâneo pode ser encarado como não menos legítimo – não menos *confiável* – do que a variedade deliberadamente planejada.

Por isso, a governança não exige necessariamente as instituições tangíveis de governo. Pode nem mesmo exigir a presença de atores explícitos, quer patrocinados pelo Estado ou privados, para assumir a responsabilidade pelo estabelecimento e o cumprimento das regras. Tudo o que a governança realmente precisa é de um consenso social válido sobre os direitos e valores relevantes. Como resumiu James Rosenau,

> A governança refere-se às atividades apoiadas por objetivos compartilhados que podem ou não derivar de responsabilidades legal e formalmente prescritas e que não se baseiam necessariamente em poderes policiais para superar a desobediência e conseguir o cumprimento. Em outras palavras, a governança é um fenômeno mais abrangente que o governo. Ela abarca as instituições governamentais, mas também inclui mecanismos informais, não governamentais [...] A governança é, portanto, um sistema de governo que é tão dependente de significados intersubjetivos quanto de constituições e concessões formalmente sancionadas. (1992, p.4)

A autoridade pode ser formalmente articulada em regras explícitas estabelecendo as prescrições ou proscrições específicas para a ação. Mas isso também pode ser expresso mais informalmente como normas implícitas definindo os padrões de comportamento em termos dos direitos e obrigações entendidos. As regras são normalmente aplicadas por governantes "legítimos" e, desde o Tratado de Vestfália, estes têm se identificado mais de perto com o Estado territorial. As normas, por sua vez, tendem a exercer sua influência mais mediante o poder das instituições sociais, incluindo arranjos familiares como a família, a religião e, é claro, o mercado. Tanto as regras explícitas como as normas implícitas são parte do que entendemos como governança. Não enfrentamos um vazio sempre que a influência é redistribuída das primeiras para as últimas.

É bem verdade que a governança pode não ser tão satisfatória quando realizada mediante instituições sociais. A ambiguidade maior das normas, em comparação com as regras, deixa mais espaço aos atores para manobras estratégicas; a ausência de um mecanismo de cumprimento explícito (polícia, judiciário etc.) aumenta a tentação para quebrar os compromissos quando convém fazê-lo. Por isso, os resultados podem não ser tão estáveis nem tão equitativos quanto poderíamos preferir. Como já indiquei, Susan Strange está sem dúvida correta quando sugere que muitas funções de governança não estão mais sendo exercidas tão adequadamente como poderiam ser. A certeza do governo formal é substituída pela menos previsível força da convenção social. Mas isso não é o mesmo que "ausência de governança". Não devemos confundir a *forma* da autoridade com suas *consequências*.

Por isso não é absolutamente preciso concluir, como sugere Strange, que ninguém governa agora o panorama recentemente desterritorializado do dinheiro. O poder de monopólio dos Estados não foi substituído pela anarquia, mas pela mão invisível da competição. A autoridade que antes derivava apenas das leis da moeda corrente e de outras intervenções políticas passou a ser mais incorporada nas normas e expectativas que governam a luta darwiniana entre as moedas. Em resumo, o poder da governança atualmente reside naquela instituição social que chamamos de mercado.

Oferta ou demanda?

Mas isso ainda nos deixa com uma pergunta latente: *quem* governa no mercado? Afinal, o mercado não é um ator unitário; devemos evitar o pecado da reificação. Pelo menos dois conjuntos de atores estão envolvidos aqui – os produtores de dinheiro do lado da oferta e os usuários do dinheiro do lado da demanda. Quem realmente está no comando?

Na verdade, *ambos* lados mandam – produtores do dinheiro assim como seus usuários. Como em qualquer cenário de mercado, são a oferta e a demanda juntas, interagindo sinergicamente, que determinam a organização do espaço monetário. A questão básica foi apontada muitos anos atrás pelo renomado economista inglês Alfred Marshall, ao comentar sobre se é a demanda ("a utilidade") ou a oferta ("o custo da produção") que governa os resultados do mercado ("o valor"): "podemos tão razoavelmente discutir se é o lado superior ou inferior de uma tesoura que corta um pedaço de papel, quanto se o valor é governado pela utilidade ou pelo custo da produção" (1920, p.348). Do mesmo modo, em nosso tempo podemos muito razoavelmente discutir se é o Estado ou a sociedade que molda a nova geografia do governo. Na realidade, como acontece com a tesoura de Marshall, são ambos, cada um desempenhando um papel fundamental e recíproco em um processo dialético contínuo. O que vincula os dois lados em sua sinergia são as redes transacionais que definem os domínios funcionais das moedas individuais. E o que está no cerne desses espaços sociais é a questão da confiança: a fé recíproca de um grupo de negociantes com ideias afins na utilidade geral e na aceitabilidade futura de uma moeda. A governança é estipulada por qualquer coisa que possa influenciar a confiança do mercado nas moedas individuais.

Nesse sentido a nossa exploração do cenário imaginário do dinheiro nos conduz de volta ao círculo fechado dos significados da geografia e do dinheiro discutidos no Capítulo 1. Se os espaços monetários são entendidos mais em termos funcionais do que físicos – vistos pela lente de um modelo de relações monetárias baseado no fluxo em vez de em um modelo territorial mais tradicional –, fica claro que o poder dos governos nacionais, embora ainda substancial, não é mais automaticamente privilegiado em relação àquele dos outros atores. Se o dinheiro for precisamente entendido como uma instituição social derivada de padrões de prática histórica autorreforçadores, também fica evidente que nem a organização formal nem regras explícitas são requeridas para o exercício eficiente da autoridade monetária. O sistema de governança é a coletividade de atores, tanto públicos como privados, que compreendem os dois lados do mercado. Por meio de sua interação contínua, são esses agentes *juntos* que conjuntamente, ainda que com certo constrangimento, fazem as regras e moldam os contornos da geografia monetária atual.

Uma crise de legitimidade

No fim, o modelo vestfaliano tradicional tornou-se tanto uma ficção nas relações monetárias, uma armadilha para os incautos, como o foi na arena mais ampla da política global. O Capítulo 1 observou como a organização do espaço político na era contemporânea foi transformada do mundo homônimo do Estado territorial em algo muito mais parecido com a heterônima Idade Média – um novo medievalismo, tomando emprestado o termo de Hedley Bull (1977). Então, ao que parece, ela tem o cenário imaginário do dinheiro, que hoje é governado por uma colcha de retalhos de autoridades, cada pedacinho tão difuso e contingente quanto aqueles da Europa medieval. Também nas questões monetárias estamos testemunhando a emergência de um novo medievalismo. Onde um dia governou o Estado soberano, agora prevalecem as forças do mercado.

Por isso, uma vez mais nos confrontamos com a questão colocada na Introdução deste livro: isso importa? Neste momento, a resposta deve ser clara: na verdade, não importa. É requerido muito mais que um mero encolher de ombros. O dinheiro nos afeta a todos, cada dia de nossas vidas; seus impactos são múltiplos e diretos. Nesse novo sistema de governo desterritorializado, o que está em jogo é a *legitimidade* da tomada de decisão – uma questão decididamente normativa. Devemos estar contentes com essa dramaticamente nova geografia do poder?

Muitos, particularmente os partidários de uma persuasão mais libertária, poderiam bem responder que sim, pois a liberdade parece ser promovida. Sempre desconfiados da excessiva autoridade do governo, os libertários celebram todas as limitações do comportamento político impostas pela tomada de decisão descentralizada do mercado. Para eles, o mercado serve a duas funções valiosas: dispersar o poder na sociedade e proporcionar um potente contrapeso para o poder impressionante do Estado. Por isso muitos sem dúvida aplaudiriam tal transferência dos privilégios do setor público para o privado – dos políticos desprezados para as forças competitivas do mercado. O monopólio apropriado pelos governos durante a era do dinheiro territorial foi frequentemente mal administrado ou abusado, como bem sabemos, resultando em inflação corrosiva ou instabilidade macroeconômica. Não estaríamos todos em uma situação melhor se os Estados devessem agora agir como oligopolistas, competindo intensamente um com o outro pela lealdade dos atores do mercado? Em vez da Lealdade compulsória, agora temos a opção da Saída voluntária. Em vez das ações arbitrárias das autoridades públicas, podemos agora nos beneficiar dos frutos da racionalidade do mercado.

Além disso, continuam os libertários, os mercados são inerentemente democráticos porque refletem as atitudes e decisões de milhões de negociantes individuais atuando na verdade como uma espécie de eterna pesquisa de opinião – "o sistema automático e não político para a classificação do desempenho [político]" preconizado por Meigs (1993, p.717). Por que não deveríamos estar contentes com uma estrutura de governo que produza mais poder para o povo?

Entretanto, a reação dos libertários é seriamente deficiente em dois aspectos. Ela negligencia questões de equidade e responsabilidade. É verdade que a competição transnacional dá mais Voz a muitos atores sociais em relação à autoridade governamental: o direito de votar como bem entenderem se desaprovarem a política oficial. Só que esses votos não são distribuídos por pessoa – o tradicional Uma pessoa, Um Voto –, mas pela riqueza. A noção de igualdade diante da lei é portanto violada, se não fatalmente comprometida. Nas palavras do economista Arthur Okun, escrevendo sobre o "grande conflito" entre os princípios da democracia e o capitalismo, "o dinheiro transgride os direitos políticos iguais" (1975, p.29). Aqueles com mais dinheiro têm mais votos. Tal privilégio tendencioso é muitíssimo inconsistente com as visões contemporâneas de legitimidade política.

Pior ainda, há menos responsabilidade em um sistema de governança que dá tanta Voz a um conjunto selecionado de agentes do mercado quanto aos políticos eleitos. Como uma abordagem à regra política, tal mudança pode ser encarada como regressiva ou mesmo perniciosa, na medida em que subverte a vontade do eleitorado geral. Os políticos podem ser ineficazes ou repugnantes, mas em muitos países – e certamente nas democracias representativas – está oficialmente estipulado que eles governam com o consentimento dos governados. Em outras palavras, eles podem, pelo menos até certo ponto, ser considerados responsáveis por suas ações. Os agentes do mercado, em contraste, não são eleitos nem politicamente responsáveis, e podem sequer ser cidadãos. Se a vontade da maioria, embora pobremente refratada pelas leis do governo representativo, pode ser cerceada pelo poder econômico de uma minoria anônima, a própria democracia fica ameaçada. Isso também está em desacordo com as visões contemporâneas de legitimidade.

O fato de essa globalização econômica poder ameaçar uma crise de legitimidade na regra política – o que um autor chama de "déficit de legitimidade" (Underhill, 1996, p.6) – só recentemente começou a atrair a atenção de estudiosos da política mundial.[22] A preocupação crescente está bem captada pelo título de um livro de Louis Pauly: *Quem elegeu os banqueiros?* Como declara Saskia Sassen sobre a questão,

> Os bancos centrais e os governos parecem agora estar cada vez mais preocupados em agradar os mercados financeiros em vez de estabelecer objetivos para o bem-estar social e econômico [...] Queremos que o mercado de capitais global exerça essa disciplina sobre nossos governos? E fazê-lo a todo custo – empregos, salários, segurança, saúde – e sem um debate público? Embora seja verdade que esses mercados são o resultado de múltiplas decisões por parte de múltiplos investidores e, portanto, têm certa aura democrática, todos os "eleitores" têm de possuir capital [...] Isso deixa a vasta maioria dos cidadãos de um país sem qualquer poder de decisão. (1996a, p.50-1)

---

22 Ver, por exemplo, Held (1991), Held; McGrew (1993), Hirst; Thompson (1995), Pauly (1995), Underhill (1995) e Sassen (1996a).

Ninguém que acredite na equidade ou na responsabilidade em política deve se sentir contente com tal estrutura de autoridade. A desterritorialização da moeda *realmente* importa.

* * *

A questão não é o fato de os Estados terem perdido todo o seu papel na gestão das relações monetárias. Eles ainda são parte do sistema implícito de governança do dinheiro. Mas no novo medievalismo que suplantou o velho modelo vestfaliano, os governos devem conscientemente se adaptar a uma transformação dramática do seu status, desde os monopolistas até os oligopolistas, se quiserem representar adequadamente os interesses de todos os seus cidadãos nas questões monetárias. Como nos séculos anteriores à era do dinheiro territorial, também a nova soberania tem se tornado cada vez mais contestada; as noções de autoridade e legitimidade cresceram de uma maneira tão sutilmente intrincada e ambígua quanto sempre foram durante a Idade Média. A política pública pode ser confrontada?

A política pública pode ser confrontada?

> O dinheiro, agora despojado de sua referência a subjetividades específicas, foi em grande parte privado de seus vestígios de soberania.
>
> Michael J. Shapiro, *Reading "Adam Smith"*, 1993

A transformação atual do panorama do dinheiro é real. A geografia monetária é cada vez mais determinada pelas redes transacionais impessoais e pelos relacionamentos de autoridade que, em uma maneira realmente medieval, são em grande parte indiferentes às fronteiras territoriais dos Estados. A observação de Michael Shapiro atingiu direto o alvo. Os governos não podem mais confiar em um vínculo subjetivo automático entre a moeda e o país – a pedra angular do modelo vestfaliano tradicional – para buscar atingir seus objetivos. Como resultado, os cidadãos comuns não podem mais confiar em seus representantes eleitos para responder, ainda que de maneira imperfeita, à vontade expressa da maioria. A consequência desse déficit de legitimidade é uma miríade de novas tensões e inseguranças em torno do globo, colocando ameaças à estabilidade e ao mesmo tempo prometendo oportunidades para a cooperação.

Mas a soberania nacional continua sendo o princípio organizador central da política mundial. Por mais que possamos ser tentados a contemplar novas formas, não estatais, de instituições governamentais, precisamos ser realistas. A sociedade ainda procura em primeiro lugar o Estado para algum tipo de solução a seus problemas. Por isso nós também devemos ir atrás dos governos estabelecidos para respostas construtivas para a crescente desterritorialização do dinheiro. Hoje em dia a política pública é desafiada em quase toda nação soberana, onde quer que ela esteja na Pirâmide Monetária: no pequeno grupo de países cujas moedas são mais amplamente usadas, incluindo os Estados Unidos, membros da União Europeia e Japão; assim como no número muito maior de países com moedas menos competitivas. O que os governos podem fazer para enfrentar isso?

Não há soluções fáceis

Opções políticas amplas são fáceis de identificar, mas difíceis de colocar em prática. Lembro novamente ao leitor os dois casos limitados definidos por um modelo de geografia monetária baseado no fluxo. Em um extremo, os governos podem simplesmente entregar sua soberania monetária às forças do mercado, abdicando formalmente de toda a responsabilidade pelas questões monetárias: a solução hayekiana das moedas desnacionalizadas. No outro extremo eles podem ativamente buscar recriar o modelo vestfaliano tradicional, reafirmando o seu controle no panorama imaginário do dinheiro, quer sobre o seu próprio ou coletivamente: uma *"reterritorialização"* das moedas. Embora opostas na intenção – uma negando a autoridade do Estado, a outra a celebrando –, as duas abordagens compartilham a atratividade da clareza e a elegância intelectual, oferecendo soluções cuidadas e limpas para algumas das enfermidades mais complicadas do mundo. Entretanto, justamente por essa razão, é improvável que alguma das duas ocorra na realidade, onde prevalecem a complexidade e a política. Somente os Cândidos deste mundo põem fé nessas soluções fáceis.

A visão do *laissez-faire* de Friedrich Hayek, por exemplo, presume por parte dos governos contemporâneos uma passividade que é impossível imaginar. Na verdade, o controle nacional do dinheiro há muito foi corroído pela competição transnacional. Muitos dos benefícios de uma moeda estritamente territorial já foram perdidos para as forças do mercado. Além disso, os governos podem não ter outra opção se e quando o caixa eletrônico, embora ainda embrionário, emerge para desafiar a moeda corrente convencional. Contudo, esse dia ainda está muito distante; e no meio-tempo a maioria dos Estados permanece em princípio ligada à soberania monetária, ainda que sejam menos capazes de explorar suas promessas na prática. Enquanto conseguirem excluir qualquer poder do privilégio que o dinheiro representa, poucos governos irão optar voluntariamente pela desnacionalização formal.[1]

---

1 As atitudes do governo podem eventualmente mudar, é claro, como o próprio professor Hayek certa vez me apontou em uma conferência no final da década de 1970, onde fiz a temeridade de desafiar sua visão absolutista. Argumentei que não se pode esperar que o

Inversamente, qualquer tentativa de recriar todo o modelo vestfaliano – o máximo de poder absoluto para os Estados individuais ou para grupos de Estados – presume um grau de ativismo por parte do governo que parece igualmente distante. Superficialmente, na medida em que estamos falando sobre governo representativo, a reterritorialização total pode parecer atrativa: uma maneira lógica de remediar o emergente déficit de legitimidade do dinheiro. Mediante a franquia democrática, o eleitorado em geral iria uma vez mais ganhar uma Voz dominante no processo político. Quando Dorothy, aquela garotinha perdida, quis sair da Terra de Oz, tudo o que teve de fazer foi repetir "Não há lugar como a nossa casa". Imediatamente ela se viu de volta ao seu confortável e familiar Kansas. Para os governos, no entanto, a tarefa não é tão simples. A política prática torna a ação unilateral ou coletiva nessa escala difícil e talvez impossível.

A ação unilateral requereria que cada Estado restaurasse todo o seu monopólio tradicional por quaisquer meios necessários. Tal abordagem não é impraticável. Na verdade, enquanto a soberania absoluta prevalecer como uma norma jurídica, a autarquia continuará sendo uma opção viável. Tudo o que ela necessita é a vontade de replicar o enorme e sustentado esforço governamental que realizou a anterior territorialização do dinheiro. Como sugeriu Pauly (1995, p.373), "os Estados ainda podem desafiar os mercados", caso desejem fazê-lo. No mundo de hoje, entretanto, onde as oportunidades para substituição entre as moedas são muito maiores do que eram no século XIX, os custos da volta para "casa", tanto econômicos como administrativos, seriam astronômicos – quase certamente mais elevados do que a maioria dos Estados estão preparados para tolerar. Como uma questão prática, as iniciativas unilaterais para reterritorializar o dinheiro só são prováveis nas circunstâncias mais desesperadoras, como uma profunda depressão ou uma crise de segurança nacional.

Como alternativa, os Estados poderiam agir coletivamente, aspirando não à restauração, mas à fusão de seus monopólios monetários individuais – na verdade, a cartelizar seu oligopólio presente criando uma única moeda mundial, como sugeriu Richard Cooper (1984). Mas nós já vimos, no Capítulo 4, como é difícil criar ou manter uma aliança monetária entre até mesmo um número limitado de países. Quão mais desafiador seria um acordo que abrangesse todos, ou até mesmo uma maioria, dos duzentos Estados soberanos no mundo todo? Fazer a pergunta é respondê-la. Uma moeda universal única também não é algo politicamente factível.

Estado se renda facilmente ao que há muito tem sido encarado como um atributo essencial da soberania. Hayek calmamente replicou: quem teria imaginado que há quatrocentos anos os governos podiam ter pensado em abandonar o controle da religião? É claro que ele tinha certa razão, embora num horizonte de tempo muito mais longo do que é relevante para a discussão deste livro.

Por mais que possamos querer repetir "Não há lugar como a nossa casa", somos lembrados do título de um romance de Thomas Wolfe: *Você não pode voltar para casa*. O déficit de legitimidade não pode ser corrigido voltando o relógio para trás. Algum grau de competição monetária transnacional veio para ficar. Por isso, se os governos estiverem determinados a manter a formalidade da soberania monetária e ainda responder construtivamente às questões de equidade e responsabilidade levantadas pela desterritorialização, eles terão de fazê-lo *dentro* da estrutura de poder do mercado, não em oposição a ele. Colocando a questão de outra maneira, eles agora terão de aceitar a realidade prática do novo sistema de governança, a interação dialética do Estado e da sociedade, que molda hoje a geografia do dinheiro.

O ponto principal é claro. Os governos precisam aprender como *gerir* a sua rivalidade oligopolista, e não fazer tentativas inúteis de escapar dela ou suprimi-la. Essa lição é verdadeira tanto para os Estados que estão no alto da Pirâmide Monetária como para os outros que estão próximos da sua base. Todos os governos são desafiados pela nova e atual estrutura galáctica do dinheiro. Nem todos os problemas são desconhecidos. Na verdade, alguns já apodreceram há anos, se não décadas, por causa das percepções inadequadas criadas pelo ultrapassado modelo vestfaliano. Mas todos são sérios e requerem um novo discernimento e um novo entendimento. Um olhar de relance para alguns desses desafios por meio das lentes de um modelo de espaço monetário baseado no fluxo pode lançar uma nova luz esclarecedora para os políticos.

O futuro do dólar

Comecemos pelo dólar – a Moeda Principal do mundo há mais de meio século. Embora não conscientes dos potenciais riscos, as autoridades norte-americanas durante muito tempo preferiram enfatizar os múltiplos benefícios da popularidade da sua moeda. Como disse um funcionário do Tesouro há não muito tempo, "o dólar norte-americano é a moeda preferida. Por que quereríamos perder esse privilégio?".[2] Mais recentemente, no entanto, quando a competição se acirrou, empanando parte do resplendor anterior do dólar, novas preocupações surgiram sobre as consequências adversas para o povo dos Estados Unidos. Washington está aprendendo, como jamais antes no século XX, que deve se preocupar explicitamente com a parcela de sua moeda no mercado. Nas palavras de Lawrence Lindsey, um membro do Conselho de Governadores do Federal Reserve,

---

2 Como está citado em *The New York Times* (1994, p.A8).

> Nós nos Estados Unidos não podemos [...] supor que o papel internacional do dólar seja inatacável. Diferentemente do que ocorreu durante os anos imediatamente seguintes à Segunda Guerra Mundial, nossas instituições não têm um quase monopólio sobre a confiança global. A posição do dólar no mundo não deve mais ser tacitamente aceita. Ela deve ser conquistada, não é automática. (1996, p.306-7)

As vantagens da posição ainda dominante do dólar são claras. O uso internacional extenso promove o status e o prestígio dos Estados Unidos no mundo. Também gera consideráveis oportunidades para a senhoriagem e a alavancagem política sobre os governos estrangeiros. Tais ganhos são reais, ainda que difíceis de serem medidos. Mas o atrativo gradativamente crescente de rivais importantes, como o marco alemão e o iene, torna os custos mais evidentes, na forma de maiores restrições no exercício do poder nacional. Tanto a flexibilidade no âmbito doméstico como a influência no exterior têm sido até certo ponto comprometidas pela disponibilidade aumentada de substitutos monetários viáveis. A questão para a política pública é: como Washington deve responder?

Em boa parte, a resposta depende do que pressupomos sobre o sentimento do mercado – como os atores societários relevantes encaram a atratividade futura do dólar em comparação com seus principais competidores estrangeiros. Aqui vemos a real significância da transformação do papel do governo de monopolista em oligopolista. Nem mesmo o emissor da Moeda Principal do mundo pode negligenciar por muito tempo as preferências do mercado se desejar representar adequadamente os interesses de seus cidadãos.

Quais são as preferências do mercado? As tendências não são claras. Embora a circulação global do dólar, em magnitude absoluta, nunca tenha sido maior, sua popularidade relativa, como vimos no Capítulo 5, parece ter diminuído um pouco. Para alguns observadores, essa erosão, embora até agora modesta, é um sinal de declínio irreversível: os dias do dólar estão acabados – ou logo estarão. Mais de uma década atrás, Charles Kindleberger já previa que "o dólar vai terminar nas cinzas da história, juntamente com a esterlina, o florim, o ducado e, se você quiser ir mais para trás, o besante bizantino" (1985, p.308).[3] Mais recentemente, a historiadora Diane Kunz escreveu em uma veia similar sobre "a morte da ordem do dólar" (1995, p.26), e o economista Paul Craig Roberts descreveu o dólar como uma "moeda de reserva agonizante" (1995, p.22). Os obituários para essa moeda têm aparecido com uma frequência crescente.

---

3 As opiniões de Kindleberger não mudaram. Uma década depois ele ainda estava escrevendo que "a perspectiva [...] é obscura, pois o dólar segue a libra esterlina, o florim, o ducado e o besante" (1995, p.9).

Entretanto, como os rumores do fim de Mark Twain, esses relatos alarmantes são na melhor das hipóteses prematuros e, na pior, terrivelmente equivocados – "barulho demais sobre relativamente pouco", como declarou o ex-governador do Federal Reserve Alan Blinder (1996, p.136). Na verdade, ainda há muita vida na moeda norte-americana com dois séculos de existência. Grande parte do que parece ser a erosão da preeminência do dólar é pouco mais que uma diversificação natural dos portfólios de investimento, em parte induzidos por mudanças regulatórias e fiscais, como recentemente enfatizou o respeitável Banco de Compensações Internacionais (Bank for International Settlements) (1995, p.26). O movimento na direção de outras moedas tem sido lento e certamente não mostra sinais de aceleração. Na verdade, como deixam claro as evidências no Capítulo 5, a parcela de uso monetário internacional do dólar em alguns aspectos até aumentou em vez de diminuir durante a década de 1990. Lembre-se que o valor das cédulas norte-americanas em circulação no estrangeiro, na última contagem, foi de no mínimo 250 bilhões de dólares, e aumenta em um ritmo crescente. Do mesmo modo, o dólar permanece o veículo preferido para quase metade do comércio mundial e para bem mais de um terço de todos os ativos internacionais.

Qual é o responsável pela popularidade duradoura do dólar? Grande parte do crédito vai para a estabilidade política e para o impressionante recorde de controle da inflação dos Estados Unidos, assim como para a eficiência continuada e a abertura dos mercados financeiros desse país – todos atributos familiares enfatizados na literatura econômica convencional. Mas parece evidente que ainda mais importante é a rede transacional bem estabelecida do dólar, literalmente abrangendo todo o globo, o que tende a desencorajar a mudança para outras moedas de circulação menos ampla. Como a abordagem baseada no fluxo da geografia monetária deixa claro, as externalidades de rede, reforçadas pela mimese, conferem ao seu posto uma importante vantagem.

Também importante é a ausência de qualquer alternativa óbvia. Não há nos bastidores nenhum substituto amplamente qualificado, esperando com impaciência por uma oportunidade de saltar para o centro do palco, como havia quando a esterlina começou o seu declínio após a Primeira Guerra Mundial. Nem o marco alemão, com seu futuro enevoado pelas incertezas com relação à UEM, nem o iene, ainda um terceiro distante entre as moedas internacionais, parecem prontos para subir logo ao ápice da Pirâmide Monetária. Como Jeffrey Frankel, eloquente defensor do dólar, otimisticamente vaticinou, "pode-se prever com segurança que em 2020 o dólar ainda será a moeda de reserva preferida no mundo. Nenhuma das candidatas alternativas é plausível" (1995b, p.14).

Mas é claro que são possíveis previsões menos otimistas. Justamente por causa da possibilidade de múltiplos equilíbrios nessas questões, refletindo as interdependências estratégicas da tomada de decisão em ambos os lados do mercado, não podemos excluir inteiramente uma fuga repentina do dólar, como observou Paul Krugman:

> As possibilidades preocupantes são ou que as vantagens fundamentais do dólar vão cair a um ponto crítico, conduzindo a um desgaste abrupto do seu papel internacional, ou que uma desordem temporária dos mercados financeiros mundiais irá arruinar permanentemente a utilidade do dólar. Essas não são apenas especulações acadêmicas, pois elas têm precedentes na história do declínio da esterlina. A ocorrência da Primeira Guerra Mundial conduziu a uma redução permanente no papel da esterlina, embora o declínio relativo gradual da importância da Grã-Bretanha no mundo não estivesse refletido em um declínio regular no papel da esterlina, mas sim na persistência surpreendente seguida por um colapso abrupto. (1992, p.179)

Entretanto, com exceção de tais eventos com baixa probabilidade, a perspectiva mais digna de crédito é que o dólar permanecerá a moeda favorita do mundo por ainda um bom tempo – talvez até mesmo durante o próximo quarto de século, como sugere Frankel. Os dias do dólar não estão de modo algum acabados, não obstante seus muitos obituários, embora esteja claro que o céu ensolarado é passado e as nuvens estão começando a aumentar. O uso transnacional certamente continuará aumentando, mas também, muito provavelmente, irá se deslocar na margem para as moedas rivais em outros lugares. A superioridade da Moeda Principal continuará a mostrar sinais modestos de erosão. Mesmo Frankel reconhece que "um retorno à moderada tendência descendente das décadas de 1970 e 1980 não seria surpreendente" (1995b, p.16). Outros possíveis desenvolvimentos, como veremos, incluindo o nascimento do euro e um potencial bloco de ienes no Pacífico Asiático, poderão também reduzir o domínio preponderante do dólar.

À luz desses fatos, qual é a melhor resposta política de Washington? A princípio, em um extremo, pode-se vislumbrar uma postura de negligência benigna[4] – essencialmente uma estratégia de inação, confiando nas glórias passadas do dólar para manter sua popularidade futura. Entretanto, quando alternativas atrativas forem disponibilizadas, tal abordagem poderia ser uma prescrição para o desastre, desencadeando exatamente o tipo de "desgaste abrupto" temido por Krugman, se choques imprevistos ameaçarem a estabilidade política ou econômica dos Estados Unidos ou a abertura de seus mercados financeiros. Nas palavras de *The Economist*,

---

4 Nas discussões monetárias internacionais, o termo "negligência benigna" originou-se, no final da década de 1960, como uma maneira crítica de descrever as políticas do governo dos Estados Unidos, que na época estava mais preocupado em manter a guerra no Vietnã do que em defender o balanço de pagamentos deteriorado do país.

"se as autoridades continuarem a menosprezar o dólar [...] isso pode se transformar em uma debandada, provocando uma virada dessa moeda e empurrando lá para cima as taxas de juros. Essa instabilidade prejudicaria toda a economia mundial – não apenas os Estados Unidos" (1994d). A história está repleta de carcaças de moedas anteriormente dominantes deixadas fenecer por seus governos emissores.

No extremo oposto pode-se imaginar uma política agressiva de promoção do mercado – uma estratégia ativista e agressiva destinada a desencorajar qualquer declínio no papel do dólar. Como indiquei no capítulo anterior, os governos podem pôr em ação uma variedade de táticas para fortalecer a demanda de uma moeda, incluindo taxas de juros mais altas, garantias de conversibilidade e vantagens fiscais especiais, assim como iniciativas do mercado financeiro para aumentar a conveniência do câmbio e a segurança do capital. O dólar tem uma marca estabelecida e não requereria muito esforço manter a confiança em sua utilidade e confiabilidade continuadas.

No entanto, tais medidas poderiam se provar contraproducentes caso servissem apenas para suscitar dúvidas a respeito da competitividade futura do dólar. Os agentes do mercado poderiam muito bem perguntar: por que uma moeda forte necessitaria de medidas especiais de apoio? E com isso a reputação do dólar poderia realmente sofrer (como sofreu a reputação da esterlina com os esforços inúteis de Londres para manter unida a área da esterlina depois da Segunda Guerra Mundial). Pior ainda, uma abordagem predatória poderia provocar retaliação da União Europeia e do Japão, preocupados com as parcelas do mercado para suas próprias moedas. A estabilidade global poderia ficar ameaçada se as políticas norte--americanas gerassem um confronto aberto entre os fornecedores das moedas de elite do mundo.

Por isso, na prática, nem a inação nem a reação exagerada são justificadas. Em um mundo de competição acelerada, os Estados Unidos certamente não desfrutarão para sempre dos benefícios do status de Moeda Principal. Mas não fará nenhum bem aos norte-americanos provocar uma fuga repentina ou uma luta política. Washington servirá melhor a sua cidadania se tiver por meta acomodar a preferência revelada do mercado: ou seja, a liderança sustentada do dólar juntamente com a diversificação continuada na margem. Consequentemente, o mais atrativo seria um movimento intermediário de cautela prudente, enfatizando programas que efetivamente mantivessem as bases políticas e econômicas da popularidade do dólar – estratégias confiáveis para minimizar a inflação e a variabilidade da inflação, promover a poupança e maximizar a amplitude, a profundidade e a resiliência dos mercados financeiros norte-americanos. Como escreveu *The Economist*, "em longo prazo, pode ser inevitável que os investidores diversifiquem para além dos dólares. A velocidade em que o fizerem – e o caos que isso causar – vai depender dos líderes dos Estados Unidos" (1994d). Só se pode esperar que nossos líderes estejam preparados para esse desafio.

A Europa e o euro

Para os líderes da União Europeia, o desafio é bem diferente – não como proteger uma antiga moeda, mas como promover uma nova. Se introduzida com sucesso, a UEM irá se desenvolver acima dos já extensivos domínios consagrados do marco alemão e de outras moedas participantes. Mas o euro não será criado em um vazio. Ele entra em um mundo de competição intensa, um mundo em que o dólar, ainda amplamente popular para muitos usos, há muito já invadiu o espaço monetário nominal da Europa. A posição segura estabelecida pelo dólar na Europa pode limitar muito os benefícios e também complicar o processo da fusão das moedas para os membros participantes. Como alternativa, uma UEM ascendente poderia ameaçar seriamente a atual parcela do mercado do dólar, gerando tensões nas relações entre os Estados Unidos e a Europa.

Muito tem sido escrito sobre as implicações da UEM para o futuro do dólar.[5] O consenso geral sustenta que a união monetária na Europa realmente ameaçará o papel até então predominante da moeda norte-americana. Uma fonte prevê: "O efeito mais visível da UEM no âmbito global será a emergência de uma segunda moeda global" (Gros; Thygesen, 1992, p.295). Outra conclui: "Em longo prazo, a emergência de um polo europeu pode conduzir à criação de uma nova arquitetura monetária internacional" (Bénassy et al., 1994, p.9). A sabedoria convencional é clara. Se a UEM for bem-sucedida, o dólar enfrentará um poderoso rival.

Na verdade, as únicas questões parecem ser as seguintes: até que ponto o euro será um grande rival e quão logo isso ocorrerá? Para Fred Bergsten, ex-funcionário do Tesouro dos Estados Unidos, as respostas são: muito grande e muito em breve. Bergsten declara que, por causa das forças inerentes da economia europeia, o euro atingirá uma paridade plena com o dólar em um espaço de cinco a dez anos. Ocorrerá um deslocamento maciço do portfólio nos mercados financeiros privados que poderá exceder a meio trilhão de dólares (Bergsten, 1997).[6] Em uma veia similar, os economistas George Alogoskoufis e Richard Portes declaram que "o fundamental

---

5 Contribuições fundamentais incluem European Commission (1990), Alogoskoufis; Portes (1991, 1992, 1997), Gros; Thygesen (1992), Alogoskoufis (1993), Goodhart (1993), Bénassy et al. (1994), K. Johnson (1994), Kenen (1995), Ranki (1995), Thygesen et al. (1995), Bénassy--Quéré (1996b), Hartmann (1996), Henning (1996, 1997), Ilzkovitz (1996) e Bergsten (1997).

6 Mudanças de portfólio de uma ordem de magnitude comparável também foram sugeridas pela European Commission (1990), Gros; Thygesen (1992) e Henning (1997).

aponta para um deslocamento potencialmente grande em favor do Euro [...] O dólar iria imediatamente perder sua importância como uma moeda veicular" (1997, p.4). Particularmente influentes em sua estimativa são os grandes mercados domésticos e os extensivos vínculos do comércio exterior dos prováveis participantes da UEM, que devem gerar externalidades de rede instantâneas tanto para os europeus como para os não europeus.

A maioria dos outros observadores é mais cautelosa, enfatizando fatores que podem retardar o movimento do dólar para o euro. Os deslocamentos em larga escala do porftólio, por exemplo, podem ser inibidos, pelo menos de início, por duas razões. Em primeiro lugar está a fragmentação dos mercados financeiros da Europa, poucos dos quais (com exceção da City de Londres) podem se comparar àqueles dos Estados Unidos com relação à dimensão absoluta, à abertura e à eficiência operacional. Sem dúvida, no devido tempo, uma moeda única intensificará a homogeneidade e a liquidez dos mercados europeus, aumentando as economias de escala e baixando os custos. Mas é pouco provável que as diferenças existentes nas instituições e práticas nacionais na UE sejam rapidamente eliminadas; poderá transcorrer um longo tempo até que todos os vestígios da segmentação desapareçam. Nas palavras de uma autoridade no assunto, "o mercado de capitais europeu não se tornará perfeito como resultado da união monetária; mais harmonização e desregulamentação serão necessárias antes que ele possa competir em amplitude e profundidade com o mercado de capitais norte-americano" (Henning, 1997, p.13). Além disso, como recentemente enfatizaram dois economistas do FMI, é improvável que o processo seja rápido. Qualquer movimento por parte dos investidores em dólar na direção ao euro deverá ser gradual (Prati; Schinasi, p.1997).

Em segundo lugar está o efeito negativo da união monetária sobre a composição dos portfólios existentes, muitos dos quais historicamente foram destinados a equilibrar os riscos causados pela inclusão de várias moedas da UE. Quando essas moedas se fundirem, reduzindo a diversificação, muitos investidores avessos ao risco podem adiar a aquisição de mais ativos denominados em euros. Na verdade, alguns podem realmente preferir vender uma parte de suas ações em euro para preservar as costumeiras metas do portfólio, embora, segundo Prati e Schinasi (1997, p.32), seja improvável que esses deslocamentos reversos sejam substanciais.

Do mesmo modo, qualquer quantidade considerável de deslocamento para o euro com propósitos de transações provavelmente será limitada de início principalmente para os vizinhos imediatos da UE no Centro-Leste Europeu e no Mediterrâneo, cujo comércio exterior é dominado pela União Europeia. Em outras regiões, onde os vínculos comerciais estão menos pesadamente concentrados na Europa, o dólar continuará a desfrutar de importantes vantagens em razão da sua posição de operador histórico. Um estudo conclui cautelosamente: "As informações coletadas [...] não sugerem mudanças dramáticas na composição monetária do comércio internacional após a união monetária plena. Em vez disso, o que se poderia esperar é um aumento gradual de faturamentos em euro após um início com um nível relativamente baixo comparado à importância do dólar norte-americano" (Hartmann, 1996, p.16).

Entretanto, mesmo com essas limitações, poucos duvidam do potencial considerável do euro em longo prazo. A visão predominante é melhor resumida por Randall Henning:

> Quando ele for introduzido, provavelmente não haverá um grande e precipitado deslocamento do dólar. Não obstante, poderá ser esperado que grande parte do papel aumentado da nova moeda europeia ocorra à custa do dólar, e isso reforçaria o gradual declínio histórico do dólar exibido durante as últimas décadas. (1996, p.93)

Mas será que até mesmo essa expectativa mais cautelosa é justificada? Estão ignoradas as formidáveis vantagens competitivas que o dólar já desfruta *dentro* do espaço monetário nominal da Europa, que dirá em outros lugares. Certamente, nenhuma evidência sugere qualquer uso significativo de dólares para propósitos *domésticos* convencionais dentro dos países da UE. A dolarização é um fenômeno característico das economias de alta inflação do mundo em desenvolvimento ou do ex-bloco soviético, mas não da Europa Ocidental. Contudo, para propósitos *internacionais* o dólar é ainda amplamente empregado por muitos europeus em preferência às suas próprias moedas nacionais ou até mesmo ao marco alemão, o hegemônico local. Nesse sentido, o domínio predominante do dólar se justapõe significativamente ao território físico de seus principais concorrentes europeus.

Essa justaposição é com certeza aparente na área do comércio exterior, onde o dólar continua a ser um veículo preferido apesar da preferência bastante conhecida na maioria dos países industriais pelo faturamento das exportações na moeda doméstica. Hoje em dia em toda a Europa, como vimos no Capítulo 5, o dólar ainda é responsável por uma proporção significativa dos contratos de exportação, superando o marco alemão até mesmo na França e na Holanda. Do lado das importações, somente a Alemanha usa mais a sua própria moeda do que o dólar. As estatísticas são menos claras na área de investimentos, pois nenhuma desagregação de dados publicados está disponível para identificar a distribuição monetária dos ativos financeiros apenas na Europa. Mas sabemos que globalmente a moeda norte-americana ainda é responsável por mais da metade de todos os ativos bancários internacionais, quando comparado a uma parcela de marcos alemães de pouco mais de 15%, e por até dois quintos do mercado de obrigações financeiras, quando comparado a uma parcela de 10%

de marcos. É difícil imaginar que o dólar seja menos competitivo para esses propósitos na Europa do que o é em outras partes do mundo.

A vantagem competitiva do dólar dentro da Europa é importante porque constitui um obstáculo extra fundamental para a instalação bem-sucedida da UEM. Na verdade, os europeus estarão pressionados para alterar os padrões de comportamento estabelecidos que presumivelmente produziram economias consideráveis nos custos das transações no passado. Se o dólar já está sendo usado dentro da Europa em preferência às moedas locais (inclusive o marco), deve ser por causa das suas externalidades de rede superiores para pelo menos alguns propósitos transnacionais. Em outras palavras, o alcance do domínio preponderante do dólar já deve tê-lo tornado um meio mais eficiente para uma série de usos no mercado local. A economista Polly Allen chama isso de "externalidade de rede instalada" do dinheiro, o que em um mundo incerto torna uma moeda familiar como a norte-americana obviamente mais atrativa para os agentes do mercado do que uma alternativa recém-criada e ainda não testada como o euro. Em suas palavras,

> Em um mundo de grande incerteza, as externalidades relativas de uma rede instalada tornam-se maiores [...] As esperadas externalidades de rede de uma nova moeda competitiva provavelmente serão pequenas e incertas [...] [Por isso] sua falta de externalidades de rede *instaladas* e externalidades *atuais* incertas dominarão suas ainda incertas e esperadas externalidades de rede *futuras*. (1993, p.172-3)

É claro que as vantagens do dólar para os europeus serão mínimas para transações puramente domésticas ou para o comércio dentro do grupo – especialmente se, como podemos esperar, o euro for apoiado por uma legislação restritiva da moeda corrente. Mas como um veículo para as exportações para os Estados Unidos e outros lugares, assim como para as importações, ou ainda como uma reserva de valor nos mercados bancários e de títulos, o dólar sem dúvida desfrutará de uma vantagem inicial, particularmente se a nova moeda comum parecer menos confiável do que as moedas da UE existentes. Afinal, as reputações demoram algum tempo para se desenvolver. Será que uma confiança disseminada nas prospectivas externalidades de rede do euro poderá ser gerada instantaneamente? A estabilidade política ou um alto grau de liquidez e previsibilidade do valor dos ativos poderá ser imediatamente assegurada? Na prática, os agentes do mercado, pelo menos no início, poderão ser racionais, preferindo o consagrado ao experimental. É altamente provável que inércias similares àquelas que prolongaram a vida de outras moedas internacionais no passado voltem a se manifestar.

A competitividade persistente da moeda norte-americana, por sua vez, vai reduzir outros potenciais benefícios da UEM. O uso continuado do dólar inibiria o crescimento de uma provisão de créditos generalizados do euro que poderiam ajudar a facilitar os ajustes de pagamentos diante de outros países; isso também restringiria a base para impor uma taxa de inflação em caso de necessidade. Nem a flexibilidade macroeconômica nem a capacidade para senhoriagem serão tão aumentadas quanto seriam se o euro estivesse sendo criado em um vazio.

No devido tempo, é claro, as coisas poderiam mudar. A experiência pode proporcionar credibilidade e confiança aumentadas na utilidade da nova moeda. Eventualmente, seu valor de rede (*network value*) para os europeus pode na verdade vir a competir ou talvez até exceder aquele do dólar, cuja posição global dominante, como sabemos, não é de modo algum invulnerável. Um resultado favorável para o euro é particularmente provável se o seu uso frequente dentro da UE for reforçado por adoções paralelas em outros lugares. Como indiquei previamente, nenhuma configuração isolada do espaço monetário é adequada para todas as circunstâncias, e equilíbrios múltiplos são possíveis.

Entretanto, a saída de um equilíbrio para outro pode ser difícil e, dado o viés conservador introduzido pela mimese, quase certamente será adiada a menos que os governos da UE promovam com vigor o deslocamento. Esse é um problema de ação coletiva – um dilema de coordenação. Individualmente, os agentes do mercado europeu têm pouco incentivo para mudar rapidamente de uma moeda para outra (exceto onde são obrigados a fazê-lo por exigências da moeda corrente), a menos que tenham motivos para esperar que muitos outros farão o mesmo. Em um ambiente de tomadas de decisão descentralizadas, as externalidades de rede não serão geradas instantaneamente. Em curto prazo, o deslocamento disseminado do dólar só ocorrerá se uma estratégia comercial agressiva da UE for designada para expandir as redes para o uso transnacional do euro. Por exemplo, a participação no mercado pode ser promovida patrocinando-se o desenvolvimento de mercados de dívida denominada na nova moeda ou por meio do subsídio do uso do euro como um veículo para o comércio com outro país. Essa é uma circunstância em que, na dialética contínua entre a autoridade política e os mercados, a política pública pode fazer uma diferença real.

Entretanto, se optasse por isso a UE faria uma ameaça direta ao domínio preponderante do dólar – e assim se colocaria em confronto direto com os Estados Unidos. Iniciativas políticas predatórias poderiam provocar contramedidas retaliatórias com cada lado se esforçando para defender ou promover a competitividade da sua própria moeda. Em longo prazo, tanto os norte-americanos como os europeus poderiam se beneficiar de uma UEM bem-sucedida. O jogo não precisa ser de soma zero. Mas no início de uma disputa pela parcela do mercado poderia desencadear sérios atritos políticos. Como sugeriu Robert Mundell, "um movimento bem-sucedido na direção da União Monetária Europeia significaria que a área (do euro) seria uma rival do dólar [...] Cada um dos dois blocos principais tentaria criar sua própria área monetária" (1995, p.31-2). Os riscos são reais.

Mas também são reais os riscos de torná-la muito pequena – uma versão da UE da negligência benigna – se o jogo significar uma luz para os europeus. Em princípio, os governos participantes poderiam adotar uma estratégia passiva, deixando inteiramente ao mercado a decisão do papel global futuro do euro. Embora improvável, tal abordagem poderia concebivelmente atrair as autoridades como uma maneira de evitar um conflito aberto com Washington. Mas poderia também significar abrir mão de muitos benefícios de uma fusão monetária formal. Quanto mais tempo a inércia for tolerada na prática do mercado, mais os ganhos antecipados serão limitados, apesar do esforço maciço envolvido na criação de uma moeda comum. A entrada do euro no cenário mundial deve ser explicitamente administrada.

Por isso, como do lado dos Estados Unidos, a opção mais atrativa é uma trajetória intermediária, uma cautela prudente que enfatize as medidas gerais para promover a profundidade fundamental da nova moeda, em vez de uma reação excessiva ou uma inação. Na verdade, a UE também deve acomodar o sentimento do mercado – que no momento parece combinar uma preferência para a preeminência continuada do dólar com alguma diversificação na margem – se ela realmente pretende servir os interesses de seus cidadãos. Melhor ainda seriam medidas conjuntas com os Estados Unidos para assegurar uma introdução tranquila do euro. O conflito não é o único resultado possível do projeto monetário grandioso da UE. A UEM poderia também abrir uma nova oportunidade substancial para a cooperação internacional – se os líderes dos dois lados do Atlântico estiverem preparados para aproveitá-la.

Rumo a um bloco do iene?

O Japão também está sendo desafiado pela nova geografia do dinheiro. Contudo, para Tóquio a questão não é *como* administrar a internacionalização da sua moeda, mas *se* deve fazê-lo. Os observadores há muito vêm prevendo a emergência de um bloco do iene no Pacífico Asiático que poderia competir com as zonas monetárias existentes agrupadas em torno do dólar e do marco alemão/euro.[7] No entanto, o progresso até agora tem sido limitado, como atestam amplamente as evidências apresentadas nos

---

[7] Ver, por exemplo, Das (1993), Kwan (1994), Taguchi (1994), Hale (1995) e Bowles; MacLean (1996). Mas para visões mais céticas, ver Tavlas; Ozeki (1992), Frankel (1993), Frankel; Wei (1993, 1994, 1995a), Ito (1993, 1994) e Tavlas (1996a).

capítulos 3 e 5. O uso transnacional da moeda japonesa, quer como âncora nominal para as taxas de câmbio ou como um meio para o comércio e o investimento, permanece bem abaixo do que poderíamos esperar de tal potência econômica, desse modo privando os japoneses dos benefícios de uma posição elevada na Pirâmide Monetária. Tóquio pode achar que não tem outra escolha senão promover uma parcela do mercado maior para o iene. Mas, se o fizer, o Japão também se arrisca a abrir um confronto com os Estados Unidos, seu principal competidor oligopolista.

O iene está maduro para a internacionalização, e essa percepção pouco é controversa. O Japão já é a segunda maior economia nacional do mundo, o terceiro maior exportador e o principal credor internacional. Ele pode também reivindicar um registro invejável de sucesso no controle da inflação e tem dado passos largos na abertura e modernização de seus mercados financeiros domésticos. No entanto, apesar de todas essas vantagens, o iene ainda está bem atrás do dólar e até mesmo do marco para a maioria dos propósitos transnacionais. Nos mercados dos ativos internacionais, a parcela de ienes na riqueza financeira total é apenas um terço daquela da moeda norte-americana (e não mais que três quartos da do marco alemão). No faturamento comercial, a moeda japonesa desempenha no máximo um papel modesto. Em nenhuma parte, nem mesmo dentro do próprio Japão, o iene é usado tanto quanto o dólar para a denominação dos contratos de exportação e importação. Em quase qualquer medida, o iene é subutilizado em relação à dimensão e à estatura da economia japonesa.

Essa situação poderia mudar? Para alguns observadores, sem dúvida. O nascimento de um bloco florescente do iene é apenas uma questão de tempo e na verdade pode até já ter se iniciado. Nas palavras do economista David Hale, "o papel do iene no sistema financeiro global aumentou significativamente durante a década passada e provavelmente continuará a se expandir no futuro" (1995, p.156). Particularmente importante, na opinião de Hale, é o crescimento dinâmico esperado nas economias da Ásia Oriental, normalmente encarada como o interior econômico do Japão. Os vínculos comerciais e financeiros em expansão com o Japão naturalmente promoverão um uso mais disseminado do iene para propósitos comerciais e de investimento. Embora "o dólar continue a ser o principal meio de câmbio do mundo", conclui Hale com segurança, "haverá mais competição por parte do iene por causa [dessas] circunstâncias econômicas em mutação" (1995, p.170).

Entretanto, tal confiança pode ser inadequada. Na verdade, há razões reais para a dúvida. É verdade que a circulação transnacional do iene se expandiu significativamente na década de 1980. Mas não é verdade que a tendência tenha continuado na década de 1990. A "bolha econômica" do Japão explodiu em 1989, e os anos subsequentes viram uma estagnação no crescimento doméstico japonês. De fato, nos últimos anos a parcela de ienes do uso monetário internacional em muitos aspectos realmente diminuiu em vez de aumentar, refletindo os ganhos relativos do dólar. Além disso, a análise formal do risco e do lucro característicos das duas moedas apresenta poucas razões para os comerciantes ou investidores preferirem o iene. "O fundamental", conclui um estudo, "não apresenta muita sustentação à ideia de uma área monetária do iene" (Melvin et al., 1994, p.344).[8]

O ceticismo com relação às perspectivas do iene é justificado por muitas das mesmas razões que o é para o euro – ou seja, as ainda consideráveis externalidades de rede instaladas do dólar, que na Ásia como na Europa continuam a proporcionar-lhe uma formidável vantagem competitiva. Os asiáticos há muito têm exibido uma preferência pelo dólar. Por isso é também improvável que eles rapidamente alterem os padrões de comportamento estabelecidos que lhes produziram uma valiosa economia no passado. Para eles os Estados Unidos continuam sendo um parceiro comercial dominante. O domínio predominante e sem paralelos do dólar sem dúvida irá inibir qualquer deslocamento em grande escala para o iene menos amplamente circulado do Japão. Por isso, não é mais provável que as externalidades de rede sejam instantaneamente geradas no Pacífico Asiático quanto o são na Europa. Aqui também a incerteza reforçada pela mimese significará uma vantagem significativa graças à sua posição de operador histórico. Como escreveu o economista japonês Takatoshi Ito, "a inércia associada às economias de escala podem preservar o status monetário fundamental do dólar por um longo tempo [...] A expansão continuada da economia do Japão e seu comércio internacional podem ainda conduzir a um papel expandido para o iene como uma moeda importante, embora não por enquanto" (1994, p.330).

Será que Tóquio estará preparado para esperar? O que está mais claramente em jogo é a reforma dos mercados financeiros japoneses, que, apesar das melhorias recentes, estão bem atrás dos Estados Unidos e até mesmo de muitos mercados europeus em termos de abertura e eficiência. Na verdade, há apenas duas décadas o sistema financeiro japonês era mais rigidamente regulamentado e protegido do que o de qualquer nação industrial, inibindo o uso mais amplo do iene. Os controles cambiais rígidos foram mantidos tanto nos movimentos internos como externos do capital, os mercados financeiros eram relativamente subdesenvolvidos, e as instituições financeiras rigidamente segmentadas. Em meados da década de 1970 teve início um processo de liberalização, estimulado em parte por um retardamento do crescimento econômico doméstico e em parte por pressão dos Estados Unidos. Os controles cambiais foram em grande medida eliminados, novos instrumentos e mercados desenvolvidos, e a

---

8 Ver também Melvin; Peiers (1993).

segmentação institucional foi em grande parte relaxada.[9] Como resultado, a conveniência cambial do iene e a segurança do capital melhoraram. Mas o processo não foi de modo algum concluído, como numerosas fontes têm enfatizado (Hale, 1995; Garber, 1996; Tavlas, 1996a).

Outras reformas são esperadas. Sob um plano do governo anunciado no outono de 1996, apelidado de Big Bang (uma imitação da desregulamentação rápida dos mercados financeiros da Grã-Bretanha uma década antes), medidas adicionais deverão ser tomadas nos próximos anos para reduzir os custos e as regulamentações intervencionistas e melhorar a profundidade e a resiliência do mercado. Um cronograma formal para o Big Bang foi estabelecido em meados de 1997. As medidas incluem o fim de todas as restrições cambiais remanescentes e uma maior liberalização do comércio nas equidades e nos títulos, tudo isso devendo estar resolvido antes do final da década. Como resultado, o iene irá se tornar firmemente mais competitivo na luta darwiniana entre as moedas.

Tóquio poderia simplesmente parar aqui, ignorando quaisquer outras medidas diretas para avançar a internacionalização – sua própria variante da negligência benigna. No entanto, fazê-lo significaria abrir mão de muitos dos benefícios que os japoneses poderiam legitimamente esperar derivar da posição já elevada da sua moeda. Esses benefícios incluem não apenas o status e o prestígio associados com a aceitação disseminada, mas também novas oportunidades para senhoriagem internacional e influência política. A abstenção pode ser difícil de sustentar.

Historicamente, as autoridades japonesas têm sido ambivalentes com relação à internacionalização do iene, temendo sobretudo o aumento das restrições à política doméstica que uma oferta excessiva e sempre frequente de passivos estrangeiros poderia impor. Os exemplos anteriores da libra esterlina e do dólar têm pesado bastante. Mais recentemente, no entanto, o pensamento parece ter balançado, enfatizando mais as vantagens do que as desvantagens (Hale, 1995, p.160-3). Até certo ponto, essa mudança simplesmente se sujeita ao inevitável: é um reconhecimento tardio de que uma economia de tal porte no mundo não pode suprimir em caráter permanente o uso mais amplo da sua moeda. Certamente essa visão ajuda a explicar a disposição recém-assumida pelo governo de abrir seus mercados financeiros à participação estrangeira. Mas ainda mais importante é uma transformação extensa e fundamental das atitudes oficiais com respeito à posição geral do Japão no mundo – uma maturidade. Para uma nova geração de políticos e burocratas, chegou o momento de normalizar o status internacional do país assumindo mais o papel de uma grande potência comercial e financeira. Como disse um executivo do Banco do Japão:

---

9 Um resumo dos principais elementos do processo de liberalização é apresentado por Tavlas (1996a).

> Falando de modo geral, é natural esperar que a presença econômica maior de um país tende a conduzir a uma influência mais forte deste sobre a economia mundial em termos de mercadorias, capital e trabalho, o que por sua vez vai expandir uma base para a moeda desse país ser usada internacionalmente. Por isso, o status crescente do Japão na economia mundial certamente contribuiu para um uso mais amplo do iene. (Maehara, 1993, p.160)

Por isso, existe a possibilidade de que Tóquio possa ser tentado a adotar uma estratégia decididamente mais agressiva, mais para promover em vez de meramente aguardar uma parcela crescente do mercado para sua moeda. Um indício disso foi uma série de acordos assinados em 1996 com nove países vizinhos, para emprestar ienes a seus bancos centrais quando necessário para ajudar a estabilizar as taxas de câmbio. Fontes informadas não têm dúvida de que esses pactos foram deliberadamente destinados a aumentar a influência japonesa entre os membros potenciais de um bloco do iene. "É uma tentativa clara de assumir a liderança", disse o economista de um banco de Tóquio.[10] Igualmente sugestivo foi o papel fundamental que o Japão desempenhou quando uma grave crise monetária atingiu a Tailândia em meados de 1997. Em cooperação com o FMI, Tóquio se movimentou rapidamente para mobilizar assistência financeira da região em torno, provendo cerca de 4 bilhões de dólares da sua própria moeda para ajudar o apoio ao baht tailandês. Nos meses subsequentes o Japão até tentou, sem sucesso, lançar um plano para um fundo regional especial, limitado apenas às nações asiáticas, para enfrentar ameaças similares no futuro. Esse arranjo seria evidentemente dominado por Tóquio.

O maior uso transnacional do iene pode também ser encorajado por um maior desenvolvimento dos mercados de dívida denominados em iene ou pelo uso subsidiado da moeda como um veículo para o comércio na região. A metade de todas as exportações japonesas para o Pacífico Asiático já é denominada em iene, em contraste com pouco mais de 15% das vendas para os Estados Unidos (Ostrom, 1995). O comércio e o investimento japoneses já são tão importantes para os países vizinhos que pode não implicar muito esforço atingir as economias de escala necessárias para desencadear uma transferência substancial do dólar para o iene. Isso poderia precipitar consideravelmente a internacionalização plena da moeda do Japão.

Mas lá também, como na Europa, tal estratégia proativa colocaria os japoneses no caminho de um perigoso confronto com os Estados Unidos. Até mesmo um entusiasta do bloco do iene como David Hale reconhece que "há também um risco de que [essas medidas] venham a ser interpretadas como uma ameaça por alguns norte-americanos [e] possam intensificar os conflitos econômicos que já estão provocando tensões nas relações entre

---

10 Como está citado no *New York Times*, 27 abr. 1996, p.20.

os Estados Unidos e o Japão" (1995, p.162). Bem preferível, evidentemente, seria a cautela prudente já sugerida por Washington e a UE, enfatizando medidas gerais para promover a solidez da moeda fundamental em vez de iniciativas mais específicas destinadas a lutar pelas participações existentes do mercado. Também é desejável substituir a cooperação para o conflito, consultando sobre medidas conjuntas para garantir uma transição tranquila. A gestão colaborativa da rivalidade oligopolista entre as Três Grandes moedas é a melhor maneira de servir os interesses de todos os países envolvidos.

Enfrentando a invasão da moeda

O que dizer sobre os muitos países em posição inferior na Pirâmide Monetária, particularmente aqueles com as moedas relativamente não competitivas, Plebeias, Permeadas ou Quase Moedas? As perspectivas para as Três Grandes são importantes por causa da extensão de seus domínios consagrados. Qualquer conflito envolvendo os Estados Unidos, a UE e o Japão pode ter sérias ramificações bem além de suas próprias fronteiras. Mas por mais difíceis que possam ser os problemas das Três Grandes, elas podem ser apenas uma fonte de inveja para os governos cujas moedas perdem mais do que ganham com a desterritorialização – governos cujos domínios consagrados foram reduzidos e restringidos, às vezes dramaticamente, por rivais estrangeiros mais populares. Para esses governos, o desafio é bem mais fundamental para sua eficácia e legitimidade: não como preservar ou promover a atratividade de suas moedas no exterior, mas sim como defender ou manter alguns vestígios de soberania monetária no âmbito doméstico. Em resumo, o que eles podem ou devem fazer – se é que podem ou devem fazer algo – para enfrentar a invasão do seu espaço monetário nominal?

Esses governos têm duas amplas alternativas. A primeira, uma opção atrativa para alguns, é não fazer nada – uma política passiva de subserviência do mercado, simplesmente acessando níveis mais elevados da substituição ou influência da moeda estrangeira. Afinal, a invasão extensiva por parte da moeda de outro país não é desprovida de vantagens, como já comentamos anteriormente. Uma estratégia de tolerância pode ser colocada em prática de imediato, quer implícita ou explicitamente.

A versão implícita envolve não mais que uma tolerância calculada da SM na economia local. Em particular para os cidadãos dos Estados que têm uma longa história de excessos inflacionários, a disponibilidade de uma alternativa à moeda local é atrativa pela disciplina que impõe ao abuso governamental do privilégio da senhoriagem. Como sugere uma fonte, "a dolarização é o repúdio supremo à política inflacionária" (Melvin; Peiers,

1996, p.39). O público ganha com uma maior estabilidade monetária e, na medida em que a repressão financeira é relaxada, muito provavelmente também com uma alocação mais eficiente dos recursos de capital. Os economistas em particular preferem essa estratégia em que abordagens mais ortodoxas à estabilidade macroeconômica já fracassaram.[11] Como já foi indicado, a lógica dessa "reforma monetária imposta pelo mercado" (Melvin, 1988a) é precisamente o que James Meigs tinha em mente quando advogou a adoção de uma moeda estrangeira em circunstâncias de debilidade financeira.

A introdução explícita envolve a subordinação formal à autoridade de um banco central estrangeiro forte via um fundo de estabilização cambial ou uma regra firme das taxas de câmbio. Isso tem por objetivo pedir emprestado a credibilidade e a respeitabilidade do estrangeiro amarrando abertamente as mãos do governo no âmbito doméstico. Tal abordagem é especialmente convidativa para os cidadãos de Estados com uma moeda nova ou ainda não testada, como sugeri no Capítulo 3. O público ganha não apenas uma moeda mais sólida, mas também, no nível simbólico, uma nova fonte de orgulho e realização nacionais. Não surpreende que muitos economistas também apoiem alguma variante dessa estratégia, diferindo principalmente sobre quantos acordos devem haver entre a credibilidade e a flexibilidade. Os entusiastas do fundo de estabilização cambial, como Steve Hanke e seus associados, declaram que nada menos que o vínculo mais estreito possível irá persuadir plenamente os agentes do mercado com relação à sinceridade do governo.[12] Outros temem que um vínculo muito estreito possa aumentar a vulnerabilidade financeira, privando o sistema bancário local de um emprestador discricionário de último recurso num momento de crise (Brand, 1993; Calvo; Vegh, 1992, 1996).

Entretanto, sejam quais forem as vantagens que a subserviência do mercado possa oferecer, há também desvantagens, como bem sabemos atualmente. O governo não fica privado apenas da sua própria capacidade de gestão macroeconômica efetiva, mas, privado da senhoriagem, também perde o instrumento isolado mais flexível de taxação disponível para mobilizar os recursos em uma emergência, deixando o país mais vulnerável à coerção política por parte do estrangeiro. Mais seriamente, uma abordagem desse tipo substitui o julgamento de agentes anônimos do mercado ou dos bancos centrais estrangeiros para as deliberações consideradas dos representantes do governo da própria cidadania, de fato ratificando o impacto subversivo da nova estrutura galáctica do dinheiro na vontade geral do eleitorado. O que o público ganha em termos de estabilidade

---

11 Ver, por exemplo, Melvin (1988a), Calvo; Vegh (1992, 1993, 1996), Cukierman; Kiguel; Liviatan (1992) e Hefeker (1995b).
12 Para referências, ver o Capítulo 3.

financeira, ele perde em responsabilidade democrática. A aquiescência não faz nada para corrigir o déficit de legitimidade gerado pela competição transnacional da moeda.

A alternativa é uma política proativa destinada a desafiar diretamente a parcela no mercado local de uma moeda estrangeira dominante; na verdade, uma estratégia para reconfigurar o espaço monetário em favor da sua própria moeda – reterritorialização *parcial*. Quanto mais o domínio preponderante da moeda local puder ser aumentado, diminuindo a influência e o uso da moeda estrangeira, maior será a oportunidade para tornar as ações oficiais receptivas, mediante as instituições do governo representativo, às preferências reveladas pelo próprio público. Os resultados podem nem sempre ser tão conducentes à eficiência ou à estabilidade, como poderíamos gostar que fossem, mas no que diz respeito às sociedades mais democráticas, elas pelo menos podem reivindicar algum grau de legitimidade política. No mínimo, os cidadãos privados teriam agora uma ideia melhor de a quem responsabilizar pelos resultados que não sejam do seu agrado.

Evidentemente há limites para quanto espaço monetário pode ser reconfigurado dessa maneira. Como declarei no início deste capítulo, uma completa reterritorialização da moeda – poder absoluto – não é, em princípio, irrealizável. Em termos práticos, no entanto, os altos custos envolvidos claramente tornam uma abordagem desse tipo improvável, exceto na mais terrível das circunstâncias. Muito mais realísticas são as políticas que aspiram a algo menor que uma plena restauração dos poderes de monopólio, equilibrando os custos com os benefícios em perspectiva – medidas para competir mais eficientemente em vez de esforços para recriar o modelo vestfaliano em um país. Aqui também as iniciativas podem ser unilaterais ou coletivas – e combinar elementos de persuasão e coerção.

A ação unilateral – uma estratégia da neutralidade do mercado – pode, como sugerido no Capítulo 7, incluir uma seleção de medidas mais ou menos estreitamente visadas para promover o uso de uma moeda e também como um compromisso mais amplo com políticas monetárias e fiscais ortodoxas. Poderia também incluir medidas mais coercivas de repressão financeira destinadas a neutralizar em vez de cultivar o sentimento do mercado. A ação coletiva – uma estratégia da aliança do mercado – teria como objetivo fortalecer o papel do dinheiro local unindo forças em algum tipo de união monetária em imitação à Área Monetária do Leste do Caribe ou à Zona Franca da CFA. Nos países onde algumas moedas diferentes podem carecer de atrativo para o mercado, uma moeda única pode se provar mais popular. Na verdade, a série de iniciativas possíveis é incrivelmente ampla.

É claro que nem todas essas ações políticas vão se mostrar igualmente efetivas, como deixou evidente a nossa discussão anterior. Os esforços para promover a reputação de uma moeda, quer unilaterais ou coletivos, nem sempre conseguem convencer o mercado; medidas de repressão financeira podem, como bem sabemos, sair pela culatra, corroendo, em vez de reforçar, a confiança na utilidade continuada de uma moeda. Um determinante importante dos resultados é o grau e a duração da SM na economia local, o que afeta a probabilidade de histereses. A dolarização é um processo custoso. Quanto mais extensiva e duradoura for uma invasão de moeda estrangeira, mais difícil será induzir o público a tornar a voltar atrás. Outro determinante importante é o registro prévio do próprio governo nas questões monetárias, o que certamente condicionará a maneira em que os agentes do mercado vão reagir a quaisquer novas promessas ou ameaças por parte das autoridades. Outros determinantes incluem o grau de orientação do mercado na economia como um todo, o nível de desenvolvimento nos mercados financeiros e a estabilidade das instituições políticas. Nenhuma receita isolada é capaz de funcionar para todas as moedas. Para as economias dolarizadas, como declarou um autor, "não é [...] possível fazer recomendações bem definidas ou geralmente válidas às autoridades [...] A melhor opção política só pode ser escolhida em relação à experiência passada de um país em particular" (Brand, 1993, p.203).[13]

Entretanto, qualquer que seja a estratégia escolhida, é essencial que qualquer esforço para reterritorializar as moedas não provoque um conflito político direto entre as nações – mais uma maneira de enfatizar a importância da necessidade de os governos administrarem sua rivalidade oligopolista nas relações monetárias. Um modelo de geografia monetária baseado no fluxo não pode nos dizer com precisão como esse objetivo pode ser alcançado. Mas destaca claramente as questões centrais que as autoridades devem enfrentar para serivrem adequadamente os interesses de seus constituintes no mundo de hoje.

* * *

A crescente desterritorialização da moeda de modo algum tem eliminado um papel para a política pública na gestão das relações monetárias. No entanto, tem complicado muito a tarefa enfrentada pelos governos que há muito estão acostumados ao privilégio da soberania monetária nacional. Onde anteriormente os Estados reivindicavam os direitos de monopólio, eles agora devem atuar como oligopolistas, competindo infinitamente pela preferência dos agentes do mercado. Onde antes a política monetária era em grande parte uma questão tratada pelo Estado, hoje a mão invisível da competição penetra no âmago das tomadas de decisão oficiais. A transformação do cenário imaginário do dinheiro exige que os governos agora, mais do que nunca, incorporem processos do mercado privado – a força

---

13 Ver também Calvo; Vegh (1992, 1996).

direcionadora que está por trás da competição transnacional – como um elemento central no processo de política pública.

O modelo vestfaliano tradicional da geografia monetária reduz o papel dos mercados. Pressupõe-se que as moedas são efetivamente nacionais, geridas de maneira monopolística por cada governo separado; e se espera que os mercados operem dentro de uma estrutura definida em termos estritamente territoriais. O processo político é concebido antes de mais nada em termos das relações entre nações soberanas, e só secundariamente em termos de uma dialética desconfortável entre a autoridade política e os mercados. Os Estados exercem o poder e os governos governam.

Contudo, uma vez que reconhecemos o crescimento da competição transnacional, esse modelo concentrado no Estado parece cada vez mais inadequado, se não totalmente equivocado. Quanto mais amplamente as moedas vêm a ser usadas entre as fronteiras políticas, e não apenas dentro delas, mais essencial se torna o papel independente das forças do mercado na governança monetária global. Os agentes do mercado também exercem poder, e cada vez mais competem com os governos como determinantes diretos dos resultados monetários. A interação estratégica entre os setores públicos e privados, não apenas entre os Estados, torna-se o principal centro de autoridade nas questões monetárias.

Por isso, para a política pública permanecer eficaz devemos atualizar nossos mapas mentais do dinheiro para fechar a lacuna cada vez maior entre a imagem e o fato – entre o mito convencional de Uma Nação/Uma Moeda e a realidade de uma estrutura galáctica desterritorializada da moeda. A armadilha territorial de Vestfália deve ser evitada. Todos nós precisamos aprender a pensar de uma maneira nova sobre a organização espacial das relações monetárias.

REFERÊNCIAS BIBLIOGRÁFICAS

AGENOR, Pierre-Richard; KAHN, Mohsin S. *Foreign Currency Deposits and the Demand for Money in Developing Countries.* Washington: International Monetary Fund, 1992. (Working Paper WP/92/1.)

AGHEVLI, Bijan B.; KHAN, Mohsin S.; MONTIEL, Peter J. *Exchange Rate Policy in Developing Countries:* Some Analytical Issues. Washington: International Monetary Fund, 1991. (Occasional Paper, 78.).

AGLIETTA, Michel; DEUSY-FOURNIER, Pierre. Internationalisation des monnaies et organization du système monétaire. *Économie Internationale,* v.59, n.3, p.71-106, 1994.

AGNEW, John A. The Territorial Trap: the Geographical Assumptions of International Relations Theory. *Review of International Political Economy,* v.1, n.1, p.53-80, Spring 1994a.

_____. Timeless Space and State-Centrisme: the Geographical Assumptions of International Relations Theory. In: ROSOW, Stephen J.; INAYATULLAH, Naeem; RUPERT, Mark (Eds.). *The Global Economy as Political Space.* Boulder: Lynne Rienner, 1994b. chap.4.

_____; CORBRIDGE, Stuart. *Mastering Space:* Hegemony, Territory and the International Political Economy. London: Routledge, 1995.

AHTIALA, P.; ORGLER, Y. E. The Optimal Pricing of Exports Invoiced in Different Currencies. *Journal of Banking and Finance,* v.19, n.1, p.61-77, Apr. 1995.

AIZENMAN, Joshua. On the Complementarity of Commercial Policy, Capital Controls, and the Inflation Tax. *Canadian Journal of Economics,* v.19, n.1, p.114-33, Feb. 1986.

_____. Competitive Externalities and the Optimal Seigniorage. *Journal of Money, Credit, and Banking,* v.24, n.1, p.61-71, Feb. 1992.

AIZENMAN, Joshua; FRENKEL, Jacob A. Optimal Wage Indexation, Foreign Exchange Intervention, and Monetary Policy. *American Economic Review,* v.75, n.3, p.402-23, June 1985.

_____; GUIDOTTI, Pablo E. Capital Controls, Collection Costs, and Domestic Public Debt. *Journal of International Money and Finance,* v.13, n.1, p.41-54, Feb. 1994.

AL-MARHUBI, Fahim; WILLETT, Thomas D. *Determinants of Exchange Rate Regime Choice.* [S.l.]: [s.n.],1996. Manuscript.

ALIBER, Robert Z. *The International Money Game.* 5.ed. New York: Basic Books, 1987.

ALL Lined Up. *The Economist,* 7 Sept. 1996a. p.66.

ALLEN, John; MASSEY, Doreen. Introduction. In: _____; _____ (Eds.). *Geographical Worlds.* New York: Oxford University Press, 1995. p.1-3.

ALLEN, Polly Reynolds. *The ECU:* Birth of a New Currency. Washington: Group of Thirty, 1986. (Occasional Paper, 20.)

_____. The Private ECU Markets: What They Are, Why They Exist, and Where They May Go. *Journal of Banking and Finance,* 14, p.845-76, 1990.

_____. The ECU and the Transition to European Monetary Union. *International Economic Journal,* v.6, n.1, p.83-99, Spring 1992.

_____. Transactions Use of the ECU in the Transition to EMU: a Model of Network Externalities. *Recherches Économiques de Louvain,* v.59, n.1-2, p.155-76, 1993.

ALOGOSKOUFIS, George. The ECU, the International Monetary System, and the Management of Exchange Rates. In: BEKEMANS, Leonce; TSOUKALIS, Loukas (Eds.). *Europe and Global Economic Interdependence.* Brussels: European Interuniversity Press, 1993. p.231-51.

_____. On Inflation, Unemployment, and the Optimal Exchange Rate Regime. In: VAN DER PLOEG, Frederick (Ed.). *The Handbook of International Macroeconomics.* Oxford: Blackwell, 1994. chap.7.

_____; PORTES, Richard. International Costs and Benefits from EMU. *European Economy,* Special Issue, n.1, p.231-45, 1991.

_____; _____. European Monetary Union and International Currencies in a Tripolar World. In: CANZONERI, Matthew B.; GRILLI, Vittorio; MASSON, Paul R. (Eds.). *Establishing a Central Bank:* Issues in Europe and Lessons from the U.S. Cambridge: Cambridge University Press, 1992. chap.9.

_____; _____. *The Euro, the Dollar, and the International Monetary System.* Washington: [s.n.], 1997. Paper preparado para uma conferência do FMI sobre a UME e o Sistema Monetário Internacional. Manuscript.

ANDERSON, Annelise. The Ruble Problem: a Competitive Solution. *Cato Journal,* 12, p.633-49, Winter 1993.

_____. Alternative Approaches to Monetary Reform in the Formerly Communist Countries: a Parallel Strategy. In: WILLET, Thomas D. et al. (Eds.). *Establishing Monetary Stability in Emerging Market Economies.* Boulder: Westview, 1995. chap.8.

ANDERSON, Benedict. *Imagined Communities:* Reflections on the Origins and Spread of Nationalism. Rev. ed. London: Verso, 1991.

ANDERSON, Perry. *Lineages of the Absolutist State.* London: New Left Books, 1974.

ANDREW, A. Piatt. The End of the Mexican Collar. *Quarterly Journal of Economics,* v.18, n.2, p.321-56, May 1904.

ANDREWS, David M. Capital Mobility and State Autonomy: toward a Structural Theory of International Monetary Relations. *International Studies Quarterly,* 38, p.193-218, June 1994.

_____; WILLETT, Thomas D. Financial Interdence on the State: International Monetary Relations at Century's End. *International Organization,* v.51, n.3, p.479-511, Summer 1997.

ANYONE for Xenobonds? *The Economist,* 9 Nov. 1996b. p.88.

APPADURAI, Arjun. Disjuncture and Difference in the Global Cultural Economy. *Public Culture,* v.2, n.2, p.1-24, Spring 1990.

ARENDT, Hannah. What is Authority? In: _____. *Between Past and Future:* Eight Exercises in Political Thought. New York: Viking Press, 1968. p.91-141.

ARGY, Victor; DE GRAUWE, Paul (Eds.). *Choosing an Exchange Rate Regime:* the Challenge for Smaller Industrial Countries. Washington: International Monetary Fund, 1990.

ASCHHEIM, Joseph; PARK, Y. S. *Artificial Currency Units:* the Formation of Functional Currency Areas. Princeton: International Finance Section, 1976. (Essays in International Finance, 114.)

_____; TAVLAS, George S. Monetary Economics in Doctrinal Perspective. *Journal of Money, Credit, and Banking,* v.28, n.3, part 1, p.406-17, Aug. 1996.

ASLUND, Anders. *How Russia Became a Market Economy.* Washington: Brookings Institution, 1995.

_____; BOONE, Peter; JOHNSON, Simon. How to Stabilize: Lessons from Post-communist Countries. *Brookings Papers on Economic Activity,* n.1, p.217-91, 1996.

AUERNHEIMER, Leonardo. The Honest Government's Guide to the Revenue from the Creation of Money. *Journal of Political Economy,* 82, p.598-606, May-June 1974.

AXFORD, Barrie. *The Global System:* Economics, Politics, and Culture. New York: St. Martin's, 1995.

BACCHETTA, Philippe; CAMINAL, Ramon. Optimal Seigniorage and Financial Liberalization. *Journal of International Money and Finance,* 11, p.518-38, Dec. 1992.

BAGEHOT, Walter. *Lombard Street:* a Description of the Money Market. 4.ed. London: Henry S. King & Co., 1873.

BAILEY, Martin J. The Welfare Cost of Inflationary Finance. *Journal of Political Economy,* 64, p.93-110, Apr. 1956.

BAKER, Wayne E. What Is Money? A Social Structural Interpretation. In: MIZRUCHI, Mark S.; SCHWARTZ, Michael (Eds.). *Intercorporate Relations:* the Structural Analysis of Business. New York: Cambridge University Press, 1987. chap.4.

BANK OF JAPAN. The Circulation of Bank of Japan Notes. *Quarterly Bulletin,* p.89-118, Nov. 1994.

BANK FOR INTERNATIONAL SETTLEMENTS. The Role of the Dollar in International Market Financing from a Longer-Term Perspective. *International Banking and Financial Market Developments,* p.23-6, Nov. 1995.

_____. *Central Bank Survey of Foreign Exchange and Derivatives Market Activity.* Basel: [s.n.], 1996.

BARKIN, J. Samuel; CRONIN, Bruce. The State and the Nation: Changing Norms and the Rules of Sovereignty in International Relations. *International Organization* 48, n.1, Winter 1994, p.107-30.

BARKIN, J. Samuel; GORDON, David B. Rules, Discretion, and Reputation in a Model of Monetary Policy. *Journal of Monetary Economics,* 12, p.101-21, 1983.

BARRO, Robert J.; GORDON, David B. Rules, Discretion, and Reputation in a Model of Monetary Policy. *Journal of Monetary Economics* 12, p.101-21, 1983.

BARTEL, Robert J. International Monetary Unions: the XIXth-Century Experience. *Journal of European Economic History,* v.3, n.3, p.689-704, Winter 1974.

BATES, Robert H.; LIEN, Da-Hsiang Donald. A Note on Taxation, Development, and Representative Government. *Politics and Society,* v.14, n.1, p.53-70, Mar. 1985.

BAYOUMI, Tamim; EICHENGREEN, Barry. *One Money or Many?* On Analyzing Prospects for Monetary Unification in Various Parts of the World. Berkeley: Center for International and Development Economics Research-University of California, 1993. (Working Paper C93-030.)

BÉNASSY-QUÉRÉ, Agnès. *Exchange Rate Regimes and Policies in Asia.* Paris: Centre d'Études Prospectives et d'Informations Internationales, 1996a. (Document de Travail, 96-07.)

_____. *Potentialities and Opportunities of the Euro as an International Currency.* Paris: Centre d'Études Prospectives et d'Information Internationales, 1996b. (Document de Travail, 96-09.)

_____; DEUSY-FOURNIER, Pierre. La concurrence pour le statut de monnaie international depuis 1973. *Économie Internationale,* v.59, n.3, p.107-44, 1994.

_____; _____. Le rôle international des grandes devises: 1974-1994. *Bulletin Économique et Financier* (Banque Internationale à Luxembourg), n.42, p.13-32, 1995.

_____; ITALIANER, Alexander; PISANI-FERRY, Jean. The External Implications of the Single Currency. *Économie et Statistique,* Special Issue, p.9-22, 1994.

BENNETT, Adam G. G. The Operation of the Estonian Currency Board. *International Monetary Fund Staff Papers,* 40, p.451-70, June 1993.

_____. *Currency Boards:* Issues and Experiences. [S.l.]: International Monetary Fund, 1994. (Paper on Policy Analysis and Assessment PPAA/94/18.)

_____. Currency Boards: Issues and Experiences. *Finance and Development,* 32, p.39-42, 1995.

BERGMAN, Michael; GERLACH, Stefan; JONUNG, Lars. The Rise and Fall of the Scandinavian Currency Union: 1873-1920. *European Economic Review*, 37, p.507-17, Apr. 1993.

BERGSTEN, C. Fred. *The Dilemmas of the Dollar*. New York: New York University Press, 1975.

_____. *The Impact of the Euro on Exchange Rates and International Policy Cooperation (Or: A 'Big Bang' for the Euro?)*. Washington: [s.n.], 1997. Paper preparado para uma conferência do FMI sobre a UME e o Sistema Monetário Internacional. Manuscript.

BERLINER, Nancy. The Faces on Money Change with the Face of the Map. *The New York Times*, 5 Mar. 1995. p.8, F.

BERNHOLZ, Peter. Currency Competition, Inflation, Gresham's Law, and Exchange Rate. *Journal of Institutional and Theoretical Economics*, v.145, n.3, p.465-88, Sept. 1989.

BIERSTEKER, Thomas J.; WEBER, Cynthia (Eds.). *State Sovereignty as Social Construct*. New York: Cambridge University Press, 1996.

BILSON, John F. O. The Choice of an Invoice Currency in International Transactions. In: BHANDARI, Jagdeep S.; PUTNAM, Bluford H. (Eds.). *Economic Interdependence and Flexible Exchange Rates*. Cambridge: MIT Press, 1983. chap.14.

BIXLER, Raymond W. *The Foreign Policy of the United States in Liberia*. New York: Pageant Press, 1957.

BLACK, Stanley W. The International Use of Currencies. In: YOSHIO, Suzuki; JUNICHI, Miyake; MITSUAKI, Okabe (Eds.). *The Evolution of the International Monetary System: How Can Efficiency and Stability Be Attained?* Tokyo: University of Tokyo Press, 1990. chap.7.

_____. Transactions Costs and Vehicle Currencies. *Journal of International Money and Finance*, 10, p.512-26, 1991.

_____. The International Use of Currencies. In: DAS, Dilip K. (Ed.). *International Finance*. London: Routledge, 1993. chap.29.

BLANCHARD, Olivier; FISCHER, Stanley. *Lectures on Macroeconomies*. Cambridge: MIT Press, 1989.

BLINDER, Alan S. The Role of the Dollar as an International Currency. *Eastern Economic Journal*, v.22, n.2, p.127-36, Spring 1996.

BLOCK, Fred L. *The Origins of International Economic Disorder*. Berkeley: University of California Press, 1977.

BOOKMAN, Milica Zarkovic. *The Economies of Secession*. New York: St. Martin's Press, 1992.

BORDO, Michael D.; SCHWARTZ, Anna J. The ECU: an Imaginary or Embryonic Form of Money - What Can We Learn from History? In: DE GRAUWE, Paul; PEETERS, Theo (Eds.). *The ECU and European Monetary Integration*. London: Macmillan, 1989. chap.1.

BOSCO, Luigi. Determinants of the Exchange Rate Retimes in LDCs: Some Empirical Evidence. *Economic Notes*, v.16, n.1, p.119-43, 1987.

BOUGHTON, James M. The CFA Franc: Zone of Fragile Stability in Africa. *Finance and Development*, p.34-6, Dec. 1992.

BOUGHTON, James M. The CFA Franc Zone: Currency Union and Monetary Standard. *Greek Economic Review,* v.15, n.1, p.267-312, Autumn 1993a.

_____. The Economics of the CFA Franc Zone. In: MASSON, Paul R.; TAYLOR, Mark P. (Eds.). *Policy Issues in the Operation of Currency Unions.* Cambridge: Cambridge University Press, 1993b. chap.4.

BOWLES, Paul; MacLEAN, Brian. Regional Blocs: Can Japan Be the Leader? In: BOYER, Robert; DRACHE, Daniel (Eds.). *States against Markets:* the Limits of Globalization. New York: Routledge, 1996. chap.6.

BOYER, Robert; DRACHE, Daniel (Eds.). *States against Markets:* the Limits of Globalization. New York: Routledge, 1996.

BOYER, Russell S. Currency Mobility and Balance of Payments Adjustment. In: PUTNAM, Bluford H.; WILFORD, D. Sykes (Eds.). *The Monetary Approach to International Adjustment.* New York: Praeger, 1978a. chap.13.

_____. Optimal Foreign Exchange Market Intervention. *Journal of Political Economy,* v.86, n.6, p.1045-55, Dec. 1978b.

BOYER-XAMBEU, Marie-Thérèse; DELEPLACE, Ghislain; GILLARD, Lucien Gillard. *Private Money and Public Currencies:* the 16th Century Challenge. Armonk: M. E. Sharpe, 1994.

BRAND, Diana. *Currency Substitution in Developing Countries:* Theory and Empirical Analysis for Latin America and Eastern Europe. Munich: Weltforum, 1993. (Ifo-Studien zur Entwicklungsforschung, 24.)

BRAUDEL, Fernand. *The Wheels of Commerce.* New York: Harper and Row, 1982. (Civilization and Capitalism: Fifteenth to Eighteenth Centuries, 2.)

BRAZIL'S Poor Back Cardoso. *The Economist,* 1 Oct. 1994a. p.51.

BRETT, Edward A. *International Money and Capitalist Crisis:* the Anatomy of Global Desintegration. Boulder: Westview, 1983.

BRITISH TREASURY. *An Evolutionary Approach to Economic and Monetary Union:* discussion paper. London: HM Stationary Office, 1989.

BROOKE, James. New Money No Novelty in Brazil. *The New York Times,* 19 July 1994. p.17, 29.

BROWN, Brenda. *Money Hard and Soft:* on the International Currency Markets. New York: Wiley, 1978.

_____. *The Dollar-Mark Axis:* on Currency Power. New York: St. Martin's Press, 1979.

BROZOVIC, Dalibor. *The Kuna and the Lipa:* the Currency of the Republic of Croatia. Zagreb: National Bank of Croatia, 1994.

BRYAN, Dick. *The Chase across the Globe:* International Accumulation and the Contradictions for Nation States. Boulder: Westview, 1995.

BUFMAN, Gil; LEIDERMAN, Leonardo. Currency Substitution under Nonexpected Utility: Some Empirical Evidence. *Journal of Money, Credit, and Banking,* v.25, n.3, part.1, p.320-35, Aug. 1983.

BULL, Hedley. *The Anarchical Society:* a Study in World Politics. London: Macmillan, 1977.

CABLE, Vincent. The Diminished Nation-State: a Study in the Loss of Economic Power. *Daedalus,* v.124, n.2, p.23-53, Spring 1995.

CAGAN, Phillip. Monetarism. In: NEWMAN, Peter; MILGATE, Murray; EATWELL, John (Eds.). *The New Palgrave Dictionary of Money and Finance.* London: Macmillan, 1992. v.2. p.719-24.

CALVO, Guillermo A. Optimal Seigniorage from Money Creation: an Analysis in Terms of the Optimum Balance of Payments Deficit Problem. *Journal of Monetary Economics,* v.4, n.3, p.503-17, Aug. 1978.

_____. Currency Substitution and the Real Exchange Rate: the Utility Maximization Approach. *Journal of International Money and Finance,* v.4, n.2, p.175-88, 1985.

_____. VEGH, Carlos A. (Eds.). Convertibility and Currency Substitution. *Revista de Análisis Económico,* Special Issue, n.7, June 1992.

_____. _____. Currency Substitution in High Inflation Countries. *Finance and Development,* 30, p.34-7, Mar. 1993.

_____. _____. From Currency Substitution to Dollarization and Beyond: Analytical and Policy Issues. In: _____. (Ed.). *Money, Exchange Rates, and Output.* Cambridge: MIT Press, 1996. chap.8.

_____. RODRIGUEZ, Carlos A. A Model of Exchange Rate Determination under Currency Substitution and Rational Expectations. *Journal of Political Economy,* 85, p.617-24, June 1977.

CAMARD, Wayne. *Discretion with Rules?* Lessons from the Currency Board Arrangement in Lithuania. [S.l.]: [s.n.], 1996. (International Monetary Fund Paper on Policy Analysis and Assessment PPAA/96/1.)

CAMILLERI, Joseph A.; FALK, Jim. *The End of Sovereignty?* The Politics of a Shrinking and Fragmenting World. Aldershot: Edward Elgar, 1992.

_____; JARVIS, Anthony P.; PAOLINI, Albert J. (Eds.). *The State in Transition:* Reimagining Political Space. Boulder: Lynne Rienner, 1995.

CANZONERI, Matthew B.; ROGERS, Carol Ann. Is the European Community an Optimal Currency Area? Optimal Taxation Versus the Cost of Multiple Currencies. *American Economic Review,* v.80, n.3, p.419-33, June 1990.

_____; DIBA, Behzad T. The Inflation Discipline of Currency Substitution. *European Economic Review,* v.36, n.4, p.825-45, May 1992.

_____; _____; GIOVANNINI, Alberto. Currency Substitution: From the Policy Questions to the Theory and Back. In: TORRES, Francisco; GIAVAZZI, Francesco (Eds.). *Adjustment and Growth in the European Monetary Union.* Cambridge: Cambridge University Press, 1993. chap.10.

CAPORASO, James A. (Ed.). *The Elusive State:* International and Comparative Perspectives. Newbury Park: Sage, 1989.

CARSE, Stephen; WILLIAMSON, John; WOOD, Geoffrey E. *The Financing Procedures of British Foreign Trade.* London: Cambridge University Press, 1980.

CASTELLS, Manuel. *The Informational City:* Information Technology, Economic Restructuring, and the Urban-Regional Process. Oxford: Blackwell, 1989.

CAVES, Richard E.; FRANKEL, Jeffrey A.; JONES, Ronald W. *World Trade and Payments:* an Introduction. New York: Harper Collins, 1996.

CENTRE FOR ECONOMIC POLICY RESEARCH. *The Economics of New Currencies.* London: [s.n.], 1993.

CERNY, Philip G. *The Changing Architecture of Politics:* Structure, Agency, and the Future of the State. London: Sage, 1990.

_____. *Finance and World Politics:* Markets, Regimes, and States in the Post-Hegemonic Era. Aldershot: Edward Elgar, 1993a.

_____. Plurilateralism: Structural Differentiation and Functional Conflict in the Post--Cold War World Order. *Millennium:* Journal of International Studies, 22, p.27-51, 1993b.

_____. The Dynamics of Financial Globalization: Technology, Market Structure, and Policy Response. *Policy Sciences,* 27, p.319-42, 1994a.

_____. The Infrastructure of the Infrastructure? Toward 'Embedded Financial Orthodoxy' in the International Political Economy. In: PALAN, Ronan P.; GILLS, Barry (Eds.). *Transcending the State-Global Divide:* a Neostructuralist Agenda in International Relations. Boulder: Lynne Reinner, 1994b. chap.12.

_____. Money and Finance in the International Political Economy: Structural Change and Paradigmatic Muddle. *Review of International Political Economy,* v.1, n.3, p.587-92, Autumn 1994c.

_____. Globalization and the Changing Logic of Collective Action. *International Organization,* v.49, n.4, p.595-625, Autumn 1995.

CHAPPELL, David. On the Revenue Maximizing Rate of Inflation. *Journal of Money, Credit, and Banking,* v.13, n.3, p.391-2, Aug. 1981.

CHOWN, John. *A History of Money.* London: Routledge, 1994.

_____; WOOD, Geoffrey. Russia's Currency: How the West Can Help. *Central Banking,* v.3, n.1, p.39-46, Winter 1992-1993.

CHRYSTAL, K. Alec. Demand for International Media of Exchange. *American Economic Review,* v.67, n.5, p.840-50, Dec. 1977.

_____. On the Theory of International Money. In: BLACK, J.; DORRANCE, G. (Eds.). *Problems of International Finance.* New York: St. Martin's Press, 1984. p.77-92.

CIPOLLA, Carlo M. *Money, Prices, and Civilization in the Mediterranean World:* Fifth to Seventeenth Century. New York: Gordian Press, 1967.

_____. *Money in Sixteenth-Century Florence.* Berkeley: University of California Press, 1989.

CLAASSEN, Emil-Maria; DE LA CRUZ MARTINEZ, Justino. *Dollarization and Its Impact on the Economy:* Argentina, Bolivia, and Uruguay. Washington: Inter-American Development Bank, 1994. (Working Paper, 168.)

CLEMENT, Jean A. P. Striving for Stability: CFA Franc Realignment. *Finance and Development,* v.31, n.2, p.10-3, June 1994.

_____. Aftermath of the CFA Franc Devaluation. *Finance and Development,* v.32, n.2, p.24-7, June 1995.

_____. et al. *Aftermath of the CFA Franc Devaluation.* Washington: International Monetary Fund, 1996. (Occasional Paper, 138.)

CMIEL, Kenneth. Poststructural Theory. In: CAYTON, Mary Kupiec; GORN, Elliot J.; WILLIAMS, Peter W. (Eds.). *Encyclopedia of American Social History.* New York: Charles Scribner's Sons, 1993. v.1. p.425-33.

COFFEY, Peter. Sterling and a Common Market Currency. *Loughborough Journal of Social Studies,* June 1968.

COHEN, Benjamin J. The Euro-Dollar, the Common Market, and Currency Unification, *Journal of Finance,* v.18, n.4, p.605-21, Dec. 1963.

_____. *The Future of Sterling as an International Currency.* London: Macmillan, 1971a.

_____. The Seigniorage Gain of an International Currency: an Empirical Test. *Quarterly Journal of Economics,* v.85, n.3, p.494-507, Aug. 1971b.

_____. *Organizing the World's Money:* the Political Economy of International Monetary Relations. New York: Basic Books, 1977.

_____. *The European Monetary System:* an Outsider's View. Princeton: International Finance Section, 1981. (Essays in International Finance, 142.)

_____. *In Whose Interest?* International Banking and American Foreign Policy. New Haven: Yale University Press, 1986.

_____. *Crossing Frontiers:* Explorations in International Political Economy. Boulder: Westview, 1991.

_____. Currency Areas. In: NEWMAN, Peter; MILGATE, Murray; EATWELL, John (Eds.). *The New Palgrave Dictionary of Money and Finance.* London: Macmillan, 1992a. v.1. p.556-7.

_____. Sterling Area. In: NEWMAN, Peter; MILGATE, Murray; EATWELL, John (Eds.). *The New Palgrave Dictionary of Money and Finance.* London: Macmillan, 1992b. v.3. p.554-5.

_____. Beyond EMU: the Problem of Sustainability. *Economics and Politics,* v.5, n.2 p.187-202, July 1993a.

_____. *The International Political Economy of Monetary Relations.* Aldershot: Edward Elgar, 1993b.

_____. The Triad and the Unholy Trinity: Lessons for the Pacific Region. In: HIGGOTT, Richard; LEAVER, Richard; HAVENHILL, John (Eds.). *Pacific Economic Relations in the 1990s:* Cooperation or Conflict? Boulder: Lynne Rienner, 1993c.

_____. *The Geography of Money:* Currency Relations among Sovereign States. Paris: Observatoire Français des Conjonctures Économiques, 1994. (OFCE Working Paper, 94-07.)

COHEN, Benjamin J. Phoenix Risen: the Resurrection of Global Finance. *World Politics,* v.48, n.2, p.268-96, Jan. 1996.

_____. Optimum Currency Area Theory: Bringing the Market Back In. In: _____. (Ed.). *International Trade and Finance:* New Frontiers for Research. New York: Cambridge University Press, 1997a. chap.8.

_____. The Political Economy of Currency Regions. In: MANSFIELD, Edward D.; MILNER, Helen V. (Eds.). *The Political Economy of Regionalism.* New York: Columbia University Press, 1997b.

COHEN, Roger. Croatia Currency's Name Protested. *The New York Times,* 28 May 1994. p.3.

COLLIER, Paul; JOSHI, Vijay. Exchange Rate Policy in Developing Countries. *Oxford Review of Economic Policy,* v.5, n.3, p.94-113, Autumn 1989.

COLLYNS, Charles. *Alternatives to the Central Bank in the Developing World.* Washington: International Monetary Fund, 1983. (Occasional Paper, 20.)

CONWAY, Patrick. *Currency Proliferation:* the Monetary Legacy of the Soviet Union. Princeton: International Finance Section, 1995. (Essays in International Finance, 197.)

COOPER, Richard N. A Monetary System for the Future. *Foreign Affairs,* v.63, n.1, p.166-84, Fall 1984.

COPELAND, Laurence S. *Exchange Rates and International Finance.* 2.ed. Reading: Addison-Wesley, 1994.

CORBRIDGE, Stuart; MARTIN, Ron; THRIFT, Nigel. *Money, Power, and Space.* Cambridge: Blackwell, 1994.

CORDEN, W. Max. *Monetary Integration.* Princeton: International Finance Section, 1972. (Essays in International Finance, 93.)

_____. *Economic Policy, Exchange Rates, and the International System.* Chicago: University of Chicago Press, 1994.

COWEN, Tyler; KROSZNER, Randall. The Development of the New Monetary Economics. *Journal of Political Economy,* 95, p.567-90, June 1987.

CUDDINGTON, John T. Currency Substitution, Capital Mobility, and Money Demand. *Journal of International Money and Finance,* 2, p.111-33, Aug. 1983.

CUKIERMAN, Alex; EDWARDS, Sebastian; TABELLINI, Guido. Seigniorage and Political Instability. *American Economic Review,* 82, p.537-55, June 1992.

_____; KIGUEL, Miguel A.; LIVIATAN, Nissan. How Much to Commit to an Exchange Rate Rule? Balancing Credibility and Flexibility. *Revista de Análisis Económico,* 7, p.73-89, June 1992.

CURRENCY Board Arrangements More Widely Used. *IMF Survey,* 24, p.54-7, Feb. 1997.

CUTLER, A. Claire. *Locating "Authority" in the Global Political Economy.* 1996. Paper preparado para o encontro anual de 1996 da Associação Americana de Ciência Política.

DALY, M. T.; LOGAN, M. I. *The Brittle Rim:* Finance, Business, and the Pacific Region. New York: Penguin, 1989.

DANIELS, Joseph P.; VAN HOOSE, David D. Reserve Requirements, Currency Substitution, and Seigniorage in the Transition to European Monetary Union. *Open Economies Review*, 7, p.257-73, 1996.

DAS, Dilip K. *The Yen Appreciation and the International Economy*. London: Macmillan, 1993.

DAVIES, Glyn. *A History of Money:* from Ancient Times to the Present Day. Cardiff: University of Wales Press, 1994.

DAY, A. C. L. *The Future of Sterling*. London: Oxford University Press, 1954.

DE BOISSIEU, Christian. Concurrence entre monnaies et polycentrisme monétaire. In: FAIR, D. E.; _____. (Eds.). *International Monetary and Financial Integration:* the European Dimension. Boston: Kluwer Academic, 1988. chap.13.

DE CECCO, Marcello. European Monetary and Financial Cooperation before the First World War. *Rivista di Storia Economica*, 9, p.55-76, 1992.

_____. Financial Relations: between Internationalism and Transnationalism. In: MORGAN, Roger et al. (Eds.). *New Diplomacy in the Post-Cold War World:* Essays for Susan Strange. New York: St. Martin's Press, 1993.

DE GRAUWE, Paul. Is the European Monetary System a DM-Zone? In: STEINHERR, Alfred; WEISERBS, Daniel (Eds.). *Evolution of the International and Regional Monetary Systems*. London: Macmillan, 1991.

_____. The Political Economy of Monetary Union in Europe. *The World Economy*, v.16, n.6, p.653-61, Nov. 1993.

_____. *The Economics of Monetary Integration*. 2.ed. New York: Oxford University Press, 1994.

_____; PEETERS, Theo (Eds.). *The ECU and European Monetary Integration*. London: Macmillan, 1989.

DE PALMA, Anthony. In the Land of the Peso, the Dollar is Common Coin. *The New York Times*, 21 Nov. 1995. C1, C17.

DESAI, Mihir. The End of Everything. *The New York Times*, 24 Aug. 1996. p.19.

DEUTSCHE BUNDESBANK. Payments Media in Foreign Travel. *Monthly Report*, v.43, n.7, p.43-8, July 1991.

_____. The Circulation of Deutsche Mark Abroad. *Monthly Report*, v.47, n.7, p.65-71, July 1995.

DICKEN, Peter. *Global Shift:* the Internationalization of Economic Activity. 2.ed. London: Paul Chapman, 1992.

_____; LLOYD, Peter E. *Location in Space:* Theoretical Perspectives in Economic Geography. 3.ed. New York: Harper and Row, 1990.

DING Dong Dollar. *Far Eastern Economic Review*, 30, p.5, Mar. 1995.

DIXIT, Avinash. Investment and Hysteresis. *Journal of Economic Perspectives*, v.6, n.1, p.107-32, Winter 1992.

DODD, Nigel. *The Sociology of Money*. New York: Continuum, 1994.

_____. Money and the Nation-State: Contested Boundaries of Monetary Sovereignty in Geopolitics. *International Sociology*, v.10, n.2, p.139-54, 1995.

DODSWORTH, J.; EL-ERIAN, M. A.; HAMMANN, D. *Foreign Currency Deposits in Developing Countries:* Origins and Economic Implications. Washington: International Monetary Fund, 1987. (Working Paper WP/87/12.)

_____. et al. *Vietnam:* Transition to a Market Economy. Washington: International Monetary Fund, 1996. (Occasional Paper, 135.)

DOMINGUEZ, Kathryn M.; FRANKEL, Jeffrey A. *Does Foreign Exchange Intervention Work?* Washington: Institute for International Economics, 1993.

DONNENFELD, Shabtai; ZILCHA, Szhak. Pricing of Exports and Exchange Rate Uncertainty. *International Economic Review,* v.32, n.4, p.1009-22, Nov. 1991.

DOOLEY, Michael P. A Source of Literature on Controls over International Capital Transactions. *International Monetary Fund Staff Papers,* v.43, n.4, p.639-87, Dec. 1996.

DORNBUSCH, Rudiger. The European Monetary System, the Dollar, and the Yen. In: GIAVAZZI, Francesco; MICOSSI, Stefano; MILLER, Marcus (Eds.). *The European Monetary System.* New York: Cambridge University Press, 1988. chap.2.

_____. Monetary Probels of Post-Communism: Lessons from the End of the Austro--Hungarian Empire. *Weltwirtschaftliches Archiv,* v.128, Heft 3, p.391-424, 1992.

_____. *Post-Communist Monetary Problems:* Lessons from the End of the Austro-Hungarian Empire. San Francisco: International Center for Economic Growth, 1994.

_____. Euro Fantasies. *Foreign Affairs,* v.75, n.5, p.110-24, Sept.-Oct. 1996.

_____; STURZENEGGER, Federico A.; WOLF, Holgerlf. Extreme Inflation: Dynamics and Stabilization. *Brookings Papers on Economic Activity,* n.2, p.2-84, 1990.

DOWD, Kevin (Ed.). *The Experience of Free Banking.* London: Routledge, 1992.

_____; GREENAWAY, David. Currency Competition, Network Externalities and Switching Costs: towards an Alternative View of Optimum Currency Areas. *Economic Journal,* 103, p.1180-9, Sept. 1993a.

_____; _____. A Single Currency for Europe? *Greek Economic Review,* v.15, n.1, p.227-44, Autumn 1993b.

DRAINVILLE, Andre C. Of Social Spaces, Citizenship, and the Nature of Power in the World Economy. *Alternatives,* v.20, n.1, p.51-79, Jan.-Mar. 1995.

DRAZEN, Allan. Monetary Policy, Capital Controls and Seigniorage in an Open Economy. In: DE CECCO, Marcello; GIOVANNINI, Alberto (Eds.). *A European Central Bank?* Perspectives on Monetary Unification after Ten Years of the EMS. New York: Cambridge University Press, 1989. chap.2.

DREW, Christopher; ENGELBERG, Stephen. Super-Counterfeit $100's Baffle U.S. Investigators. *The New York Times,* 27 Feb. 1996. p.A4.

ECUADOR: Sane and Sober. *The Economist,* 7 Dec. 1996c, p.40.

EDERER, Rubert J. *The Evolution of Money.* Washington: Public Affair Press, 1964.

EDISON, Hali J.; MELVIN, Michael. The Determinants and Implications of the Choice of an Exchange Rate System. In: HARAF, William S.; WILLETT, Thomas D. (Eds.). *Monetary Policy for a Volatile Global Economy.* Washington: AEI Press, 1990. p.1-44.

EDWARDS, Sebastian. Exchange Rates and the Political Economy of Macroeconomic Discipline. *American Economic Review,* 86, p.159-63, May 1996.

_____; TABELLINI, Guido. Explaining Fiscal Policies and Inflation in Developing Countries. *Journal of International Money and Finance,* 10, Suppl., p.S16-S48, Mar. 1991.

EICHENGREEN, Barry. *Elusive Stability:* Essays in the History of International Finance (1919-1939). Cambridge: Cambridge University Press, 1990.

_____. *International Monetary Arrangements for the 21st Century.* Washington: Brookings Institution, 1994.

_____. *Globalizing Capital:* History of the International Monetary System. Princeton: Princeton University Press, 1996a.

_____. *A More Perfect Union?* The Logic of Economic Integration. Princeton: International Finance Section, 1996b. (Essays in International Finance, 198.)

_____; FLANDREAU, Marc. The Geography of the Gold Standard. In: MACEDO, Jorge Braga de; _____; REIS, Jaime (Eds.). *Currency Convertibility:* the Gold Standard and Beyond. London: Routledge, 1996. chap.5.

_____; FRANKEL, Jeffrey A. The SDR, Reserve Currencies, and the Future of the International Monetary System. In: MUSSA, Michael; BOUGHTON, James M.; ISARD, Peter (Eds.). *The Future of the SDR in the Light of Changes in the International Financial System.* Washington: International Monetary Fund, 1996. chap.9.

EIJFFINGER, Sylvester C.W.; DE HAAN, Jakob. *The Political Economy of Central-Bank Independence.* Princeton: International Finance Section, 1996. (Special Papers in International Economics, 19.)

EINAUDI, Luigi. The Theory of Imaginary Money from Charlemagne to the French Revolution. *Rivista di Storia Economica,* 1, p.1-35, 1936.

_____. The Medieval Practice of Managed Currency. In: GAYER, A. D. (Ed.). *The Lessons of Monetary Experience.* New York: Farrar and Rinehart, 1937.

EKEN, Sena et al. *Economic Dislocation and Recovery in Lebanon.* Washington: International Monetary Fund, 1995. (Occasional Paper, 120.)

ELECTRONIC Money: so Much for the Cashless Society. *The Economist,* 26 Nov. 1994b. p.21-3.

EL-ERIAN, Mohamed. Currency Substitution in Egypt and the Yemen Arab Republic. *International Monetary Fund Staff Papers,* v.35, n.1, p.85-103, Mar. 1988.

ELKINS, David J. *Beyond Territoriality:* Territory and Political Economy in the Twenty-First Century. Toronto: University of Toronto Press, 1995.

ERDMAN, Paul. *Tug of War:* Today's Global Currency Crisis. New York: St. Martin's Press, 1996.

EUROPEAN COMMISSION. One Market, One Money. *European Economy,* 44, Oct. 1990.

FASANO-FILHO, Ugo. *Currency Substitution and Liberalization.* Brookfield: Gower, 1986.

FEIGE, Edgar L. The Underground Economy and the Currency Enigma. In: POMMEREHNE, Werner W. (Ed.). *Public Finance and Irregular Activities.* Supplement to *Public Finance/Finances Publiques,* 49, p.119-36, 1994.

FEIGE, Edgar L. Overseas Holdings of U.S. Currency and the Underground Economy. In: POZO, Susan (Ed.). *Exploring the Underground Economy:* Studies of Illegal and Ureported Activity. Kalamazoo: W. E. Upjohn Institute for Employment Research, 1996. p.5-62.

FIELEKE, Norman S. The Quest for Sound Money: Currency Boards to the Rescue? *New England Economic Review,* p.14-24, Nov.-Dec. 1992.

FISCHER, Stanley. Seigniorage and the Case for National Money. *Journal of Political Economy,* v.90, n.2, p.295-313, Apr. 1982.

_____. Seigniorage and Fixed Exchange Rates: an Optimal Inflation Tax Analysis. In: ARMELLA, Pedro Aspe; DORBUSH, Rudiger; OBSTFELD, Maurice (Eds.). *Financial Policies and the World Capital Market:* the Problem of Latin American Countries. Chicago: University of Chicago Press, 1983. chap.3.

FLANDREAU, Marc. On the Inflationary Bias of Common Currencies: the Latin Union Puzzle. *European Economic Review,* v.37, n.2-3, p.501-6, April 1993.

_____. Was the Latin Monetary Union a Franc Zone? In: REIS, Jaime (Ed.). *International Monetary Systems in Historical Perspective.* London: Macmillan, 1995. chap.3.

FLICKENSCHILD, Hans M. et al. *Developments in International Exchange and Payments Systems.* Washington: International Monetary Funds, 1992.

FLOOD, Robert P.; MARION, Nancy P. Exchange Rate Regime Choice. In: NEWMAN, Peter; MILGATE, Murray; EATWELL, John. (Eds.). *The New Palgrave Dictionary of Money and Finance.* London: Macmillan, 1992. v.2. p.829-31.

FOUCAULT, Michel. *The Order of Things:* an Archaeology of the Human Sciences. New York: Pantheon Books, 1970.

FRANKEL, Jeffrey A. Is Japan Creating a Yen Bloc in East Asia and the Pacific? In: _____; KAHLER, Miles (Eds.). *Regionalism and Rivalry:* Japan and the United States in Pacific Asia. Chicago: University of Chicago Press, 1993. chap.2.

_____. *Is the Dollar Losing It's Role as a Reserve Currency and If So, What Does This Mean?* June 1995a. Unpublished.

_____. Still the Lingua Franca. *Foreign Affairs,* v.74, n.4, p.9-16, July-Aug. 1995b.

_____.; WEI, Shang-Jin. Is There a Currency Bloc in the Pacific? In: BLUNDELL--WIGNALL, Adrian (Ed.). *The Exchange Rate, International Trade, and the Balance of Payments.* Sydney: Reserve Bank of Australia, 1993. p.275-307.

_____; _____. Yen Bloc or Dollar Block? Exchange Rate Policies of the East Asian Economies. In: TAKATOSHI, Ito; KRUEGER, Anne O. (Eds.). *Macroeconomic Linkage:* Savings, Exchange Rates, and Capital Flows. Chicago: University of Chicago Press, 1994.

_____; _____. Emerging Currency Blocks. In: GENBERG, Hans (Ed.). *The International Monetary System:* It's Institutions and Future. New York: Springer-Verlag, 1995a. chap.5.

_____; _____. European Integration and Regionalization of World Trade and Currencies: the Economics and the Politics. In: EICHENGREEN, Barry; FRIEDEN, Jeffry A.;

VON HAGEN, Jürgen (Eds.). *Monetary and Fiscal Policy in an Integrated Europe.* New York: Springer-Verlag, 1995b.

_____. WYPLOSZ, Charles. A Proposal to Introduce the ECU First in the East. *European Parliamentary Yearbook 1995/96.* [S.l.]: [s.n.], 1995-1996.

FRATIANNI, Michele. Dominant and Dependent Currencies. In: NEWMAN, Peter; MILGATE, Murray; EATWELL, John (Eds.). *The New Palgrave Dictionary of Money and Finance.* London: Macmillan Press, 1992. v.1. p.702-4.

_____; PEETERS, Theo (Eds.). *One Money for Europe.* London: Macmillan, 1978.

_____; VON HAGEN, Jürgen. *The European Monetary System and European Monetary Union.* Boulder: Westview, 1992.

_____; _____; WALLER, Christopher. *The Maastricht Way to EMU.* Princeton: International Finance Section, 1992. (Essays in International Finance, 187.)

FRENCH, Howard W. A Neglected Region Loosens Ties to Zaire. *The New York Times,* 18 Sept. 1996. p.A1.

_____. Hard Times for Zaire: It Can't Give Cash Away. *The New York Times,* 16 Feb. 1997. p.Y9.

FRENKEL, Jacob A.; AIZENMAN, Joshua. Aspects of the Optimal Management of Exchange Rates. *Journal of International Economics,* v.13, n.3, p.231-56, Sept. 1982.

_____; GOLDSTEIN, Morris. *The International Role of the Deutsche Mark.* 1997. Paper preparado para os *Fifity Years of the Deutsche Mark,* patrocinado pelo Deutsche Bundesbank, 1997. Manuscrito.

FRICK, Robert L. Alternative Monetary Systems: the Ithaca HOUR. *Durell Journal of Money and Banking,* v.8, n.2, p.29-35, Spring 1996.

FRIEDEN, Jeffry A. Invested Interests: the Politics of National Economic Policies in a World of Global Finance. *International Organization,* v.45, n.4, p.425-52, Autumn 1991.

_____. The Dynamics of International Monetary Systems: International and Domestic Factors in the Rise, Reign, and Demise of the Classical Gold Standard. In: SNYDER, Jack; JERVIS, Robert (Eds.). *Coping with Complexity in the International System.* Boulder: Westview, 1993a. p.137-62.

_____. Economic and Monetary Union: What Happened? Exploring the Political Dimension of Optimum Currency Areas – Discussion. In: DE LA DEHESA, G. et al. (Eds.). *The Monetary Future of Europe.* London: Centre for Economic Policy Research, 1993b.

_____. Exchange Rate Politics: Contemporary Lessons from American History. *Review of International Political Economy,* v.1, n.1, p.81-103, Spring 1994.

_____. The Impact of Goods and Capital Market Integration on European Monetary Politics. *Comparative Political Studies,* v.29, n.2, p.193-222, Apr. 1996.

FRIEDMAN, Milton. Discussion of the Inflationary Gap. In: _____. *Essays in Positive Economics.* Chicago: University of Chicago Press, 1953.

_____. The Optimum Quantity of Money. In: _____. *The Optimum Quantity of Money and Other Essays.* Chicago: Aldine, 1969.

FRIEDEN, Jeffry A. Government Revenue from Inflation. *Journal of Political Economy,* v.79, n.4, p.846-56, July-Aug. 1971.

FRIEDMAN, R. B. On the Concept of Authority in Political Philosophy. In: RAZ, Joseph (Ed.). *Authority.* Oxford: Blackwell, 1990. chap.3.

FRIEDMAN, Thomas L. Never Mind Yen: Greenbacks are the New Gold Standard. *The New York Times,* 3 July 1994. p.E5.

FUJITA, Seiichi. The ECU as "Artificial Currency". *Kobe University Economic Review,* 41, p. 15-29, 1995.

FUKUYAMA, Francis. The End of History? *National Interest,* n.16, p.3-18, Summer 1989.

GALLAROTTI, Giulio M. The Scramble for Gold: Monetary Regime Transformation in the 1870s. In: BORDO, Michael D.; CAPIE, Forrest (Eds.). *Monetary Regimes in Transition.* New York: Cambridge University Press, 1994. chap.2.

_____. *The Anatomy of an International Monetary Regime:* the Classical Gold Standard (1880-1914). New York: Oxford University Press, 1995.

GANDOLFO, Giancarlo. Monetary Unions. In: NEWMAN, Peter; MILGATE, Murray; EATWELL, John (Eds.). *The New Palgrave Dictionary of Money and Finance.* London: Macmillan, 1992. v.2. p.765-70.

GARBER, Peter M. The Use of the Yen as a Reserve Currency. *Bank of Japan Monetary and Economic Studies,* 14, p.1-21, Dec. 1996.

_____; SPENCER, Michael G. *The Dissolution of the Austro-Hungarian Empire:* Lessons for Currency Reform. Princeton: International Finance Section, 1994. (Essays in International Finance, 191.)

GARDNER, Charles S. Whither Hong Kong? *International Economic Insights,* v.4, n.1, p.38, Jan.-Feb. 1993.

GERMAIN, Randall, D. *The International Organization of Credit:* States and Global Finance in the World-Economy. New York: Cambridge University Press, 1997.

GIAVAZZI, Francesco. The Exchange Rate Question in Europe. In: BRYANT, Ralph C. et al. (Eds.). *Macroeconomic Policies in an Interdependent World.* Washington: Brookings Institution, 1989. chap.7.

_____; GIOVANNINI, Alberto. *Limiting Exchange Rate Flexibility:* the European Monetary System. Cambridge: MIT Press, 1989.

_____; PAGANO, Marco. The Advantage of Tying One's Hands: EMS Discipline and Central Bank Credibility. *European Economic Review,* 32, p.1055-82, 1988.

_____; SPAVENTA, Luigi. The "New" SEM. In: DE GRAUWE, Paul; PAPADEMOS, Lucas (Eds.). *The European Monetary System in the 1990's.* London: Longman, 1990. chap.4.

GILL, Stephen R.; LAW, David. Global Hegemony and the Structural Power of Capital. *International Studies Quarterly,* v.33, n.4, p.475-99, Dec. 1989.

GILPIN, Robert. *U.S. Power and the Multinational Corporation:* the Political Economy of Foreign Direct Investment. New York: Basic Books, 1975.

_____. *The Political Economy of International Relations.* Princeton: Princeton University Press, 1987.

GIOVANNINI, Alberto. Economic and Monetary Union: What Happened? Exploring the Political Dimension of Optimum Currency Areas. In: DE LA DEHESA, G. et al. (Eds.). *The Monetary Future of Europe*. London: Centre for Economic Policy Research, 1993.

_____; MELO, Martha de. Government Revenue from Financial Repression. *American Economic Review*, v.83, n.4, p.953-63, Sept. 1993.

_____; TURTELBOOM, Bart. Currency Substitution. In: VAN DER PLOEG, Frederick (Ed.). *The Handbook of International Macroeconomics*. Oxford: Blackwell, 1994. chap.12.

GIRNIUS, Saulius. Establishing Currencies in the Baltic States. *RFE/RL Research Report*, v.2, n.22, p.35-9, May 1993.

GIRTON, Lance; ROPER, Don. The Theory of Currency Substitution and Monetary Unification. *Économie Appliquée*, v.33, n.1, p.135-60, 1980.

_____; _____. Theory and Implications of Currency Substitution. *Journal of Money, Credit and Banking*, v.13, n.1, p.12-30, Feb. 1981.

GLASNER, David. *Free Banking and Monetary Reform*. Cambridge: Cambridge University Press, 1989.

GLEICK, James. Dead as a Dollar. *The New York Times Magazine*, 16 June 1996. p.26-30, 35-54.

GOFF, Brian L.; TOMA, Mark. Optimal Seigniorage, the Gold Standard, and Central Bank Financing. *Journal of Money, Credit, and Banking*, v.25, n.1, p.79-95, Feb. 1993.

GOLDBERG, Linda S.; ICKES, Barry W.; RYTERMAN, Randi. Departures from the Ruble Zone: the Implications of Adopting Independent Currencies. *The World Economy*, v.17, n.3, p.293-322, May 1994.

GOODHART, Charles A. E. *The Evolution of Central Banks*. Cambridge: Mit Press, 1988.

_____. The External Dimensions of EMU. In: BEKEMANS, Leonce; TSOUKALIS, Loukas (Eds.). *Europe and Global Economic Interdependence*. Brussels: European Interuniversity Press, 1993.

_____. The Political Economy of Monetary Union. In: KENEN, Peter B. (Ed.). *Understanding Interdependency:* the Macroeconomics of the Open Economy. Princeton: Princeton University Press, 1995. chap.12.

_____. CAPIE, Forrest; SCHNADT, Norbert. The Development of Central Banking. In: CAPIE, Forrest et al. (Eds.). *The Future of Central Banking:* the Tercentenary Symposium of the Bank of England. New York: Cambridge University Press, 1994. chap.1.

GOODMAN, John B.; PAULY, Louis W. The Obsolescence of Capital Controls? Economic Management in an Age of Global Markets. *World Politics*, v.46, n.1, p.50-82, Oct. 1993.

GORDON, Robert J. The Demand for and Supply of Inflation. *Journal of Law and Economics*, v.18, n.3, p.807-36, Dec. 1975.

GOTTLIEB, Gidon. *Nation against State:* a New Approach to Ethnic Conflicts and the Decline of Sovereignty. New York: Council on Foreign Relations, 1993.

GRABOYES, Robert F. The EMU: Forerunners and Durability. *Federal Reserve Bank of Richmond Economic Review*, p.8-17, July-Aug. 1990.

GRANVILLE, Brigitte. Farewell, Ruble Zone. In: ASLUND, Anders (Ed.). *Russian Economic Reform at Risk*. London: Pinter, 1995. chap.4.

GRASSMAN, Sven. *Exchange Reserves and the Financial Structure of Foreign Trade*. Westmead: Saxon House, 1973a.

_____. A Fundamental Symmetry in International Payment Patterns. *Journal of International Economics,* v.3, n.2, p.105-16, May 1973b.

_____. Currency Distribution and Forward Cover in Foreign Trade. *Journal of International Economics,* v.6, n.2, p.215-21, May 1976.

GREENBACKS to Get High-Tech Makeover. *The New York Times,* 14 July 1994. p.A8.

GREENFIELD, Robert L.; YEAGER, Leland B. A Laissez-Faire Approach to Monetary Stability. *Journal of Money, Credit, and Banking,* v.15, n.3, p.302-15, Aug. 1983.

GRIFFITHS, Mark. *Monetary Union in Europe:* Lessons from the Nineteenth Century – an Assessment of the Latin Monetary Union. Oxford: Nuffield College, 1992.

GRILLI, Vittorio. Exchange Rates and Seigniorage. *European Economic Review,* v.33, n.1, p.550-87, Mar. 1989a.

_____. Seigniorage in Europe. In: DE CECCO, Marcello; GIOVANNINI, Alberto (Eds.). *An European Central Bank?* Perspectives on Monetary Unification after Ten Years of the EMS. New York: Cambridge University Press, 1989b. chap.3.

GROS, Daniel. Costs and Benefits of Economic and Monetary Union: an Application to the Former Soviet Union. In: MASSON, Paul R.; TAYLOR, Mark P. (Eds.). *Policy Issues in the Operation of Currency Unions*. Cambridge: Cambridge University Press, 1993a. chap.2.

_____. Seigniorage and EMU: the Fiscal Implications of Price Stability and Financial Market Integration. *European Journal of Political Economy,* 9, p.581-601, 1993b.

_____; STEINHERR, Alfred. *Winds of Change:* Economic Transition in Central and Eastern Europe. New York: Longman, 1995.

_____; THYGESEN, Niels. *European Monetary Integration:* from the European Monetary System to European Monetary Union. London: Longman, 1992.

_____; VANDILLE, Guy. Seigniorage and EMU: the Fiscal Implications of Price Stability and Financial Market Integration. *Journal of Common Market Studies,* v.33, n.2, p.175-96, June 1995.

GROSECLOSE, Elgin. *Money and Man:* a Survey of Monetary Experience. 4.ed. Norman: University of Oklahoma Press, 1976.

GUEHENNO, Jean-Marie. *The End of the Nation-State*. Minneapolis: University of Minnesota Press, 1995.

GUIDOTTI, Pablo E. Currency Substitution and Financial Innovation. *Journal of Money Credit and Banking,* v.25, n.1, p.109-24, Feb. 1993.

_____; RODRIGUEZ, Carlos A. Dollarization in Latin America: Gresham's Law in Reverse? *International Monetary Fund Staff Papers,* v.39, n.3, p.518-44, Sept. 1992.

HAAS, Peter (Ed.). Knowledge, Power, and International Policy Coordination. *International Organization,* v.46, n.1, Special Issue, Winter 1992.

HAIL to the Castrodollar. *The Economist,* 24 July 1993a. p.46.

HAKKIO, Craig S. The Dollar's International Role. *Contemporary Policy Issues,* v.11, n.2, p.62-75, Apr. 1993.

HALE, David D. Is It a Yen or a Dollar Crisis in the Currency Market? *Washington Quarterly,* v.18, n.4, p.145-71, Autumn 1995.

HANKE, Steve H. Don't Cry for Me: What Mexico Can Learn from the Recent Argentine Experience. *International Economy,* 71, p.46-51, Mar.-Apr. 1996.

_____; JONUNG, Lars; SCHULER, Kurt. *Russian Currency and Finance:* a Currency Board Approach to Reform. London: Routledge, 1993.

_____; SCHULER, Kurt. *Currency Boards for Eastern Europe.* Washington: Heritage Foundation, 1991. (Heritage Lectures, 355.).

_____; _____. Currency Boards for Latin America. In: LIVIATAN, Nissan (Ed.). *Proceedings of a Conference on Currency Substitution and Currency Boards.* Washington: World Bank, 1993. p.3-21.

_____; _____. *Currency Boards for Developing Countries:* a Handbook. San Francisco: International Center for Economic Growth, 1994.

_____; _____. Monetary Systems and Inflation in Developing Countries. In: DORN, James A.; SALINAS-LEON, Roberto (Eds.). *Money and Markets in the Americas:* New Challenges for Hemispheric Integration. Vancouver: Frasier Institute, 1996. chap.14.

_____; WALTERS, Alan. Ping Pong Peg: How to End China's Economic Roller Coaster Ride. *International Economy,* v.63, n.63, p.31-3, July-Aug. 1993.

HANSSON, Ardo H. The Estonian Kroon: Experiences of the First Year. In: CENTRE FOR ECONOMIC POLICY RESEARCH. *The Economics of New Currencies.* London: 1993a. p.85-107.

_____. The Trouble with the Ruble: Monetary Reform in the Former Soviet Union. In: ASLUND, Anders; LAYARD, Richard (Eds.). *Changing the Economic System in Russia.* London: Pinter, 1993b. chap.10.

HARMELINK, Herman. Letter to. *The New York Times,* 12 Jan. 1972. p.38.

HARPER, Ian R.; COLEMAN, Andrew. New Monetary Economics. In: NEWMAN, Peter; MILGATE, Murray; EATWELL, John (Eds.). *The New Palgrave Dictionary of Money and Finance.* London: Macmillan, 1992. v.3. p.28-31.

HARTMANN, Philipp. *Vehicle Currencies in the Foreign Exchange Market.* Paris: École Normale Superieure, 1994. (Document de Travail du Seminaire Delta, 94-13.)

_____. *The Future of the Euro as an International Currency:* a Transactions Perspective. Brussels: Center for European Policy Studies, 1996. (Research Report, 20.)

HAUGHTON, Jonathan. Adding Mystery to the Case of the Missing Currency. *Quarterly Review of Economics and Finance,* v.35, Special Issue, p.595-602, 1995.

HAWTREY, Ralph. *Currency and Credit.* 3.ed. New York: Longmans/Green, 1928.

HAYEK, Friedrich A. *Choice in Currency:* Way to Stop Inflation. London: Institute of Economic Affairs, 1976. (Occasional Paper, 48.)

HAYEK, Friedrich A. *Denationalisation of Money:* the Argument Refined. 3.ed. London: Institute of Economic Affairs, 1990.

HAYTER, Teresa. *French Aid*. London: Overseas Development Institute, 1996.

HEFEKER, Carsten. Interest Groups, Coalitions and Monetary Integration in the XIXth Century. *Journal of European Economic History,* v.24, n.3, p.489-536, Winter 1995a.

_____. Monetary Union or Currency Competition? Currency Arrangements for Monetary Stability in East and West. *Constitutional Political Economy,* 6, p.57-69, 1995b.

_____. The Political Choice and Collapse of Fixed Exchange Rates. *Journal of Institutional and Theoretical Economics,* v.152, n.2, p.360-79, 1996.

_____. *Interest Group and Monetary Integration:* the Political Economy of Exchange Rate Choice. Boulder: Westview, 1997.

HELD, David. Democracy, the Nation-State and the Global System. *Economy and Society,* v.20, n.2, p.131-72, May 1991.

_____; McGREW, Anthony. Globalization and the Liberal Democratic State. *Government and Opposition,* v.28, n.2, p.261-85, Spring 1993.

HELLEINER, Eric. *States and the Reemergence of Global Finance:* from Bretton Woods to the 1990s. Ithaca: Cornell University Press, 1994.

_____. *Historicizing Territorial Currencies: Monetary Structures, Sovereignty, and the Nation-State*. 1996a. Paper preparado para o encontro anual de 1996 da International Studies Association.

_____. *Money and the Nation-State in North America*. 1996b. Paper preparado para o encontro anual da Canadian Political Science Association.

_____. *A Challenge to the Sovereign State?* Financial Globalization and the Westphalian World Order. Laguna Beach: [s.n.], 1997a. Paper preparado para um workshop sobre Estado e Soberania na Economia Mundial.

_____. *National Currencies and National Identities*. 1997b. Paper preparado para o encontro anual de 1997 da American Political Science Association.

HENNING, C. Randall. Europe's Monetary Union and the United States. *Foreign Policy,* n.102, p.83-100, Spring 1996.

_____. *Cooperating with Europe's Monetary Union*. Washington: Institute for International Economics, 1997.

HERNANDEZ-CATA, Ernesto. Russia and the IMF: the Political Economy of Macrostabilization. In: CITRIN, Daniel A.; LAHIRI, Ashok K. (Eds.). *Policy Experiences and Issues in the Baltics, Russia and Other Countries of the Former Soviet Union*. Washington: International Monetary Fund, 1995.

HERZ, Bernhard; ROGER, Werner. The EMS is a Greater Deutschemark Area. *European Economic Review,* v.36, n.7, p.1413-25, Oct. 1992.

HERZ, John H. Rise and Decline of the Territorial State. *World Politics,* v.9, n.4, p.473-93, July 1957.

HICKS, John. *A Theory of Economic History*. Oxford: Clarendon, 1969.

HIRSCH, Fred. *Money International.* rev. ed. London: Penguin, 1969.

HIRSCHMAN, Albert O. *Exit, Voice and Loyalty:* Responses to Decline in Firms, Organizations and States. Cambridge: Harvard University Press, 1970.

HIRST, Paul; THOMPSON, Grahame. The Problem of "Globalization": International Economic Relations, National Economic Management, and the Formation of Trading Blocs. *Economy and Society,* v.21, n.4, p.357-96, Nov. 1992.

_____; _____. Globalization and the Future of the Nation-State. *Economy and Society,* v.24, n.3, p.408-42, Aug. 1995.

_____; _____. *Globalization in Question:* the International Economy and the Possibilities of Governance. Cambridge: Polity Press, 1996.

HOFFMAN, Ellen. One World, One Currency? *Omni,* p.50-6, June 1991.

HOLTFRERICH, Carl-Ludwig. The Monetary Unification Process in 19th Century Germany: Relevance and Lessons for Europe Today. In: DE CECCO, Marcello; GIOVANNI, Alberto (Eds.). *A European Central Bank?* Perspectives on Monetary Unification after Ten Years of the EMS. New York: Cambridge University Press, 1989. chap.8.

_____. Did Monetary Unification Precede or Follow Political Unification of Germany in the 19th Century? *European Economic Review,* v.37, n.2/3, p.518-24, Apr. (1993).

HONKAPOHJA, Seppo; PIKKARAINEN, Pentti. Country Characteristics and the Choice of the Exchange Rate Regime: Are Mini-Skirts Followed by Maxis? In: AKERHOLM, Johnny; GIOVANNINI, Alberto. (Eds.). *Exchange Rate Policies in the Nordic Countries.* London: Centre for Economic Policy Research, 1994. chap.3.

HONOHAN, Patrick. Price and Monetary Convergence in Currency Unions: the Franc and Rand Zones. *Journal of International Money and Finance,* v.11, n.4, p.397-410, Aug. 1992.

HUFBAUER, Gary C.; SCHOTT, Jeffrey J.; ELLIOTT, Kimberly A. *Economic Sanctions Reconsidered:* History and Current Policy. 2.ed. Washington: Institute for International Economics, 1990.

HUMPAGE, Owen F.; McINTIRE, Jean M. An Introduction to Currency Boards. *Federal Reserve Bank of Cleveland Economic Review,* v.31, n.2 (Quarter 2), p.2-11, 1995.

ILZKOVITZ, Fabienne. *Prospects for the Internationalization of the Euro.* Brussels: European Commission, 1996. (Doc. II/362/96-EN.)

IMF. *IMF Concludes Article IV Consultation with Bulgaria.* Washington: [s.n.], 1997. (Press Information Notice, 97/15.)

IN A BEAR'S Paw. *The Economist,* 19 Nov. 1994c. p.58-9.

INGRAM, James C. State and Regional Payments Mechanisms. *Quarterly Journal of Economics,* v.73, p.619-32, 1959.

_____. A Proposal for Integration in the Atlantic Community. In: *Factors Affecting the United States Balance of Payments.* Washington: U.S. Government Printing Office, 1962. p.175-207. Compilação de estudos preparados para o Subcomitê sobre Câmbio e Pagamentos Internacionais do Joint Economic Committee of the Congress.

ISARD, Peter. *Exchange Rate Economics.* New York: Cambridge University Press, 1995.

ITO, Takatoshi. The Yen and the International Monetary System. In: BERGSTEN, C. Fred; NOLAND, Marcus. (Eds.). *Pacific Dynamism and the International Economic System*. Washington: Institute for International Economics, 1993, chap.9.

_____. On the Possibility of a Yen Bloc. In: GLICK, Reiven; HUTCHISON, Michael M. (Eds.). *Exchange Rate Policy and Interdependence:* Perspectives from the Pacific Basin. New York: Cambridge University Press, 1994, chap.13.

JACKSON, Robert H. *Quasi-States:* Sovereignty, International Relations and the Third World. Cambridge: Cambridge University Press, 1990.

_____; ZACHER, Mark W. *The Territorial Covenant:* International Society and the Legitimization of Boundaries. 1996. Paper preparado para o encontro anual de 1996 da American Political Science Association.

JAMES, Alan. *Sovereign Statehood:* the Basis of International Society. London: Allen and Unwin, 1986.

JAMES, Harold. *International Monetary Cooperation since Bretton Woods*. Washington: International Monetary Fund, 1996.

JAMESON, Kenneth P. Dollar Bloc Dependency in Latin America: beyond Bretton Woods. *International Studies Quarterly,* v.34, n.4, p.519-41, Dec. 1990.

JANACKOVA, Stanislava. Parting with the Common State and Currency: First Steps of the Czech Republic. *Eastern European Economies,* v.32, n.2, p.6-22, Mar.-Apr. 1994.

JAO, Y. C.; KING, Frank H. H. *Money in Hong Kong:* Historical Perspective and Contemporary Analysis. Hong Kong: University of Hong Kong, Centre of Asian Studies, 1990.

JARVIS, Anthony P.; PAOLINI, Albert J. Locating the State. In: CAMILLERI, Joseph A.; JARVIS, Anthony P.; PAOLINI, Albert J. (Eds.). *The State in Transition:* Reimagining Political Space. Boulder: Lynne Rienner, 1995. chap.1.

JOHNSON, Harry G. *International Trade and Economic Growth:* Studies in Pure Theory. Cambridge: Harvard University Press, 1961.

_____. *Further Essays in Monetary Economics*. Cambridge: Harvard University Press, 1973.

JOHNSON, Karen H. *International Dimensions of European Monetary Union:* Implications for the Dollar. Washington: Federal Reserve Board of Governors, 1994. (International Finance Discussion Paper, 469.)

JOHNSTON, R. J. Placing Politics. *Political Geography Quarterly,* v.5, n.4, p.563-78, 1986.

JONES, R. J. Barry. *Globalization and Interdependence in the International Political Economy:* Rhetoric and Reality. London: Pinter, 1995.

JONES-HENDRICKSON, S. B. Financial Structures and Economic Development in the Organization of Eastern Caribbean States. *Social and Economic Studies,* v.38, n.4, p.71-93, 1989.

JONUNG, Lars. Swedish Experience under the Classical Gold Standard: 1873-1914. In: BORDO, Michael D.; SCHWARTZ, Anna J. (Eds.). *A Retrospective on the Classical Gold Standard:* 1821-1931. Chicago: University of Chicago Press, 1987. chap.8.

JOVANOVIC, Miroslav N. *International Economic Integration*. London: Routledge, 1992.

KAMIN, Steven B.; ERICSSON, Neil R. *Dollarization in Argentina*. Washington: Federal Reserve Board of Governors, 1993. (International Finance Discussion Paper, 460.)

KANN, E. The Currencies of China: Old and New. In: GAYER, A. D. (Ed.). *The Lessons of Monetary Experience*. New York: Farrar and Rinehart, 1937.

KAREKEN, John; WALLACE, Neil. On the Indeterminancy of Equilibrium Exchange Rates. *Quarterly Journal of Economics,* v.96, n.2, p.207-22, May 1981.

KAWAI, Mashiro. Optimum Currency Areas. In: NEWMAN, Peter; MILGATE, Murray; EATWELL, John. (Eds.). *The New Palgrave Dictionary of Money and Finance*. London: Macmillan, 1992. v.3. p.78-81.

KENEN, Peter B. The Theory of Optimum Currency Areas: an Eclectic Vies. In: MUNDELL, Robert A.; SWOBODA, Alexander K. (Eds.). *Monetary Problems of the International Economy*. Chicago: University of Chicago Press, 1969. chap.2.

_____. *The Role of the Dollar as an International Currency.* Washington: Group of Thirty, 1983. (Occasional Paper, 13.)

_____. *EMU after Maastricht*. Washington: Group of Thirty, 1992.

_____. *Economic and Monetary Union in Europe:* Moving Beyond Maastricht. Cambridge: Cambridge University Press, 1995.

KEOHANE, Robert O.; NYE, Joseph S. *Power and Interdependence:* World Politics in Transition. Boston: Little, Brown, 1977.

KEYNES, John Maynard. *Tract on Monetary Reform*. London: Macmillan, 1971. Reprinted in *The Collected Writings of John Maynard Keynes*, 1924. v.4.

KIMBROUGH, Kent P. The Optimal Quantity of Money Rule in the Theory of Public Finance. *Journal of Monetary Economics,* p. 277-85, Nov. 1986.

KINDLEBERGER, Charles P. *American Business Abroad*. New Haven: Yale University Press, 1969.

_____. The International Monetary Politics of a Near-Great Power: Two French Episodes, 1926-36 and 1960-70. *Economic Notes,* v.1, n.2/3, p.30-44, 1972.

_____. *The World in Depression:* 1929-1939. Berkeley: University of California Press, 1973.

_____. The Dollar Yesterday, Today, and Tomorrow. *Banca Nazionale del Lavoro Quarterly Review,* 38, p.295-308, Dec. 1985.

_____. Dollar Darkness. *The International Economy,* p.6-9, May-June 1995.

KIRSHNER, Jonathan. *Currency and Coercion:* the Political Economy of International Monetary Power. Princeton: Princeton University Press, 1995.

KLEIN, Benjamin. The Competitive Supply of Money. *Journal of Money, Credit, and Banking,* v.6, n.4, p.423-53, Nov. 1974.

_____; MELVIN, Michael. Competing International Monies and International Monetary Arrangements. In: CONNOLLY, Michael B. (Ed.). *The International Monetary System:* Choices for the Future. New York: Praeger, 1982. chap.9.

KLEIN, Lawrence R. Some Second Thoughts on the European Monetary System. *Greek Economic Review,* v.15, n.1, p.105-14, Autumn 1993.

KLEIN, Martin; NEUMANN, Manfred J. M. Seigniorage: What Is It and Who Gets It? *Weltwirtschaftliches Archiv,* v.126, Heft 2, p.205-21, 1990.

KNAPP, George F. *The State Theory of Money.* London: Macmillan, (1905) (1924).

KNOX, Paul; AGNEW, John. *The Geography of the World Economy:* an Introduction to Economic Geography. 2.ed. London: Edward Arnold, 1994.

KOBRIN, Stephen J. *Back to the Future:* Neomedievalism and the Post Modern World Economy. 1996. Paper preparado para o encontro anual de 1996 da International Studies Association.

_____. The Architecture of Globalization: State Sovereignty in a Networked Global Economy. In: DUNNING, John H. (Ed.). *Governments, Globalization, and, International Business.* New York: Oxford University Press, 1997a. p.146-71.

_____. Electronic Cash and the End of National Markets. *Foreign Policy,* n.107, p.65-77, Summer 1997b.

KRAMER, Hans R. Experience with Historical Monetary Unions. In: EMMINGER, Otmar et al. *Integration through Monetary Union?* Tubingen: J. C. B. Mohr, 1970. chap.3.

KRASNER, Stephen D. Sovereignty: an Institutional Perspective. *Comparative Political Studies,* v.21, n.1, p.66-94, Apr. 1988.

_____. Westphalia and All That. In: GOLDSTEIN, Judith D.; KEOHANE, Robert O. (Eds.). *Ideas and Foreign Policy:* Beliefs, Institutions, and Political Chance. Ithaca: Cornell University Press, 1993. chap.9.

_____. Compromising Westphalia. *International Security,* v.20, n.3, p.115-51, Winter 1995-1996.

KRATOCHWIL, Friedrich. Of Systems, Boundaries and Territoriality: an Inquiry into the Formation of the State System. *World Politics,* v.34, n.1, p.27-52, Oct. 1986.

KREGEL, J. A. The EMS, the Dollar and the World Economy. In: FERRI, Piero (Ed.). *Prospects for the European Monetary System.* New York: St. Martin's Press, 1990. chap.12.

KRUEGER, Russell; HA, Jiming. Measurement of Cocirculation of Currencies. In: MIZEN, Paul D.; PENTECOST, Eric J. (Eds.). *The Macroeconomics of International Currencies:* Theory, Policy and Evidence. Brookfield: Elgar, 1996. chap.4.

KRUGMAN, Paul R. Vehicle Currencies and the Structure of International Exchange. *Journal of Money, Credit, and Banking,* v.12, n.3, p.513-26, Aug. 1980.

_____. The International Role of the Dollar. In: _____. *Currencies and Crises.* Cambridge/London: MIT Press, 1992. chap.10.

_____. *What Do We Need to Know about the International Monetary System?* Princeton: International Finance Section, 1993. (Essays in International Finance, 190.)

KUNZ, Diane B. The Fall of the Dollar Order. *Foreign Affairs,* v.74, n.4, p.22-6, July-Aug. 1995.

KWAN, C. H. *Economic Interdependence in the Asia-Pacific Region:* towards a Yen Bloc. London: Routledge, 1994.

KYDLAND, Finn E.; PRESCOTT, Edward C. Rules Rather than Discretion: the Inconsistency of Optimal Plans. *Journal of Political Economy,* v.85, n.3, p.473-92, June 1977.

LAIDLER, David. Fiat Money. In: NEWMAN, Peter; MILGATE, Murray; EATWELL, John. (Eds.). *The New Palgrave Dictionary of Money and Finance.* London: Macmillan Press, 1992. v.2. p.20-1.

LANE, Frederic C.; MUELLER, Reinhold C. *Money and Banking in Medieval and Renaissance Venice, 1:* Coins and Moneys of Account. Baltimore: John Hopkins University Press, 1985.

LARSON, Henrietta M. Note on Our Dollar Sign. *Bulletin of the Business Historical Society,* v.13, n.4, p.57-8, Oct. 1939.

LAST Chance, Sisyphus: a Survey of Greece. *The Economist,* 22 May 1993b.

LETICHE, John M. Dependent Monetary Systems and Economic Development: the Case of Sterling East Africa. In: SELLEKAERTS, Willy. (Ed.). *Economic Development and Planning:* Essays in Honor of Jan Tinbergen. White Plains: International Arts and Sciences Press, 1974. chap.9.

LEVY, Steven. E-Money (That's What I Want). *Wired,* v.2, n.12, p.174-9, p.213-9, Dec. 1994.

LEYSHON, Andrew. Annihilating Space? The Speed-Up of Communications. In: ALLEN, John; HAMNETT, Chris (Eds.). *A Shrinking World?* Global Unevenness and Inequality. New York: Oxford University Press, 1995a. chap.1.

_____. Geographies of Money and Finance, 1. *Progress in Human Geography,* v.19, n.4, p.531-43, Dec. 1995b.

_____. Geographis of Money and Finance II. *Progress in Human Geography,* v.21, n.2, p.278-89, June 1997.

_____; THRIFT, Nigel. *Money/Space:* Geographies of Monetary Transformation. London: Routledge, 1997.

LINCOLN, Bruce. *Authority:* Construction and Corrosion. Chicago: University of Chicago Press, 1994.

LINDSEY, Lawrence B. The Future of the Dollar as an International Currency. In: DORN, James A.; SALINAS-LEÓN, Roberto. (Eds.). *Money and Markets in the Americas:* New Challenges for Hemispheric Integration. Vancouver: Frasier Institute, 1996. chap.16.

LIPTON, David; SACHS, Jeffrey D. Prospects for Russia's Economic Reforms. *Brookings Papers on Economic Activity,* n.2, p.213-65, 1992.

LIVIATAN, Nissan. (Ed.). *Proceedings of a Conference on Currency Substitution and Currency Boards.* Washington: World Bank, 1993.

LO, Chi. China's Two Currencies. *International Economy,* p.54-5, Sept.-Oct. 1996.

LOPEZ, Robert S. The Dollar of the Middle Ages. *Journal of Economic History,* v.11, n.3, p.209-34, Summer 1951.

LUDLOW, Peter. *The Making of the European Monetary System.* London: Butterworths, 1982.

MAEHARA, Yasuhiro. The Internationalization of the Yen and It's Role as a Key Currency. *Journal of Asian Economics,* v.4, n.1, p.153-70, 1993.

MAGEE, Stephen P.; RAO, Ramesh K. S. Vehicle and Nonvehicle Currencies in International Trade. *American Economic Review,* v.70, n.2, p.368-73, May 1980.

MARQUEZ, Jaime. Currency Substitution. In: NEWMAN, Peter; MILGATE, Murray; EATWELL, John. (Eds.). *The New Palgrave Dictionary of Money and Finance.* London: Macmillan, 1992. v.2. p.565-7.

MARSHALL, Alfred. *Principles of Economics.* 8.ed. New York: Macmillan, (1920) (1948).

MARTIN, Guy. The Franc Zone, Underdevelopment, and Dependency in Francophone Africa. *Third World Quarterly,* v.8, n.1, p.205-35, Jan. 1986.

MARTIN, Ron. Stateless Monies, Global Financial Integration and National Economic Autonomy: the End of Geography. In: CORBRIDGE, Stuart; THRIFT, Nigel; _____. (Eds.). *Money, Power and Space.* Cambridge: Blackwell, 1994. chap.11.

MARX, Karl (1864). *Das Kapital.* Edited by Friedrich Engels. New York: International Press, 1984. v.1.

MASERA, Rainer Stefano. *An Increasing Role for the ECU:* a Character in Search of a Script. Princeton: International Finance Section, 1987. (Essays in International Finance, 167.)

MASSEY, Doreen. Imagining the World. In: ALLEN, John; _____. (Eds.). *Geographical Worlds.* New York: Oxford University Press, 1995. chap.1.

MASSON, Paul R.; TAYLOR, Mark P. Currency Unions: a Survey of the Issues. In: _____; _____. (Eds.). *Policy Issues in the Operation of Currency Unions.* Cambridge: New York: Cambridge University Press, 1993. chap.1.

MATSUYAMA, Kiminori; NOBUHIRO, Kiyotaki; AKIHIKO, Matsui. Toward a Theory of International Currency. *Review of Economic Studies,* v.60, n.2, p.283-307, Apr. 1993.

MBOGORO, D. A. K. Regional Grouping and Economic Development: Some Lessons from the East African Integration Scheme. In: NDONGKO, W. A. (Ed.). *Economic Cooperation and Integration in Africa.* Dakar: CODESRIA, 1985. chap.8.

McCLEAN, A. Wendell A. *Money and Banking in the East Caribbean Currency Area.* Kingston: Institute of Social and Economic Research, University of the West Indies, 1975.

McKINNON, Ronald I. Optimum Currency Areas. *American Economic Review,* v.53, n.4, p.717-25, Sept. 1963.

_____. *Money and Capital in Economic Development.* Washington: Brookings Institution, 1973.

_____. *Money in International Exchange:* the Convertible Currency System. New York: Oxford University Press, 1979.

_____. Two Concepts of International Currency Substitution. In: CONNOLLY, Michael D.; McDERMOTT, J. (Eds.). *The Economics of the Caribbean Basin.* New York: Praeger, 1985. p.101-18.

_____. Direct and Indirect Concepts of International Currency Substitution. In: MIZEN, Paul D.; PENTECOST, Eric J. (Eds.). *The Macroeconomics of International Currencies:* Theory, Policy and Evidence. Brookfield: Elgar, 1996. chap.3.

MEADE, James E. *The Belgium-Luxembourg Economic Union, 1921-1939:* Lessons from an Early Experiment. Princeton: International Finance Section, 1956. (Essays in International Finance, 25.)

MEIGS, A. James. Eurodollars: a Transition Currency. *Cato Journal,* v.12, n.3, p.711-27, Winter 1993.

MELTZER, Allen H. What is Money? *Economic Affairs,* v.15, n.4, p.8-14, Autumn 1995.

MELVIN, Michael. Currency Substitution and Western European Monetary Unification. *Economica,* 52, p.79-91, Feb. 1985.

_____. The Dollarization of Latin America as a Market-Enforced Monetary Reform: Evidence and Implications. *Economic Development and Cultural Change,* v.36, n.3, p.543-58, Apr. 1988a.

_____. Monetary Confidence, Privately Produced Monies and Domestic and International Monetary Reform. In: WILLETT, Thomas D. (Ed.). *Political Business Cycles:* the Political Economy of Money, Inflation, and Unemployment. Durham: Duke University Press, 1988b. chap.18.

_____; FENSKE, Kurt. Dollarization and Monetary Reform: Evidence from the Cochabamba Region of Bolivia. *Revista de Análisis Económico,* v.7, n.1, p.139-52, June 1992.

_____; ORMISTON, Michael; PEIERS, Bettina. Economic Fundamentals and a Yen Currency Area for Asian Pacific Rim Countries. In: GLICK, Reuven; NUTCHISON, Michael M. (Eds.). *Exchange Rate Policy and Interdependence:* Perspectives from the Pacific Basin. New York: Cambridge University Press, 1994. chap.14.

_____; PEIERS, Bettina. On the Possibility of a Yen Currency Bloc for Pacific-Basin Countries: a Stochastic Dominance Approach. *Pacific-Basin Finance Journal,* 1, p.309-33, 1993.

_____; _____. Dollarization in Developing Countries: Rational Remedy or Domestic Dilemma? *Contemporary Economic Policy,* v.14, n.3, p.30-40, July 1996.

MILES, Marc A. Currency Substitution, Flexible Exchange Rates, and Monetary Independence. *American Economic Review,* v.68, n.3, p.428-36, June 1978a.

_____. Currency Substitution: Perspectives, Implications and Empirical Evidence. In: PUTNAM, Bluford H.; WILFORD, D. Sykes (Eds.). *The Monetary Approach to International Adjustment.* New York: Praeger, 1978b. chap.12.

MILLER, David. (Ed.). Authority. In: *The Blackwell Encyclopedia of Political Thought.* Oxford: Basil Blackwell, 1987. p.28-31.

MILNER, Helen V.; KEOHANE, Robert O. Internationalization and Domestic Politics: a Conclusion. In: KEOHANE, Robert O.; MILNER, Helen V. (Eds.) *Internationalization and Domestic Politics.* New York: Cambridge University Press, 1996. chap.10.

MINTZ, Norman N. *Monetary Union and Economic Integration.* New York: New York University Press, 1970.

MIZEN, Paul D.; PENTECOST, Eric J. (Eds.). *The Macroeconomics of International Currencies:* Theory, Policy, and Evidence. Brookfield: Elgar, 1996.

MOLNAR, Thomas. *Authority and It's Enemies.* New Brunswick: Transaction, 1995.

MONGA, Celestin. A Currency Reform Index for Western and Central Africa. *World Economy,* v.20, n.1, p.103-25, Jan. 1997.

MOREHOUSE, Ward. (Ed.). *Building Sustainable Communities:* Tools and Concepts for Self-Reliant Economic Change. New York: Bootstrap, 1989.

MORGAN, E. Victor. *A History of Money.* Baltimore: Penguin, 1965.

MUELLER, Johannes. *Dollarization in Lebanon.* Washington: International Monetary Fund, 1994. (Working Paper WP/94/129.)

MUGOMBA, Agrippah T. Regional Organizations and African Underdevelopment: the Collapse of the East African Community. *Journal of Modern African Studies,* v.16, n.2, p.261-72, 1978.

MUNDELL, Robert A. A Theory of Optimum Currency Areas. *American Economic Review,* v.51, n.3, p.657-65, Sept. 1961.

_____. Uncommon Arguments for Common Currencies. In: JOHNSON, Harry G.; SWOBODA, Alexander K. (Eds.). *The Economics of Common Currencies.* London: George Allen and Unwin, 1973. chap.7.

_____. International Monetary Options. *Cato Journal,* v.3, n.1, p.189-210, Spring 1983.

_____. *EMU and the International Monetary System:* a Transatlantic Perspective. Vienna: Austrian National Bank, 1993. (Working Paper, 13.)

_____. Prospects for the International Monetary System and It's Institutions. In: GENBERG, Hans (Ed.). *The International Monetary System:* It's Institutions and Future. New York: Springer-Verlag, 1995. chap.2.

MURPHY, Alexander B. The Sovereign State System as Political-Territorial Ideal: Historical and Contemporary Considerations. In: BIERSTEKER, Thomas J.; WEBWE, Cynthia (Eds.). *State Sovereignty as Social Construct.* New York: Cambridge University Press, 1996.

MURPHY, Craig N.; ROJAS DE FERRO, Cristina. The Power of Representation in International Political Economy. *Review of International Political Economy,* v.2, n.1, p.63-9, Winter 1995.

MUSSA, Michael. Macroeconomic Policy Implications of Currency Zones: Commentary. In: *Policy Implications of Trade and Currency Zones.* Kansas City: Federal Reserve Bank of Kansas City, 1991. p.213-9.

_____. One Money for How Many? In: KENEN, Peter B. (Ed.). *Understanding Interdependence:* the Macroeconomics of the Open Economy. Princeton: Princeton University Press, 1995. chap.3.

_____. Political and Institutional Commitment to a Common Currency. *American Economic Review,* v.87, n.2, p.217-20, May 1997.

MUTCH, David. World Makes the US Dollar Go "Round". *The Christian Science Monitor,* 20, p.1-10, Dec. 1995.

NASCIMENTO, Jean-Claude. *Monetary Policy in Unified Currency Areas:* the Cases of the CAMA and ECCA during 1976-90. Washington: International Monetary Fund, 1994. (Working Paper WP/94/11.)

NASH, Nathaniel C. What Fits in Europe's Wallet? *The New York Times*, 11 July 1995. p.11, C1, C10.

NAYMAN, Laurence; PISANI-FERRY, Jean. Élus et exclus de la monnaie unique. *La Lettre Du CEPII,* 43, p.1-4, Feb. 1996.

NEWLYN, W. T. *Theory of Money*. Oxford: Clarendon Press, 1962.

NEWMAN, Peter; MILGATE, Murray; EATWELL, John. (Eds.). *The New Palgrave Dictionary of Money and Finance*. London: Macmillan, 1992.

NORTH, Douglass C. Institutions and a Transaction-Cost Theory of Exchange. In: ALT, James E.; SHEPSLE, Kenneth A. (Eds.). *Perspectives on Positive Political Economy*. New York: Cambridge University Press, 1990.

O'BRIEN, Richard. *Global Financial Integration:* the End of Geography. New York: Council on Foreign Relations, 1992.

OHMAE, Kenichi. The Rise of the Region State. *Foreign Affairs,* v.72, n.2, p.78-87, Spring 1993.

———. *The End of the Nation State*. New York: Free Press, 1995.

OKUN, Arthur M. *Equality and Efficiency:* the Big Tradeoff. Washington: Brookings Institution, 1975.

O'MAHONY, David. Past Justifications for Public Interventions. In: SALIN, Pascal (Ed.). *Currency Competition and Monetary Union*. The Hague: Martinus Nijhoff, 1984. p.127-30.

OPPENHEIMER, Peter M. Monetary Movements and the International Position of Sterling. In: ROBERTSON, D. J.; HUNTER, L. C. (Eds.). *The British Balance of Payments*. Edinburgh: Oliver and Boyd, 1966.

ORLÉAN, Andre. Mimetic Contagion and Speculative Bubbles. *Theory and Decision,* v.27, n.1-2, p.63-92, 1989.

OSBAND, Kent; VILLANUEVA, Delano. Independent Currency Authorities. *International Monetary Fund Staff Papers,* v.40, n.1, p.202-16, Mar. 1993.

OSTROM, Douglas. Yen's Role in Trade Increasing. *JEI Report,* n.23B (June 23), p.5-7, June 1995.

OW, Chwee-huay. *The Currency Board Monetary System:* the Case of Singapore and Hong Kong. 1985. Dissertation (Ph.D in) - Johns Hopkins University.

PADOA-SCHIOPPA, Tommaso. The European Monetary System: a Long-Term View. In: GIAVAZZI, Francesco; MICOSSI, Stefano; MILLER, Marcus (Eds.). *The European Monetary System*. Cambridge: Cambridge University Press, 1988. chap.12.

———. *Tripolarism:* Regional and Global Economic Cooperation. Washington: Group of Thirty, 1993. (Occasional Paper, 42.)

PAGE, S. A. B. Currency of Invoicing in Merchandise Trade. *National Institute Economic Review,* n.81, p.77-81, Aug. 1977.

———. The Choice of Invoicing Currency in Merchandise Trade. *National Institute Economic Review,* n.98, p.60-72, Nov. 1981.

PALAN, Ronan; ABBOTT, Jason. *State Strategies in the Global Political Economy*. London: Pinter, 1996.

PARK, Yoon S.; ZWICK, Jack. *International Banking in Theory and Practice*. Reading: Addison-Wesley, 1985.

PAULY, Louis W. Capital Mobility, State Autonomy and Political Legitimacy. *Journal of International Affairs,* v.48, n.2, p.369-88, Winter 1995.

_____. *Who Elected the Bankers?* Surveillance and Control in the World Economy. Ithaca: Cornell University Press, 1997.

PEIERS, Bettina; WRASE, Jeffrey. *Dollarization Hysteresis and the Role of Network Externalities.* Los Angeles: UCLA Center for International Business Education and Research, 1995. (CIBER Working Paper 95-4.)

PENNOCK, J. Roland; CHAPMAN, John W. (Eds.). *Authority Revisited*. New York: New York University Press, 1987.

PERLMAN, M. In Search of Monetary Union. *Journal of European Economic History,* v.22, n.2, p.313-32, Fall 1993.

PERROUX, François. Economic Space: Theory and Applications. *Quarterly Journal of Economics,* v.64, n.1, p.89-104, Feb. 1950.

PHELPS, Edmund. Inflation in the Theory of Public Finance. *Swedish Journal of Economics,* v.75, n.1, p.67-82, Mar. 1973.

PHILPOTT, Daniel. Sovereignty: an Introduction and Brief History. *Journal of International Affairs,* v.48, n.2, p.353-68, Winter 1995.

PIEPER, Paul. The Case of the Missing Currency. *Journal of Economic Perspectives,* v.8, n.4, p.203-6, Fall 1994.

POLANYI, Karl. *The Great Transformation*. Boston: Beacon, 1944.

POLK, Judd. *Sterling:* It's Meaning in World Finance. New York: Harper and Brothers, 1956.

POND, Shepard. The Ducat: Once an Important Coin in European Business. *Bulletin of the Business Historical Society,* v.14, n.2, p.17-9, Apr. 1940.

_____. The Maria Theresa Thaler: a Famous Trade Coin. *Bulletin of the Business Historical Society,* v.15, n.2, p.26-31, Apr. 1941a.

_____. The Spanish Dollar: the World's Most Famous Silver Coin. *Bulletin of the Business Historical Society,* v.15, n.1, p.12-6, Feb. 1941b.

PORTER, Richard D. Estimates of Foreign Holdings of U.S. Currency: an Approach Based on Relative Cross-Country Seasonal Variations. In: *Nominal Income Targeting with the Monetary Base as Instrument:* an Evaluation of McCallum's Rule. Washington: Federal Reserve Board of Governors, 1993. (Finance and Economics Discussion Series. Working Study, 1.).

_____; JUDSON, Ruth A. The Location of U.S. Currency: How Much is Abroad? *Federal Reserve,* Bulletin 82, n.10, p.883-903, Oct 1996.

PRATI, Alessandro; SCHINASI, Garry J. *European Monetary Union and International Capital Markets:* Structural Implications and Risks. Washington: International Monetary Fund, 1997. (Working Paper WP/97/62.)

PREM, Roohi. *International Currencies and Endogenous Enforcement:* an Empirical Analysis. Washington: International Monetary Fund, 1997. (Working Paper WP 97/29.)

QUIRK, Peter J. et al. *Issues in International Exchange and Payments Systems*. Washington: International Monetary Fund, 1995.

RAHN, Richard W. Time to Privatize Money. *Policy Review,* n.36, p.55-7, 1986.

_____. Private Money: an Idea Whose Time Has Come. *Cato Journal,* v.9, n.2, p.353-62, Fall 1989.

RANKI, Sinimaaria. *On the Role of the Single Currency ECU*. Frankfurt: Goethe University, 1995. (Gold and Währung Working Papers, 40.)

RAO, Ramesh K. S.; MAGEE, Stephen P. The Currency of Denomination of International Trade Contracts. In: LEVICH, Richard M.; WIHLBORG, Clas G. (Eds.). *Exchange Risk and Exposure:* Current Developments in International Financial Management. Lexington: D. C. Heath, 1980. chap.3.

RAVENHILL, John. Regional Integration and Development in Africa: Lessons from the East African Community. *Journal of Commonwealth and Comparative Politics,* v.17, n.3, p.227-46, Nov. 1979.

RAZ, Joseph. (Ed.). *Authority*. Oxford: Blackwell, 1990.

REDISH, Angela. The Latin Monetary Union and the Emergence of the International Gold Standard. In: BORDO, Michael D.; COPIE, Forrest (Eds.). *Monetary Regimes in Transition*. New York: Cambridge University Press, 1994. chap.3.

RETI, Steven. *Doubtful Standards:* the Political Economy of International Monetary Conferences. 1994. Dissertation (Ph.D. in) - University of California, Santa Barbara.

RITTER, Joseph A. The Transition from Barter to Fiat Money. *American Economic Review,* v.85, n.1, p.134-49, Mar. 1995.

ROBERTS, Paul Craig. The Inevitable Decline of a Reserve Currency. *The Wall Street Journal,* 6 Mar. 1995. p.22.

RODRIGUEZ, Carlos A. Money and Credit under Currency Substitution. *International Monetary Fund Staff Papers,* v.40, n.2, p.414-26, June 1993.

RODRIK, Dani. *Has Globalization Gone Too Far?* Washington: Institute for International Economics, 1997.

ROLNICK, Arthur J.; WEBER, Warren E. Gresham's Law or Gresham's Fallacy? *Journal of Political Economy,* v.94, n.1, p.185-99, Feb. 1986.

ROSE, Andrew K. Explaining Exchange Rate Volatility: an Empirical Analysis of "The Holy Trinity" of Monetary Independence, Fixed Exchange Rates, and Capital Mobility. *Journal of International Money and Finance,* v.15, n.6, p.925-45, 1996.

ROSECRANCE, Richard. *The Rise of the Trading State:* Commerce and Conquest in the Modern World. New York: Basic Books, 1986.

ROSENAU, James N. Governance, Order, and Change in World Politics. In: _____; CZEMPIEL, Ernst-Otto. (Eds.). *Governance without Government:* Order and, Change in World Politics. New York: Cambridge University Press, 1992.

_____; CZEMPIEL, Ernst-Otto. (Eds). *Governance without Government:* Order, and Change in World Politics. New York: Cambridge University Press, 1992.

ROSENBERG, Justin. *The Empire of Civil Society:* a Critique of the Realist Theory of International Relations. New York: Verso, 1994a.

_____. The International Imagination: IR Theory and "Classic Social Analysis". *Millennium:* Journal of International Studies, v.23, n.1, p.85-108, 1994b.

ROSOW, Stephen J. On the Political Theory of Political Economy: Conceptual Ambiguity and the Global Economy. *Review of International Political Economy,* v.1, n.3, p.465-88, Autumn 1994.

ROTHCHILD, Donald. From Hegemony to Bargaining in East African Relations. *Journal of African Studies,* v.1, n.4, p.390-416, Winter 1974.

RUEFF, Jacques. *The Monetary Sin of the West.* New York: Macmillan, 1972.

RUGGIE, John Gerard. International Responses to Technology: Concepts and Trends. *International Organization,* v.29, n.3, p.557-83, Summer 1975.

_____. Continuity and Transformation in the World Polity: Toward a Nonrealist Synthesis. *World Politics,* v.35, n.2, p.261-85, Jan. 1983.

_____. International Structure and International Transformation. In: CZEMPIEL, Ernst-Otto; ROSENAU, James N. (Eds.). *Global Changes and Theoretical Challenges:* Approaches to World Politics for the 1900s. Lexington: D. C. Heath, 1989. chap.2.

_____. Territoriality and Beyond: Problematizing Modernity in International Relations. *International Organizations,* v.47, n.1, p.139-74, Winter 1993.

RULAND, L. J.; VIAENE, J.-M. The Political Choice of Exchange Rate Regime. *Economics and Politics,* v.5, n.3, p.271-84, Nov. 1993.

SACK, Robert David. *Human Territoriality:* It's Theory and History. New York: Cambridge University Press, 1986.

SAHAY, Ratna; VEGH, Carlos A. Dollarization in "Transition Economies". *Finance and Development,* v.32, n.1, p.36-9, Mar. 1995.

_____; _____. Dollarization in Transition Economies: Evidence and Policy Implications. In: MIZEN, Paul D.; PENTECOST, Eric J. (Eds.). *The Macroeconomics of International Currencies:* Theory, Policy and Evidence. Brookfield: Edward Elgar, 1996, chap.11.

SALIN, Pascal. General Introduction. In: _____. (Ed.). *Currency Competition, and Monetary Union.* The Hague: Martinus Nijhoff, 1984. p.1-26.

SALVATORE, Dominick. The European Monetary System: Crisis and Future. In: TAVLAS, George S. (Ed.). *The Collapse of Exchange Rate Regimes:* Causes, Consequences, and Policy Responses. Boston: Kluwer Academic, 1997. p.171-93.

SAN PAOLO BANK OF TURIN. The Commercial Use of the ECU: Invoicing and Import-Export Practices. *ECU Newsletter,* n.31, p.16-30, Jan. 1990.

SASSEN, Saskia. *Losing Control?* Sovereignty in an Age of Globalization. New York: Columbia University Press, 1996a.

_____. The Spatial Organization of Information Industries: Implications for the Role of the State. In: MITTELMAN, James H. (Ed.). *Globalization:* Critical Reflections. Boulder: Lynne Rienner, 1996b. chap.3.

SAVASTANO, Miguel A. The Pattern of Currency Substitution in Latin America: an Overview. *Revista de Análisis Económica,* v.7, n.1, p.29-72, June 1992.

―――. Dollarization in Latin America: Recent Evidence and Policy Issues. In: MIZEN, Paul D.; PENTECOST, Eric J. (Eds.). *The Macroeconomics of International Currencies:* Theory, Policy and Evidence. Brookfield: Elgar, 1996. chap.12.

SAVVIDES, Andreas. Real Exchange, Rate Variability, and the Choice of Exchange Rate Regime by Developing Countries. *Journal of International Money and Finance,* v.9, n.4, p.440-54, Dec. 1990.

―――. Pegging the Exchange Rate and the Choice of a Standard by LDCs: a Joint Formulation. *Journal of Economic Development,* v.18, n.2, p.107-25, Dec. 1993.

SCHELLING, Thomas C. *The Strategy of Conflict.* Cambridge: Harvard University Press, 1980.

SCHWARTZ, Anna, J. *Do Currency Boards Have a Future?* London: Institute of Economic Affairs, 1992.

―――. Currency Boards: Their Past, Present, and Possible Future Role. *Carnegie-Rochester Conference Series on Public Policy,* v.39, p.147-87, Dec. 1993.

SCHWARTZ, Pedro. A Market Approach to Monetary Perestroika. *Cato Journal,* v.12, n.3, p.621-32, Winter 1993.

SCHWEICKERT, Rainer. Exchange Rate Based Stabilization: Lessons from a Radical Implementation in Argentina. *World Economy,* v.17, n.2, p.171-89, Mar. 1994.

SCITOVSKY, Tibor. *Economic Theory and Western European Integration.* Stanford: Stanford University Press, 1958.

SEITZ, Franz. *The Circulation of Deutsche Mark Abroad.* Frankfurt: Deutsche Bundesbank, 1995. (Discussion Paper I/95.)

―――. How Many Deutschmarks are Held Abroad? *Intereconomics,* v.32, n.2, p.67-73, Mar.-Apr. 1997.

SELGIN, George A. On Ensuring the Acceptability of a New Fiat Money. *Journal of Money, Credit, and Banking,* v.26, n.4, p.808-26, Nov. 1994.

―――.; WHITE, Lawrence H. How Would the Invisible Hand Handle Money? *Journal of Economic Literature,* v.32, n.4, p.1718-49, Dec. 1994.

SHAPIRO, Michael J. *Reading "Adam Smith":* Desire, History and Value. London: Sage, 1993.

―――. Introduction to Part I. In: ―――; ALKER, Hayward R. (Eds.). *Challenging Boundaries:* Global Flows, Territorial Identities. Minneapolis: University of Minnesota Press, 1996.

―――; ALKER, Hayward R. (Eds.). *Challenging Boundaries:* Global Flows, Territorial Identities. Minneapolis: University of Minnesota Press, 1996.

SHELTON, Judy. *Money Meltdown:* Restoring Order to the Global Currency System. New York: Free Press, 1994.

SHLAES, Amity. Loving the Mark. *New Yorker,* 28 Apr. 1997. p.188-93.

SIBERT, Anne. Government Finance in a Common Currency Area. *Journal of International Money and Finance,* v.11, n.6, p.567-78, Dec. 1992.

SIBERT, Anne. The Allocation of Seigniorage in a Common Currency Area. *Journal of International Economics,* v.37, n.1/2, p.111-22, Aug. 1994.

SIMMEL, George. *The Philosophy of Money.* London: Routledge and Kegan Paul, (1900) (1978).

SIMONS, Marlise. Gaza-Jericho Economic Accord Signed by Israel and Palestinians. *The New York Times,* 330 Apr. 1994. p.1-4.

SLIP Me a Beak. *The Economist,* 24 Apr. 1993c. p.60.

SLOVENIA: Much to Do. *The Economist,* 2 Nov. 1996d. p.51.

SOJA, Edward W. *Postmodern Geographies:* the Reassertion of Space in Critical Social Theory. London: Verso, 1989.

SOLOMON, Lewis D. *Rethinking Our Centralized Monetary System:* the Case for a System of Local Currencies. Westport: Praeger, 1996.

SPRENKLE, Case M. The Case of the Missing Currency. *Journal of Economic Perspectives,* v.7, n.2, p.175-84, Fall 1993.

SPRUYT, Hendrik. *The Sovereign State and It's Competitors.* Princeton: Princeton University Press, 1994.

STEKLER, Lois E. *The Statistical Discrepancy in the U.S. International Transactions Accounts:* Sources and Suggested Remedies. Washington: Federal Reserve Board of Governors, 1991. (International Finance Discussion Paper, 404.)

STEPHAN, Joerg. *A Political-Economic Analysis of Exchange Rate Movements.* Konstanz: Hartung-Gorre, 1994.

STRANGE, Susan. The Politics of International Currencies. *World Politics,* v.23, n.2, p.215-31, Jan. 1971a.

_____. *Sterling and British Policy:* a Political Study of an International currency in Decline. London: Oxford University Press, 1971b.

_____. The Persistent Myth of Lost Hegemony. *International Organization,* p.41, n.4, p.551-74, Autumn 1987.

_____. *States and Markets.* 2.ed. London: Pinter, 1994.

_____. The Defective State. *Daedalus,* v.125, n.2, p.55-74, Spring 1995.

_____. *The Retreat of the State:* the Diffusion of Power in the World Economy. Cambridge: Cambridge University Press, 1996.

STREISSLER, Erich W. Good Money Driving out Bad: a Model of the Hayek Process in Action. In: BALTENSPERGER, Ernst; SINN, Hans-Werner (Eds.). *Exchange-Rate Regimes and Currency Unions.* New York: St. Martin's Press, 1992.

STURZENEGGER, Federico A. Currency Substitution and the Regressivity of Inflamatory Taxation. *Revista de Análisis Económico,* v.7, n.1, p.177-92, June 1992.

_____. Hyperinflation with Currency Substitution: Introducing an Indexed Currency. *Journal of Money, Credit, and Banking,* v.26, n.3, p.337-95, Aug. 1994.

SUMNER, Scott. The Case of the Missing Currency. *Journal of Economic Perspectives,* v.8, n.4, p.201-3, Fall 1994.

SWOBODA, Alexander K. *The Euro-Dollar Market:* an Interpretation. Princeton: International Finance Section, 1968. (Essays in International Finance, 64.)

_____. Vehicle Currencies and the Foreign Exchange Market: the Case of the Dollar. In: ALIBER, Robert Z. (Ed.). *The International Market for Foreign Exchange.* New York: Praeter, 1969. chap.4.

TAGUCHI, Hiroo. On the Internationalization of the Japanese Yen. In: TAKATOSHI, Ito; KRUEGER, Anne O. (Eds.). *Macroeconomic Linkage:* Savings, Exchange Rates, and Capital Flows. Chicago: University of Chicago Press, 1994. chap.11.

TAVLAS, George S. *On the International Use of Currencies:* the Case of the Deutsche Mark. Princeton: International Finance Section, 1991. (Essays in International Finance, 181.)

_____. The Deutsche Mark as an International Currency. In: DAS, Dilip K. (Ed.). *International Finance.* London: Routledge, 1993a. chap.30.

_____. The "New" Theory of Optimum Currency Areas. *The World Economy,* v.16, n.6, p.663-85, Nov. 1993b.

_____. The Theory of Optimum Currency Areas Revisited. *Finance and Development,* v.30, n.2, p.32-5, June 1993c.

_____. The Theory of Monetary Integration. *Open Economies Review,* 5, p.211-30, 1994.

_____. Currency Substitution and the International Demand for Yen. In: MIZEN, Paul D.; PENTECOST, Eric J. (Eds.). *The Macroeconomics of International Currencies:* Theory, Policy and Evidence. Brookfield: Elgar, 1996a. chap.10.

_____. *Dominant International Currencies and the Determination of Feasible Currency Areas:* an Analysis of the US. Dollar. June, 1996b. Manuscript.

_____; OZEKI, Yuzuru. *The Internationalization of Currencies:* an Appraisal of the Japanese Yen. Washington: International Monetary Fund, 1992. (Occasional Paper, 90.)

TAYLOR, Peter J. *Political Geography:* World-Economy, Nation-State and Locality. 3.ed. New York: Wiley, 1993.

_____. The State as Container: Territoriality in the Modern World-System. *Progress in Human Geography,* v.18, n.2, p.151-62, June 1994.

_____. Beyond Containers: Internationality, Interstateness, Interterritoriality. *Progress in Human Geography,* v.19, n.1, p.1-15, Mar. 1995.

TEITELMAN, Robert; DAVIS, Stephen. How the Cash Flows. *Institutional Investor,* v.30, n.8, p.58-73, Aug. 1996.

THE FUTURE of Money. *Business Week,* 12, p.66-78, June 1995.

THE GLOBAL Greenback. *Business Week,* 9, p.40-4, Aug. 1993.

THOMSON, Janice E. State Sovereignty in International Relations: Bridging the Gap between Theory and Empirical Research. *International Studies Quarterly,* v.39, n.2, p.213-33, June 1995.

THRIFT, Nigel. A Hyperactive World. In: JOHNSTON, R. J.; TAYLOR, Peter J.; WATTS, Michael J. (Eds.). *Geographies of Global Change:* Remapping the World in the Late Twentieth Century. Oxford: Basil Blackwell, 1995. chap.2.

THRIFT, Nigel; OLDS, Kris. Refiguring the Economic in Economic Geography. *Progress in Human Geography,* v.20, n.3, p.311-37, Sept. 1996.

THYGESEN, Niels; et al. *International Currency Competition and the Future Role of the Single European Currency.* London: Kluwer Law International, 1995. Relatório Final de um Grupo de Trabalho sobre a União Monetária Europeia – Sistema Monetário Internacional.

TOFFLER, Alvin. *Future Shock.* New York: Random House, 1970.

TSOUKALIS, Loukas. *The Politics and Economics of European Monetary Integration.* London: Allen & Unwin, 1977.

_____. *The New European Economy:* the Politics and Economics of Integration. Oxford: Oxford University Press, 1991.

ULLMANN, Owen; et al. The Global Greenback. *Business Week,* 9 Aug. 1993. p.40, 44.

UNDERHILL, Geoffrey R. D. Markets beyond Politics? The State and the Internationalization of Financial Markets. *European Journal of Political Research,* v.19, n.2/3, p.197-225, Mar.-Apr. 1991.

_____. Keeping Governments Out of Politics: Transnational Securities Markets, Regulatory Cooperation and Political Legitimacy. *Review of International Studies,* v.21, n.3, p.251-78, 1995.

_____. *Financial Market Integration, Global Capital Mobility, and the ERM Crisis 1992-1995.* 1996. Paper preparado para o encontro anual de 1995 da International Studies Association.

UNGERER, Horst. *A Concise History of European Monetary Integration:* from EPU to EMU. Westport: Quorum Books, 1997.

URIBE, Martin. *Hysteresis in a Simple Model of Currency Substitution.* Washington: Federal Reserve Board of Governors, 1995. (International Finance Discussion Paper, 509.)

USMAN, Abraham A.; SAVVIDES, Andreas. A Differentiated Goods Model of Coffee and Cocoa Exports with Reference to the CFA Franc Zone. *Applied Economics,* v.26, n.6, p.583-90, June 1994.

VAN DE WALLE, Nicolas. The Decline of the Franc Zone: Monetary Politics in Francophone Africa. *African Affairs,* v.90, n.360, p.383-405, July 1991.

VAN MEERHAEGHE, M. A. G. *The Belgium-Luxembourg Economic Union.* Tilburg: Societé Universitaire Européenne de Recherches Financières, 1987.

VAUBEL, Roland. Free Currency Competition. *Weltwirtschaftliches Archiv,* v.113, Heft 3, p.435-61, 1977.

_____. *Strategies for Currency Unification:* the Economics of Currency Competition and the Case for a European Parallel Currency. Tubingen: J. C. B. Mohr, 1978.

_____. The Government's Money Monopoly: Externalities or Natural Monopoly? *Kyklos,* v.37, n.1, p.25-57, 1984.

_____. Currency Competition and European Monetary Integration. *Economic Journal,* v.100, n.3, p.936-46, Sept. 1990.

VEGH, Carlos A. The Optimal Inflation Tax in the Presence of Currency Substitution. *International Monetary Fund Staff Papers,* v.37, n.2, p.311-37, June 1989.

_____; GUIDOTTI, Pablo E. Optimal Taxation Policies in the SEM. *International Monetary Fund Staff Papers* 37, n.2, June 1990, p.311-27.

VERNON, Raymond. *Sovereignty at Bay:* the Multinational Spread of U.S. Enterprises. New York: Basic Books, 1971.

VILAR, Pierre. *A History of Gold and Money:* 1450-1920. London: NLB, 1976.

VILLANUEVA, Delano. *Options for Monetary and Exchange Arrangements in Transition Economies.* Washington: International Monetary Fund, 1993. (Paper sobre Análise e Avaliação Política PPAA/93/12.)

VON HAGEN, Jürgen; FRATIANNI, Michele. The Transition to European Monetary Union and the European Monetary Institute. *Economics and Politics,* v.7, n.2, p.167-86, July 1993.

WALKER, R. B. J. *Inside/Outside:* International Relations as Political Theory. New York: Cambridge University Press, 1993.

_____; MENDLOVITZ, Saul H. (Eds.). *Contending Sovereignties:* Redefining Political Community. Boulder: Lynne Rienner, 1990.

WALLACE, Neil. A Legal Restrictions Theory of the Demand for "Money" and the Role of Monetary Policy. Federal Reserve Bank of Minneapolis. *Quarterly Review,* v.7, n.1, p.1-7, Winter 1983.

_____. A Suggestion for Oversimplifying the Theory of Money. *Economic Journal,* v.98, Supplement, p.25-36, 1988.

WALLERSTEIN, Immanuel. *The Politics of the World Economy.* Cambridge: Cambridge University Press, 1984.

WALTER, Andrew. *World Power and World Money:* the Role of Hegemony and International Monetary Order. New York: St. Martin's Press, 1991.

WALTERS, Alan. Sterling. In: NEWMAN, Peter; MILGATE, Murray; EATWELL, John. (Eds.). *The New Palgrave Dictionary of Money and Finance.* London: Macmillan, 1992. v.3. p.549-54.

_____; HANKE, Steve H. Currency Boards. In: NEWMAN, Peter; MILGATE, Murray; EATWELL, John. (Eds.). *The New Palgrave Dictionary of Money and Finance.* London: Macmillan, 1992. v.1. p.558-61.

WARK, McKenzie. *Virtual Geography:* Living with Global Media Events. Bloomington: Indiana University Press, 1994.

WATT, E. E. *Authority.* London: Croom Helm, 1982.

WEBB, Michael C. International Economics Structures, Government Interests and, the International Coordination of Macroeconomic Adjustment Policies. *International Organization,* v.45, n.3, p.309-42, Summer 1991.

WEBER, Cynthia. *Simulating Sovereignty:* Intervention, the State and Symbolic Exchange. New York: Cambridge University Press, 1995.

WEBER, Max. *The Theory of Social and Economic Organization.* Gloncoe: Free Press, (1925) (1947).

WEIL, Gordon. *Exchange-Rate Regime Selection in Theory and Practice.* New York: New York University Press, 1983.

WEIL, Phillipe. Currency Competition and the Transition to Monetary Union: Currency Competition and the Evolution of Multi-Currency Regions. In: GIOVANNINI, Alberto; MAYER, Colin (Eds.). *European Financial Integration.* Cambridge: Cambridge University Press, 1991. chap.10.

WELFENS, Paul J. J. Creating a European Central Bank after 1992: Issues of EC Monetary Integration and Problems of Institutional Innovation. In: _____. (Ed.). *European Monetary Integration:* EMS Developments and International Post-Maastricht Perspectives. 3.ed. New York: Springer-Verlag, 1996. p.223-69.

WENDT, Frantz. *Cooperation in the Nordic Countries:* Achievements and Obstacles. Stockholm: Almqvist and Wiksell, 1981.

WHITE, Lawrence, H. Competitive Money, Inside, and Out. *Cato Journal,* v.3, n.1, p.281-99, Spring 1983.

_____. Free Banking as an Alternative Monetary System. In: SIEGEL, Barry N. (Ed.). *Money in Crisis:* the Federal Reserve, the Economy, and Monetary Reform. San Francisco: Pacific Institute for Public Policy Research, 1984. chap.11.

_____. Depoliticizing the Supply of Money. In: WILLETT, Thomas D. (Ed.). *Political Business Cycles:* the Political Economy of Money, Inflation and Unemployment. Durham: Duke University Press, 1988.

_____. *Competition and Currency.* New York: New York University Press, 1989.

WICKHAM, Peter. The Choice of Exchange Rate Regime in Developing Countries: a Survey of the Literature. *International Monetary Fund Staff Papers,* v.32, n.2, p.248-88, June 1985.

WILL the Buck Stop Here? *The Economist,* 12 Nov. 1994d. p.88.

WILLETT, Thomas D. et al. (Eds.). *Establishing Monetary Stability in Emerging Market Economies.* Boulder: Westview, 1995.

_____.; BANAIAN, King. Currency Substitution, Seigniorage and the Choice of Currency Policies. In: MIZEN, Paul D.; PENTECOST, Eric J. (Eds.). *The Macroeconomics of International Currencies:* Theory, Policy and Evidence. Brookfield: Elgar, 1996. chap.5.

WILLIAMS, John H. *Postwar Monetary Plans and Other Essays.* New York: Knopf, 1947.

WILLIAMSON, John. *What Role for Currency Boards?* Washington: Institute for International Economics, 1995.

WILSON, John F. Physical Currency Movements and Capital Flows. In: INTERNATIONAL MONETARY FUND. *Report on the Measurement of International Capital Flows:* Background Papers. Washington, [s.n.], 1992. p.91-7.

WISELY, William. *A Tool of Power:* the Political History of Money. New York: Wiley, 1977.

WOLF, Thomas A. *Currency Arrangements in Countries of the Former Ruble Area and Conditions for Sound Monetary Policy.* Washington: International Monetary Fund, 1994. (Paper on Policy Analysis and Assessment PPAA/94/15.)

WOODFORD, Michael. Currency Competition and the Transition to Monetary Union: Does Competition between Currencies Lead to Price Level and Exchange Rate Stability? In: GIOVANNINI, Alberto; MAYER, Colin (Eds.). *European Financial Integration.* Cambridge: Cambridge University Press, 1991. chap.9.

YAMAZAWA, Kotaro; YOSHIAKI, Wada; TAKESHI, Hachimura. *Outlook for the Financial Markets of Hong Kong.* Tokyo: Bank of Japan, 1992. (Special Paper, 218.)

YANSANE, Aguibou Y. Some Problems of Monetary Dependency in French-speaking West-African States. *Journal of African Studies,* v.5, n.4, p.444-70, Winter 1978-1979.

YEAGER, Leland B. Stable Money and Free-Market Currencies. *Cato Journal* 3, n.1, Spring 1983, p.305-26.

ZARAZAGA, Carlos E. Argentina, Mexico, and Currency Boards: Another Case of Rules Versus Discretion. *Federal Reserve Bank of Dallas Economic Review,* Fourth Quarter, p.14-24, 1995a.

_____. Can Currency Boards Prevent Devaluations and Financial Meltdowns? *The Southwest Economy,* n.4, p.6-9, 1995b.

ZELIZER, Viviana A. The Social Meaning of Money: "Special Monies". *American Journal of Sociology,* v.95, n.2, p.342-77, Sept. 1989.

_____. *The Social Meaning of Money.* New York: Basic Books, 1994.

ZEVIN, Robert. Are World Financial Markets More Open? If So, Why and with What Effects? In: BANURI, Tariq; SCHOR, Juliet B. (Eds.). *Financial Openness and National Autonomy.* Oxford: Clarendon Press, 1992.

ZIMBALIST, Andres; WEEKS, John Weeks. *Panama at the Crossroads:* Economic Development and Political Change in the Twentieth Century. Berkeley: University of California Press, 1991.

ÍNDICE REMISSIVO

Ação coletiva, 225
Administração Reagan, 63
África do Sul, 80, 120
Agenor, Pierre, Richard, 141
Agnew, John A., 23
Alemanha, 102-106
Alianças monetárias,
　Área Monetária Comum, 100
　Decisão das nações europeias de se juntarem às, 110-1
　moeda universal proposta, 94-5
　política das, 119-23, 208
　projeto organizacional, 116-8
　união das moedas ou monetária, 93-4
　União Econômica Bélgica-Luxemburgo (BLEU), 97-8
　União Econômica e Monetária Proposta pela UE
　União Monetária Austro-Germânica, 97
　União Monetária Escandinava, 94-7
　União Monetária Latina, 94-5
　uniões das taxas cambiais como, 93

Zona do franco das Colônias Francesas da África, 98
Aliber, Robert Z., 57, 193
Allen, John, 14
Allen, Polly, 216
Al-Marhubi, Fahim, 57
Alogoskoufis, George, 19, 36, 213
AMC, *ver* Área Monetária Comum (AMC), África
Anderson, Benedict, 50
Anderson, Perry, 22
Andorra, 66
Andrew, A. Piatt, 44
Andrews, David, 182
Appadurai, Arjun, 25, 33
Área Monetária Comum (AMC), África, 100-6, 116-8
　como bloco monetário, 80
　como fusão monetária, 97
Área Monetária do Caribe Oriental (AMCO), 94, 99-100, 116, 122
Área Monetária do Rand, 100

Área Monetária Ótima (AMO), teoria, 113-4, 179
Arendt, Hannah, 198
Argentina, 90
   fundo de estabilização cambial, 73-6, 207
   reforma monetária (1991), 168-9
Argy, Victor, 114
Armênia, 109
Arranjos da taxa cambial
   sob o BLEU, 98
   mudanças na escolha dos (1980-97), 89-91
   com a territorialização monetária, 59
   sob o FMI (pós-1976), 77-9
   das uniões monetárias latinas e escandinava, 94
Ásia, 220
Ataques especulativos: à rúpia (1997), 167
Ato Único Europeu (1986), 104
Áustria, 102, 106
Autoridade
   bases para (Weber), 198-9
   do governo, 196-7; *ver também* Governança
   expressão em e aplicação de regras explícitas e implícitas, 199-201

Bagehot, Walter, 60
Balboa (Panamá), 62
Banaian, King, 170, 195
Banco Central da Rússia (BCR), 108-9
Banco Central Europeu (BCE), 105
Banco de Compensações Internacionais (BCI), 134, 210
Bancos centrais
   Banco Central do Caribe Oriental, 99
   com fundo de estabilização cambial na Argentina, 73
   das ex-repúblicas soviéticas, 108
   emergência dos, 49
   financiamento inflacionário, 58

na era do dinheiro territorial, 60
Barre, Raymond, 102
Bartel, Robert J., 121
Bélgica, 96
Bénassy-Quéré, Agnès, 84-6
Bénnasy, Agnès, 213
Bergsten, C. Fred, 171, 213
Berliner, Nancy, 51
Besante (Bizantino), 43
Bielorrússia, 67, 109
Bixler, Raymond W., 67
Blinder, Alan, 171, 210
Bloco da libra esterlina, 86
Blocos monetários
   Área Monetária Comum como, 80
   definidos, 66
   moedas domésticas e estrangeiras nos, 80-2
   o dólar norte-americano como, 80
   o marco alemão como, 102-3
   Zona do franco da CFA como, 80
Bolívia, 168
Bósnia & Herzegovina, 74, 84, 140
Botsuana, 100
Boughton, James M., 99
Boyer-Xambeu, Marie Thérèse, 40
Brand, Diana, 170, 224
Brandt, Willy, 102
Brasil, 194
Braudel, Fernand, 48
Brooke, James, 169
Brown, Brendan, 144
Brozovic, Dalibor, 54
Bufman, Gil, 162
Bulgária, 74
Bull, Hedley, 201
Butão, 67

Cagan, Philip, 61
Calvo, Guillermo, 131, 140, 224
Camard, Wayne, 75

Camilleri, Joseph A., 24
Cazaquistão, 109
Cerny, Philip, 191
Checoslováquia, 106, 121
Chile, 90
Chown, John, 42
Cipolla, Carlo, 40, 42-3, 132
Claassen, Emil-Maria, 162
Clement, Jean A.P., 121
Cohen, Benjamin, 30, 77, 86, 90, 112, 116, 132, 134, 169, 171
Cohen, Roger, 54
Comércio
   denominação monetária no (1980-96), 137-40
   exportações japonesas dominadas pelo iene, 222
Communauté Financière Africaine (CFA), Zona do franco, 98, 118
   como bloco monetário, 80
   como fusão monetária, 97
   papel da França na, 120
Competição monetária
   acelerada, 13, 25, 125
   circunstâncias para a vantagem da, 178
   como uma luta darwiniana, 187-90
   de dinheiro virtual, 185-6
   do euro, 213-8
   dólar norte-americano, marco alemão e iene, 135-6; ver também Internacionalização monetária (IM); Substituição monetária (SM)
   extensão da transnacional, 181
   moedas locais enfrentando a, 68
   supressão da, 58
   transnacional, 6-7, 36-7, 68, 126-33, 143-4, 208, 226-7
Competição
   como substituição para o poder de monopólio do Estado, 200; ver também Competição monetária
   entre moedas maciças, 42-3
   entre os Estados, 190-5
   nos mercados, 36-7
Comunidade da África Oriental e Mercado Comum (CAO), 100, 116, 119-20
Comunidade Europeia (CE)
   início da UEM, 102
   Sistema Monetário Europeu (SME), 103; ver também União Europeia (UE)
Conversibilidade
   Garantia da França da moeda da CFA, 120
   suspensão durante a Primeira Guerra Mundial, 6, 96-8
Conway, Patrick, 108-9
Cooper, Richard, 207
Corden, W. Max, 94
Coroa (Estônia), 168
Croácia, 54-5, 62

De Gaulle, Charles, 102
De Grauwe, Paul, 113-4
De Haan, Jakob, 58
De La Cruz Martinez, Justino, 162
De Palma, Anthony, 167
Dependência monetária
   do dólar norte-americano, 111
   efeito potencial da, 62-3
   exploração da, 62, 176
Derrida, Jacques, 14
Desterritorialização do dinheiro
   das moedas, 144, 166-7, 204
   impacto sobre a senhoriagem, 170-2
   impacto sobre o financiamento da balança de pagamentos, 173
   implicações da, 178
   uso estrangeiro e doméstico, 192
Desterritorialização
   da geografia política, 25
   dos espaços monetários históricos, 10, 144

Deusy-Fournier, Pierre, 84-6
Dicken, Peter, 26
Dinamarca, 96, 102, 106
Dinar (império muçulmano), 43
Dinar (romano), 42-3
Dinheiro, emergência territorial do, 46-9
   uso pelo governo, 60
   vínculo com o nacionalismo político, 46-51
   isolamento monetário, 61-4
Dinheiro
   com subordinação da soberania monetária, 66-70
   com substituição monetária do doméstico, 166
   como instituição social, 201
   como meio de troca, 16
   como reserva de valor, 16
   como unidade de conta, 16
   criação na presença de moedas substitutas, 170
   definido pelas funções, 16-7
   demanda na prática real, 25
   desterritorializado ou desnacionalizado, 38, 126, 130, 144, 174, 187, 190, 206
   domínio preponderante, 10, 146
   emergência do modelo vestfaliano do territorial, 46-9
   externalidade de rede no local, 214-6
   fatores que influenciam a invenção do, 17
   internacional, 41-6
   privado, 185
   redes transacionais do, 19-26, 133
   simbolismo político do, 166
   substitutos privados para o dinheiro emitido pelo Estado, 185
   universal único, 207
   usado fora de seus limites políticos, 6; *ver também* Moedas sonantes; Moeda; Dinheiros fantasmas

Direitos Especiais de Saque (DES), 79
Dodd, Nigel, 19, 33
Dodsworth, J., 141
Dólar (Estados Unidos), 44, 49
   bloco monetário, 80
   cenário relacionado ao deslocamento do, 218
   circulação no estrangeiro, 140-1, 210
   como moeda âncora, 80
   como moeda de reserva, 135-6
   como moeda substituída, 166
   competição potencial com o euro, 213-8
   dependência do Panamá do, 62-4
   domínio preponderante do, 215-6
   externalidades de rede do, 220
   influência e domínio do, 84-6, 135, 207-13
   manutenção da posição de liderança do, 212
   moedas indexadas ao, 136
   o euro como rival potencial, 213-8
   popularidade do, 210-1
   rede transacional, 210
   uso na internacionalização monetária, 135-6
Dólar
   canadense, 135
   do Caribe Oriental, 99
   mexicano, 44, 49
Dolarização
   custos da, 226
   ocorrências da, 215
   para os países com moedas menos competitivos, 223
   substituição monetária como, 128, 140-1
   supressão em alguns países latino-americanos, 167-8
Domínio preponderante
   conceito, 34-5, 38, 147

expansão e extensão do, 75, 129; *ver também* Domínios monetários
moeda com amplo, 179
Domínios monetários
   como domínio territorial, 34
   como domínio transacional, 34-5
   como espaços sociais, 31
   domínio preponderante, 34-5, 38, 147, 167, 170, 173
   no modelo vestfaliano, 34-8
Dornbusch, Rudiger, 70, 106, 113, 189
Dowd, Kevin, 189
Dracma (ateniense), 42-3
Drainville, Andre C., 14
Ducado (Veneza), 44

Ederer, Rupert J., 42, 43
Edwards, Sebastian, 57, 89
Efeito Tequila, 76
Eichengreen, Barry, 56-7, 189
Eijffinger, Sylvester, C.W., 58
Eken, Sena, 162
El-Erian, Mohamed, 162
Elkins, David, 15
Equador, 74
Equidade, 202-4
Ericsson, Neil R., 140
Espaço político
   construção social do, 14-5
   do modelo vestfaliano, 2
   dos tempos medievais, 21-4
   organização transformada do, 24, 201
Espaços econômicos (Perroux), 33
Espaços monetários
   critérios para organização dos, 179
   de Perroux, 33
   em termos funcionais, 201
Espaços monetários
   baseados no fluxo, 126-7, 133-43
   definidos em termos territoriais, 37
   definidos no modelo vestfaliano, 9, 187

desterritorializados, 26
determinantes da organização dos, 200-1
em termos funcionais, 143-8
medidos pela oferta e a demanda, 32
motivação e escolhas para o uso transnacional da moeda, 130-3; *ver também* Pirâmide Monetária
tratamento histórico dos, 127-30
Espaços sociais, 37
Espaços
   concepções ligadas a regimes de representação, 16
   noções físicas e funcionais dos, 31-5; *ver também* Espaço monetário; Espaços sociais
Espanha, 106
Estado
   como oligopolista, 10, 59, 190, 202-4, 226
   interação com os espaços sociais, 36-7
   jurisdição sobre o suprimento monetário, 10
   poder diminuído do, 181-2
   poder do autônomo, 21
   privilégio no suprimento monetário, 183-4
   quase-Estados, 68
   senhoriagem como fonte de renda para, 55-8; *ver também* Governo; *Soberania*, Estado
   substituição do poder do monopólio, 200
Estônia
   fundo de estabilização cambial, 73
   moeda da, 107
   moeda indexada ao marco alemão, 81
Euro (União Europeia)
   como proposta de moeda conjunta, 70, 103, 106, 211
   emergência como moeda, 213-6
   influência potencial do, 111

projeto do, 51-2
resistência a, 52
Eurodólar, 69-70
Ex-repúblicas soviéticas
   bancos centrais das, 108
   escassez de moedas, 69-70
   moedas das, 107

Falk, Jim, 24
Fasano-Filho, Ugo, 162
Fieleke, Norman S., 5
Finanças: globalização das, 28; organização espacial das, 30-1
Finlândia, 106
Fischer, Stanley, 57, 65
Florim (Florença), 43
Florim (holandês), 135
Fluxos de caixa, transnacionais, 139
Fluxos de capital
   fuga de capital, 128
   Hipótese da Mobilidade do Capital, 182-4
   papel do governo para equilibrar, 173, 179
Foucault, Michel, 14-5
Fragmentação da zona do rublo (1991), 51, 62, 107-8, 118, 121
França, 95, 102-3
Franco (belga), 98, 135
Franco (de Luxemburgo), 98
Franco (francês)
   no uso internacional, 135
   papel na União Monetária Latina, 121
   papel na Zona do Franco da CFA, 80, 94
Franco (suíço), 135-6
Frankel, Jeffrey A., 70, 80-6, 133, 171, 210-1
Franklin, Benjamin, 111
Fratianni, Michele, 84, 117
French, Howard W., 54
Frenkel, Jacob, 154

Frick, Robert L., 185
Frieden, Jeffry, 88
Friedman, Milton, 61
Friedman, R.B., 199
Friedman, Thomas, 171
Frost, David, 169
Fundo de Estabilização Cambial da África Ocidental, 71-2
Fundo de Estabilização Cambial da África Oriental (1917), 100
Fundo Monetário Internacional (FMI), 78, 107, 109, 134, 142
   emenda relacionada aos arranjos das taxas de câmbio (1976), 76-7
   sistema de paridade original para as moedas sujeitas ao, 78
Fundos de estabilização cambial
   arranjos recentes, 74-5
   da Estônia, 168
   da Lituânia, 74, 76
   Fundo de Estabilização Cambial da África Oriental, 100
   Fundo de Estabilização Cambial do Caribe Britânico, 99
   limitação dos, 72-3
   Fundo de Estabilização Cambial da África Ocidental, 72
Fusões monetárias
   Área Monetária Comum (AMC), 94
   Área Monetária do Caribe Oriental, 94
   União Econômica Bélgica-Luxemburgo, 94
   Zona do Franco da CFA, 94

Gâmbia, 72
Gana, 72
Garber, Peter M., 106, 221
Geografia econômica
   abordagens estruturais da, 27
   limites da utilidade da, 26-7
   redes e fluxos na, 33

Geografia monetária
   da Pirâmide Monetária, 142-9
   definida, 13
   dependente do comportamento do mercado, 37
   desafio para o Japão, 218-23
   determinantes da, 93, 205
   do modelo vestfaliano, 9-10, 34-8; *ver também* Competição monetária; Espaços monetários
   domínio da moeda preponderante na, 34-5
   em termos territoriais, 20-5
   governos como determinantes da, 79
   histórica, 40-1, 144
   modelo das relações monetárias baseado no fluxo, 10, 31-8, 126, 133-42, 206, 226
   necessidade de reconceituar, 9
Geografia política
   desterritorialização da, 24
   modelo vestfaliano da, 23
Geografia
   questão do fim da, 28-32; *Ver também* Geografia econômica; Geografia Monetária; Geografia política
   significado da, 13-6
Gilpin, Robert, 20
Glasner, David, 53, 56
Globalização, 24
Goldstein, Morris, 154
Goodhart, Charles A.E., 48, 56, 114
Governança
   baseada no consenso social, 199
   o mercado como fonte de poder, 200-1; *ver também* Autoridade
   regras explícitas e normas implícitas da, 200
   responsabilidade e equidade na, 203-4
Governo
   autoridade do, 196-7

Autoridade exercida conjuntamente, 24
   com o dinheiro como símbolo político, 50-5, 66, 111
   comercializando seu dinheiro como produtos, 193-5
   como fonte de moeda, 184, 190-1
   desafios à autoridade monetária do, 26
   escolha da política da taxa cambial, 86-91
   estratégias para defender a posição do dinheiro no mercado, 191-9
   gestão macroeconômica da economia, 59-62, 66, 111
   isolamento com a territorialidade monetária, 61-5, 111
   na nova geografia monetária, 10, 46-9
   no cenário das moedas desterritorializadas, 178-9
   no modelo vestfaliano, 9; *ver também* Estado
   papel monetário redefinido do, 190
   poder derivado da senhoriagem, 55-8, 66, 111
   renda da senhoriagem, 55-8
   táticas para fortalecer a demanda de moeda, 194, 212, 225-6
Grã-Bretanha, 102-3, 106, 120
Grassman, Sven, 137
Grécia, 95, 103, 106
Greenaway, David, 189
Griffiths, Mark, 117-8, 121
Grilli, Vittorio, 87
Gros, Daniel, 117, 213
Groseclose, Elgin, 42-3
Guidotti, Pablo E., 189

Ha, Jiming, 141
Hale, David D., 141, 219-22
Hanke, Steve H., 76, 224
Harmelink, Herman, 50
Hartmann, Philipp, 138, 213-5

Hawtrey, Ralph, 16
Hayek, Friedrich A., 37, 126, 129, 145, 174, 186, 190, 206
Hegemonia
   França como, 121-2
   local, 119-20
   moeda da, 80, 178
   na hierarquia das moedas nacionais, 65-6
Helleiner, Eric, 50, 166
Henning, C. Randall, 154, 213-4
Hernandez-Cata, Ernesto, 109
Herz, John, 23
Hicks, John, 56
Hirsch, Fred, 5, 45
Hirschman, Albert O., 183
Hoffman, Ellen, 93
Honkapohja, Seppo, 87
Honohan, Patrick, 120
Hryvnia (Ucrânia), 110
Humpage, Owen F., 75
Hungria, 106

Iene (Japão)
   bloco potencial, 211, 218-22
   circulação fora do Japão, 141
   circulação transnacional do, 219-20, 222
   como rival do dólar norte-americano, 209-10
   influência do, 80-86, 135-41
   internacionalização do, 218-22
   substituição monetária usando, 139
   uso nas intervenções cambiais estrangeiras, 136
Ilhas Marshall, 67
IM, *ver* Internacionalização monetária (IM)
Império Austro-Húngaro, 106, 121
Indexação das taxas de câmbio
   ajuste a um indicador, 79
   arranjos cooperativos com flexibilidade limitada, 79
   composto monetário, 79
   da coroa em relação ao dólar norte-americano, 168
   flutuação administrada, 80
   moeda única, 79
Indonésia
   ataque especulativo à rúpia (1997), 167
Informações
   na transação monetária, 19
Ingram, James C., 173
Instituições sociais
   governança implementada mediante normas das, 200
   o dinheiro como, 201
   o mercado como, 200
Instituições
   vínculos para alianças monetárias, 118-23
Instituto Monetário Europeu (IME), 105
Internacionalização monetária (IM)
   aumento na, 144
   definição e ocorrência, 6, 126
   do iene, 218-22
   efeito da, 130-132
   moedas usadas na, 134-6
   na subordinação da soberania monetária, 127-8
   valor político da, 175
Irlanda, 102, 106
Israel, 62
Itália, 95, 102, 106
Ito, Takatoshi, 137, 220
Iugoslávia, 107, 121

Jackson, Robert, 21, 68
Jameson, Kenneth, 176
Jao, Y.C., 162
Japão
   papel na crise monetária da Tailândia (1997), 222
   reforma necessária dos mercados financeiros, 220-1

Jones-Hendrickson, S.B., 122
Jovanovic, Miroslav N., 58, 111
Judson, Rugh A., 139

Kamin, Steven B., 140
Kann, E., 40
Keynes, John Maynard, 56, 60
Khan, Mohsin S., 141
Kiguel, Miguel, 89
Kindleberger, Charles, 30, 209
King, Fran, H.H., 162
Kiribati, 67
Kirshner, Jonathan, 62, 127, 176-7
Klein, Benjamin, 190, 193
Klein, Lawrence, 53, 64
Knapp, George, 18
Kobrin, Stephen, 33
Krasner, Stephen, 23
Krieger, Russell, 141
Krugman, Paul, 114, 188-9, 211
Kuna (Croácia), 54
Kunz, Diane, 209

Lei de Gresham, 34, 67, 96
Lei ou regra de Grassman, 137-8
Leiderman, Leonardo, 162
Lesoto, 67, 80, 100, 120
Leste Europeu, 69-70
Letiche, John M., 100
Letônia, 107
Leyshon, Andrew, 33
Libéria, 67
Libra esterlina (Grã-Bretanha), 44, 86, 135, 154, 171-2
Liechtenstein, 66
Lindsey, Lawrence, 208
Lira (Itália), 135
Lituânia, 74, 76, 107
Liviatan, Nissan, 89
Lloyd, Peter E., 26
Lopez, Robert, 43

Luxemburgo, 97-8

Machara, Yasuhiro, 221
Madelin, Alain, 184
Marco alemão (DM)
 circulação fora da Alemanha, 140-1
 como bloco monetário, 80, 102
 como moeda internacional, 80, 215-6
 como rival do dólar norte-americano, 209-10
 como símbolo da Alemanha, 52
 graus de subordinação ao, 85-6
 influência do, 80-6, 139-40
 substituição da moeda usando o, 140-1
Marshall, Alfred, 200
Martin, Ron, 30
Marx, Karl, 18, 51
Massey, Doreen, 14-5
Matsuyama, Kiminori, 189
Maurício, 72
Mauss, Marcel, 19
Mbogoro, D.A.K., 120
McIntire, Jean M., 75
McKinnon, Ronald, 137
McLean, A. Wendell, A., 99
Mecanismo de Taxas de Câmbio (MTC), 79, 103
Meigs, James, 70, 174, 179-80, 202, 224
Melvin, Michael, 179, 194, 224
Mercado Comum do Caribe Oriental, 99
Mercado monetário do euro, 69, 134
Mercados cambiais estrangeiros
 moedas usadas nas intervenções, 136, 138
 uso de moedas internacionais nos, 134, 138
Mercados financeiros
 composição monetária das reivindicações nos internacionais (1982-95), 135
 composição monetária das reivindicações nos internacionais, 135

influência com a globalização, 179, 182-3
integração global dos, 29-30
localizações históricas, 30
redes eletrônicas nos, 33-4
reforma necessária dos japoneses, 220-1

Mercados
competição monetária transnacional nos, 36-7, 130
defesa dos governos de sua moeda no, 191-2
dependência geográfica monetária sobre os, 35
desafios à autoridade monetária dos governos, 26
governança por parte dos, 200-1
influência sobre a política pública, 183
integração dos, 24-5
interpenetração libertária dos, 202
mercado da euromoeda, 69, 134
papel no modelo vestfaliano, 227; *ver também* Mercados financeiros
preferências e escolhas monetárias dos, 29, 66-86, 209-12

México
crise financeira, 76
substituição monetária no, 166
supressão da dolarização (1972), 168

Micronésia, 67

Mimese
como reforço para as redes, 210
definida, 189
viés conservador na, 217

Mintz, Norman N., 123

Modelo baseado no fluxo
da geografia monetária, 10-1, 126, 133-43, 206, 226
dos espaços monetários, 126-7, 133-43
vantagem do, 38

Modelo vestfaliano
como ficção, 201
como norma universal, 73
da geografia monetária, 9, 25, 49-50
Domínios monetários sob, 36
elementos do, 23
impacto da globalização econômica para, 195-6
influência atual, 64
limites do, 23, 37
percepções equivocadas do modelo ultrapassado, 208
recriação ou reterritorialização do, 206
variações do, 66, 80-6, 93; *ver também* Dinheiro, territorial

Moeda Aristocrática (Pirâmide Monetária), 146, 167

Moeda de Elite (Pirâmide Monetária), 147, 169

Moeda Permeada (Pirâmide Monetária), 147-9, 223

Moeda Plebeia (Pirâmide Monetária), 147, 223

Moeda Principal (Pirâmide Monetária), 146, 167, 175, 208-12

Moeda, doméstica
circunstâncias para a preferência e a escolha da, 66-86, 137-8
com a taxa de câmbio indexada, 75-8
no bloco monetário, 80-6;
papel sob o fundo de estabilização cambial, 71-5

Moeda, estrangeira
circunstâncias para o uso de, 66-70
com a taxa de câmbio indexada, 75-8
como substituto para a moeda doméstica, 166
efeito da invasão da, 226
efeito da invasão direcionada pelo mercado, 48-9
no bloco monetário, 80-6
sob o fundo de estabilização cambial, 71-5

Moedas fantasmas
  eliminação dos, 48
  UMAs como, 185
  usos para, 46
Moedas sonantes
  competição transnacional das (pré--1800s), 40-1
  cunhagem na Idade Média, 55-6
  da moeda universal proposta, 94-5
  da União Monetária Escandinava, 94-6
  das moedas territoriais, 49-51
  de prata e cobre dos Estados Unidos, 49
  esforços para padronizar, 96
  internacionais, 41-6
  Moeda universal no século XIX, 95
  Tratado da Cunhagem de Viena (1857), 97
Moedas, internacionais
  emergência das, 40-6
  na Pirâmide Monetária, 146
  papel âncora das, 128
  periféricas, 147
  usos para, 134-8, 147; *ver também* reservas cambiais
Moedas, territoriais, 10, 26, 40
  emergência de, 46-9
  isoladas pelo governo, 61, 64, 111
  simbolismo político das, 50-5, 111
  senhoriagem das, 55-8, 111
  gestão e controle estatal das, 58-62, 111
  do modelo vestfaliano, 36
Moedas
  âncoras, 80, 128
  circulação transnacional expandida, 170-2
  circulação transnacional histórica e recente, 6
  das ex-repúblicas soviéticas, 107
  de hegemonia, 175-8
  demanda de, 130, 144, 174, 186, 190, 206
  desterritorializadas, 41, 166-7
  desvalorização ou valorização, 59-60
  hierarquia na Pirâmide Monetária, 146-9
  introduções após a Primeira Guerra Mundial, 107
  isoladas da influência externa, 175-8
  locais, 185
  mudanças nas (1980-94), 169
  promoção da reputação das, 194, 212, 225-6
  quase-moedas e pseudo-moedas, 148
  relacionamento hierárquico entre, 126
  reputação das, 294, 216; *ver também* Dinheiro
  rublo em espécie e não em espécie na União Soviética, 107-8
  unidades monetárias artificiais, 185
  universais propostas, 94-5
  usos transnacionais na Pirâmide Monetária, 146
Mônaco, 66
Monopólio monetário
  efeitos do, 195
  gestão macroeconômica com, 37, 173-5, 202
  isolamento monetário com, 175-8
  senhoriagem, 170-2
  simbolismo político com, 165-9
  substituição do, 200
Morgan, E., Victor, 17
Moss, Ambler H., Jr., 63
Mugomba, Agrippa T., 120
Mundell, Robert, 112-3, 167, 172, 217
Murphy, Craig N., 16
Mussa, Michael, 5, 40, 123
Mutch, David, 139-40

Nacionalismo monetário
  como símbolo da soberania da nação, 52-4
  relacionado ao euro, 51-2
Nacionalismo
  relacionado às moedas, 50-5

século XIX, 48-9, 51
Namíbia, 67, 80, 100, 120
Nascimento, Jean Claude, 99
Newlyn, W.T., 18
Nigéria, 72
Noriega, Manuel, 63-4
North, Douglass C., 90, 117
Noruega, 96, 102

O'Brien, Richard, 29-31, 181, 185
O'Mahony, David, 7, 47
Ohmae, Kenichi, 181
Okun, Arthur, 203
Olds, Kris, 26, 33
Oppenheimer, Peter M., 171
Organização dos Estados do Caribe Oriental, 99
Organização espacial das finanças, 30-1
   na ideia das redes, 31-2
Orléan, Andre, 189
Osband, Kent, 71
Ostrom, Douglas, 222
Ozeki, Yuzuru, 152

Padoa-Schioppa, Tommaso, 50
Padrão ouro, 45
Page, S.A.B. 137
Palestinos, 62
Panamá, 62-4, 66, 68
Pauly, Louis, 203, 207
Peiers, Bettina, 223
Perroux, François, 33
Peru, 168
Peso ou *real* (espanhol-mexicano), 44
Pikkarainen, Pentti, 87
Pirâmide Monetária
   descrita, 144-5
   Estados com moedas inferiores na hierarquia, 179, 223-6
   gestão macroeconômica das moedas na, 36, 172-4

governos com moedas próximas do topo da, 178
hierarquia das moedas na, 146-9, 175
moeda na base da, 170
rivalidade entre as moedas na, 191
Plano de Conversibilidade, Argentina, 74-6, 168-9
Polanyi, Karl, 49
Política das taxas de câmbio
   "serpente" e superserpente europeias, 103, 112, 136
   como forma de subordinação, 70-92
   escolhas, 86-7
   moeda indexada a outra moeda, 75-8
   real indexado ao dólar norte-americano, 169
   Sistema Monetário Europeu, 103-107
   Zona do Franco da CFA, 120
Política monetária
   como ferramenta para alterar a demanda agregada, 59
   como simbolismo político, 167
   dos fundos de estabilização cambial, 86
   ideia de ativismo monetário de Keynes, 60-1
   papel da competição na, 226
   reforma provocada pelo mercado, 224
   teoria monetarista, 60-1
Política pública
   alternativas para defender moedas menos competitivas, 223-5
   desafios à, 206
   influência dos agentes privados sobre, 30, 179-83
   na gestão das relações monetárias, 226
   para manter a liderança do dólar norte-americano, 209, 212-3
   relacionada à internacionalização do iene, 218-22
Política
   da senhoriagem, 58

do sistema do Estado-nação, 22
geografia como, 16
na escolha da política da taxa de câmbio, 88-9
nas alianças monetárias, 115-23
Pompidou, Georges, 102
Pond, Shepard, 44-5
Porter, Richard D., 139
Portes, Richard, 36, 213
Portugal, 106
Pós-estruturalismo ou pós-modernismo, 14
Prati, Alessandro, 214
Pseudo-Moeda (Pirâmide Monetária), 149, 168
Pula (Botsuana), 100

Quase-Moeda (Pirâmide Monetária), 149, 223
Quênia, 99, 120
Quirguistão, 110

Rand (África do Sul), 67, 100
Ravenhill, John, 100
Real (Brasil), 169
Redes
　espaços como, 33-4
　externalidades de rede, 19, 188-9, 210
　na geografia monetária, 205
　reciprocidade intragrupo e confiança nas, 19
　transacionais, 19, 130-3, 178-9, 201
Regimes de representação, 16
Regras
　Lei ou regra de Grassman, 137-8
　regras explícitas de autoridade, 199-201
Reservas cambiais estrangeiras
　composição monetária das (1985-96), 134-6
　dos países da CFA no Tesouro francês, 120
Responsabilidade, 203-4
Reterritorialização da moeda, 206-7

advertências relacionadas à, 226
custos da, 225
parcial, 225
Ritter, Joseph A., 194
Roberts, Paul Craig, 209
Rodriguez, Carlos A., 189
Rojas de Ferro, Cristina, 16
Rosenau, James, 199
Rosenberg, Justin, 23
Rothchild, Donald, 120
Rublo
　russo, 108-9
　União Soviética, 60-1
Ruggie, John, 14, 22
Rúpia (Índia), 67
Rúpia (Indonésia), 167

Sack, Robert, 20
Sahay, Ratna, 166
Salin, Pascal, 6
San Marino, 66
Santíssima Trindade, 77, 87, 103
Sassen, Saskia, 24, 178, 183, 203
Schelling, Thomas, 177
Schinasi, Garry, 214
Schmidt, Helmut, 102-3, 112
Schwartz, Anna, 73
Scitovsky, Tibor, 173
Seitz, Franz, 140
Senhoriagem
　antecedente à AMC, 120
　capacidade da UEM para, 216
　como fonte de renda do governo, 55-8
　como taxa de inflação, 56, 113-4
　competição nas ex-repúblicas soviéticas para, 108
　condições que privam o governo de, 224
　da moeda doméstica, 74
　exploração dos benefícios da, 170-3
　impacto da desterritorialização sobre, 170-3

relacionada à posição de liderança do dólar norte-americano, 209
Senhoriagem, componentes internacionais da, 170
    para Estados com moedas de circulação ampla, 178
    uso da moeda no exterior, 171-3
Serra Leoa, 72
Sérvia, 54, 140
Shapiro, Michael J., 14, 205
Shelton, Judy, 193
Shlaes, Amity, 52
Simmel, George, 18
Simons, Marlise, 53
Sistema Estado-nação, modelo vestfaliano, 23
Sistema Monetário Europeu (SME)
    faixa da taxa cambial (serpente), 102, 112
    flutuação conjunta, 104
    Mecanismo da Taxa Cambial (MTC), 79, 103-4
    proposto (1978), 103
SM, ver Substituição monetária (SM)
Smith, Adam, 196
Soberania, do Estado
    antes de Vestfália, 21-4, 196
    desafios ao modelo vestfaliano da, 196-7
    efeito da continuada, 196
    estabelecida no Tratado de Vestfália, 21-3, 49
    na política mundial, 205-9
Soberania, monetária, 25
    defesa ou retenção, 223-6
    história da, 39-40
    na aliança monetária, 117-23
    papel da IM na subordinação, 126-7
    rendição da, 66-70
    subjugação usando o fundo de estabilização cambial, 71-5
    subjugação usando taxas de câmbio indexadas, 75-8
    subordinação ao bloco monetário, 80-6
    subordinação e compartilhamento da, 66, 110-23

Soja, Edward, 16
Sólido (bizantino), 43
Som (Quirguistão), 110
Spencer, Michael J., 106
Strange, Susan, 175, 191, 196-7, 200
Suazilândia, 80, 100
Substituição monetária (SM)
    aumento na, 144
    definição, 6, 35, 126
    efeito da extensiva, 167
    efeito do uso da moeda estrangeira, 166
    grau e duração da, 225-6
    política de tolerância da, 223-5
    variantes da, 128-30, 139-40
Suécia, 96, 102, 106, 122
Suíça, 95, 102
Suprimento de moeda
    circulação fora do país de origem, 174
    manipulação por parte governo, 59

Tabellini, Guido, 57
Tadjiquistão, 67, 109
Tailândia, crise monetária (1997), 222
Táler (austríaco), 45
Tanganica, 99
Tavlas, George S., 113-4, 132, 137, 152, 155-6, 159, 221
Taxa de inflação
    base para o lançamento de impostos, 170-2
    lógica da, 56
Taylor, Peter J., 27
Teorema da simetria, 137
Teoria da localização, 27
Teoria das expectativas racionais, 61

Teoria keynesiana, 60-1
Teoria monetarista, 60-1
Territorialidade
  definida, 20-1
  estabelecida pelo Tratado de Vestfália, 22-3
Thrift, Nigel, 26, 33
Thygesen, Niels, 117, 128, 134, 138, 155-6, 188, 213
Tietmeyer, Hans, 52
Toffler, Alvin, 31
Tolar (Eslovênia), 52
Transações
  custos usando o câmbio monetário, 141
  dinheiros fantasmas nas, 46, em uma rede monetária, 18-9
  uso transnacional das moedas, 126-33
Tratado de Cunhagem de Viena (1957), 97
Tratado de Roma (1957), 101
Tratado de Vestfália (1958), 22-3
Tratato de Maastricht (1992), 105-6, 111, 115
Troca, 17
Truste
  incorporado no dinheiro, 17-8
  nas redes transacionais, 201
Tsoukalis, Loukas, 102

Ucrânia, 110
Uganda, 99
Uma Nação/Uma Moeda, mito, 5, 8-9, 20, 39, 64, 73, 86, 125, 165
UMAs, ver Unidades monetárias artificiais (UMAs)
UMEs, ver União Monetária Escandinava (UMEs)
UML, ver União Monetária Latina (UML)
Underhill, Geoffrey R.D., 203
União da taxa de câmbio
  definida, 94
  União Monetária Escandinava como, 94-7

União Monetária Latina como, 94-5
União Econômica Bélgica-Luxemburgo (BLEU), 94, 97-8, 115, 116-9
União Econômica e Monetária (UEM)
  com a emergência do euro, 213-4
  com o dólar competitivo, 216
  critérios de convergência, 105
  esforços renovados da UEM (1992), 104-6
  o euro proposto como moeda para, 70
  tentativas de fusão monetária, 101-2
União Europeia (UE)
União Econômica e Monetária (UEM), 102
  adoção formal do nome (1992), 105
  estratégia de mercado potencial para o euro, 217
  moeda proposta (euro), 51-2, 70, 103, 106
  promoção do euro como moeda, 213
  Unidade Monetária Europeia (UME), 79
União Monetária Alemã, 97
União Monetária Austro-Germânica, 97
União Monetária Escandinava (UMEs), 96-7, 116-7, 122
União Monetária Latina (UML), 95-7, 117-8, 122
União Soviética, 107
Unidade Monetária Europeia (UME), 79
  como unidade de reserva composta, 135
  como unidade monetária artificial, 185
Unidades monetárias artificiais (UMAs)
  caixa eletrônico como uso futuro, 185
  usos atuais, 185
Uniões aduaneiras
  a União Europeia começou como, 102
  Zollverein, 97
Uniões monetárias
  União Econômica Bélgica-Luxemburgo, 97-8, 118
  Zona do franco da CFA, 98
  Área Monetária do Caribe Oriental, 99-100
  Área Monetária do Rand, 100

Uzbequistão, 109

Vaticano, 66
Vaubel, Roland, 53, 187
Vegh, Carlos A., 131, 140, 166, 224
Vietnã, 167
Vilar, Pierre, 43
Villanueva, Delano, 71
von Hagen, Jürgen, 117

Weber, Max, 198
Weeks, John, 63
Wei, Shang-Jin, 85

Wendt, Frantz, 122
Werner, Pierre, 102
White, Lawrence, 60
Willett, Thomas D., 57, 170
Williamson, John, 74
Wyplosz, Charles, 70

Zevin, Robert, 40, 49
Zimbalist, Andres, 63
Zollverein (União aduaneira alemã), 97
Zona do franco da CFA, *ver* Zona do Franco da Communauté Financière Africaine (CFA)

SOBRE O LIVRO

Formato: 16 x 23
Mancha: 26 x 48,6 paicas
Tipologia: StempelSchneidler 10,5/12,6
Papel: Pólen Soft 80 g/m² (miolo)
Cartão Supremo 250 g/m² (capa)
1ª edição: 2014

EQUIPE DE REALIZAÇÃO

Capa
Andrea Yanaguita

Edição de texto
Luís Brasilino (Copidesque)
Carmen Simões da Costa (Revisão)

Editoração Eletrônica
Sergio Gzeschnik (Diagramação)

Assistência Editorial
Alberto Bononi

Impressão e acabamento
Intergraf Ind. Gráfica Eireli